海港の政治史

明治から戦後へ

稲吉晃——【著】
Akira Inayoshi

名古屋大学出版会

海港の政治史

目次

序章　近代海港史とは何か

一九世紀から二〇世紀にかけて、交通手段は飛躍的に進歩した[1]。その主役は、蒸気機関である。現代的な意味での鉄道の嚆矢は一八三〇年に営業を開始したリヴァプール～マンチェスター間鉄道であったといわれるが、同鉄道の営業開始からわずか一〇年ほどのあいだに英国の主要な幹線鉄道のほとんどが完成した。蒸気機関は、陸上交通のみならず、海上交通の進歩にも貢献した。蒸気船は、帆船よりも速く安定しており、なにより大型化が可能である。一八四三年に大西洋航路に投入された蒸気船グレート・ブリテン号の大きさは、三六一八トンであった。大西洋を横断する帆船の大きさは最大でも一〇〇〇トン級であったから、蒸気船の導入により、その三倍に相当する大きさの船舶が大西洋を横断することになったのである[2]。

交通手段の高速化・定期化・大規模化は、海港の性格を変質させる[3]。一八五五年にロンドン港に建設されたビクトリア・ドックは、内陸部へとつながる鉄道が繫船埠頭に乗り入れた最初の事例であったが、その後は繫船埠頭への臨港鉄道の乗り入れは一般的な光景となった[4]。交通手段の進歩により、海港は交易の場所ではなくなり、陸上交通と海上交通のターミナルとしての機能を果たすようになるのである[5]。

かかる変質は、それまで都市が扱っていた海港の整備と発展という課題が、一九世紀半ばには国家に呑み込まれたということを意味している。一定の領域を統治する国家にとって、内陸の農村部とは異質な空間をもつ港町は、長く「他者」とならざるを得なかった。[6] しかし、国内各地で生産される工業製品・農産品が鉄道によって海港へ輸送されるようになったことで、内陸部と港町は一体化し、海港は国家の世界進出の窓口となる。一四世紀から一七世紀まではハンザ同盟に加入する自由都市として隆盛を誇ったハンブルク港が、一九世紀末から二〇世紀初頭にかけてはドイツ帝国の海港としてさらなる成長を遂げたことは、そのことを象徴的に示しているだろう。[7]

交通手段の進歩とそれに伴う海港の変質は、世界的な現象であった。東アジアにおいても、一九世紀末以降ヨーロッパ諸国と同様にターミナルとしての海港が発展を遂げることとなる。ただしそれは、アジア国家の世界への窓口としてではなく、ヨーロッパ諸国の「非公式帝国」の中継点としての発展であった。上海・大連・膠州湾・広東・香港などの海港はいずれも列強の租借地となり、各港から内陸部へ向かって列国資本の鉄道が敷設された。各港から延びる鉄道によって形成される後方地域が、各国の勢力範囲と認識されたのである。

東アジアにおける例外は、日本である。他の東アジア諸国と同様に、一九世紀半ばに日本も開国することになるが、周知の通り日本の場合は列国の植民地・半植民地となることを免れた。それゆえ、海港と海港から延びる国内交通網の整備は、日本自身の手によって行うことが可能であった。しかし一方で、日本にはヨーロッパ諸国のような海港都市の遺産がない。大坂や江戸は、たしかに水運都市ではあったが、本書で詳述するように外洋船舶に対応できるほどの施設や海洋土木技術、財源を持ち合わせてはいなかった。したがって日本の場合は、ヨーロッパの主要港――たとえばロンドン港のように既存の民間港湾企業の自由度に配慮しながら支援・統合を目指すのではなく、[8] より積極的に国家が海港整備に関与しなければならなかったのである。

近代海港の整備は、繋船埠頭や防波堤などの狭義の海港施設を修築することにとどまらず、後方地域の交通網形成と連動したものとなる。近代日本は、その一貫したプランの策定を国家が主体的に行うことになった数少ない国家のひとつであった。しかし施設整備にとどまらず、海港の立地選定から設計、財源の捻出方法まで一貫したプラン策定の主体性を国家が手にするということは、同時にそれにまつわるさまざまな利害調整を国家が自ら行わなければならない、ということも意味する。近代日本海港史とは、かかる利害調整の歴史であったともいえよう。本書は、以上の問題関心から、一九世紀末から二〇世紀半ばにかけての日本の海港整備の軌跡を明らかにするものである。

海港とインタレスト

一定の領域とそこに住む国民を存立基盤とする国民国家は、常にローカル・インタレスト(9)（地方利益）実現の圧力にさらされている。国民国家を統治する政府には、領域内の経済的不均衡を是正する役割が期待されるからである。その意味でも、鉄道や道路、河川などの交通手段の拡充は、国民国家として出発した日本にとって不可欠な事業であった。しかし、海港の整備には、他の交通手段の整備とは異なる固有の難しさがあったように思われる。

第一に、領域内の経済的不均衡の是正が期待される中央政府にとって、海陸交通のターミナルとなる海港立地を選定することは困難であった。「線」状に延びる鉄道網や道路網は、領域内に便益を行き渡らせることが可能であるため、たとえ一時的にその経路選定をめぐって地域間対立が激しくなったとしても、長期的には各地の理解を得やすい。また港湾施設であっても、ターミナル機能をもたない漁港や避難港などは、同様に各地の要望を順次満たしていくことが可能である。

しかし、交通網の「点」となる海港は、一定の地域内に二つ以上併存することが原理的に不可能である。それゆえ、二つの海港が隣接している場合、中央政府はいずれかの海港を選定して整備しなければならない。ヨーロッパ諸国においては、一八世紀までに海港都市間の自由競争により海港が選別されていたが、日本では中央政府が選定しなければならなかった。

人為的に海港を選定する場合、その正当性を保証するのは、個別の政策判断の上位に置かれる国家像（グランド・デザイン）との整合性であろう。本書で明らかにする通り、一八九〇年代に海港政策を論じたのは、自由党系の議会政治家ではなく、対外硬派と呼ばれる人々であった。それは決して偶然ではなく、独特の通商国家論を唱える彼らは、その国家像をもとに海港を選定することができたのである。

一方で、各地のローカル・インタレストを積み上げるスタイルをとる自由党・政友会にとって、海港の選定は不得手な作業であった。外国貿易の主要港に集中して施設整備を行うべきだという「大港集中主義」は、二〇世紀初頭にかけて日本国内で広く受け入れられた。その結果、海港整備を通して地域振興を図る各地の有志は、自分たちの港を整備することが如何に日本全体の利益となるか、という点を強調するようになる。だが、それでは自由党・政友会は各地の要求を満たすことはできない。自由党・政友会系の政治家が海港問題を取り扱うためには、「大港集中主義」という原則のなかで中小港への国庫補助の下付を正当化する必要があった。

海港整備に固有の困難の第二は、地域住民にとっても海港に関するローカル・インタレストを成立させることは容易ではなかったことである。国民国家は常にローカル・インタレスト実現の圧力にさらされているが、一方で地域社会にとっても何が自らのインタレストなのか、決して自明ではない。地域社会に存在する行政課題は、個別のアクターが関心を寄せている限りでは、ローカル・インタレストとはいえない。行政課題とその解決策が地域社会全体に共有されたときに、はじめてそれはローカル・インタレストとして成立する。地域社会が国家から財や権限などを獲得するためには、各種の行政課題をローカル・インタレストとして集約し、地域社会内部で共有させる必要があり、そのためには目に見える成果を示すことが不可欠であった。

ところが、海港整備は、たとえば鉄道などの他の交通手段の整備と比べた場合、経済的利益・視覚的インパクトの双方において訴求力をもたなかった。(10) 交通インフラは、採算性が見込まれる場合は私企業によって建設される。

日本においても、地方鉄道建設事業を牽引したのは私企業であったが、私企業による海港整備は困難であった。一八八〇年代に門司や神戸などで試みられた私企業による埋立や桟橋会社の経営は、海港の部分的開発に過ぎず、そして大型船の入港を可能にするためには部分的開発では不充分であった。急速に進む船舶の大型化に応じるためには、海港全体を覆うような防波堤の建設及び大規模な浚渫が必要であったが、私企業にそれを可能にするだけの資金を準備することはできなかったのである。(11)

海港整備に要する巨額の資金を地域社会に負担させるためには、それらの負担に見合うだけのインタレスト——海港から得られる経済的利益のみならず、海港都市としてのステータスなどを含む——がもたらされることを、強調しなければならない。その際に視覚的なインパクトのもつ力は、極めて大きい。

鉄道の視覚的なインパクトの大きさは、多くの論者が指摘するところである。たとえば、哲学者の和辻哲郎は幼少期を過ごした村に初めて鉄道が開通したときの思い出を、「わたくしにとって『旅人』の姿というようなものがあまり注意の的にならず、むしろ車窓から明りを洩らしながら遠ざかって行く列車の姿の方が、外なる世界を指示するものとして強い意味をもつようになった(12)」と語っている。鉄道の開通は、その先につながる大都会を予感させるがゆえに、各地に熱狂的な鉄道ブームを巻き起こしたのである。

一方で、海港の修築工事そのものは、水面に変化をもたらすわけではないため、視覚的なインパクトをもたない。むしろ海港整備に伴う大規模な埋立地の造成や臨港鉄道の建設は、それだけ都市住民を海港から遠ざけ、海港整備からもたらされるインタレストの実感を阻むことになる。(13)

視覚的なインパクトをもたらすのは、海港そのものではなく、入港する巨大船舶である。そしてそのことは、海港整備をローカル・インタレストとして成立させるにあたって、しばしば逆効果をもたらした。一九〇三年に完成した大阪港の大桟橋は、六〇〇〇トン級船舶への対応のために周辺水域を最大で八・五メートルにまで浚渫したものであった。しかし、同桟橋は日露戦争中こそ兵站施設として活用されたものの、日露戦後には経済不況の影響もあって船舶の利用がほとんどなくなってしまった。桟橋を利用するのは魚釣り客のみという状況が続いたために、大阪築港事業そのものが「二〇〇〇万円の釣魚台」との批判を受けるようになる。[14] かかる批判を免れるために、築港を主導した地域有志は、大型船を入港させる必要があったのである。[15]

近代日本において鉄道建設や河川改修などの行政課題は、比較的速やかにローカル・インタレストとして成立した。もちろん個々のケースを詳細にみていけば、これらの行政課題がローカル・インタレストとして共有されるまでに、さまざまな葛藤があったことは明らかである。[16] だがそれでも、大都市へとつながる鉄道の建設や、水害の恐れを低減させる河川の改修は、地域社会にとって負担に見合う投資として認識された。一方で、海港整備は巨額の費用負担に見合うだけのインタレストが、容易には実感されなかった。しかも二〇世紀に入ると、上下水道・市内鉄道の整備など都市行政は多様化したため、海港整備費用負担を地域社会に求めることは、ますます困難になっていった。各地の有志は、海港整備がその負担に見合うだけのインタレストをもたらすものであるということを、強調し続けなければならなかった。

海港整備に固有の困難の第三は、行政領域の複雑性である。海陸交通のターミナルである海港では、多様な行政官庁が活動する。主要な官庁を挙げれば、大蔵省（税関）・内務省（修築、水上警察、港内船舶の取締）・逓信省（航路標識・水先案内・船舶検査）・鉄道省（臨港鉄道）・農商務省（輸入動植物検疫、倉庫業・港運業）・軍部（国防・軍事輸送）などであり、あらゆる官庁がなんらかの形で海港行政にかかわっているといえよう。それゆえ、入出港・輸出入手続きの煩雑さや海陸連絡の不便などの不満が船舶会社・貿易業者などのあいだで高まり、一八九〇年代には海港行政の一元化を求める陳情が提出されるようになる。これを受けて、各省も海港行政の一元化及び港湾法の制定を繰り返し試みたが、戦前期を通じて実現されることはなかった。そしてその理由は、各省のセクショナリズムに求められることが多い[17]。

確かに、海港行政の一元化及び港湾法の制定をめぐって各省のセクショナリズムは顕在化した。しかし、おそらくセクショナリズムそのものよりも重要なことは、それぞれの官庁の内部で海港政策が独立して存在していたのではなく、あくまで他の政策の下位に置かれていたということであろう。

海港行政の一元化を試みたのは大蔵・内務・逓信の三省であったが、三省の海港行政一元化構想は、まったく異なる関心から打ち出されたものであった。税関を所管する大蔵省の主要な関心は関税政策・貿易政策にあり、海港政策はその下位に置かれるものであった。また、海港修築を所管する内務省土木局にとって、海港政策は土木政策の一部を構成するものに過ぎなかった。そして海運行政の一環として海港行政に乗り出した逓信省の目的は、戦時体制構築のための荷役力の増大にあった。関心が異なる三省の間では海港行政構想に関する共通了解は成立し得ず、そのことが海港行政の一元化及び港湾法の成立を妨げたのである[18]。

さらに、海港政策が他の政策の下位に置かれたことにより、各省の海港行政に対する関心も一定しなかった。一八九〇年代から一九〇〇年代にかけて海港行政を主導したのは大蔵省であったが、現業官庁ではない大蔵省が自ら海港修築に乗り出さざるを得なかったのは、本来海港修築を担うべき内務省土木局の関心が主として河川改修に向けられていたからであった[19]。内務省土木局が海港修築に本格的に取り組むためには、全国の主要河川の改修に一応の目処が立たなければならず、一九〇〇年代末になって内務省土木局はようやく全国の海港修築方針を打ち出すことが可能になった。また海港行政にそれほど関心をみせていなかった逓信省が一九四〇年代に介入するようになるのは、戦時体制化の要請によるものであった。海港行政に関するセクショナル・インタレストも、ローカル・インタレストと同様に、決して自明ではなかったのである。

以上のように、近代日本における海港修築は、ナショナルとローカルどちらのレベルにおいても積極的な推進主体が不在であった。かかる状況で、海港修築の推進主体となったのは、二つのレベルの境界に位置するアクター（地方官僚・実業家・議会政治家）に他ならない。

社会学者のマートン（R. K. Merton）は、コミュニティ外へ主たる関心をもちながらコミュニティ内部に大きな影響を及ぼす人々のことを、「コスモポリタン型の影響者」と名付けた[20]。地域社会の指導者は、地域社会内部にのみ関心をもつ人々（ローカル型）とその地域社会外部へも関心をもつ人々（コスモポリタン型）とに分けられるが、近代日本において海港修築の推進主体となり得たのは、コスモポリタン型の指導者であった。

地方長官や税関長などの地方官僚は、その地域には一時的にしか存在しないという意味で、ローカル・アクターではない。一方で、赴任中は彼らの主要な関心はその地域に注がれるため、彼らは純然たるナショナル・アクターでもないのである。彼らは、本省に対しては地域社会のインタレストを代弁し、また一方で地域社会に対しては海港修築の費用負担を求めることができた。

経営基盤が特定の地域に偏在している実業家はローカル・アクターであるが、経営規模が大きくなるほど彼らはナショナルなレベルで考えるようになる。その中間に位置する実業家は、ナショナルな視点に立ちつつローカルな問題を取り扱う。彼らは、地方官僚と同様に、二つのレベルの境界に位置する存在となる。このような実業家は、中央政官界とのつながりが議会政治家よりも濃密であることも多く、やはり中央政府から財政的支援を引き出すことが可能であった。

議会政治家は、地域住民の支持がなければならないという意味で、地方官僚や実業家よりも地域社会との距離が近い。したがって、一部の議会政治家はコスモポリタン型アクターとはならない。しかし、議会政治家の主要な活動舞台は国政であり、議会政治家が国政と地域社会をつなぐ役割を目指すとき、彼らはコスモポリタン型アクターとなる。

コスモポリタン型アクターは、地域社会に根ざした存在でなかったがゆえに海港修築を通した地域振興論に正当性を与えることができ、また一方で中央政府からの財政的支援を引き出すこともできる存在であった。したがって、近代日本における海港修築の歴史を跡づけるためには、コスモポリタン型アクターがローカル・インタレストを成立させる過程に注目しなければならない。本書では、多様なコスモポリタン型アクターが、それぞれの政治資源を活用しながら、海港修築に関するローカル・インタレストを成立させ、実現していく過程を中心に論じていくこととする。

本書の意義

近代日本において海港修築に固有の困難が生じたことは、近代海港の歴史的研究を妨げる要因になったように思われる。日本政治史研究においては、中央と地方における利益交換を近現代日本政治の「基礎過程」[21]と位置付けることは、通説となっている。その代表的なものとしては、鳥海靖・升味準之輔・三谷太一郎・坂野潤治らの研究が挙げられる[22]。これらの研究は、初期議会から日清戦後期にかけて、中央政界における藩閥政府や政党に対する地域社会の支持調達の手段として、社会資本事業（財）の配分が有効に機能していた点を明らかにした。また、御厨貴は中央政府内部のセクショナル・インタレストが、複数の「地方経営」策を生み、それが内閣制度の創立の原動力となったことを明らかにしている[23]。

以上の中央政府におけるローカル・インタレスト操作の展開を明らかにした諸研究に対して、地域社会の視点から「地方利益論」を捉え直した研究も存在する。有泉貞夫は、山梨県の事例を対象に、帝国議会開設以前にも国庫補助を呼び水とした藩閥政府に対する支持調達が行われていたことを明らかにした[24]。服部敬は、幕末から明治二〇年代の淀川治水を対象に、治水にまつわるローカル・インタレストが都市政治の展開に与えた影響を明らかにした[25]。

さらに近年では松沢裕作が、幕末期から明治初年を対象に、個々の政策がローカル・インタレストとなりうるための制度変容の背景を明らかにしている(26)。

また、「地方利益論」の展開は、近代日本における社会資本整備に関する分析を促進した。長妻廣至により中央政府から地方政府へと下付される国庫補助金制度の変容について(27)、また松下孝昭により鉄道建設の展開が明らかにされている(28)。さらには、山崎有恒や村山俊男により内務省の河川政策への内在的な理解も進められている(29)。これらの研究では、社会資本整備はローカル・インタレストのみが一方的に噴出して実現されるわけではなく、ナショナル・インタレストとローカル・インタレストとが一致した場合に促進されることが明らかにされている。

ところが、海港修築を対象にすえた研究は、極めて少ない。以上のような関心のもとに海港修築問題を扱った研究としては、日清戦後から日露戦後にかけての横浜・神戸両港の修築問題を検討した内海孝による研究があるのみである(30)。

その理由としては、すでに述べたように、海港修築問題がローカル・インタレストとして成立することが容易ではなかったということが挙げられるだろう。既存研究が示すように、近代日本において社会資本を整備するためにナショナル・インタレストとローカル・インタレストが一致することが条件であったならば、海港修築は中央と地方の利益交換には適さない行政課題であった。それゆえ、日本政治史研究では、海港修築に関する研究はほとんど蓄積されていない。

一方で、上述した近代日本の海港修築に固有の困難は、日本政治史以外の研究分野における海港史研究も妨げたように思われる。海港行政の一元化が達成されなかったことに応じて、海港史研究も細分化されてしまっているのである。

戦後における港湾研究を主導したのは、経済学であった。一九六二年に設立された日本港湾経済学会は、港湾研究に特化した唯一の学会であり、理論・歴史から実務にいたるまで多様な角度から港湾研究を進めている。柴田悦子の整理によれば、そこでの関心は、①港湾を陸運・海運・港湾運送の三者の結節点とみなす「港湾ターミナル論」及びその進化形である「港湾の近代化論」、②港湾における資本と労働の関係を通じて把握しようとする港湾労働に関する議論、③交通用役生産の一部として港湾機能をみようとする港湾交通に関する議論、の三つに分類される[31]。

「港湾ターミナル論」・「港湾の近代化論」を提唱した北見俊郎は、「港湾行政が『国家活動』であるがために、従来国家経済とか国益、もしくは国際競争力という全体的な価値体系の中で港湾の位置付けがなされ、その役割を行政的にも果させてきたという歴史的な側面を反省する必要がある」と、国家による港湾行政そのものを否定的に捉えている[32]。したがって、海港修築を主要な関心とする内務省土木局の港湾行政構想そのものも、否定される。寺谷武明による研究は、近代日本の海港修築を取り扱った研究としてはおそらく唯一の研究であるが、寺谷は「修築政策すなわち港湾政策の観を呈したのは、国がなによりも近代的港湾の建設に追われ、港湾管理・運営まで顧みる余裕がなかったからであろう[33]」と評価しており、一九三〇年代までの時期において大蔵省・内務省が如何なる海港行政構想を有していたのか、という問題は関心から外れてしまう。また、行政学の観点から海港行政統一問題を研究している香川正俊も、北見や寺谷の問題関心を受け継いでおり、考察の対象を、管理運営行政としての海港行政が開始される一九四〇年代に集中させている[34]。

では、土木史研究の観点から近代日本の海港修築が十分に検討されてきたかといえば、そうではない。なぜなら、土木史研究の主たる関心は、内務省土木局の主要課題であった河川改修・道路建設に向けられざるを得ないからである。内務省土木局では、河川改修・道路建設の全国計画は数次にわたって策定されたが、海港修築の全国計画はついに策定されなかった。

とりわけ河川改修は、治水のみならず、農業・生活用水の確保、工業化に伴う電力の確保など、国民生活のあらゆる場面にかかわる事業である。かかる状況をみて、土木史家の松浦茂樹が「河川の整備・開発が、社会基盤整備の中心であった[35]」と述べているのは、正鵠を射ているといえよう。近代日本における土木政策を取り扱った研究では、河川改修が主要なテーマとして取り上げられ、海港修築問題は部分的に触れられるに過ぎない[36]。

このように、経済学・土木史の関心が近代日本の海港研究から外れてしまった結果として、海港史研究はまとまった形でなされることはなくなり、多様な関心の研究のなかに部分的に登場するに過ぎなくなった。代表的なものとしては、鉄道政策の一環としての地方港整備を取り扱った三木理史[37]、交通網構想の一環としての海港論を取り扱った増田廣實・武知京三・北原聡[38]、都市研究の一環として東京築港を取り上げた藤森照信・石塚裕道・斎藤伸義[39]、国家構想の一環として海港論を取り上げた広瀬玲子・河西英通[40]、東アジア地域史の観点から日本海沿岸各港を取り上げた芳井研一[41]、石炭産業経営史の一環として全国港湾調査を取り扱った谷口忠義[42]、などの研究が挙げられる。また海港所在の各都市では、地域史として海港史が取り上げられている。これらは、それぞれの問題関心から海港問題を取り上げた優れた研究ではあるものの、海港史全体を捉える目的でなされたものではない。

要するに、海港問題はローカル・インタレストとして成立することが困難であったがゆえに日本政治史研究の関心からは外れ、また戦前期には海港行政が細分化されていたがゆえに海港を主たる対象とした歴史研究も蓄積されなかったのである。以上のような日本政治史及び海港史研究の動向に対して、本書は三つの点で貢献できるものと考える。

第一に、インタレストが成立する仕組みを、ナショナルとローカル双方にまたがって理解することができる。ナショナル・アクターにとってローカル・インタレストが操作の対象であることは従来の研究が指摘する通りであるが、地域社会にとってのインタレストが必ずしも自明でない行政課題に関しては、ローカル・インタレストそのものを成立させる必要がある。そしてその際に重要な役割を果たすのは、コスモポリタン型のアクターである。ナショナルとローカル双方の境界に位置するコスモポリタン型のアクターが、如何にしてローカル・インタレストを成立させるのか、近代日本における海港修築の過程を跡づけることで明らかになるだろう。

第二に、日本政治においてローカル・インタレストが如何に扱われてきたのか、戦前期を通じて理解できる。既存のローカル・インタレストに関する研究は、明治国家形成期から政党政治の確立期に関心が集中する傾向にある。その理由としては、「地方利益論」の背景に戦後保守政治の起源を明らかにするという関心があったことが挙げられるだろう。したがって、一九三〇年代から四〇年代にかけて、ローカル・インタレストがどのように操作されたのか、という問題についての研究は、思いの他少ない(43)。海港修築問題は、中央と地方との利益交換に適さない行政課題であったからこそ、鉄道建設や河川改修などと異なり、ローカル・インタレストの成立に向けた試みについて、一八七〇年代から一九四〇年代を一貫して検討することが可能となる。

第三に、海港史における研究上の空白を埋めることができる。近世以前の海港に関する研究がある程度蓄積されているのに対して(44)、すでに述べてきたように、近代海港に関する研究はほとんど存在しない。その理由は、近世海港と近代海港とのあいだに変質があるからである。国家が本格的に関与するようになった近代海港は、都市のみが扱っていた近世海港と同じ文脈で論じることはできない。それぞれのアクターの立場によって多様な海港行政構想が主張された点にこそ、近代海港の本質的な部分があるのであって、いずれかのアクターの行政構想のみに関心を限定してしまうと、近代海港の全体像を描くことができないのである。近代海港を論じる場合には、それらの競合を動態的に描かなければならない。本書は、かかる観点から近代海港史を取り上げる初めての試みである。

本書の構成

本書は、海港行政を主導したアクターの時期区分により、六章で構成される。

第1章では、一八七〇～八〇年代にかけて、開明的な政策志向をもった維新官僚[45]により海港修築が試みられた時期を取り扱う。日本側の行政に大きな制約を課した旧条約の下では、開港場の地方官僚は自由に海港行政に取り組むことはできなかった。そのことは、日本において海港行政の担い手が多元化するひとつの要因となった。一方で、不開港場においては、殖産興業政策の一環としてナショナル、ローカル双方のレベルにおける交通網構想のもとに海港修築が実施された。開港場における海港修築の遅れと不開港場における海港修築構想の活発化は、日本の海港行政における担い手の不明瞭化という特徴を形作ることになる。

第2章では、一八九〇年代において、世界交通網の進展に応じて全国各地で地域有志による海港論が活発化する過程を検討する。交通のターミナルとなる海港修築を正当化するためには、各地のコスモポリタン型アクターはその国家的重要性を強調しなければならない。しかし、大蔵省や軍部などのナショナル・アクターにとって重要な海港はそれほど多くはなく、各地の海港論は抑制されなければならなかった。一方で、ナショナル・アクターにとって重要な海港は、地域社会の費用負担能力を超えるほどの大規模な設計の実現を強いられた。いずれにせよ、海港に関するローカル・インタレストを成立させることは容易ではなかった。

第3章では、条約改正が実現した一八九〇年代末から一九〇〇年代にかけて、大蔵官僚が海港行政構想を確立し、実現させせようとする過程を考察する。大蔵官僚は、着実な貿易の見込めない地方中小港からの要求は抑制しながら、横浜・神戸などの重要港は積極的に整備する必要があった。しかし、国家的重要性が明白な横浜・神戸の地域住民に対して、海港修築に要する費用の負担を求めることは容易ではなかった。その際に重要な役割を果たしたのが、コスモポリタン型の地方官僚であった。彼らは、横浜・神戸における海港に関するローカル・インタレストを成立させ、地方の費用負担のもとに海港修築を実現させることに成功する。

第4章では、一九〇〇年代末から一九一〇年代半ばにかけて、財政的制約があるなかで地方実業家による海港修築が実現されていく過程を考察する。大蔵官僚による海港行政の展開は、土木行政を所管する内務官僚を刺激し、内務官僚のもとに海港修築行政を取り戻させることになったが、財政的制約が大きかった同時期においては内務官僚も充分な海港修築を実施することはできなかった。また各地においても海港修築の打ち切りが検討され始めるなかで、それらの動きに抵抗し海港修築を実施したのは地方実業家であった。

第5章では、一九一〇年代末から一九二〇年代にかけて、内務官僚による海港行政が本格化する時期を取り扱う。第一次世界大戦の影響による日本経済の好転は、政友会との協調のもとに内務官僚による海港行政が本格的に展開する後押しとなった。内務官僚は、政友会と協調することで海港に関するローカル・インタレストの成立を後押しし、各地の地方港修築を促進していくのである。一方で、内務省による海港行政の本格化は、海港行政をめぐる各省間の競合を惹起することにもなった。各省間の競合を乗り越えて内務省のもとに海港行政を一元化するために、世論団体である港湾協会を設立し、コスモポリタン型アクターの系列化を目指していく。

第6章では、一九三〇年代から五〇年代半ばにかけて、戦時体制化の要請のもと、逓信官僚が海港行政に乗り出していく時期を取り扱う。一九三〇年代には、満洲事変の勃発によって大陸との連絡が重視されるようになり、逓信省が海港行政への関心を強めていく。これに対抗するために、内務省土木局は地方工業港修築政策を打ち出すが、日中戦争の勃発と拡大により戦時体制が強化されるのに伴い、海陸輸送の効率化を目指す逓信省（運輸通信省）が海港行政の主導権を握るようになった。しかし戦後、戦時体制が解体されるとともに、海港行政も再び分割される。

すでに述べたように、日本においては海港行政の一元化は達成されなかったのであり、各時期区分における主導性は相対的なものに過ぎない。すべての時期を通じて、海港行政の一元化を試みる官庁と、それに抵抗する官庁、及び各官庁を通じてローカル・インタレストを実現しようとする地域有志という構図は不変である。近代日本政治の縮図ともいえるこの構図を、海港整備の過程を通じて描いていくこととしたい。

第1章　日本における海港行政の始動
——維新官僚と旧条約・殖産興業

近代日本の海港のもっとも大きな特徴としては、都市と分離していることが挙げられる。日本は島国であるから、ほとんどの都市は沿岸部に位置している。それにもかかわらず、東京と横浜あるいは大阪と神戸といったように、海港は都市ではなく、その近傍に設置されている。

このような特徴は、列国とのあいだに結ばれた一連の修好通商条約交渉に起因するものである。一八五〇年代から六〇年代にかけて幕府と列国とのあいだの数次の交渉を経て、日本は五つの開港場と二つの開市場においてのみ通商を行うことが定まった。大都市に開港場を設置しなかった幕府の意図のひとつには、諸外国との通商を幕府が独占することにあったといわれる(1)。当時の日本経済の中心であった大坂には、幕府と敵対する可能性をもった雄藩の蔵屋敷が多数あったため、幕府としては大坂を開港することは認められなかった。また軍事上の理由から、江戸の開港も認められなかった。

経済的合理性に鑑みれば、輸送経路の結節点である海港は、大規模な生産地や消費地と近接していることが望ましい。陸上輸送よりも海上輸送の方が、概して輸送コストが低いからである(2)。ところが近代日本においては、通商条約締結時の事情により、大消費地である江戸（東京）や大坂（大阪）から離れた横浜と神戸が開港場に選定された。結果として日本では、江戸や大坂といった既存大都市も水運が盛んであったのにもかかわらず、そこからわずか数十キロメートルというごく短い距離を挟んで、新たな海港が置かれることになったのである。

もっとも、沿岸海運の中心であった江戸と大坂には、地形上の難題もあった。江戸湾・大坂湾いずれも遠浅であったために外洋を航海する大型汽船が入港できず、また風浪を遮るような山が付近になく開《ひら》けているために、船舶の碇泊や、貨物の揚げ卸しの際の安全性も懸念された。そのことは、幕府側の役人のみならず、日本を訪れた外国人が証言する通りである(3)。したがって江戸や大坂には、本格的な海港建設のためには大規模な浚渫や防波堤建設を行わなければならない、という難点もあった。

このように海港と都市が分離して形成されたことは、明治新政府発足後に交通網の中核として海港を整備しようとするとき、大きな障害となったように思われる。一八八〇年代半ば以降、帝都の表玄関の座をめぐって東京と横浜は競合関係となり、また同様の関係は一八九〇年代以降大阪と神戸とのあいだにもみられるようになる。

明治政府による海港整備は、一八八〇年代以降本格的に着手された。明治政府の最重要課題のひとつは殖産興業政策であり、その具体化のためには国内交通網の整備が不可欠である。国内交通網をめぐっては河川舟運をその基本と位置付ける内務省と、鉄道輸送をその基本とする工部省とのあいだで対立があったが、いずれにせよ交通網の結節点にあたる海港整備は必要であった。そのため一八八〇年代には中央政府・地方政府双方の手により海港整備が着手されることとなったのである。

一方で、一連の修好通商条約は、海港の立地問題のみならず、日本の海港行政そのものにも大きな影響をもたらした。条約を運用するにあたって領事裁判権が拡大解釈されたことにより、日本側が自由に海港行政を実施できない状況がうまれたのである。

各開港場に設置された外国人居留地では、警察をはじめとする日本側の行政権が制約されていたことは、周知の通りであるが(4)、それは海港行政においても同様であった。海港においては、船舶の出入港手続きや碇泊手続きなどを示した港則が制定され、港長を設置して港内船舶の指揮命令にあたらせる必要がある。条約では港則については地方長官と各国領事とのあいだで協議し、まとまらなければ日本政府と各国公使とのあいだで取り決めることになっていた[5]。しかし、ほとんどの開港場では両者による協議はまとまらず、一八九九年に条約が改正されるまで港則は制定されなかったのである。

とはいえ、日本の開港場は清朝の開港場のように列国の管理下に置かれたわけではなかった。それゆえ旧条約下の日本の開港場には、行政上のエア・ポケットが生じてしまう。かかるエア・ポケットは、その後の日本の海港行政を規定したように思われる。そこで本章では、開港場における行政上のエア・ポケットを埋めようとする日本政府の取り組みと、また同時期に中央・地方双方で試みられた海港整備の取り組みを跡づけていくことで、一八七〇～八〇年代における海港行政の展開を明らかにすることとしたい。第一節では、旧条約下の開港行政の実態について考察し、第二節では殖産興業の一環として取り組まれた海港修築事業について考察する。第三節では、開港行政及び海港修築事業の経験を踏まえて着手された、第一次横浜築港工事に至る過程を考察する。

一　旧条約と開港行政

港長と港則の不在

明治新政府による港則制定に向けた動きは、一八六八（明治元年。以下、本書では西洋暦に統一する）年に大阪を開市場から開港場へと変更した時点から始まる。大阪の開港場指定に伴って、大阪府判事兼外国官判事の五代友厚とイギリス・アメリカ・オランダ・プロシア各国領事とのあいだで「大阪開港規則」が合意された。新政府は、この規則をもとに全国の開港場の港則を統一しようと試み、同年一〇月には外務省が各開港場に対して同規則をもとに各国領事と協議を開始するよう通達した(6)。

港則制定協議がもっとも難航したのは、日本最大の外国人居留地を擁する横浜港であった。最初期に開港した箱館では、すでに一八五九年には箱館奉行と英・米両国の代表者の合意により「箱館港定則」が布告されていた。これは全九カ条からなるきわめて簡素なものであったために改正が図られ、一八六七年には「大坂開港規則」と内容がほとんど変わらない「箱館港規則書」が、箱館奉行と各国領事とのあいだで合意に達した。長崎においても、日本側の同意こそなかったものの、英米両国領事による独自の港則が布告されている。これらの港則はその内容に異同があり、また長崎では日本側の同意がないなどの点で問題はあったものの、一応港内の船舶が守るべきルールは示されていたといえよう(7)。

だが、日本最大の開港場であった横浜港では、未だ船舶が守るべきルールが存在せず、また港内全体を管理する港長も不在の状況であった。蒸気船の操縦には高度な技術が必要とされ、それらを指揮する港長の選任・港則の制定には外国側の協力が不可欠である。そこで、外務省からの通達を受けた神奈川県は、居留地でもっとも影響力があると考えられたイギリスの意向に配慮することで、港則の円滑な実施を試みた。

一八七〇年五月、神奈川県権判事井関盛良《もりとめ》は、イギリス海軍大佐であったパーヴィス（G. Purvis）を港長として雇い入れ、港則制定準備に取りかかる。同年七月には、パーヴィスが起草した「横浜港内規則」が各国領事に送付された。同規則は全二八カ条からなっており、碇泊場所の指定（第四条・第五条）や入出港手続（第三条・第六条）、伝染病患者乗組船舶への対処（第八条・第九条）などに関する港長の権限や違反者に対する罰則が定められた(8)。

ところが、同規則案に対して、イギリスとポルトガルを除く各国領事は反発した。アメリカ・ドイツなど七カ国領事は、港内における港長の権限が大きいことから、港長の選任方法についても地方長官と領事との協議の対象に含めるよう求めた(9)。また、この時点では態度を保留していたフランスも、一八七二年頃には七カ国と歩調を合わせて反対姿勢を示すようになる。

とくに強硬であったのは、アメリカである。駐日アメリカ公使デ・ロング（C. E. De Long）は「碇泊場之義彼是指図」されるのは不都合であると抗議に及んだ(10)。これに対して井関は、パーヴィスは港則制定のための調査に従事しているのみであり、「碇泊船等の義彼是指図いたし候義は無之」と反論しているが、実際にはパーヴィスは港内での伝染病患者乗組船舶への指示や船舶衝突事故の審判などを行っていたようである(11)。

七カ国領事が反発を示した背景には、横浜居留地における主導権争いがあった。一八六七年の横浜居留地行政権返還の際に、列国代表団の合意のもとに臨時取締長官に任命されたのは、イギリス領事館勤務のドーメン（M. Dohmen）であった。だが、とくにアメリカ・スイス両国領事などによる地代の不払いなどが相次ぎ、満足な居留地運営は行われなかった。翌六八年に実施されたドーメンの後任選挙では、イギリス人候補者ボイル（H. L. Boyle）を破ってアメリカ人ベンソン（E. S. Benson）が選出された。しかも得票数を国籍別にみた場合、イギリスを除くすべての国でベンソンが過半数をはるかに上回った。その居留民数の多さから横浜居留地行政の主導権を握ってきたイギリスであったが、一八七〇年頃にはその主導性にかげりが生じていたのである（表1-1）(12)。

表1-1　横浜居留地取締長官選挙国籍別得票数

国　籍	ベンソン（米）	ボイル（英）	ウィリアムスン（英）	シーア（英）	投票総数
イギリス	25	106	8	4	143
アメリカ	44	12	1		57
フランス	28	8			36
プロシヤ	20	13			33
オランダ	15	10	1		26
スイス	14	1			15
イタリア	13	1			14
ポルトガル	6	2			8
デンマーク		1			1

出典）『横浜市史』第3巻上，394頁。

したがって、七カ国領事の要求は、港長の選任過程に参画することに向けられる。彼らは、各国の船員は「神奈川海上在留中、横浜港之陸地在留之同国人と同様なる取扱」を受ける権利、すなわち領事裁判を受ける権利を有しており、その「権理之一分港長へ譲」る以上は、港長は「各国領事官之撰挙」によって選任されなければならない、と主張する。(13)

さらに一八七一年には、駐日ドイツ公使ブラント（M. von Brandt）から、新たな横浜港管理方法が提案される。(14)これは、旧条約では認められていなかった外国船からの噸税徴収を認め、この噸税収入をもとに港・灯台の管理を行うというもので、その管理はすべて日本の手に委ねるか、アメリカ・イギリス・フランス・ドイツ各国人から構成される国際委員会に委ねるものであった。大型汽船の管理を日本側単独で行うのは非現実的であったため、ブラントの提案は横浜港の管理を列国のもとにおくことを意図したものであったといってよいだろう。他の行政規則の場合と同様に、領事裁判権の拡大解釈によって、港則の制定にも制約が課せられていたのである。

しかし、井関にとってもっとも問題視されていたのも、まさに港長の選任権であった。井関は「港長を雇と雇はざるは吾政府の権に有之」(15)との立場をとっており、港長の選任過程に各国領事を参加させることは認められなかった。そもそもパーヴィスを雇い入れたのは、かかる介入を避けるためであり、港長として外国人を雇い入れるにせよ、その主導権はあくまで日本側になければならない。外国側の要望を主体的に取り入れることで介入を防ぐという井関の試みは、横浜居留地内の情勢を読み違えたことにより失敗に終わったのである。

その後、港則制定交渉は外務省レベルでの交渉に持ち込まれたが、船舶に対する指揮権は自国民の財産権の侵害にあたるとの立場をとる列国との相違は埋められなかった。(16)周知の通り、条約改正そのものは短期的には解決せず、したがって港則問題も短期的には解決できなかったのである。

その結果、各開港場では港長と港則が不在という状況が続くことになった。横浜港では一八七三年六月にパーヴィスの任期が満了した後は、港長職はおかれなかった。また、横浜港と同じく港則が制定されなかった神戸港では、イギリス人マーシャル（J. Marshall）を港長として雇用していたが、港長の選任過程への参加を列国側から求められることはなかった。しかし神戸港においても港則問題はやはり解決せず、七四年に完成していた神戸港港則も実施されることはなかった。[17]

神奈川県と横浜税関の試み

井関の試みが失敗に終わったことにより、横浜港には行政上のエア・ポケットが生じることとなった。それを埋めるべくさまざまな試みを行っていたのは、神奈川県と横浜税関であった。ところが旧条約下の開港場では、そのような試みも円滑には行われ得なかった。

外国船を対象に含んだ港則が実施できない状況をみて、神奈川県はまず日本船のみを対象にした港則を実施しようと試みる。一八七二年五月、神奈川県は「横浜港日本船碇泊規則」を布告する。[18] 同規則を実施するためには、日本船用の波止場を改修する必要があったが、神奈川県は列国の抵抗に遭う。当時の横浜では外国人居留地と日本人街とは分離されていたが、開港当初はそのような区分けはできておらず、その名残でフランス公使館・オランダ領事館・ドイツ領事館が日本波止場前に立地していた。規則制定に際して神奈川県は日本波止場の改修を試みたところ、これにフランス公使館が抗議したのである。しかもその理由は、フランス公使館からの眺望を妨げるという、実に些末なものであった。神奈川県は、「今般当港之規則取扱取極候ニ付テハ御国船ハ右規則ヲ循守難致差支筋有之、彼我之船舶ヲ分割シ互ニ支吾不致様、既ニ造築ニ取掛候」と、波止場の造成が日本船向けの港則制定のために必要な措置であることを強調し、眺望という理由「ヲ以テ当地一般之港則相立候ヲ今更替換仕候儀ハ難致候」と、フランス公使館からの抗議をしりぞけるよう外務省に対して上申している。[19]

このように、港則・港長の不在という状況は、船舶への指揮権のみならず、港内のインフラ整備など海港行政全般への制約となったのである。そして、かかる状況にもっとも困惑したのは、密輸・脱税を取り締まる税関であった。

旧条約では、税関に関する規則も、港則と同様に各国領事と協議して布告することが貿易章程（第一一則）で定められていたが、その範囲は必ずしも明確でなく、税関と各国領事とのあいだでは紛争が絶えなかった。しかも横浜税関は、神奈川県と同様に元イギリス領事ラウダ（F. Lowder）を雇い入れるなど、イギリスに配慮して税関規則を布告しようとしたためにやはり各国領事の反発を招くことになり、税関規則は布告されなかった。

税関規則の不在という状況に加えて、上下船施設が整備されていなかったため、税関による取締りは困難を極めた。当時の開港には大型船が接岸できるような岸壁はなく、旅客・貨物はすべて艀船によって陸地と連絡されていた。そのため、船舶の碇泊位置の管理や艀船の取締りは、税関にとって最重要課題のひとつであった。たとえば一八七三年九月の神戸港では、ドイツ商船カサントラー（Cassandra）号が税関の許可を得ずに艀船を利用したとして、神戸税関によって積荷の陸揚げを差し止められる事件が起こっている。[20] ドイツ商社は直ちに領事に訴え出たが、神戸税関長瓜生寅《はじむ》はこれに応じなかったため、事件は外交問題に発展した。

瓜生が強硬な姿勢をとった背景には、神戸税関が密輸取締り体制の強化に乗り出したところであったことが挙げられる。[21] この年八月には、神戸税関の許可を得ない限りは港内艀業者に外国船舶の貨物運搬を禁じた艀船規則を定めていた。しかし、この規則は日本人所有の艀船に対する規則であったため、各国公使の承認を得なければ外国人所有の艀船に適用することはできなかった。そこで瓜生は差し止めの根拠として大坂兵庫間引船等ノ規則の第七条「大坂或ハ兵庫ニ於テ免許有之御船ヘ荷物積込陸揚ノ儀ハ、日本政府ヨリ差図セシ波止場或ハ其為ニ日本政府ニ於テ免許有之伝馬船ニ限ルヘキ事」を持ち出した。すなわち、大阪から来港する小蒸気船からの積荷陸揚げを取り締まることと、港内碇泊船からの積荷陸揚げを取り締まることは同義だとして、神戸税関の行動を正当化するのである。[22]

瓜生の強硬姿勢を、大蔵省も後押しした。大蔵省事務総裁であった大隈重信は、外務省に対して「同港〔神戸港——引用者〕居留外国人の中、猥りに日本形艀数艘を所持し税関の免許を不得、各国諸船え貨物搬運或は自己の貨物を致輸送候者有之、其儘差許置候時は港内一般取締不相立、終に密商脱税の弊害醸出可致」と、艀船の取締りが密輸・脱税を取り締まるうえで重要な措置であることを強調して、神戸税関の行動を正当化した。しかし、外務省は密輸・脱税を取り締まる権限が税関にあることは認めたものの、そのために外国人の権利に関する規則を公布するためには外国側の了承が必要だとの立場を保持した。そのため大蔵省及び神戸税関は、ドイツ商社に対して賠償金を支払うことになった。[23]

一方、横浜港では波止場以外からの貨物の積み卸しは神奈川県布告により禁止されていた。横浜港には、一八五九年に築造されたイギリス波止場（東波止場）と一八六三年に築造されたフランス波止場（西波止場）の二つの波止場があったが[24]、実際には外国人の多くが自らの都合のよい場所に梯子をかけて船舶と陸地とを往来していた。

一八七四年四月には、両波止場以外の場所から上陸しようとしたイギリス人とロシア人を横浜税関が取り締まろうとしたために、外交問題へと発展した。イギリス領事は神奈川県布告は貨物の揚げ卸しを禁じたものであって旅客の上下船は禁止対象に含まれないと主張し、またロシア領事は神奈川県布告が各国領事の承認を得たものではないためロシア国民はしたがう必要がない、と主張した。結局、税関は各国領事を説得することはできず、波止場以外からの上下船を認めざるを得なかった。[25]

その結果、密輸・脱税取締りに対する横浜税関の関心は、横浜港の波止場整備へと向けられることになる。横浜港の二つの波止場は突堤延長が六〇間（およそ一〇九メートル）ほどであり、貨物の取扱量には自ずと限界があった。増え続ける貨物量への対応と、密輸・関税取締りの強化のため、大蔵省は大型船が接岸可能な埠頭の整備計画を立案する。一八七二年四月には井上馨大蔵大輔より、横浜港波止場築造伺が提出された。井上は「横浜港海岸干潮ノ時ハ遠浅相成、大船巨舶運搬自由ヲ得ス。依テ来港ノ船舶遠方ニ碇泊致シ候ニ付、監船吏ノ者共尋問往復冗費不少」[26]と、その意図を説明している。大蔵省の意図は、横浜港を巨大な防波堤で囲い込み、さらにその防波堤に船舶を接岸させることによって、港内船舶の監視や貨物の上下船を容易にすることであった。

大蔵省の伺は政府に受け入れられ、工部省により横浜港整備の設計が着手される。一八七四年三月には、工部省雇イギリス人技師ブラントン（R. H. Branton）による設計案が完成した。ブラントンは、大型船舶六隻・小型船舶九隻を同時に接岸できるように、横浜居留地前面の海岸より三三〇〇フィート（およそ九九〇メートル）と二四二〇フィート（およそ七二六メートル）の二本の防波堤を突き出す設計案を立てた。この二本の防波堤は接岸埠頭も兼ねており、防波堤内には最大で九〇隻の船舶が収容できる一一二エーカー（およそ一三万七〇〇〇坪）の繋船場を設けるものであった。翌四月には大隈重信大蔵卿より、ブラントン設計案にもとづく「横浜港大波戸場新築之儀ニ付伺」が太政大臣に提出された[27]。

しかし、大蔵省による波止場整備構想は、実現には至らなかった。大隈大蔵卿の伺に対して内務省土木寮が異を唱えたのである。ブラントンの設計案では、工事費用は総額およそ一〇八万円に及ぶものと計算されていた。内務省雇オランダ人技師ファン・ドールン（C. J. van Doorn）は、設計及び資材の見直しによっておよそ三一万円にまで圧縮できるとしたものの、しかし現段階で不完全な工事を起こすよりも、費用面を含めて機が熟するのを待つべきだと進言した[28]。

これは、ファン・ドールン個人の意見というよりも、当時内務卿であった大久保利通の意見でもあっただろう。後述するように、一八七四年頃には内務省は独自の河川・港湾の修築方針を確立し始めていた。それに加えて、この年のはじめには、不平士族による岩倉具視襲撃事件（赤坂喰違の変）や佐賀の乱が起こるなど国内の政情不安が高まっていた。大久保は、士族の不満を抑えるために同年五月には台湾への出兵を強行した。これらに要する軍事費を捻出するためには横浜港整備は当面見送らざるを得ない、との判断が内務省ではなされたのである。

これに対して大隈大蔵卿は、台湾出兵ですらも殖産興業政策の一環と捉えていた。台湾出兵を機として、対外軍事行動に不可欠である海上輸送力の強化を図り、それを平時の海運業へと転換させることを大隈は考えていた。そのために大隈は、一三隻（一万一九七四トン）にのぼる汽船をイギリスから購入した[29]。これらの汽船を活用するためには、当然海港の整備が必要である。一八七四年に提起された横浜港整備案は、横浜港における監視機能強化を目指したものであると同時に、大隈による日本海運の対外進出策のひとつでもあった。

しかし、巨額の財政負担を伴う大隈の海運政策は、政府内外からの批判も多く、また駅逓寮が担っていた内務省の海運政策とも衝突するものであった。台湾出兵・大阪会議を経るなかで、大隈に対する緊縮財政派の攻撃は次第に激しさを増し、それは海運行政の主導権を内務省へと引き渡す結果をもたらした[30]。大隈による横浜港整備案は却下され、また海運行政も内務省へ一元化されることとなった。そして、一八八一年には大隈自身が失脚し、松方正義による緊縮財政路線がとられたことで、大蔵省による横浜港整備要求は以後しばらく収束することになる。

以上のように、一八七〇年代前半の横浜港では、列国との条約の制約を受けていたために、海港行政の担い手が不明確な状態が生じていた。そのなかでもっとも熱心に海港行政に取り組まざるを得なかったのは、大蔵省であった。大蔵省は、横浜港における貿易量増大への対処と密輸・関税取締り強化のために、横浜港の整備計画を立案した。それは、日本海運の対外進出策の一環でもあったが、対外貿易を重視した大蔵省の海港行政への取り組みは、土木行政を所管する内務省によって阻まれることになったのである。

二　殖産興業と海港修築——野蒜・宇品・門司

総合交通網構想の対立——内務省と工部省

横浜港整備には反対した内務省ではあったが、海港整備に関心がなかったわけではない。開港場の整備は旧条約の制約もあって容易には着手できなかったが、国内交通網整備の一環として、内務省は海港（不開港場）整備に着手している。本節では、一八七〇年代から八〇年代にかけて、国内問題として海港が修築される過程をみていくことにしたい。

周知の通り、大久保利通内務卿により推進された殖産興業政策においては、国内産業を育成するための交通インフラの整備がひとつの柱となっていた。[31] 一八七一年末より岩倉使節団の一員として欧米列国を歴訪した大久保は、帰国後の七四年に殖産興業政策を建議した。[32] これは、地形や自然条件が類似したイギリスをモデルとして、海運保護を通じた国内工業の育成を提案したものである。それゆえ、大久保は水運・海運を中心とした国内交通網の整備を構想していく。

内務省の交通網構想を支えたのは、オランダ人技術者であった。岩倉使節団出発以前の一八七〇年末には、すでに国内水運網整備のために、当時世界最高の技術水準にあると信じられていたオランダからの技術者招聘が決定されており、一八七二年二月には先述のファン・ドールンとリンドウ（I. A. Lindo）が来日していた。欧米歴訪から帰国した大久保は、オランダ式の水運網を全国的に展開させるため、さらにエッセル（G. A. Escher）やデ・レーケ（J. de Rijke）など第二次オランダ技師団の招聘を決定する。[33]

水運を中心にした内務省土木寮の交通網構想は、一八七四年頃には確立したようである。一八七四年二月には、土木権頭石井省一郎が「水政ヲ更正スル議」を提出している[34]。これは、米穀や木材など重量品の輸送における水運の優位性を強調し、オランダの河川政策にならって全国的な水運網を構築することを訴えたものである。関東・関西の主要水路である利根川・淀川の改修から着手し、続いて信濃川・木曽川へと対象を拡げていくことが計画されていた。

以上のような内務省土木寮の交通網構想にしたがい、オランダ人技術者らは、利根川・淀川をはじめとする全国各地の河川及び海港を視察し、改修計画を立案した。たとえば大阪築港の計画立案のために招聘されたエッセルは、七三年に淀川水系を調査した後、七六年には鳥取から福井をまわり、千代川～賀露港及び九頭竜川～坂井（三国）港の改修計画を立案した。さらに七七年には、利根川と信濃川の改修計画を立案している[35]。

内務省による全国交通網構想は、それまでの鉄道を中心とした交通網構想を否定するものであった。明治初年以来、日本の国内交通網構想は、財政面による動揺はあったものの、基本的には鉄道建設を中心とする構想が共有されていた。一八六九年一二月には東西両京間に鉄道を布設することが廟議決定され、翌年にはイギリス人雇技師ブラントンの手により、東京～横浜・京都～神戸・琵琶湖近傍～敦賀の三路線の測量及び設計が着手された。翌七〇年に工部省が設置されると、鉄道建設は工部省のもとで推進されることとなった。東西両京間を鉄道で結び、その幹線に横浜・神戸・敦賀といった主要海港を接続することが、発足当初の明治政府の交通網構想であった。

ブラントンは、明治政府に初めて雇用されたシビル・エンジニア（民間土木技術者）であったが[36]、その主な任務は全国の沿岸を測量して灯台を建設することであった。そのためブラントンは、在任中の八年間で五つの開港のほか全国の灯台設置海域を測量した。さらに大蔵省や大阪府などの求めに応じ、先述した横浜港をはじめ、大阪港と新潟港の測量と築港設計を行っている。これらの築港計画はいずれも実現しなかったが、鉄道建設計画及び航路保持のための灯台建設計画とともに進められたものであった。

しかし、先述したように、一八七五年には大久保利通内務卿と大隈重信大蔵卿によって海運保護政策が本格化する。七五年一月、大隈は「収入支出ノ源流ヲ清マシ理財会計ノ根本ヲ立ツルノ議」において、鉄道建設の中断と鉄道事業の払い下げを主張した(37)。財源に限りがある以上、海運保護策と鉄道建設は両立せず、大隈にとっては海運保護策の推進は、同時に鉄道建設の凍結を意味したのである。

さらに大久保は、オランダ人技師団が働きやすい環境を整えるため、工部省雇のイギリス・フランス人技師の解雇に踏み切る。すでに一八七〇年代より明治政府内部でオランダ人技師団とイギリス人技師団とのあいだの対立は表面化しており、土木政策の推進に弊害をきたしていた。かかる状況にかんがみ、大久保は一八七五年一二月には雇外国人を削減する方針を打ち出し、ブラントンら工部省雇イギリス人技師は帰国を余儀なくされる(38)。

当然ながら、工部省の技術官僚らは内務・大蔵両省の方針に反発した。だが、政府首脳が海運保護策に転じた以上、彼らは鉄道建設の推進のためには内務・大蔵両省の交通網構想に即したかたちで、自らの鉄道政策を改変しなければならなかった。一八七五年以後、工部省は水運による内国交通網を補完するものとして、鉄道政策を位置付け直していく。すなわち、東西両京間をつなぐ幹線鉄道の建設は当面断念し、太平洋側の海港と日本海側の海港、あるいは海港と内陸を結ぶ交通網としての鉄道の役割を強調するのである(39)。

一八七六年二月には、工部省鉄道頭井上勝が琵琶湖水運を利用した敦賀線の早期着工を、工部卿伊藤博文に対して迫っている(40)。北日本の海産物や農産物を運ぶ日本海の沿岸海運の最大の障害は、若狭湾から京阪地方へといたる陸路であった。翌七七年には、すでに着工中の京都〜神戸間鉄道が完成予定であり、敦賀線の完成によって日本海沿岸航路と太平洋沿岸航路とをつなぐことが可能になる。また中山道鉄道とその支線により主要海港を結ぶことで、両京間鉄道の必要性も主張しつづけた。工部省は、水運では代替し得ないこれらのルートの重要性を強調することで、鉄道建設事業の存続を図ったのである。

いずれにせよ、一八七〇年代半ばには内務省と工部省によって、それぞれ海港を結節点とした総合交通網が構想されていたといえよう。そしてそれは、一八七八年より起業公債事業の一環として着手されることになる。一八七八年三月、大久保内務卿より「一般殖産及華士族授産の儀に付伺」[41]が、大隈大蔵卿より「内債募集に関する太政官への上申案並布告案」[42]が、それぞれ三条実美太政大臣に宛てて提出された。これは、予算総額一〇〇〇万円の内国債を発行することによって調達した資金をもとに、農地開墾・鉱山開発・交通網整備などの事業を行うことで国内産業の育成・輸出の増進を図ることを目的としたものであった。起業公債事業と呼ばれる一連の事業は、維新の際にもっとも激しい抵抗を示した東北地方の不平士族を慰撫することも意図されており、野蒜《のびる》・新潟・那珂・東京の四港を拠点として、東北から関東をつなぐ交通網の形成を目指したものであった（図1-1）。

起業公債事業のうち、内務省に配分された予算額は四二〇万円であり、そのうち土木費は一二〇万円であった。大久保は、これを野蒜築港に約二五万円、新潟港改修に約三六万円、清水越（群馬〜新潟間）道路開削に約二九万円、宮城〜山形間新道開削に約八万九〇〇〇円、岩手〜秋田間新道開削に約九万三〇〇〇円と配分し、以上の構想を実現しようと試みた。

野蒜港は、岩手・宮城地方を縦貫して仙台湾に流れ込む北上川河口の西およそ二〇キロメートルに位置する海港である。内務省土木寮は、北上川及びその支川の舟運を利用して岩手・宮城を中心とする東北地方全域の産出品を仙台湾に集め、そこから沿岸海運網を利用して国内各地へと輸送しようと考えたのである。また信濃川と阿賀野川の水運が利用できる新潟は、南東北から信越地方に至る交通の要であった。

内務省土木寮の全国的交通網構想に、内国水運を担う三菱会社も応じる。[43]三菱会社は、一八八〇年一二月には野蒜支社を設置し、さらに翌八一年九月には牡鹿半島の萩ノ浜に大規模な倉庫建設を計画した。[44]また新潟港においても、一八七九年には三菱会社の支援のもとに新潟産米の廻送と販売を担う新潟物産会社が設立されている。八〇年

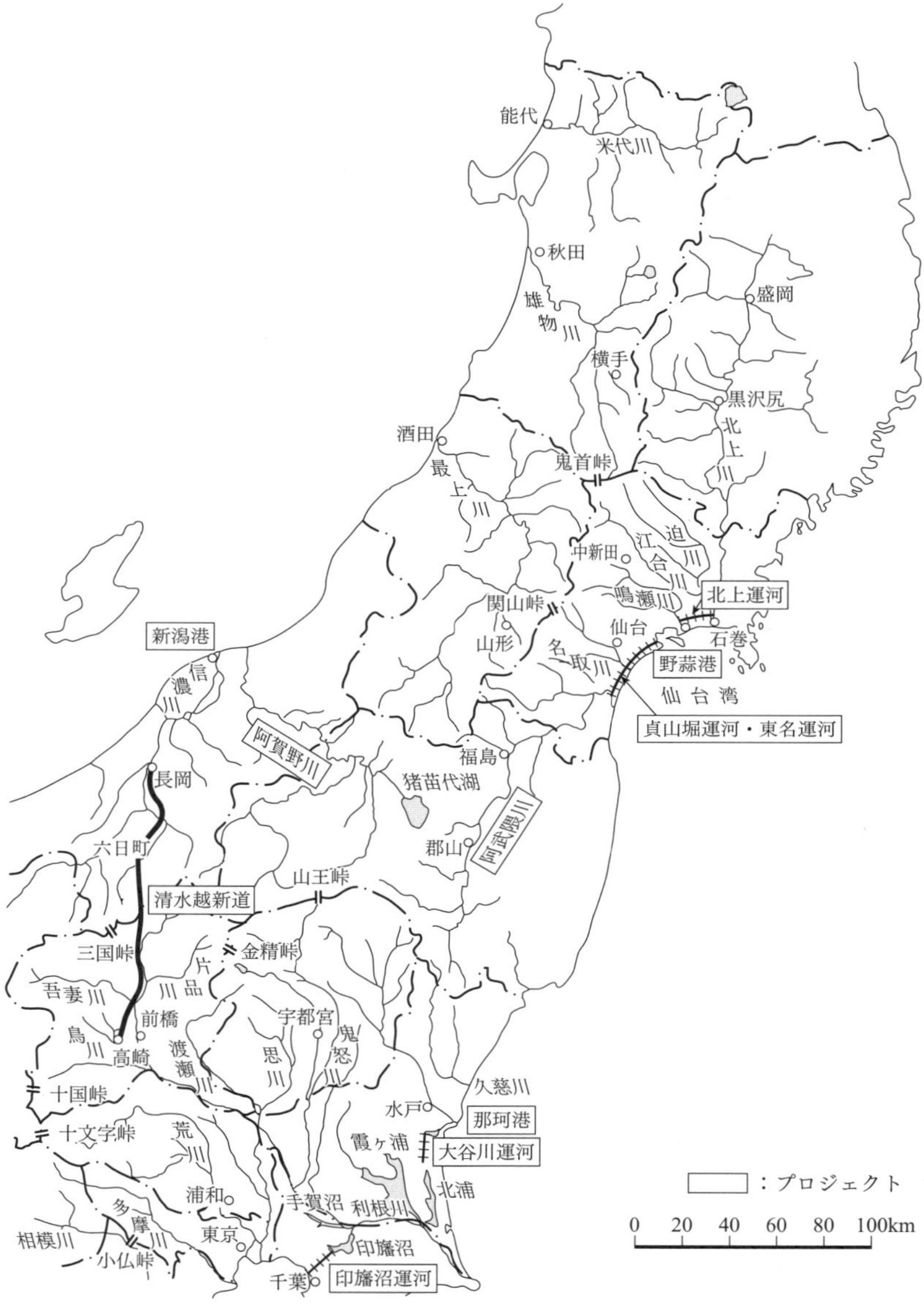

図 1-1　大久保利通の東日本開発構想

出典）土木学会編『古市公威とその時代』110 頁。

一〇月には、三菱会社は新潟を寄港地とする大阪〜小樽航路を開設した。

野蒜港と新潟港を中心とした交通網構想は、当面は国内水運網の拡充を意図したものであったが、将来的には海外貿易の拠点とすることも視野に入れたものであっただろう。一八七二年にワシントンで行われた条約改正交渉では、新規開港の候補地として仙台湾の石巻と敦賀が挙げられている(45)。すでに六九年より開港していた新潟港は、貿易実績はほとんどなかったものの、七九年には新潟物産会社が米・麦のウラジオストクへの輸出を試みるなど海外進出の意図はうかがえる。ウラジオストクではそれほど大きな米・麦の需要はなく、新潟物産会社の試みも長続きはしなかったが、野蒜・新潟両港では米穀その他の物産の直輸出も意図されていたものと考えられる(46)。

一方で起業公債事業では、工部省にも四二〇万円が配分されており、工部省はそのうち約二一〇万円を京都〜敦賀間鉄道建設に、さらに約六千円を東京〜高崎間鉄道測量費に振り向けた(47)。内務省が東北開発に関心を向けていたのに対し、工部省は京阪神地域の海陸連絡に重点を置いていたといえよう。

ところが工部省の海陸連絡構想は、紆余曲折を余儀なくされた。工部省鉄道寮の思惑とは別に、井上馨工部卿ら政府首脳によって東北鉄道建設などが着手されたからである。

起業公債事業では、海陸連絡機能を重視する立場から、工部省鉄道寮にとっては京都〜敦賀間鉄道が最優先課題であった。京都〜敦賀間鉄道は、当初は京都〜大津間と塩津〜敦賀間を鉄道でつなぎ、大津と塩津の間は琵琶湖水運によってつなぐ構想であった。これに対して工部卿井上馨が塩津〜敦賀間鉄道の収益性に疑問を呈し、その結果として塩津〜敦賀間が長浜〜敦賀間に変更された。収益性を重視する井上馨は、さらに高い収益が見込まれる東京〜高崎間鉄道の予定を繰り上げ、京都〜敦賀間鉄道と同じく一八八〇年に着工を決定した。東京〜高崎間鉄道は将来的には青森港まで延伸されることが計画されていたものの、工部省鉄道寮にとって東京〜高崎間鉄道建設は海陸連絡を重視する従来の方針から逸脱するものと考えられた(48)。さらに同路線の建設が、工部省ではなく日本鉄道会社によって民営される方針が固まると、鉄道寮は反発を強めていくのである[49]。

以上のように、内務省と工部省のいずれも海港を結節点とした総合交通網を構想していたものの、工部省は海港整備にまで関心と予算を向けることはできなかった。その背景としては、一八七〇年代半ば以降ブラントンをはじめとする工部省雇外国人が相次いで解雇されたことにより、工部省からその技術が失われていたことが指摘できるだろう。かくして、一八七〇年代後半の海港建設は、内務省の総合交通網構想にしたがって実施されることとなる。

国家事業としての野蒜築港

内務省の交通網構想の中心に置かれたのは、野蒜であった。北上川河口の石巻ではなく野蒜の地が選ばれたのは、主として技術上の理由からであった。河口港は、河川舟運を利用して後背地との交通を円滑に行うことができるメリットがある反面で、河川から絶え間なく土砂が流れ込んで堆積するために、港内の水深が維持しがたいというデメリットがある。計画の具体化を命ぜられた内務省雇技師ファン・ドールンは、この点を考慮して石巻ではない地点を選定しなければならなかった。

ファン・ドールンは、石巻と、仙台湾のもうひとつの経済的中心である塩釜のほぼ中間に位置する野蒜を、海港建設地として選択する。野蒜から塩釜へは松島湾を経由して舟運が可能である。石巻から野蒜に至る北上運河を併せて建設することで、河川舟運のメリットを損なうことなく、東北地方全域を包摂する交通の一大中心点を野蒜に建設しようと試みたのである[50]。計画の具体化にあたってファン・ドールンは、大久保の構想を忠実に表現したといえよう（図1-2）。

大久保の開発構想に、宮城県も呼応した。宮城県では、一八七三年には石巻港整備のために技師派遣を内務省に要請するなど[51]、元来は石巻港整備が計画されていたようである。だが、内務省による野蒜築港が決定されると、野

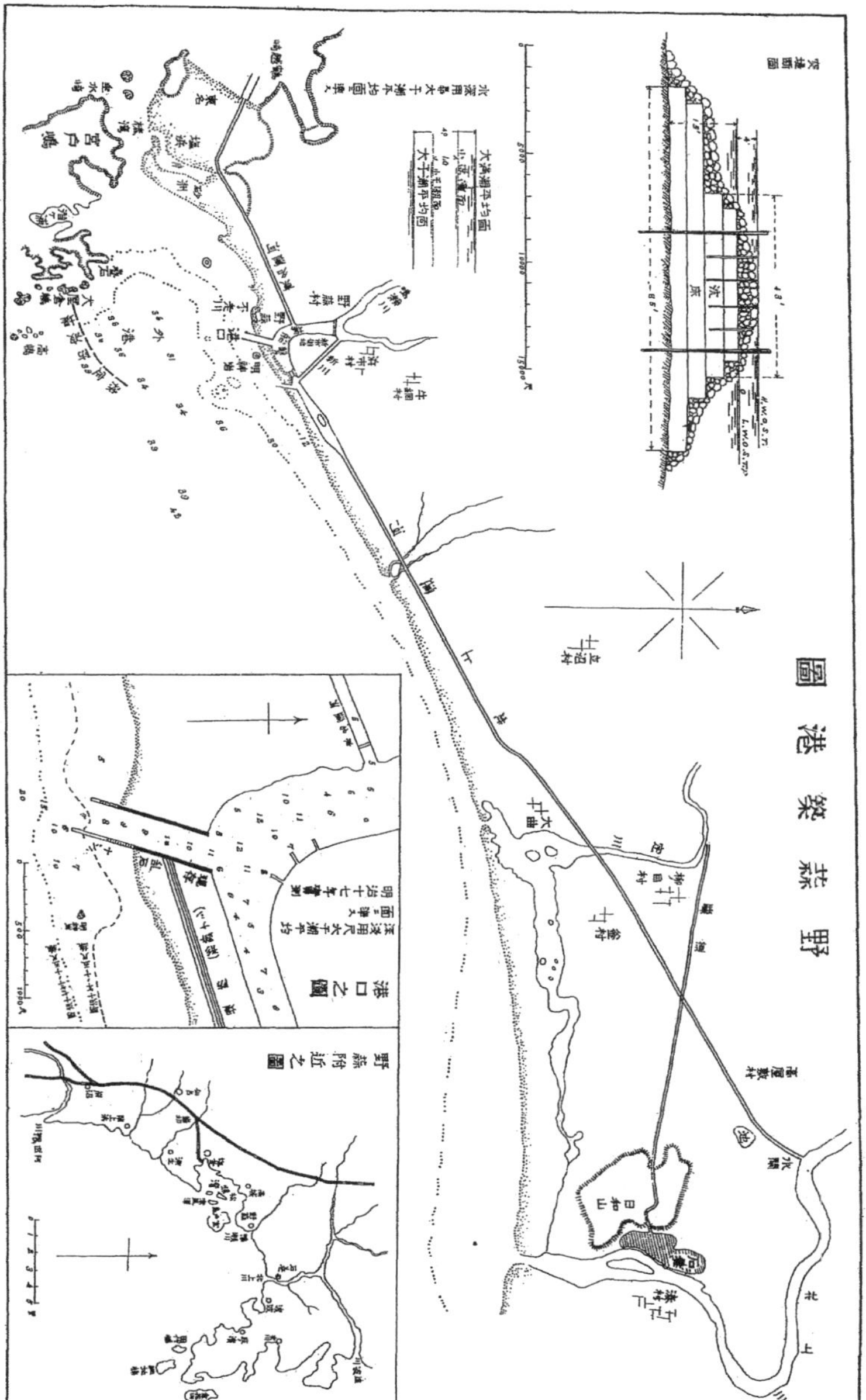

図1-2　野蒜築港図

出典）『日本築港史』附図。

蒜を中心とした交通網構想が計画される。一八八三年の宮城県会では、総工費六八万四六〇〇円にのぼる事業計画が了承された。この計画のなかでとくに大規模であったのは、松島湾から阿武隈川へとつながる貞山運河を開削するものである。これにより、野蒜から阿武隈川舟運へと河川交通がつながることになる。さらに運河交通のあいだをつなげるように道路網を整備することで、大久保の構想を具体化しようと地域社会の側も応えるのである。[52]

かくして一八七八年七月、東北地方の新たな経済的中心を目指して野蒜築港は着手されることになる。第一期工事の主な内容は、野蒜の地での船舶の繋船場（船溜まり）の設置、そこから北上川へ通ずる北上運河の開削、そして野蒜の都市機能整備のための市街地造成の三点であった。ファン・ドールンの試算によれば、市街地造成を除いた第一期工事の予算額は一七万一〇〇〇円である。繋船場には最大で日本船三〇〇艘を収容することを想定しており、干潮時水深が一四尺（およそ四・二メートル）、突堤延長は一五〇〇尺（およそ四五〇メートル）という規模であった。[53]

ところが、当初予算を大幅に上回る総額およそ六七万円が投じられた同事業は、失敗に終わった。工費が膨れあがった主な理由は事前調査の甘さと物価の上昇にあったが、工費の問題は致命的ではなかった。内務省は追加予算を投じて一八八二年一〇月には、突堤と北上運河の完成にこぎつける。[54] 致命的であったのは、技術面での限界であった。完成した野蒜港の繋船場には常に南あるいは南東からの風が吹き付けるために安全性が確保できず、また繋船場内には土砂が堆積したために水深を維持するのも困難であった。さらに一八八四年秋の台風により繋船場を囲う突堤そのものが破壊されたことで、繋船場内の水深が維持できなくなり、野蒜築港は断念されるのである。[55]

交通網の中核として想定されていた野蒜築港が失敗に終わったことにより、内務省は仙台湾における海港立地の見直しを余儀なくされる。だが、それは容易なことではなかった。一般に、海港に適した地理的条件としては、風浪を防いで船舶が安全に碇泊できること、充分な水深がありかつ潮汐差が少なく船舶の接岸が容易なこと、また地盤が固く都市建設が容易な点の三点が挙げられる[56]。政治的・経済的要因を排してこの三点のみを考慮すれば、海港立地は山や丘に囲まれた入り江が好ましく、そして仙台湾北岸にはそうした入り江が多い。それゆえ、政治的リーダーシップと技術的妥当性が失われれば、その立地選定をめぐって迷走することは避けられなかった。

明治政府で圧倒的な指導力を誇った大久保利通内務卿は一八七八年五月に暗殺され、また突堤工事の失敗のために外国人技師による立地選定には技術的な妥当性が失われた。野蒜港の突堤が破壊された翌年の一八八五年七月には、内務省は野蒜に代わる候補地として女川の調査を開始するが、女川以外にも多くの候補地が仙台湾内にはある。以後、仙台湾においては女川・塩釜・石巻などの複数の候補地のなかで、整備する海港を決めることができない状態が、一九〇〇年代まで続くのである。

「牧民官」による交通網整備

中央政府による総合交通網構想は、大久保の死と野蒜築港の失敗により断念されることとなったが、地方レベルにおいては、その後も地方長官による交通網整備の取り組みが推進された。

明治維新以前の地域社会における人的資源や資本の蓄積と、各地に広がっていた富国論との融合によって、一八八〇年代には全国的に地方独自の工業化が試みられていた[57]。そして、全国的に展開された地方における工業化の試みのなかでも、やはり交通網構想は重要課題であった。大久保の総合交通網構想と比べれば小規模ではあるものの、海港と海港を中心とする交通網を整備することで経済的な求心力を生み出そうとする試みは、各地においてなされたのである。

公共インフラである交通網整備の旗振り役となったのは、各地の地方長官である。彼らの多くは、みずからを中央政府の単なる出先ではなく、地域社会を先導する「牧民官」として自認しており、かかる使命感を背景として、彼らは独自の地域開発政策を推進し、またその一環として交通網整備にも乗り出していく。[58]

しかし、各地の牧民官が交通網整備に乗り出すときに必ず直面したのは、財源の問題であった。その際に地方長官がまず考える対策は、中央政府からの補助金を調達することである。一八八〇年代は、国庫補助金のあり方が大きく変質を遂げた時期でもあった。一八七〇年代までの土木事業は、近世以来の「旧慣」から脱しきれないでいた。社会インフラ整備事業に対する旧藩のあり方は各地によって異なり、それを全国的に統一するには政治的リスクが高すぎたのである。だが、旧領主の負担を新政府がいつまでも引き受け続けることはできない。一八八〇年には四八号布告により「官費下渡金」が全面的に廃止されることとなった。一方で、中央政府は各地の地域社会を統率する必要もあり、そのために国庫補助が活用されることとなった。一八八一年以降、まず災害土木補助の名目で国庫補助が行われるようになり、それは漸次拡大していった。[59]

財源の問題に直面した地方長官がとる第二の対策は、民間資金の活用である。明治政府は、当初より民間によるインフラ整備に期待していたようである。それは、県営事業に対する民費支出や寄付金の募集ということだけではなく、その経営を民間に委ねるという期待も含まれていた。そのことは、日本における港湾関連の最初の法令だとされる「道路橋梁河川港湾等通行銭徴収ノ件」(明治四年、太政官布告第六四八号)にも示されている。これは、「有志ノ者」が道路や港湾などの施設整備をした場合には、その投下資本回収のための利用料徴収を認めたものである。[60]したがって、地方長官は、県営事業のみならず、民営による港湾整備にも大きな期待をしていたといえよう。

そこで、以下では一八八〇年代に地方長官の主導によって取り組まれた二つの築港事業——宇品築港(県営)と門司築港(民営)を検討することとする。

千田県令と宇品築港

一八八〇年に広島県令に任命された千田貞暁《せんだ》も、他の多くの牧民官と同様に、地域の交通網を整備することで殖産興業の基礎を築こうと試みていた。そして、その交通網の中核として位置づけられたのが、瀬戸内海沿岸の宇品である。

広島城下に位置する宇品に海港を建設する試みは、千田の赴任以前の一八七八年頃より、広島県事業として計画されつつあった。千田は、宇品築港計画に加えて、宇品を中心とした陰陽連絡三県道整備を提示する。日本海側の浜田・松江につながる三本の道路（広島〜可部〜浜田、広島〜可部〜松江、広島〜三次〜松江）を整備することで、地域の発展を支える交通網を構築しようと、千田は試みたのである。[61]

宇品築港においては、その立地は問題とされなかったようである。中世以来、広島は中国地方の政治的・経済的中心であり、また宇品の位置する太田川河口はその物流の拠点であった。宇品周辺は、千田による築港計画以前から地域交通網の中核をなしていたのであり、修築そのものの是非を問う声はあっても、[62]その立地の是非を問う声は起こらなかった。

とはいえ、宇品築港も、順調に進んだわけではない。宇品築港の前に立ちはだかったのは、財源問題であった。宇品築港計画は、突堤建設による繋船場の整備・宇品から広島市街へ通ずる車道整備・干拓による農地整備の三つの柱からなっており、内務省雇オランダ人技師ムルデル（A. T. L. R. Mulder）の試算によれば、突堤建設と農地整備のみで総額一八万円にのぼるとされた。[63]これは、先の野蒜築港第一期工事の当初予算額とほぼ同程度の規模である。一八八一年の広島県の歳入はおよそ一五〇万円に過ぎない。[64]すでにその費用がおよそ二四万円と見込まれていた三県道整備に着手しつつあった広島県にとって、これは過重な負担であった。

そこで千田は、宇品築港には県費（地方税）は投入せず、すべての費用を士族授産金及び国庫下渡金によって調達しようと試みる。そのためには、修築費用の切り詰めも必要であった。千田は、当時開発されていた人造石を土石の代用品として採用することにし、人造石を開発した服部長七を工事監督に雇用する。服部は人造石を用いた場合の設計案を作成し、また土石については地方有志者より現品を寄付させることでさらに予算を圧縮し、最終的には総額八万七一〇八円余で予算案が確定する。このうち四万九三一〇円余は埋立地売却益によって償却し、残りは士族授産金及び国庫下渡金にて支弁する計画であった[65]。一八八四年五月、内務省より事業着工の認可が下り、同年九月には工事が開始された。

しかし、宇品築港が本当に苦しい状況に陥るのは、工事着工後のことだった。堰止め部分の相次ぐ崩壊などによって工費は膨れあがり、当初の予定よりも六万七〇五〇円余も超過してしまったのである。だが、県費を投入することはできず、また民間からの寄付金も思うようには集まらなかった。そこで千田は、内務省に対して国庫補助を申請せざるを得なかった。内務省は、一八八六年一一月には総額二万一七六二円の国庫補助を認めたが、それでも工費は足りず、八八年に再び千田は三万五六〇三円の国庫補助申請を行う。二度目の国庫補助申請は却下されたものの、千田は再度申請し、自らの減俸と引き換えにようやく国庫補助を獲得することができた[66]。

かくして千田が「牧民官」として取り組んだ宇品築港事業は、一八八九年一一月に竣工した。だが、その総工費は当初予算を大幅に上回り、三〇万一四二円余にのぼった。宇品築港によって出現した総面積六二万四〇〇〇坪に及ぶ埋立地は、後の日清戦争の際の輸送基地として活用され、広島が軍都として発展していく礎となったが、その代償もまた大きかったのである。

海港修築は河川改修と同じく工事の難易度が高いため、宇品築港も野蒜築港と同様に当初の予定通りには進まなかった。それゆえ海港修築工事には、多額の資本が必要とされたが、それだけの負担をまかなえるほどの資本力が、当時の地域社会には未だ蓄えられていなかったのである。

安場県令と門司築港

地域社会の限界を、千田とは異なる方法で解決したのが、一八八六年に福岡県令として赴任した安場保和である。安場は、岩倉使節団に随行した経験をもち、大久保利通と同様に殖産興業政策とそのための交通インフラ整備の重要性を痛感した一人であった。また、安場は福岡県令赴任以前には日本鉄道の設立にもかかわっており、民間資本を交通事業へ誘導することで、経済対策と交通インフラ整備の二つの目的を果たそうと考えていた人物である。[67]

福岡県令としての安場が目を付けたのは、当時福岡・熊本両県の有志で検討されていた九州鉄道計画であった。一八八二年頃から計画されていた福岡県有志による鉄道構想は、本州との連絡口である門司港と、熊本県令富岡敬明によって築港が実施されていた三角港とを結ぶものである。[68] 門司が選ばれたのは、本州との距離がもっとも短い地点であること、また九州北部の国道の起点であった大里付近の海流が激しく船舶の航行が難しかったためである。[69]

九州鉄道計画において地方長官に期待されたのは、福岡・熊本両県ともに激しいものであった地方政派との対立を調整して、鉄道敷設構想を具体化させていく役割であった。また、複数の県にまたがる事業であるため、県令同士の意思疎通も重要であった。結局、同計画は、福岡・熊本両県に佐賀県も加えた三県をまたがる形で具体化されていく。[70]

九州鉄道計画と並行して、その起点である門司港の整備も、安場の主導によって具体化されていく。安場は、一八八六年には門司港の測量に着手し、翌八七年一一月にはムルデルと協議して測量の信頼性を高めている。そして、同年末には内務省技師石黒五十二による門司築港設計案が確定する。その設計案は、一万三七八七坪を埋め立て、埋立地の周囲に運河や船溜を設けるもので、総予算は三九万九八三五円二八銭である。[71]

問題は、やはり財源であった。築港の着手に先立って、安場は大里〜門司間の県道整備計画を立てていたが、これは一八八六年の県会で否決されていた。築港を県営事業として着手しようとしても、それが許される状況ではなかった。そこで安場は、鉄道計画と同様に、築港も民間資本の導入によって完成させようと考える。

しかし、総額がおよそ四〇万円にのぼる工費を地元財界のみでまかなうのは、やはり困難であった。安場の築港計画と並行して、下関の企業家豊永長吉が門司築港計画を立てていたが、その規模は安場の計画の半分ほどに過ぎない。(72) 当時の門司は塩田が広がるだけの寒村に過ぎず、後の時代から想起されるほど石炭業も栄えてはいなかった。そのため地域社会で調達できる資本には、自ずから限界があったのである。

そこで安場は、渋沢栄一などの中央財界を取り込もうと考える。話をもちかけられた渋沢は計画に賛同し、大倉喜八郎・安田善次郎・浅野総一郎らとともに資本参加する意向を示した。(73) これを受けて安場は、新たに立ち上げる築港会社への合流を豊永らに打診し、合意を得ると一八八九年三月に門司築港会社を設立した。資本金二五万円のうち一〇万円は、渋沢・大倉・安田・浅野による出資である。門司築港会社は同年七月より埋立工事を開始し、九年後の一八九八年にはすべての工事を完了した。同社は、全工事の完成に伴い翌九九年三月に解散したが、一株当たりの配当金もおよそ二三〇円にのぼるなど、その営業成績は良好であった。また造成した埋立地も、石炭商を中心とする出資者に配分され、門司が石炭の一大輸出港となる礎を築いたといえよう。

門司築港会社の成功は、全国的にみれば特異な事例であった。渋沢らが工事に乗り出した背景には、筑豊炭の産出地としての門司の将来性をかっていたからであろう。築港会社が設立された八九年には、門司は特別輸出港に指定され石炭輸出港として急成長をはじめる。海港を中核とした交通網を整備しようと試みた点で、安場と千田は共通するが、門司の場合には中央財界からの資本獲得に成功したために、国庫補助を獲得する必要がなかったのである。

石炭の一大産出地であった九州には、以上のような理由で、民営港が多く建設されることとなった。門司と同じく筑豊炭の積み出し港として建設された若松港（一八九〇年着工）や、三井鉱山の積み出し港として造成された三池港（一九〇二年着工）などが、代表的なものとして挙げられるだろう。また、石炭積み出し港ではないものの、博多においては一八七〇年代より複数の民営による築港計画が立てられた[74]。

以上のように、一八七〇年代半ばから推進された殖産興業政策は、交通網の結節点としての海港建設をうながすことになった。しかし、それらは資金面と技術面の双方で、限界を抱えたものでもあった。当時の日本には大規模な埋立や防波堤を建設する技術力はまだなく、それゆえ海港建設は断念されるか、工費が大幅に膨れあがることになった。また、宇品や門司などの各地で着手された築港事業は、主として埋立地の造成が目的であり、船舶の碇泊や積荷の揚げ卸しのための施設を整備するものではなかった。かかる意味での本格的な築港は、一八九〇年に着工された第一次横浜築港がその端緒となる。

三　海港修築をめぐる競合——第一次横浜築港

東京築港論と首都計画

第一節でみたように、旧条約下の開港では、海港修築が困難な状況にあった。そのような状況で、第一次横浜築港を後押しする契機となったのは、一八八〇年代に展開された東京築港論である。本格的な東京築港論を初めて打ち出したのは、自由貿易主義者として知られる田口卯吉である。自ら主筆を務める『東京経済雑誌』上で田口が東京築港論を主張し始めるのは、一八七九年のことである。田口は、八月に「船渠開設の議」を、また翌年八月に「東京論」を掲載し、上海・香港に対抗しうるような一大海港都市を東京に建設することを訴える[75]。

田口は、アメリカとアジアは世界でもっとも物産・人口の豊富な地域であり、両地域の交易が盛んになれば日本はその中継基地として発展する可能性を秘めている、という。この考えの背景には、イギリスの発展の要因が「欧州大陸ノ貨物ヲ積ンデ之ヲ他ノ大州ニ販売シ、他ノ大州ノ貨物ヲ積ンデ之ヲ欧州ニ販売スルニ此レ由ル」とみていたことがある。日本を「東洋ノ英国」とみなす考えは、大久保や大隈の殖産興業政策と通ずるものである。だが田口は、大久保や大隈とは異なり、国内の産業化のみを目指しているわけではない。国内の産業化を最終的な目標に掲げつつも、「一国ノ富強ヲ致スハ中心市場トナルヨリ急ハナシ、英国ノ富強ヲ以テ天下ニ誇視スル所以ノモノハ其国物産アルニアラザルナリ」と、世界交通網のなかで中継貿易機能を担うことで、富国を実現することができると、田口はいうのである。

大久保や各地の地方長官が国内交通網の中継地点としての役割を各地の海港に期待したように、田口は世界交通網の中継地点としての役割を海港に期待したといえよう。したがって、日本の海港にもその役割に耐えうるような設備が必要とされる。田口は、既存の五つの開港場において「皆艀船ヲ用イルニアラザレバ貨物ヲ上下スル能ハズ、艀船ヲ用ヒテ貨物ヲ上下セバ貨物傷損セザルヲ得ズ、特ニ貨物ノ損傷ニ止マラズ決シテ巨大ノ貨物ヲ運搬スルニ能ハズ」と、艀荷役に頼らざるを得ない状況を批判する。

世界交通網における貨物の中継機能を発揮するためには、貨物を迅速かつ安全に取り扱うことのできる起重機・上屋・倉庫などを備えた接岸埠頭の整備が不可欠となる。田口は、「西洋諸国苟モ海商ヲ営ムノ国ハ必ズ湿船渠《ウェットドック》ノ設ケアリ…〔中略〕…湿船渠トハ貨物輸出入ノ便ニ供スルモノニシテ、陸ヲ穿チ若クハ海ヲ囲ミテ之ヲ作ルモノナリ。故ニ輸入ノ船舶、船渠ノ内ニ入レバ、起重機ヲ以テ其貨物ヲ揚ゲ直ニ倉庫ノ内ニ収ム。其輸出ニ於ケル其便亦此ノ如シ」と、艀荷役ではなく接岸荷役を前提とした海港イメージを提唱するのである。

そして、その海港にふさわしいのは横浜ではなく東京である、と田口は述べる。東京は「南面一帯品川湾に臨み一帆の船楫以て五洲に飛渡すべく、東北西の三面は平原広野千里に連な」っており、中心市場に必要な広大な土地と平穏な水面を有している。これに対して横浜は、「狭隘にして大市場と為すに適せざる」土地であり、なにより「居留地商業の弊害」が著しい。既存の開港場では外国商人に特権的な地位が与えられており、内外人ともに自由な経済活動が行われ得ない。そこで田口は、「現今横浜に於て行ふ所の取引は凡て之を東京に引寄せ、外国通商の大権を悉く此地に蒐め」ることを訴える[76]。そしてそのためには、品川沖に一大海港を建設すべきだと田口はいう。具体的には、品川沖の第一台場と第五台場のあいだを碇泊地とし、第五台場から芝陸軍用地までを埋め立てて鉄道を布設し、一大倉庫地帯を整備する計画であった。

田口の東京築港論が特異であったのは、それが単なる言説にとどまらず、実際に東京府及び内務省によって具体化が試みられたことである。一八七九年に東京府知事に就任した松田道之は、田口の東京築港論に賛同し、東京築港を市区改正計画の柱と位置付けた[77]。一八八〇年一一月に松田が東京府会議員に諮問した「東京中央市区画定之問題」と題する市区改正計画は、まさに築港を中心とした首都計画である。同計画において松田は、東京の都市整備を行うには現行の府下一五区では広すぎるとして、中央市区の画定を行い市区内を集中して整備を行う方針を示す。一方で、「只管市区ノ縮小ヲノミ注目シ、其地ノ繁盛ヲ企図セサルトキハ、又久シカラズシテ衰弊ノ域ニ至ラン。…〔中略〕…今ヤ市区改良ノ目的ヲ以テ後来ノ計ヲナスニ、早晩東京湾ヲ開クヨリ善ナルハアラズ。於是新ニ東京湾ヲ開キテ以テ互市場ヲ此ニ設クルトキハ、所謂府下ノ市区ハ、商売貿易ノ源ヲ占メ、漸々昌盛ノ域ニ達スルハ、更ニ疑ヲ容レサル所ナリ[78]」と、築港により東京を経済の中心とする意図を明らかにしている。同計画では、石川島から品川沖までを埋め立てて複数の船渠を設け、埋立地上に倉庫や上屋を建設することが想定されている（図1-3）。

ところが、田口による築港計画は設計段階で変質していく。松田による市区改正計画の発表を受けて、一八八一年一月より東京府会も市区改正調査委員会を設置し、築港に向けた調査を開始した。だが同委員会では、石川島か

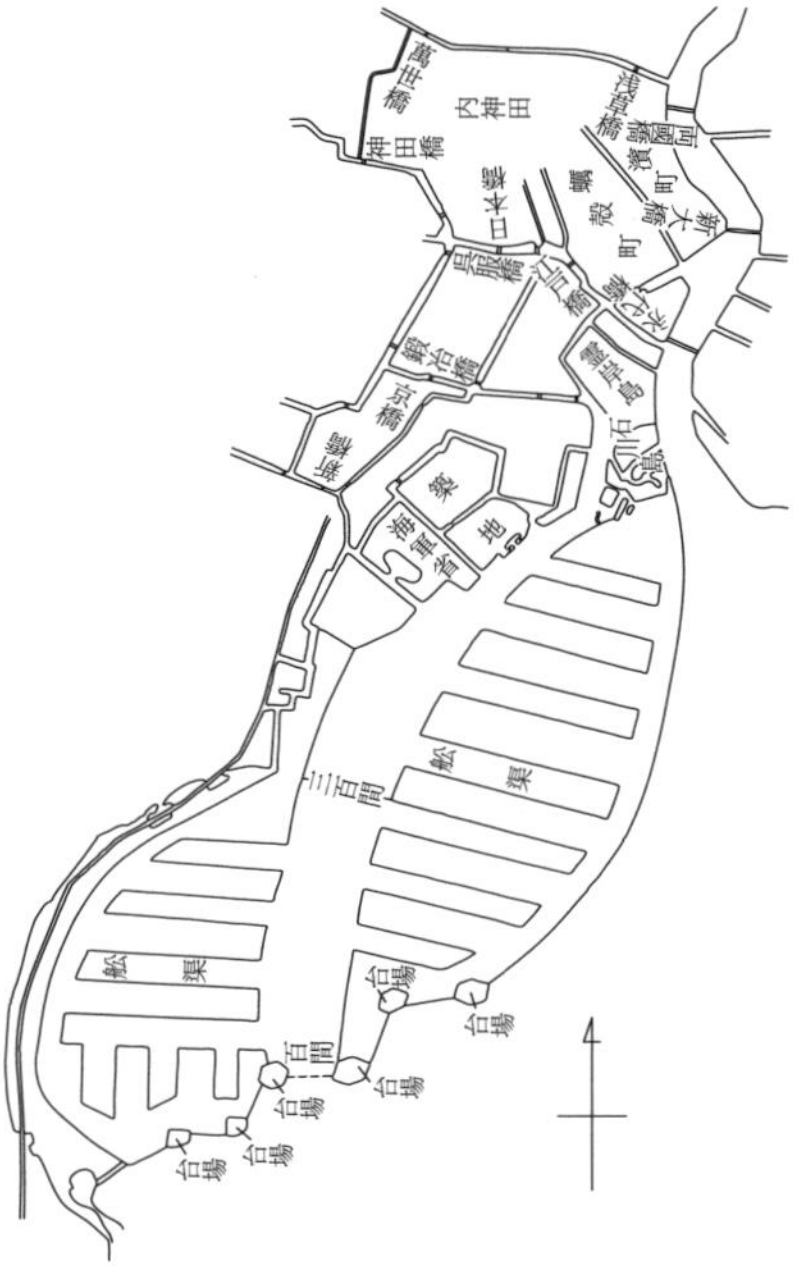

図 1-3　東京築港／「中央市区画定之問題」附図

出典）『東京港史』第 2 巻，5 頁。

ら品川までの海岸一帯を埋め立てる計画には実現性が懸念され、隅田川河口のみを整備する河港案が提示される。他方で河港案も、隅田川から排出される土砂によって埋没してしまうことが懸念されたため、委員会では結論を出すことができなかった。そのため、松田は内務省雇技師ムルデルに築港計画を諮問し、同年一二月にはムルデルが川策と深港策の二案を答申している。二案のうちムルデルが推奨した深港策と呼ばれるプランは、隅田川河口の石川島から品川台場までの海面を防波堤で覆い、その内部をすべて船舶の繋船場に供するという大規模な計画である。[79] 台場から突き出す防波堤の延長だけでも二五〇〇間（およそ四・五キロメートル）、干潮時水深は二四尺（およそ七・二メートル）であった。[80] 野蒜築港でさえ、防波堤の延長は一五〇〇尺（およそ四五〇メートル）、干潮時水深一四尺（およそ四・二メートル）であったことを考えると、その大きさが圧倒的であることがうかがえる。しかし、ムルデルの深港策は、漏斗状の防波堤を設置することで水深の維持には配慮しているものの、船渠の設置は一カ所のみと貨物の積み卸し施設は小規模にとどまっていた（図1-4）。

田口の築港論は、防波堤を設けて平穏な碇泊水域を確保すればよいというものではなく、船渠・起重機・上屋・倉庫などを整備することで貨物積み卸しの迅速化を図るものであった。したがって、田口とムルデルの築港案は、大規模な築港という点では共通するものの、その目指す海港像という点では大きな違いがあったのである。

もっとも田口とムルデルの狙いの相違は、この時点では問題とはならなかった。東京築港論の具体化を主導した松田が、翌八二年七月に在職のまま急逝してしまったためである。松田のあとを引き継いで東京府知事に就任した芳川顕正は、東京築港に松田ほどの関心はもっておらず、市区改正計画の中心に道路整備と区画整理を位置付ける。[81]そのため東京築港具体化への動きは、しばらく中断されることとなる。

東京築港が再び動き出すのは、一八八四年以降である。その後押しをしたのは、実業家であった。松田府知事時代に市区改正計画の中心的役割を果たしていたのは、渋沢栄一ら東京商工会の実業家層であった。松田は、市区改正計画の実現に必要な知的統治管理能力を補い、加えて東京府内の世論を喚起するために、意図的に実業家層を市区改正事業に取り込んでいた。[82]したがって、府知事の交代による市区改正計画の基本方針の転換には、実業家のあいだに不満が生じていたのである。

以上のような実業界の不満は、一八八四年頃に噴出する。一八八四年には、『郵便報知新聞』や『読売新聞』など各紙が競って市区改正計画についての論説を掲載したが、それらは東京築港の実現を訴えたものであった。[83]たとえば同年一月の『時事新報』上で福澤諭吉は、スエズ運河の完成（一八六九年）やパナマ運河の着工（一八八〇年）など、世界的海運網が発達しつつあることを指摘し、その結果として「東西貿易の中心市場」としての日本の地理的重要性は増すと論じる。[84]福澤もまた、横浜が「地形小山脈

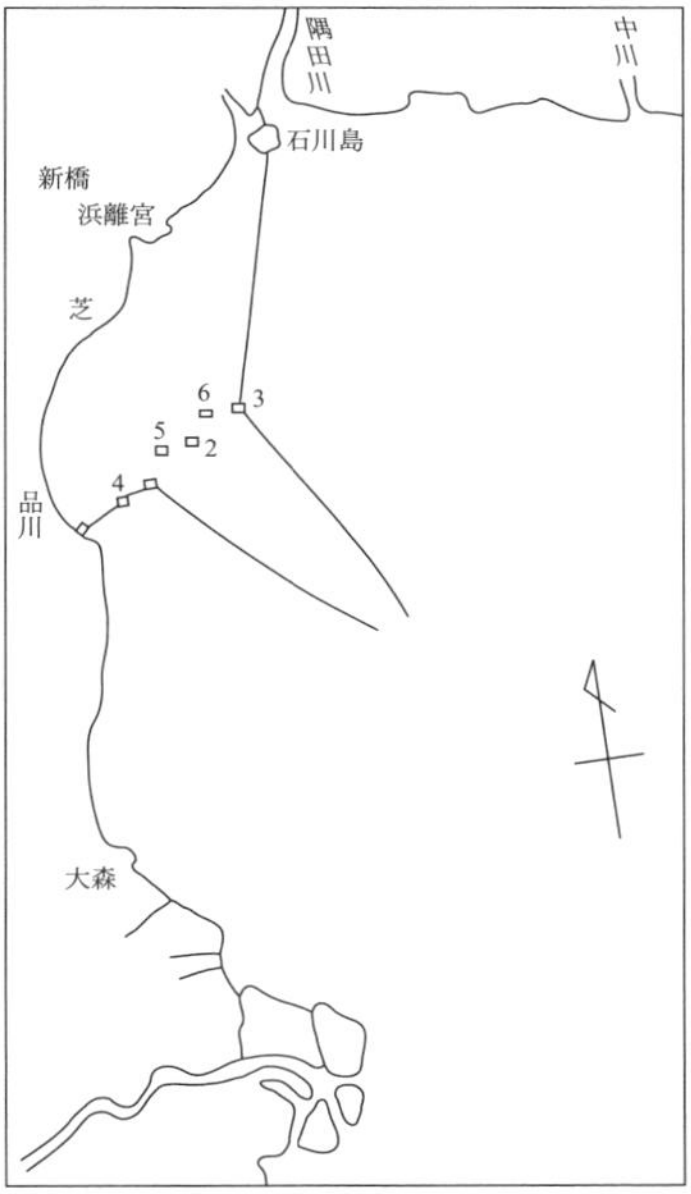

図1-4　東京築港／ムルデル案（深港策）

出典）『横浜港修築史』93頁。

に圍繞せられ、区域狭隘規模編小」[85]であることから、日本の中心市場には適さないと考え、東京築港を支持した。とはいえ福澤は、横浜港の衰退をのぞんでいたわけではない。「折角今日までに経営したる横濱をして、其市場の移転と共に忽ち二十五年の古へに復らしめ、空しく蘆荻叢裡の一漁村」とするのではなく、海軍鎮守府を横浜に設置し、造船所・造兵廠などを整備して一大海軍港とすることを提案している[86]。

福澤の思惑とは異なり、海軍には横浜を軍港とする意図はなかったが、東京築港には賛同していた。海軍は、同年末に東日本における海軍の根拠地である東海鎮守府を、横浜から横須賀に移転している。横浜港では日本の行政権に制約が加えられていた以上、横浜に軍港を設置することは困難であっただろう。しかし、築地に本省と兵学校（一八八八年に江田島へ移転）をおく海軍にとっても、東京港整備は重要であった。海軍省水路寮は一八七二年から品川の測量に着手しており[87]、ムルデルによる築港設計も同寮による測量をもとにしたものであった[88]。

したがって、芳川府知事時代の東京築港計画は、実業家と海軍によって推進されることとなる。一八八五年二月、芳川府知事は山縣有朋内務卿に対して「品海築港之義ニ付上申」を提出する[89]。これは、東京の商業都市化の必要を訴え、ムルデルの海港策を採用したものであった。芳川による上申を受けて、東京市区改正委員会では品海築港審査委員会が設けられ、築港計画の検討が始められた。審査委員会の構成は表1-2に示すとおりであるが、議論を主導したのは海軍少将柳楢悦と三井物産の益田孝であった。

一八八〇年代を通じて海軍は、軍港の全国配置に着手しつつあった。一八八一年より全国の沿岸測量に着手し、その成果をもとに一八八六年には全国を五つの海軍区に分け、それぞれに鎮守府を設置することが決定される。この全国測量を指揮したのは水路局の創設者でもある柳であり[90]、また柳は一八七二年に品川近海を測量した人物でもあった[91]。

柳が問題視したのは、ムルデルの深港案では繋船施設が不足していることであった。柳は、深港策では「僅ニ二三十艘ノ船ヲ碇泊シ得ベキ五十『ヱークル』ノ地ニ過ギズ。其先ニ三萬坪アリトスルモ二三十艘ヲ増スニ止マレリ。折角新港ヲ築クナレバ、責メテハ二三百『ヱークル』ノ地アルニアラザレバ、其功ナカルベシ[92]」と述べ、繋船施設の拡充を求めている。とくに東京港は横浜港に比べて南風が入りやすく、艀荷役には難があるため、「横濱ニ築港スルニ比スレハ東京ヘ直ニ持来ルカ航海上ノ大利[93]」であると、柳は繋船荷役の必要性を指摘している。

益田が問題視したのも、艀荷役の問題であった。益田は、「縦ヒ横濱ニ築港シタリトテ、東京ヘ入ル荷物ハ、鐵道ニヨルカ、或ハ艀ニヨラザルベカラズ」と述べ、艀荷役にかかる時間と費用を考慮すれば、多額の費用がかかっても東京に築港することが望ましい、と主張した。また柳は「品海築港アレバ横濱ガ成リ立ツマイトノ論アルガ、私ハ左様ナル見込ナシ」と横浜港への配慮もみせていたが、その他の委員は「横濱ハ之ガ為メニ衰微ヲ来タスモ知ルベカラズト雖モ、寧ロ横濱ハ潰ルルモ已ムヲ得ズ[94]」というように、横浜の廃港を前提として計画を立案している。

表 1-2　品海築港審査委員名簿

会長	芳川顕正	内務少輔兼東京府知事
委員	樺山資紀	海軍大輔海軍少将
	柳楢悦	海軍少将
	小澤武雄	陸軍少輔陸軍少将
	長與専斎	内務省三等出仕
	三島通庸	内務省三等出仕
	櫻井勉	内務省大書記官
	山崎直胤	内務省大書記官
	黒田久孝	砲兵大佐
	品川忠道	農商務大書記官
	日下義雄	一等駅逓官
	井上勝	工部大輔
	原口要	工部少技長
	佐和正	一等警視
	小野田正熙	二等警視
	伊藤正信	東京府一等属
	渡邊孝	東京府少書記官
	渋沢栄一	東京商工会員
	益田孝	東京商工会員

出典）『東京市史稿』港湾篇第四，215 頁。

そのため、ムルデルの深港策は、横浜廃港を前提に、船渠の増設を目指して全面的に見直されることとなる。審査委員会では、柳・益田・渋沢栄一・品川忠道（農商務大書記官）・原口要（工部少技長）の五名による特別委員会を立ち上げて修正案を作成した。同年六月、特別委員により提出された修正案は、品川沖ではなく隅田川河口に合計二一の船渠を設置し、またその背後に一〇〇万坪におよぶ埋立地を造成することで、東京港における接岸荷役の実現を図ったものであった[95]。芳川府知事時代に内務省土木局（一八七七年、土木寮よ

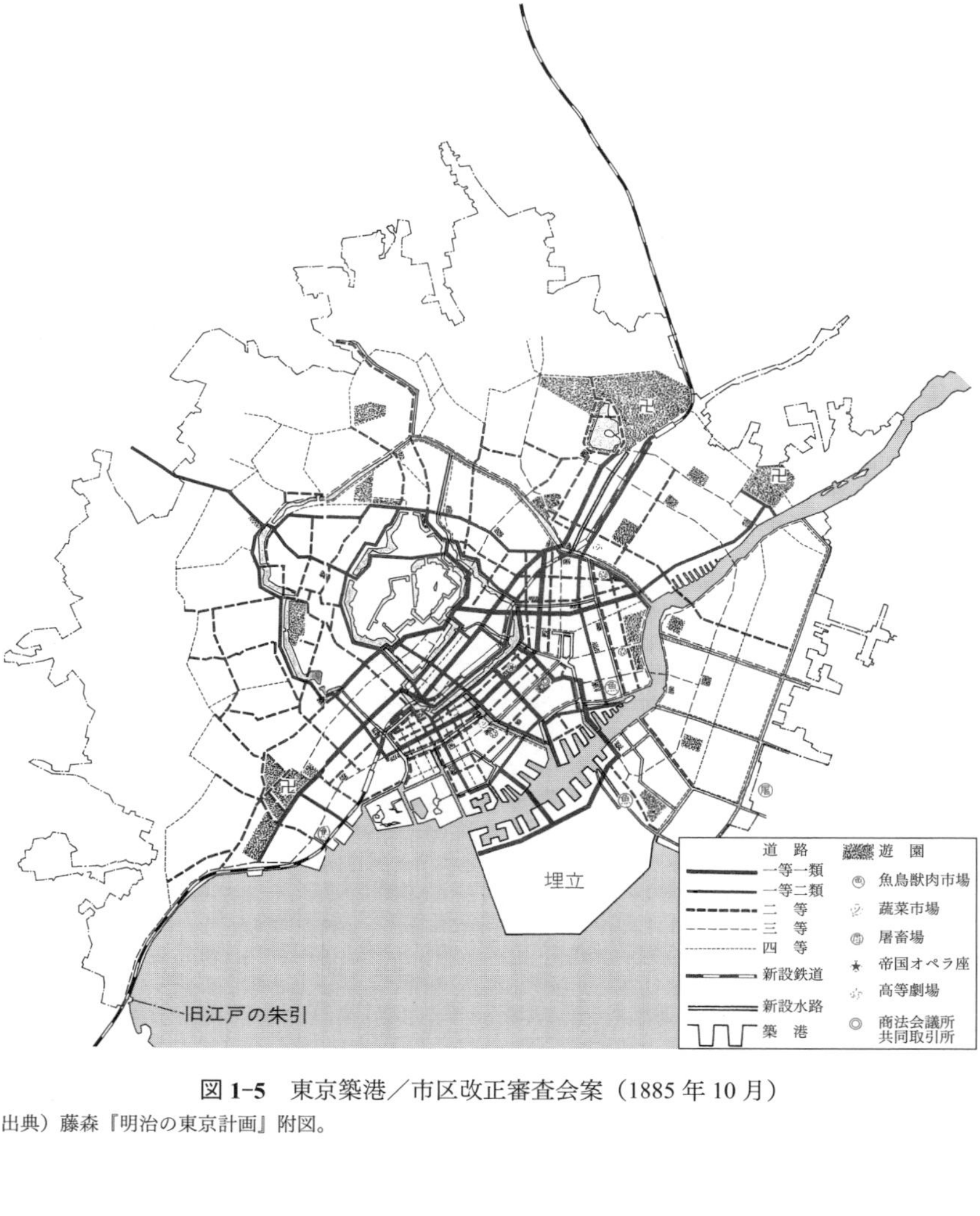

図 1-5　東京築港／市区改正審査会案（1885 年 10 月）

出典）藤森『明治の東京計画』附図。

り改称）の手を離れた東京築港案は、接岸荷役に重点をおいたものへと生まれ変わることとなったのである（図1-5）。

横浜築港の具体化

港都横浜の犠牲の上に成り立つ、以上のような東京築港論に対して、当然ながら横浜の貿易商は反発した。開国以来、日本の海外貿易の大半を担ってきた横浜港を放棄して、その繁栄を東京に移そうというのであるから、彼らにも相応の言い分があろう。だが、東京築港論が実業界を中心として受け入れられる素地があったことも、また事実である。

まず、横浜を日本の玄関口とすることには、経済的な合理性を欠いていた。横浜港の貿易額は、一八六八年から一八八〇年に至るまでのあいだ、全国貿易額のほぼ七割程度を一貫して占めている。周知の通り、この間の横浜港からの輸出品の大半は、生糸と茶である。輸出生糸の主産地は長野・群馬であり、これらの地域からもっとも近い開港場は横浜であった。輸出用の茶は輸出生糸に比べれば全国的に産出されていたが、それでも静岡産などを中心に全国輸出総量の六割程度は横浜港から輸出されていた。[96] 一方で、西南戦争の終結により武器類の輸入が減少した後は、輸入品の多くは奢侈品及び綿製品であった。これらは、ほとんどが東京で消費されるか、東京の問屋を通じて国内各地に流通した。[97] つまり横浜は、関東・東海地域からの輸出品の移入と、東京への輸入品の移出とによって、その貿易が構成される中継貿易地として栄えたのである。しかもそうした繁栄は、関東・東海地域には横浜以外の開港場が存在しないという、きわめて政治的な事情に由来するものであった（表1-3）。

しかし、それでも横浜から東京までの輸送コストが高くなければ、東京築港論に対する支持は広がらなかったであろう。東京築港をめぐる議論において実業家に問題視されていたのは、横浜～東京間の輸送コストの高さであっ

表 1-3　横浜・全国貿易額の推移

年次	横　浜 （円）	全　国 （円）	横浜港貿易額対 全国比（%）
1868	30096	35436	84.93
1869	21700	28832	75.26
1870	34760	46264	75.13
1871	28877	36930	78.19
1872	34108	50483	67.56
1873	34631	48104	71.99
1874	29295	44391	65.99
1875	34421	46092	74.68
1876	40274	51548	78.13
1877	35119	48767	72.01
1878	42104	59594	70.65
1879	42206	59977	70.37
1880	44921	64042	70.14
1881	42627	61359	69.47
1882	46779	66404	70.45
1883	44310	63558	69.72
1884	40891	62459	65.47
1885	43229	66504	65.00
1886	52013	81045	64.18
1887	69950	96712	72.33
1888	77360	131161	58.98
1889	76183	136164	55.95

出典）『横浜市史』第三巻下，196～197 頁，第 3 表及び第 4 表をもとに作成。

た。益田孝によれば、神戸から横浜までの運賃が一トン当たり二円、所要時間が二四時間であるのに対し、横浜から東京までの艀賃は一トン当たり二五銭、所要時間は三日であるという。[98]

　もちろん輸送コストが大きくなる要因は、海港施設の未整備状況にあった。横浜港には開港当初に築造された小規模な波止場こそあったものの、その後の大規模な修築計画は実施には移されなかった。それは、第一節でみたように旧条約の制約を受けた結果でもあったが、だからこそ東京築港論の根拠ともなった。自由貿易を主張する田口は、居留地内での交易を「懇約熟議を妨ぐるの弊」があるとして、内地雑居を主張していた人物でもある。[99]田口は、旧条約の制約を受けないという意味でも、東京築港を主張していたのである。

　要するに横浜は、日本最大の海港都市になるべき経済的必然性は皆無に等しく、ただ政治的な事情のみによって発展した都市であった。それにもかかわらず、海港施設に対する内外の不満があるのだとすれば、国内流通網の拠点であり一大消費地でもある東京に新たな海港を建設することで不満を解消しようとする議論が起こることは避けられないであろう。東京こそが上海や香港に対抗しうる国際競争力をもち、それゆえ東京築港こそがナショナル・

インタレストにかなうとする田口の主張は、渋沢栄一や益田孝をはじめとする実業家に広く受け入れられることになったのである。

しかし、首都計画の一環として田口によって提唱され、海軍・実業家が設計した東京築港修正案は、内務省土木局の反発にあう。一八八五年六月に品海築港審査委員会では、土木局長三島通庸より「築港ノ如キ大事業ヲ未タ実験ノナキ日本人カ僅カニ集リタリトテ到底事業ノ当否ヲ論究シ得ヘシト思ハレス」(100)と、修正案について疑義が出された。

内務省土木局は、松方正義が内務卿に就任した一八八一年以降土木事業の縮小を余儀なくされていたが、一八八三年末に山縣有朋を内務卿に迎えたことを契機として道路・河川・海港修築の再積極化に乗り出していた。それは、前節でみた通り各地の地方長官の積極政策に呼応するものでもあった。しかし内務省土木局の積極化は、同じく土木事業を扱う工部省との対立を惹起した(101)。芳川自身が工部省出身であったため、内務省土木局は土木事業への再積極化とは裏腹に、東京築港の主導権を奪われつつあったのである。

だが一方で三島は、ムルデル案を押し通すことも難しかった。八四年秋には、暴風雨により野蒜港の突堤が決潰しており、オランダの水利土木技術への信頼が揺らぎ始めていたからである。そのため三島は、「我々ハ原案ヲ可トシ何分大事業ナルニ由リ政府ニ於テモ充分詮議ヲ尽クサレ、実施ノ場合ハ外国ニ於テ斯ル大事業ニ熟練ノ工師ヲ雇ハレ工事ヲ委ネラレタシ」(102)と述べ、築港案の棚上げを画策する。道路整備を市区改正計画の中心におく芳川は、短期的には東京築港に着手するつもりはなく、財源の裏付けがとれなかったことから東京築港計画は、以後再び膠着状態におかれるのである。

以上のように、東京築港計画は実現こそしなかったものの、思わぬ副産物をもたらした。大蔵省による横浜港整備計画が却下されて以来、しばらく等閑に付されていた横浜築港問題は、これにより再び政治的課題へと引き上げられることになったのである。だが、横浜の貿易商が築港を実現して港都横浜の地位を維持しようとすれば、二つの困難を克服しなければならないだろう。ひとつは、築港計画を設計できる土木技師を擁する内務省が東京築港論（横浜廃港論）へと傾いていた点である。横浜の貿易商は、内務省を横浜築港論へと転換させるか、もしくは非内務省系の土木技師を確保する必要があった。そしてもうひとつの困難は、財源の確保である。

財源問題を解消するための常套手段は、民間資本の活用である。東京築港論の展開に危機感をおぼえた横浜の貿易商は、民間からの築港費支出も辞さない姿勢をみせた。一八八一年三月に横浜商法会議所が議決した波止場修築を求める建議には、「若シ官ニシテ之ヲ為スニ艱マバ、宜シク民力ヲ以テ之ヲ補フヘク」[103]と、その覚悟を示している。もっとも、この段階では横浜の貿易商は、県営事業としての築港を想定していたようである。一八八四年五月に、横浜正金銀行頭取の原六郎が伊藤博文・松方正義両参議と面会した際には、原は築港のための県債発行許可を求めている[104]。築港は県営事業として行い、その資金を県債引き受けという形で貿易商が負担する、というのが、彼らの考えであった。しかし、松方正義大蔵卿による緊縮財政路線が続くなか、県債の発行が認められるかは不透明な状況であった。

土木技師の確保も難題であった。海港修築工事にあたっては内務省の土木技師に測量や設計を依頼するのが通例であるが、内務省が東京築港論に与しているため、その実現は困難にみえた。一八八四年六月に横浜商法会議所は築港に向けて調査を開始したが、神奈川県に対して土木技師の派遣を請願している[105]。

これらの問題を解決するにあたっては、やはり地方長官の役割が重大であった。神奈川県令の沖守固は、この時期に赴任した多くの地方長官と同様に、「牧民官」として県内の社会資本整備を重視していた。しかも、横浜貿易商の代表である原六郎と沖は、イギリス留学時（一八七一～七八年）からの知己であった[106]。こうした個人的なつながりもあって、沖は貿易商らの築港計画を積極的に後押ししていく。一八八六年には、横浜の水道敷設工事の監督として神奈川県が雇い入れていたイギリス陸軍工兵大佐パーマー（H. S. Palmer）を、沖は築港設計者として紹介し、貿易商らは設計にあたるべき土木技師を確保することができた。

土木技師が確保されたことで、横浜築港計画は一挙に現実味を帯び始める。計画が具体化されていくにつれて、その運営構想も次第に変わっていったようである。緊縮財政路線のなかで県債発行認可の見通しが立たない状況では、県営事業による築港よりも、民営会社による築港の方が確実な計画に思われた。築港事業が安定的な収益を上げられるか否かが懸念材料であったが、パーマーが民間事業としても採算がとれる設計案を提示したことにより、横浜築港の民営路線は決定づけられることになる。

パーマーの設計案は、おおよそ以下のようなものであった。横浜の日本人街から神奈川砲台へかけて五〇〇〇フィート（およそ一・五キロメートル）と三八〇〇フィート（およそ一・一キロメートル）の二本の防波堤で囲うことで繫船場を確保し、ここに最大で一八〇艘の船舶を収容する設計案である。工費総額はおよそ一六〇万円、維持費は毎年五〇〇〇円と見積もられたが、これは船舶の大きさに応じて一噸当たり三銭から一八銭の入港料を徴収すれば、民間事業として成立可能とされた[107]。この設計案をもとに一八八七年六月には、原六郎ほか一六名の貿易商が創立発起人となった横浜港埠堤会社の設立願が、沖県知事へと提出される。

貿易商による横浜築港計画を後押ししたのは、地方長官だけではない。横浜港の整備状況にかねてから不満を抱いていた横浜税関も、貿易商の計画を後押しした。横浜貿易商による築港計画についての協議には、神奈川県令とともに横浜税関長も加わった。かねてより整備を望みながらも、本省の緊縮財政方針のために築港の具体化を図ることができない状況にあって、横浜税関は民営築港を後押しすることで早期の築港実現を目指したのである。

横浜税関長の有島武は、民営築港のための理論的な擁護も試みている。横浜築港を実施するうえで、資金と技術に加えてもうひとつの難題は、居留外国人の抵抗が予想されることであった。先にも触れたように一八七〇年代に港長職の設置に失敗して以来、横浜港には管理者がいない状態であったが、その根拠とされたのは領事裁判権の拡大解釈であった。そうした状況に変化がないなかで築港に踏み切れば、開港行政権のさらなる侵害への口実となることも憂慮されていた。

有島が記したと思われる覚書には、仮に築港（埠頭建設）を官営で行えば、一八六六年に締結された改税約書を根拠として、列国からその運用について介入されるおそれがあること、また埠頭を利用する際の行政規則は外国船舶に適用できず罰金の徴収は困難であるが、民営であれば損害賠償などは請求可能であること、などが記されている。[108]横浜港の早期整備とともに通関業務の円滑化を図る横浜税関にとっては、列国との条約による制約の抜け道としても、民営築港にメリットを見出していたのである。

このように、神奈川県と横浜税関の後押しを受けて、横浜の貿易商による民営築港構想は、具体化されつつあった。ところが、官民挙げての横浜側の動きは、東京築港を検討していた内務省土木局の反発を招いてしまう。神奈川県から埠堤会社設立の上申を受け取った山縣有朋内務大臣は、土木局に設計案を精査させる。およそ半年後の一八八七年一二月、土木局は、パーマー設計案には瑕疵があること、東京築港の可否が未決定であること、の二点から本格的な横浜築港は見合わせるべきだと答申した。[109]さきに述べたように、東京築港計画は、財源の見通しが立たないことから棚晒しの状態に置かれている。芳川府知事による東京築港の上申はすでに二年前のことであり、東京築港について早期に何らかの決定が行われないことは明らかであった。内務省土木局の答申は、実質的には横浜築港の否定であったといえよう。

その背景には、内務省土木局に属さない土木技師の設計に対する反発もあったようである。内務省土木局が準備してきた東京築港が否決され、横浜税関が求めてきた横浜築港が認められれば、海港修築行政における内務省の主導性は失われてしまうかに思えた。それは、実務的な観点から横浜港整備を重視してきた大蔵省（税関）と、壮大な東京築港を志向する内務省（土木局）との対立でもある。ともあれ、順調に進むかと思われた横浜の民営築港構想であったが、内務省土木局の手によって行き詰まりをみせることになったのである。

外務省の関心

地域間と省間の二つの競合によって膠着状態に陥った横浜築港を、実現へ向けて動かしたのは、外務省であった。一八八八年二月に外務大臣に就任した大隈重信は、横浜築港問題の解決に向けてリーダーシップを発揮した。大隈は、外務大臣に就任すると直ちに、横浜港の利用状況について横浜税関及び日本郵船に問い合わせている。そして同年四月には、伊藤博文総理大臣に宛てて横浜港の改築を請議するなど、外務大臣就任と同時に大隈は矢継ぎ早に横浜築港計画の具体化を進めていく。

しかし、大隈は大蔵卿時代から横浜港整備に対して関心をもっていたとはいえ、それは海運政策の一環としてであった。外務大臣へ就任して直ちに横浜築港へと乗り出したのは、いったい何故であろうか。

すでに述べたように横浜港は、領事裁判権の拡大解釈によって、日本の行政権が及ばない領域となっていた。一八七〇年代には列国側が海港修築を望まなかったことも、波止場の整備が覚束ない一因であった。ところが、一八八〇年代末には、そうした状況は一変していたのである。一八八八年六月には、横浜の外国人商業会議所（Yokohama General Chamber of Commerce）も、横浜港の設備に対する不満を表明している。彼らが求めたのは、年々増加する来港船舶の収容施設の整備と、滞りがちな通関機能の強化であった。[110]

横浜港からの輸出額は、年によって変動はあるものの、一八八一年頃まではおよそ一五〇〇万ドルから二〇〇〇万ドル程度で推移していた。それが、松方大蔵卿によるデフレ政策が進められた結果、国内需要が低下して輸出が急増する。[111]とくに横浜港の主要輸出品であった生糸は、一八八一年には年間輸出量がおよそ一八〇〇万斤であったが、一八八八年には四六七万斤へと、わずか七年間で二倍以上に急増している。[112] 貿易量の急増という事態に直面して、列国側も海港施設整備を求めるようになっていたのである。

かかる状況の変化は、横浜港の未整備が、外交交渉における日本側の弱みではなく、列国側の弱みへと転化していたことを意味するだろう。大隈は、積極的に海港修築を行うことにより、開港の行政権そのものも回収可能であると考えたに相違ない。現行条約では日本側に港税の徴収権限は与えられていなかったが、大隈の想定していた新条約には港税の徴収権限の回収も含められている。しかも大隈は、条約改正交渉そのものの妥結にも自信をもっていた。実際、大隈は一八八九年二月にはアメリカと、同年八月にはロシアとの間で新条約の調印にまでこぎつけている。

大隈の意図が開港行政権の回収にあり、また港税の徴収も目指す以上、築港は官営によってなされるのが望ましい。官営であればこそ、その維持費として港税徴収の名目も立つ。大隈は、それまで貿易商と神奈川県、横浜税関との間で計画されていた民営築港ではなく、官営による築港を目指すことになる。

問題は、財源の確保であった。これまで横浜港のみならず、多くの海港整備を阻んできた最大の要因は、財源の目処が立たないことであった。だが大隈は、財源についてもすでに準備していた。それは、アメリカより返還されていた下関砲撃事件（一八六三年）の賠償金である。この賠償金は、岩倉使節団の歓迎ムードのなか、日本の学術文化の向上に資することを名目として返還が検討され始めたものである。その後、アメリカ議会でのロビー活動が展開されるなかで返還後の使途には条件が付されないことになり、一八八三年には七八万五〇〇〇ドルが日本へ無条件で返還されることになった。[113] 無条件とはいえ、アメリカ人の福利を向上させることが期待された賠償金の使途を明治政府も決めかね、八八年の時点では利息も含めて、およそ一二四万円が国庫に残されていた。大隈は、パーマー案の工費一六〇万円のほとんどをまかなうことができるとして、これを横浜港整備に用いるよう請議したのである。[114]

大隈の請議は認められ、外務省は横浜築港の準備に着手する。これに反発したのが内務省、とりわけ土木局であった。とはいえ、横浜築港請議が認められた以上、東京築港実現の望みは、当面の間絶たれてしまったことになる。そこで内務省土木局は、せめて海港修築行政における主導権だけでも手中に収めておき、将来の東京築港への望みをつないでおく必要に迫られる。だが、そのための取り組みは、内務省全体の総意として行われたものではなかった。内務省の技師団は、パーマー案を改めて否定し、独自の横浜築港案なども提示したが、それは細かな技術論に終始したものであり、内務省の海港修築行政そのものを再構築したものではない。[115]山縣内相も、土木局案の採用を閣議に諮りはするものの、それを積極的に後押しするでもなく、一八八八年末には欧州視察へと旅立ってしまう。

これでは大隈外相自らが推進し、また設計・財源・外交交渉をひとつのパッケージとして提示された外務省案には対抗すべくもない。官営を前提に設計し直されたパーマー案は、横浜の居留地と日本人街の双方を含んだ壮大な計画であったが、一八八九年三月にはパーマー案が閣議で認められることになる（図1-6）。[116]

かくして東京築港計画は、実現には至らない。壮大なプロジェクトは、技術者を擁する海軍や内務省の関心を東京築港へと惹きつけはしたものの、しかしその壮大さを現実のものとする堅実さを欠いていたのである。

第一次横浜築港は、神奈川県に築港掛を置いて実施されることになった。工事の実施主体は神奈川県であり、同年末には外務省通商局長として築港調査を担当した浅田徳則が神奈川県知事に就任することで、横浜築港に対する外務省の主導性は確かなものとなった。しかし、外務省の主たる関心であった港則は実施されなかった。一八八九年九月には、全国の開港場に適用する開港港則の草案が完成したが、[117]同年六月頃からすでに大隈の条約案に対する反対運動が激化しており、同年一〇月には大隈も襲撃されて改正交渉は中止に追い込まれたからである。その後も、港則をめぐる交渉は続けられたが、港則の実施は条約改正後の一八九八年まで持ち越されることとなった。[118]

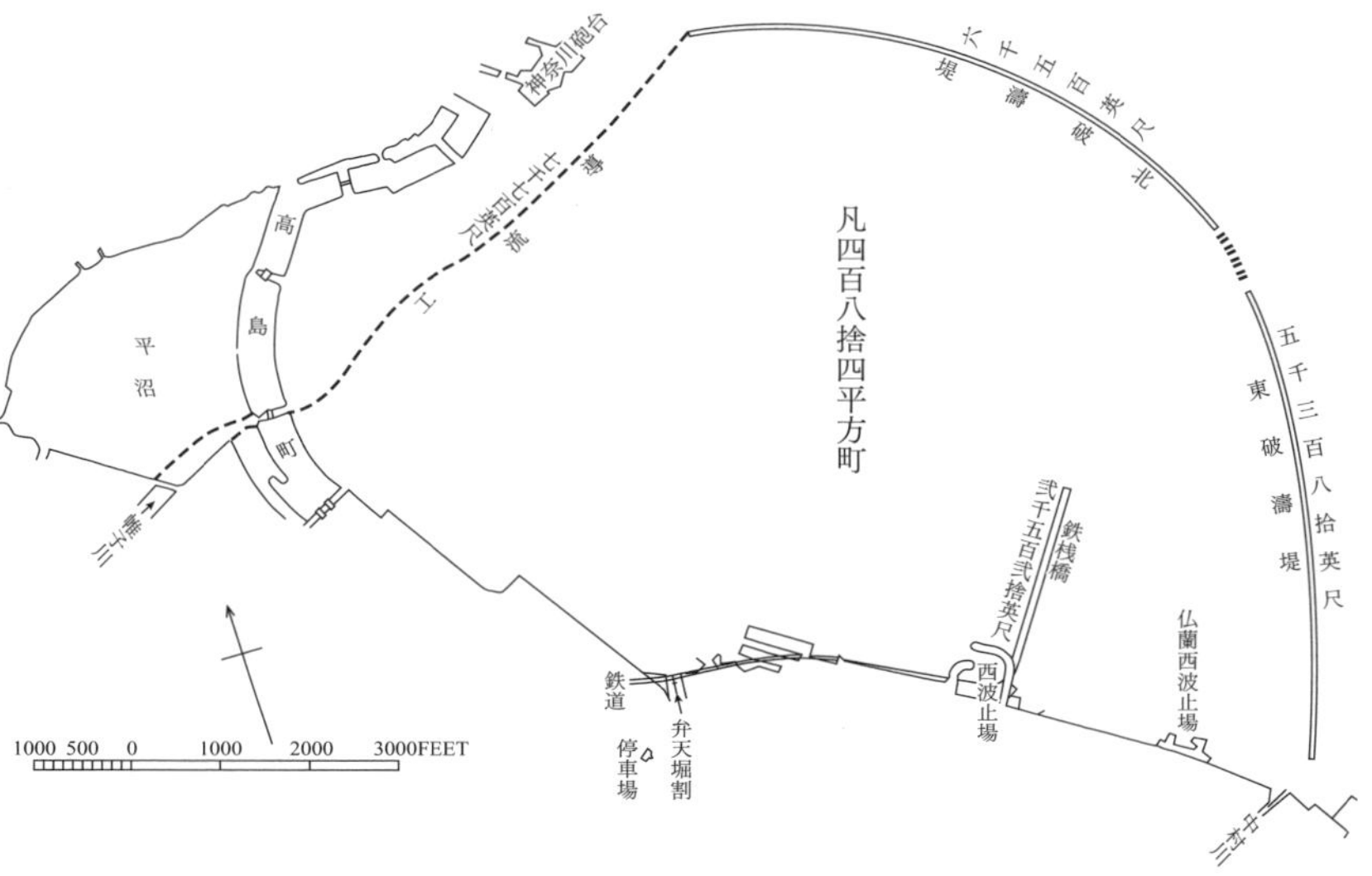

図 1-6　横浜築港／パーマー案

出典）外務省記録「横浜築港一件」。

大隈が外相を辞任して外務省の横浜築港に対する関心がうすれると、内務省土木局が築港の主導権を握るようになる。一八九一年頃からセメントの納入をめぐる醜聞が報じられるようになり[119]、また浅田が長野県知事に転任した後には、内務大臣のもとに臨時横浜築港局が設置されることとなった。もっとも、これにより内務省土木局が横浜築港論に転じたわけではなく、第3章で改めてみるように、依然として東京築港を模索していた。かくして、日本最大の貿易港である横浜港の整備は、その整備主体が定まらない状況が続いていくこととなる。

小　括

幕末期に結ばれた一連の修好通商条約は、近代日本の海港行政を大きく規定することとなった。旧条約のもとでは、外国船の指揮権のみならずインフラ整備ですら日本側が自由に行うことはできなかったのである。

そして、かかる行政上のエア・ポケットを埋めるべく、もっとも積極的に活動せざるを得なかったのは、税関(大蔵省)であった。横浜税関は、密輸・脱税の取締りのために艀や上陸場所の取締りなど警察業務に乗り出し、そのために大蔵省は旧条約の運用をめぐって国内でもっとも強硬な立場になることとなった[120]。以上の経緯は、大蔵省の関心を築港などのインフラ整備にも広げることとなった。

一方で一八七〇年代から八〇年代にかけては、内務省は土木行政の一環として海港修築に乗り出していた。内務省は国内交通網の中核として河川舟運を位置付けていたため、北上川・信濃川などの大河川の河口部に、全国レベルの交通網の結節点として海港を修築しようと試みた。また、このような中央政府の姿勢を受けて、地方レベルにおいても地方長官によって交通網の中核としての海港修築がなされることとなった。しかし、地方長官が各府県内で調達できる資金には限りがあり、県営・民営いずれの方式をとるにせよ、中央からの支援が不可欠であった。しかも、水利土木の技術が未熟だったこともあり、これらの工事のほとんどは当初の予定通りには竣工しなかった。一八八〇年代以前の日本の海港行政は、開港場においては列国の干渉により充分な整備が行えず、不開港場においては技術的な限界によりやはり充分な整備が行えなかったのである。

これらの限界を克服すべく取り組まれたのが、東京築港であった。首都計画の一環として着手された東京築港は、田口卯吉や福澤諭吉など思想家・ジャーナリストによる富国論を背景としており、それゆえ繋船施設や陸上設備などを備えた壮大な構想であった。内務省土木局は壮大な東京築港計画に賛同し、長大な防波堤建設を主な内容とする計画を立案した。

東京築港論の展開にいち早く反応したのは、横浜の貿易商であった。帝都の海港としての地位を脅かされた横浜の貿易商は、東京築港反対を訴えるとともに、自ら海港修築に乗り出していく。当初は民営での実現が目指されたのは第一次横浜築港であったが、開港行政権の回収を目指す横浜税関及び外務省が同調したために、帝都の海港としての地位をめぐる東京と横浜との地域間競合のみならず、海港行政の主体をめぐる内務省と外務省との対立を惹起した。

しかし、壮大な築港計画を志向した内務省土木局は現実的な東京築港計画を提示することはできず、財源と築港計画とをパッケージで提示した外務省—神奈川県によって第一次横浜築港工事が着手されることとなる。同工事は、内務省の東京築港への固執と、非内務省系統による海港修築の実績を残した点において、日本海港史における象徴的な工事であったといえよう。一八九〇年代以降、日本各地で海港修築が活発化していくが、それらの工事は、地域間対立と各省間対立を伏在させながら展開していくことになる。

第2章　世界交通網の拡充と日本の海港
――地方長官・議会政治家と海港論

海港修築事業の特徴のひとつは、河川改修など他の水利土木と同様、効用の実感の希薄性(1)にある。すなわち海港修築は、工事が完成したところから漸次利用が可能な鉄道・道路などの交通事業や、電信・電話などの通信事業と異なり、すべてが完成して初めてその効用が得られるために、地域社会においてインタレストを成立させることが極めて困難であるという性質をもっている。

さらに海港の場合は、その効用が実感できる範囲が河川改修よりも小さく、その負担を広い範囲で平準化することも困難であった。前章で検討した東京築港の事例からも明らかなように、海港修築の完全性を目指せば目指すほど、その費用は膨らんでしまう。しかも野蒜港や宇品港が失敗を重ねたことから、水利土木技術に対する不信感も根強かった。

したがって、海港問題をローカル・インタレストとして成立させるためには、修築によって得られる利益を、目にみえるかたちで提示しなければならない。一八九〇年代には、日本国内における鉄道敷設の進展やロシアによるシベリア鉄道の着工などもあって交通論が盛んになったが、海港問題をめぐっては、河川改修や鉄道敷設問題以上に、言説による説得が重要になったのである。

また言説による説得の一方で、海港修築から得られる利益を海外との貿易によって目にみえるかたちで提示することも可能であったが、そのためには海外貿易港に指定されなければならない。一八九〇年代には、海外貿易港への指定が各地からの要求として政府にあげられるようにもなった。そしてそれらの要求は、一八九〇年に開設された帝国議会を通じて実現が図られるようになる。

そこで本章では、一八九〇年代において、地域社会及び帝国議会において海港問題が如何にしてローカル・インタレストとして成立したのか、同時期に展開された鉄道問題との比較を念頭に、考察することとしたい。第一節で一八九〇年代には海港をめぐってどのような議論が展開されていたのかを概観し、第二節と第三節で各地域社会の動向を検討することとする。第二節では、大阪港を対象に、築港をめぐる地域社会内部の合意形成過程を考察する。第三節では、主として日本海沿岸諸港から噴出した貿易港指定要求を対象として、地域社会間の競合を考察することとする。

一　海港論の展開——海港配置と地域社会

通商国家構想と海港論

一八八〇年代に田口卯吉や福澤諭吉によって語られていた海港論は、一八九〇年代に入ると大きな広がりをみせる。その背景としては、国内外において交通網が急速に整備されつつある状況があった。一八六九年のスエズ運河の完成や一八八〇年のパナマ運河の着工が東京築港論に影響を与えていたことは前章でも述べたが、さらに一八九一年よりシベリア鉄道建設工事が始まったことで、日本国内における交通網構想を活発化させることとなった。

他方で、日本国内では一八九〇年恐慌の影響により、私企業による鉄道建設が行き詰まりをみせていた。そのため一八九〇年に設立された帝国議会では、鉄道建設や航路拡張などの交通網整備の役割を政府に求める動きが展開される。一八九一年秋には、各地の有志が鉄道期成同盟会を結成して鉄道敷設請願運動を展開しており[2]、翌九二年六月に成立した鉄道敷設法では、並行線の競合を避けるために、主要路線の経路選定については政府による諮詢及び帝国議会の協賛を経て決定されることが定められた。そのため、鉄道敷設法の成立をひとつの契機として、鉄道誘致をめぐる各地の運動が活発化することになった[3]。その結果、中央のみならず各地域社会においても、積極的に交通論が展開されることとなる。このような交通論の高まりは国内交通網に限定されたものではなく、たとえば一八九二年には自由党により航路拡張建議案がだされるなど、「通商国家構想」を念頭に置いたものでもあった[4]。

したがって、一八九〇年代における海港論は、世界的な海上交通網と国内の陸上交通網との結節点としての役割を強調するものであった。一八九〇年代に海港論を展開した論者の一人として、大石正巳が挙げられる。大石は、一八五五年土佐に生まれ、一八八〇年代には自由党系の政治家として活動したが、九〇年代以降は非自由党系政党の領袖として活躍する人物である。大石は、自由党から離反した直後の一八八九年より英国に渡っていたが、帰国後の一八九二年に『日本之二大政策』を発表する。

同書において大石は、ロシアの軍事的脅威を警戒しつつ、清朝との経済的関係——とりわけ「将来亜細亜商業上の中心点となる可き」上海との関係を強化することで、日本を通商国家として発展させていくことを提唱した。そのためには交通インフラの整備が不可欠であり、なかでも「三大国港を開き、三大鉄道を連絡し、四大航路を拡張するの事項を以て最大急務」とする[5]。三大国港とは長崎・横浜・青森の三港であり、これら三港を結ぶ路線が三大鉄道（長崎～門司・下関～横浜・横浜～青森）である。一八九一年には、日本国内の幹線鉄道はすでに青森から尾道まで開通していたが、これらは狭軌で敷設されたため輸送力が劣っていた。大石は輸送力増強のために、幹線鉄道の広軌（標準軌）化を主張する[6]。

日清提携をはかる大石にとってもっとも重要視されたのは、上海との接続であった。したがって、上海から日本への窓口としては東シナ海に面した長崎港が適任である。大石の構想では、長崎から広軌鉄道でつながる横浜港は、首都東京の関門及び国内各地から北米へと向かう玄関口として整備される。他方で青森港（陸奥湾）は、ロシアに対する防備のために整備される。ロシアが日本を侵略することがあれば、石炭や漁業資源が豊富な北海道を侵略するであろうと大石は推測する。そのため北海道開拓と防備の両面から、陸奥湾の港湾整備が必要になると考えられた(7)。大石にとっての三大港とは、海外貿易の窓口としての長崎・横浜、そして北海道開発と防備のための青森を意味していたのである。

したがって四大航路は、海外貿易の窓口としての長崎と横浜から世界に向けて延びることとなる。長崎から朝鮮諸港を経てウラジオストクへ至る北方航路、長崎から上海・香港を経てオーストラリアに至る南方航路、横浜から中国沿岸・インドを経てロンドンに至る西方航路、そして横浜からサンフランシスコに至る東方航路の四つの航路の整備を、大石は主張する。

以上のような航路拡張策を中心とした通商国家構想は、大石のみにとどまらない。一八九一年に設立された東邦協会でも、稲垣満次郎や福本誠（日南）らによって、同様の議論が展開された。東邦協会は、「東南洋の事物を講究する」(8)ことを目的として小沢豁郎・白井新太郎・福本誠ら国粋主義者が中心となって設立された団体である(9)。

東邦協会において通商国家構想を主導した稲垣は、一八六一年に長崎に生まれ、八六年から九一年までのイギリス留学中に東アジアにおける国際問題に関する所論をまとめ、帰国後に『東方策（*Japan and the Pacific, A Japanese View of Eastern Question*）』として発表した。『東方策』を含む一連の稲垣による著作を機として、アジア・太平洋地域における国際問題（東方問題）が日本国内でも論じられるようになったといわれる(10)。稲垣も、大石と同様にロシアのシベリア鉄道建設を軍事的脅威と認識するが、稲垣はロシアのみならず、イギリスをはじめとする西欧列強との対抗が必要であるとする。そして、列強に対抗するためにも、国内産業の発達を促し軍事力を強化する通商国家構想を示すのである。

そのためには、もちろん航路の整備が必要である。大石はアジアにおける商業の中心点が上海であることを前提に立論したが、稲垣はアジアにおける商工業の中心点は移動することを前提に立論している。すなわち、「東洋に於ける商工業の中心点は尚ほ北上して好位置に遷転し行くへき必然の情勢」であり、その位置は西にアジア大陸、東に北米大陸、南にオーストラリアを擁する日本しかない。東洋における商工業の中心点として日本が発展するためには、これらの諸地域をつなぐ六大航路（①敦賀～ウラジオストク、②日本～オーストラリア、③日本～上海～中国南岸、④日本～ニカラグア［パナマ］、⑤日本～カナダ、⑥日本～サンフランシスコ）を開設する必要がある。

そして、これらの航路と国内をつなぐ海港として長崎（南大門）、敦賀（西大門）、青森（東大門）、神戸・大阪（中央門）の四つの大海港を整備しなければならない、と稲垣は述べる。これら四大海港の「築港費用の如きに至りては、国港は日本国四千万人の共有店の玄関なるか故に、…〔中略〕…国庫によりて之を支弁すべ[11]」きだと、築港費用の負担方法にまで踏み込んで言及している。稲垣によれば、日本国内の海港は三つのランクに分けられる。ひとつは「国港」であり、すでに述べたように日本政府によって整備される。二つ目は複数の府県に後方地域が広がる「一地方ノ港」である。これらの港には、後方地域となる複数の府県がその整備費用を負担し、さらに国庫からの補助金が与えられる。三つ目は「一県ノ港」であり、これは県によって整備される。このように、海港整備にあたって恩恵を受ける後方地域の大きさに応じて海港をランク付けし、国庫による費用負担もランクに応じて行うとするのが、稲垣の試案であった。このように海港をランク付けして費用負担割合を決定するという方法は、すでに一八七三年の大蔵省達番外「河港道路修築規則」などにもみられる発想である[12]。

稲垣と同様に、東邦協会において通商国家構想を展開したのが福本誠である。福本は一八九二年に『日本』誌上に「海国政談」を連載し、造船奨励法・航海奨励法の制定と定期航路の開設、さらに海港修築による海運拡張策の必要を論じている。

福本は、稲垣と同様に六大航路を整備するように主張しているが、ヨーロッパ航路が構想されている点が、稲垣と異なる点であった。福本の唱える六大航路とは、①南清航路（上海・香港）、②北清航路（釜山・仁川・天津・上海）、③北露航路（ウラジオストク）、④豪州航路、⑤米州航路（バンクーバー・サンフランシスコ）、⑥欧州航路である。欧州航路を重視するという点では、福本の議論は大石のそれに近かったといえよう。

したがって、海外航路の出発点である海港整備についても、福本と大石の議論は共通する。福本は、六大航路の出発点として横浜・神戸・長崎・青森・敦賀の五港の整備を主張しているが、このうち横浜・長崎・青森については、「大石正巳君の三大国港論と其の見を同するもの」[13]として、大石の議論をそのまま引用している。福本は、これら三港に「日本第二の港」である神戸港と、敦賀港とを加えている。

福本や稲垣の議論が大石のそれと大きく異なるのは、ロシアを軍事的な脅威としてのみならず、貿易上の相手国としてもみなしていた点である。それゆえ、日本海沿岸の海港も整備しなければならない。しかし福本にとって問題であったのは、日本海沿岸は近世後期より国内物流の主要航路として整備されていたために、船川・伏木・七尾・敦賀・小浜・宮津・境など同規模の中継港が多く、突出した重要度をもつ海港がないことであった。

稲垣と福本は、それらのなかから敦賀を選んだことになるが、それは決して偶然ではない。海上交通と陸上交通の双方が急速に近代化するなかで、海港に適した条件は変わりつつあった。ただ単に平穏な水面があるだけでは充分ではなく、桟橋や倉庫などの繋船施設整備の容易さや鉄道との接続の有無などが、その条件として挙げられるようになる。そして以上の条件を備えた候補地を絞り込むためには、技術的な裏付けをもたせなければならない。その裏付けを与えたのは、海軍水路部であった。

海軍水路部の活動——肝付兼行の海港論

海軍水路部は、明治期における海港論にとってなくてはならない存在であった。明治政府による海洋測量と海図・水路誌作成業務は、一八七一年七月に兵部省海軍部内に創設された水路部によって担われた。水路部は、一八七二年に兵部省が陸海軍両省に分離されると海軍省に移されたが、八六年には海軍省から独立して「海軍水路部」となった。水路部は海軍艦船のみならず民間船舶にも情報提供を行っており、八八年からはその実態に即し海軍の冠が外されて、単に「水路部」と称するようになる。[14]

一八五〇年代以来、日本沿岸及び港湾の水路測量は、イギリスやアメリカなどの測量船に依存している状況が続いていたが、一八八〇年代には独自の測量を行うようになった。一八八一年一一月、海軍水路部は全国海岸測量一二カ年計画を策定した。これは、士官七名水兵五名の計一二名を一組とする測量班を二班編制し、全国の海岸ならびに港湾の測量に本格的に着手するものである。[15] 同計画は総額一六万円を超える計画であったが、通商促進の観点から農商務省の賛同も得て、[16] 八二年より着手される。なお同計画には、全国四〇六の港湾の測量が含まれている。

同計画を立案したのは、水路部測量課長であった肝付兼行海軍大尉（一八八一年一二月に少佐に進級）であった。肝付は、計画を立案するのみならず、自ら各地の測量に従事している。八二年以降全国の沿岸を肝付は測量したが、とくに八三年二月の呉、同年五月の大村湾の測量は、呉・佐世保に海軍鎮守府が置かれる際の基礎資料となった。[17] 以上のような経歴を背景として、一八九〇年代以降、肝付は海港の専門家として全国各地の海港の調査や設計にたずさわっていくことになる。[18]

その端緒となったのは、「西比利亜鉄道に対する日本の開港場を論ず」と題する演説であった。これは、一八九一年一一月に田口卯吉が主宰する経済学協会の委嘱を受けて行ったものであるが、『東京経済雑誌』のみならず『日本商業雑誌』（博文館発行）にも掲載され、[19] また稲垣の『東方策』や福本の『海国政談』に引用されるなど、大きな反響を呼んだ。この演説で肝付は、シベリア鉄道開通後のウラジオストクを基点とする三大航路として①アメリカ航路、②上海航路、③日本航路を想定し、それぞれに対して日本が軍事的・経済的にどのように対応すべきかを論じている。

①アメリカ航路では、ウラジオストクからカナダ西岸のバンクーバーを経て、サンフランシスコからニカラグアまで続く航路を想定し、この航路に対しては津軽海峡に日本の開港場を設置しなくてはならない、と説く。しかもそれは、従来の開港場である函館ではなく、本州に位置する津軽湾内の大湊でなければならない、という。

②上海航路では、ウラジオストクから上海へと続く航路を想定している。この航路では要衝となるのは対馬海峡である。肝付は、朝鮮半島に位置する釜山港の有用性を指摘し、釜山に対抗するためには北部九州に開港場が必要だという。だが、門司・唐津・伊万里など従来の海港はいずれも汽船を碇泊させるには地形上の問題がある。そこで、九州鉄道の佐賀駅にほど近い仮屋を開港場として整備するよう主張する。

肝付がもっとも力を入れて論じているのが、③日本航路である。肝付は、稲垣と同様に「東洋の商業圏」を上海から横浜・神戸へと移すことを目指しているため、ウラジオストクから横浜・神戸へと接続する日本海沿岸の海港を重要視したのである。そしてそのためには、汽船が安全に碇泊できなければならない。肝付は、地形上の条件を満たす候補地として、油谷・瀬戸崎・宮津・舞鶴・小浜・敦賀・七尾・船川の八港を挙げ、それぞれにつき詳細に検討している（表2-1）。

肝付は、「陸岸ノ環繞」「水深及底質」「陸揚ノ便」「内地ノ運搬」「設市ノ余地」「灯台ノ有無」「暗礁及浅州ノ害」「軍港及要港ノ拘束」の八条件を点数化して比較した結果、敦賀をその最有力候補地とする。一覧表からは、肝付が「内地ノ運搬」をもっとも重視していたことがうかがえる。候補地のなかで鉄道がすでに通じていたのは敦賀のみであり、他の候補地には鉄道敷設の計画はあっても、未だ実現してはいなかった。これは、すでに述べてきたよ

表 2-1　肝付兼行による日本海沿岸諸港調査表

	陸岸ノ環繞	水深及底質	陸揚ノ便	内地ノ運搬	設市ノ余地	灯台ノ有無	暗礁及浅州ノ害	軍港及要港ノ拘束	差引通計
油谷(山口県)	70	70	100	—	—	—	-5	—	235
瀬戸崎(山口県)	80	90	90	—	100	—	-10	—	350
宮津(京都府)	90	100	100	20	90	—	—	—	400
舞鶴(京都府)	100	90	90	40	95	—	—	-50	365
小浜(福井県)	70	90	60	15	30	—	—	—	265
敦賀(福井県)	85	90	100	97	80	40	—	—	492
七尾(石川県)	90	80	60	15	100	—	-70	—	275
船川(秋田県)	30	50	30	30	10	10	-10	—	150

出典)『東京経済雑誌』第613号，305頁。

うに、東邦協会の通商国家構想が「東洋の商業圏」の奪取を前提としていたことと関係している。横浜・神戸に旅客・貨物を集中させるために日本海沿岸の海港に求められた機能は、何よりもその鉄道連絡だったのである。当時は舞鶴にも鉄道敷設計画が進みつつあったが、海軍軍人である肝付には、軍港である舞鶴に不特定多数の外国船が出入りする海港を建設することは認められなかった。そのため、たとえ舞鶴鉄道が実現したとしても、舞鶴ではなく敦賀に海港を建設することが東邦協会の総意となりつつあったのである。

なお肝付は、日本海沿岸諸港に続いて太平洋岸の新規開港場についても、経済学協会の求めに応じて演説をしているが[20]、横浜・神戸という大海港がすでにある太平洋側の新規開港について論じるのは難しかったようである。肝付は、横浜・神戸・函館・長崎などの既存開港については「仮令今後航海上に如何なる変更の起るも、是等の要地は更に最要の地となり、之に勝るの地を他に認め出すことは甚た容易ならす」と評価し、新規開港については「将来輸出すへき物産に富みて運輸に便なる地方に着眼」すべきだと述べる。かかる観点にたてば、門司（福岡県）・河和（愛知県）・清水（静岡県）・室蘭（北海道）が新たに開港場とする可能性がある海港であり、将来的には東北地域にも開港場を設けるべきだと論じるにとどまっている。

地域社会における海港論

肝付の海港論からも明らかなように、一八九〇年代に大きな注目を浴びたのは、横浜や神戸などの既存大海港がある太平洋岸ではなく、日本海沿岸——津軽海峡から北陸地方に至る沿岸諸地域であった。これらの地域では、北海道との交易を中心とする海運網がすでに発達しており、したがって海港修築を通じた地域振興を図る動きは、早くからみられた(21)。

とくに一八九〇年代に海港論が活発化した要因としては、すでに述べた中央における海港論の展開とならんで、日本海沿岸部では太平洋岸と比して鉄道建設が遅れていたことが指摘できよう。一八九三年四月の段階では、太平洋側では青森から東京、大阪を経て広島県三原まで鉄道が縦貫し、また北部九州にも鉄道が敷設されていたのに対して、日本海沿岸では米原から敦賀、及び高崎から直江津まで鉄道が敷設されているのみであった(22)。それゆえ日本海沿岸では、海港に対する期待が高かったのである。一方で鉄道敷設法では、敦賀〜富山・直江津〜新潟などの日本海沿岸縦貫線に加えて、舞鶴線・陰陽連絡線などの日本海沿岸と太平洋側幹線とを結ぶ路線も予定線に組み込まれていた。

そのため、日本海沿岸では鉄道敷設論とむすびつけて海港論が展開された。たとえば、一八九二年一一月には自由党系代議士である石黒涵一郎が『舞鶴鉄道及港湾』を著している(23)。舞鶴鉄道をめぐっては、一八八〇年代半ばには海軍鎮守府の設置が見込まれていたこともあり、舞鶴と京都・大阪を結ぶ私設鉄道計画が持ち上がっていた(24)。しかし、同計画は複数の私設鉄道計画が競合して出願されたこともあって、容易に着手されずにいた(25)。

したがって、人々の注目は舞鶴港の整備問題よりも鉄道の経路問題へと向けられていたが、石黒は「舞鶴人士ノ最モ忽ニス可ラザル急務ハ、線路ノ競争ヨリモ、寧ロ港湾ノ競争ニ在リ」と述べる。なぜなら、舞鶴鉄道の経路選択にかんしては、京都など各地の有志者が検討するのに対して、「港湾ノ利害得失ニ至テハ、宜ク各港居住ノ人士ニ於テ精密ナル調査ヲ遂ゲ、廣ク天下公衆ニ訴テ賛助ヲ得ルノ方法ヲ構」じなくてはいけないからである。

さらに石黒は、「代議政体ノ弊トシテ両院議員ハ必シモ皆ナ地勢ヲ知ル者ノミニアラザレバ大勢傾向スル処意外ナル結果ヲ見ルニ至ルモ亦未ダ知ル可カラズ」として、「大勢ニ打ツノ手段ハ勢望信用アル技師ニ託シテ港湾ヲ調査セシメ議論ノ根拠ヲ固メ大声疾呼シテ輿論ヲ喚起スルニ在リ」と述べ、競合港と比べた場合の舞鶴港の優位性を、技術者による調査をもとに強調すべきだとしている。

肝付の名前こそ出してはいないが、石黒が肝付の議論を意識して論じていることは明らかである。石黒は、宮津・敦賀と比べた場合の舞鶴港の弱点を「軍港タルガ為ニ有事ノ日拘束ヲ受クルノ虞」と「陸揚場ノ不便」の二点にあると述べているが、これは前掲表2-1に示した肝付の評価と合致する。石黒は、第一の軍港であることの弊害については、舞鶴港は半島を挟んで東西に分かれており、軍事的理由により船舶の利用が制限されることは戦時に限られる、と反駁する。ただし、第二の「陸揚場ノ不便」にかんしては、「地主ト資本家ガ一致協力シテ」桟橋などの施設を整備することが必要、と地域社会の人々の奮起を求めている。

以上のように、石黒の海港論は舞鶴の人々に対して奮起を促すものであった。石黒は、一八五四年に舞鶴に生まれているものの、七八年より活動の拠点を岡山へ移しており、上述の論説は、あくまで部外者として奮起を促したものであっただろう。一方で、同じ日本海沿岸でも富山県伏木港では、地域社会内部から海港論が訴えられている。

伏木港は、呉西平野を流域とする小矢部川の河口に位置する河口港であり、その後方地域は富山県域を超えて、岐阜県北部や石川県にまでまたがる海港である。近世には加賀藩の積み出し港として栄えた海港であったが、一八七五年に三菱会社の定期航路（境～敦賀～伏木～佐渡～新潟）の誘致に成功したことで、日本海沿岸の海港としての存在感を増していく[26]。一八八〇年には東京商法会議所によって石巻・下関とならんで新規開港場の候補地として挙げられるなど、中央においても伏木港の評価は高かった[27]。

三菱会社の定期航路誘致は、船問屋である藤井能三が私費を投じて灯台を建設した成果であり、藤井はさらに一八八二年には測候所をやはり私費で建設するなど、海港整備を通じた地域振興を図っていた。当然シベリア鉄道の建設にも藤井は即座に反応し、一八九一年には『伏木築港論』を著している[28]。

同書において藤井は、稲垣満次郎の議論を引きながら、シベリア鉄道開通後には「日本は欧洲より隔離の患を断つのみならず、真に全世界の中点に立つ」ことができる、と述べる。シベリア鉄道開通後には、日本からヨーロッパ各国までは九～一二日間で到達することができ、上海からスエズ運河を経てロンドンへ至るルートが四〇日余り要するのに比べて大幅に時間を短縮することができる。それゆえ、「日本は東洋より欧洲に至る郵便路を占有する」ことになり、さらにシベリアに新たな市場を開拓することも可能になると、論じるのである。

しかし、伏木港が対シベリア貿易の中心地となるためには、伏木港に改修を加えなくてはならない。そのために伏木港を整備するのは「伏木港民の義務」とまで、藤井は述べる。内務省技師デ・レーケ（J. de Rijke）によれば、「多少の修繕」を加えれば伏木港には大型汽船も入港可能になるとのことであり、「伏木港民たるものは甘んじて多少の測量調査費は之れに投ずるを肯ずべし」と述べ、石黒と同様に地域住民に奮起を促している。伏木港論は富山県下の地方紙『北陸政論』や『富山日報』に連載され[29]、また一八九四年五月には伏木町長中谷隆風により「伏木港外国貿易之儀ニ付参考書」と題するパンフレットが作成されるなど[30]、その後はシベリア鉄道開通を契機とした海港論が高まりをみせることとなった。

海港論と同時に国内鉄道整備が検討されたことも、伏木港と舞鶴港に共通する点である。鉄道敷設法で敷設が予定されていた北陸線（敦賀～富山）は、伏木港を経由せず内陸部の高岡を経由するルートであったため、伏木港貿易の発展のためには高岡から伏木までつなぐ鉄道路線の建設が必要であった。そのため藤井を含む伏木町有志は私設鉄道会社の設立を計画し、一八九三年には株式の募集と逓信省に対する設立願提出を行った。しかし、同願は却下され、高岡と伏木を結ぶ鉄道は高岡町の有志により計画された中越鉄道会社により担われることとなった[31]。

以上のように、一八九〇年代初頭には、中央で提唱された海港論が各地にも波及し、海港整備と鉄道建設をセットにした地域振興論が語られるようになった。しかし、本節で取り上げた舞鶴・伏木両港ともに、短期的には築港を実現することはできなかった。なぜなら前章でみたように、単なる埋立工事ではなく、ターミナルとしての海港修築を行うには、技術・資金両面における裏付けが必要であったからである。そのためには、技術面においては内務省土木局の支持が、資金面においては地域社会内部での合意形成が必要であった。次節においては、一八九七年に着工された第一次大阪築港工事を事例に、二つの条件が整備される過程を考察したい。

二　大阪築港の着手――内務省と地域社会

大阪築港と淀川治水

大阪は近世から近代にかけて日本経済の中心地として全盛期を迎えるが、そのような大阪の繁栄を支えていたのは、淀川水運と瀬戸内海運という二大流通網の結節点に位置するという地理的な要件であった。大阪市内には二つの流通網をつなぐ水路網が張り巡らされ、大阪の海港機能はこの水路網によって担われていた。

しかし、大阪市内の水路網は狭く水深も浅いため、外国貿易に使用するような大型船舶を引き入れ、貨物の積み卸しを行うことは不可能であった。そのため、淀川河口の一部である安治川口で貨物や旅客を小舟や艀に積み替えることになるが、安治川口も水深が浅く、六〇〇トン級船舶しか入港することはできなかった。[32]

それゆえ大阪築港は、明治初年から検討されていた課題であった。たとえば一八六八年にはイギリス人技師ブラントン（R. H. Brunton）により、また七三年にはオランダ人技師ファン・ドールン（C. J. van Doorn）により築港案が完成している。しかし、ブラントン案の総工費は一二四万円、ファン・ドールン案の総工費は三二〇万円と、多額にのぼったために断念されている。[33]

大阪築港の困難をさらに大きくしていたのが、淀川治水問題である。大阪の港湾機能は、淀川下流の安治川を中心とした市内水路網によって果たされていた。したがって、大阪築港を実現しようと思えば、淀川治水は避けて通れない問題であった。

そしてそれは、内務省の海港行政全般についてもいえることであった。一八七〇〜八〇年代にかけての内務省の河川行政の特徴は、野蒜築港の事例に典型的に示されているように、治水と水運とを両立させようと試みた点にある。[34]その意味で、当時の内務省にとっては河川行政と海港行政とは未分化であった。

内務省土木局が講じた大阪築港案は、一八七三年二月のファン・ドールンによる設計案、八四年と八七年の二度にわたって設計されたデ・レーケによる案などがあるが、いずれも安治川河口部を浚渫し、外洋船舶が市内水運網に連絡できるように設計されたものであった。[35]そして河口部に土砂が堆積することを防ぐためには、淀川本流の改修は築港と同時になされなければならない。

しかし、治水と水運を両立させようという内務省の試みは、河川の構造と費用負担という二つの点で両立しえないものであった。土砂の堆積が問題になるのは、水運網として活用したい下流域だけではない。河床に土砂が堆積すれば、水質が悪化して流域の農業にも影響を及ぼすうえに、大雨が降ったときの洪水の可能性も高まる。しかし、上流域で土砂対策を行えば、中下流域での土砂がますます堆積する結果をもたらすために、河川改修をめぐっては地域間の対立が絶えなかった。問題を根本的に解決するためには、河川全域を一挙に浚渫するしかない。そのことが、前章でも触れた、内務省土木局の壮大なプロジェクトに対する志向性を形作ったように思われる。

だが問題は、河川改修をめぐる負担に対する各地の対応もさまざまであった点である。淀川治水をめぐっては、すでに幕末期より上流の琵琶湖周辺住民と中下流の各郡住民とのあいだで対立が起こっていた。[36] さらに一八八四年より具体化した京都府による琵琶湖疏水工事に対しても、大阪府の淀川沿川住民は、大阪府下流域の洪水の危険性を高めるものとして反対運動を起こし、さらにそれを淀川への堤防建設を求める動きへと発展させていく。[37] しかし一方で、洪水の被害が相対的に少ない大阪市部は、郡部の動きに対して冷淡であった。かくして、大阪府においては築港推進派と反対派のあいだで膠着状態に陥ることとなった。

大阪築港の市営化

大阪築港をめぐる膠着状態を打開しようと試みたのは、一八八九年に大阪府知事に就任した西村捨三である。西村が目指したのは、大阪築港と淀川治水の分離であった。内務省土木局がこれまで提示してきた設計案は、大阪築港と淀川治水を一体とみなすものであった。しかし、大阪市街を貫く淀川本流の河口に大阪港をつくるのではなく、淀川本流それ自体を大阪市街から遠ざければ、両者を一体のものとして設計する必要はなくなる。築港と治水を分離して別の工事とすれば、その費用負担の範囲も明確になり、地域住民の理解も得やすくなるだろう、と西村は考えたのである。

そして、淀川治水と分離された大阪築港の費用を負担すべきは、その直接の利益を得るであろう大阪市民であった。西村の要請を受けて分離案を設計したデ・レーケは、その計画書のなかで、「若シ其ノ築港工事ヲ河川改修工事ヨリ分離シ、別ニ施行スルコトヲ得バ、該市街ノ商家中ニハ特ニ損金シテ之ガ成工ヲ欲スルモノ或ハ多数ナラン[38]」と述べている。淀川治水との分離による大阪市民の自発的な費用負担への期待は、内務省土木局にも共有されていた。

費用負担の範囲を明確に分離するという手法は、西村自身の経歴によってもたらされたものであろう。西村は、大阪府知事に就任する前の三年間（一八八六〜八九年）は、内務省土木局長として大規模河川の改修工事を直接指揮していた。複数の府県に跨がる大規模河川の改修にあたっては、その負担割合をめぐって対立が起こるのは必定である。岐阜・愛知両県にまたがる木曽川、熊本・福岡両県にまたがる筑後川などの大河川の改修に道筋をつけるなど、土木局長としての西村は、大河川改修には避けられない地域社会における負担を受諾させた実績を誇っていた[39]。かかる経験をもとに西村は、淀川改修をめぐる大阪府内の郡部と市部との対立を調停する手段として、淀川治水と大阪築港の分離を模索したのである。

また、当時の大阪市は市政特例の対象となっており、府知事が市長を、府書記官が市助役を、それぞれ兼任することとなっていた。行政執行機関は、市長（府知事）及び助役（府書記官）と名誉職参事会員より構成される市参事会であり、実質的には府知事の指導下に市政が置かれていた。したがって、大阪築港を市営としても、西村のもとで事業が推進される状況には変わりはなかった。

問題は、経営形態である。大阪市民が費用を負担するとしても、民営と市営とでは費用負担の範囲は異なる。西村が目指していたのは、市営港であった。築港による直接の影響を受ける市部のみに負担を限定すれば、地域社会全体の理解が得られると考えたのである。

前例のない市営港という発想は、大阪市水道公債の好成績が念頭にあったからだという[40]。大阪の水道工事は、当初は大阪府が企画したものであったが、工費が二五〇万円にものぼることから一時は断念されていた。しかし、一八九〇年にコレラが流行したこともあって、水道工事は緊急性をもつものと認識される。そこで西村は、水道工事を市営とし、工費二五〇万円をすべて市公債によってまかなう計画を立てた。この公債募集は非常の好成績を記録し、一八九一年四月と九三年四月の二度にわたって募集された総額一九七万円の公債に対する実収入額は二一五万円を超えた(41)。さらに、水道工事に対しては内務省から総額七五万円の国庫補助を獲得することにも成功した。かかる経験は、公債発行と国庫補助によって、大規模築港も可能になると西村に認識させたのである。

しかし大阪市民が、負担を伴う築港の実現に対して、必ずしも賛同するとは限らないだろう。しかも大阪市は、最優先の課題として、上下水道の整備に取り組まなければならなかった。大阪市の歳入総額が三〇万円を切るなかで(42)、総額二五〇万円と見込まれた水道整備に取り組みながら、さらに築港に着手することに対しては、大阪市参事会及び大阪市会は消極的であった。

そこで西村は、水道工事を早期に竣工させることを優先し、その間に大阪築港に向けての世論啓発を試みる。一八九一年一月には、世論啓発のための組織として、築港研究会が設立された。築港研究会の設立発起人には、大阪市内でも沿岸部に近い西区選出の市会議員である森作太郎や伊藤徳三などの自由党系弁護士グループ、同じく西区の小泉清左衛門などの中小実業家などが名を連ねている(43)。大阪築港に対しては、直接的な利害関係が大きい西区を中心とした支持層があったものと思われる。西村は、西区選出の市会議員を中心として、築港に対する支持を全市的に拡大・組織化しようと試みたのである。築港研究会の設立からおよそ一年後には、市会議員・府会市部会議員・商業会議所会員の半数以上、また五万円以上の資産を持つ者七〇余名が大阪築港に賛同していたというから(44)、築港研究会による活動はまず成功をみたといってよいだろう。

築港研究会が最初に目指したのは、大阪築港の具体化には不可欠な測量の実施である。設計のもととなる測量を大阪市が主体となって実施すれば、市営築港への道筋をつけることができるだろう。一八九二年四月には、大阪市予算から築港測量費の支出を求める建議書が築港研究会により市参事会へと提出されたが、この建議書にはおよそ四〇〇名の署名が集まったという[45]。このような市会の外からの圧力もあり、同年一一月には大阪市会で、築港測量費一万四〇〇〇円の支出と内務省への技師派遣要請が議決された[46]。

しかし、内務省直轄や府営、民営などさまざまな選択肢があるなかで、前例のない市営築港という選択肢を、大阪市民はなぜ受け入れたのであろうか。しかも、当時の大阪市は、淀川治水や水道事業など多くのプロジェクトを抱えている。そうしたなかで、さらなる負担増をもたらすであろう市営築港に対する支持は、どのようにして醸成されたのか。

築港に対する支持獲得に向けて築港研究会がまず強調したのは、築港に伴う新市街地の創出である。大阪の海港機能は、大阪市内を流れる安治川によって担われていた。川口居留地をはじめとして、安治川沿岸に波止場や倉庫が建ち並び、それらによって海港機能が果たされていたのである。これに対して築港研究会の席上で西村が強調したのは、大阪の海港機能を安治川沿岸から天保山沖へと移し、大阪市内から天保山までの田園地帯に新市街地を創出するという、海港都市としての大阪の発展のイメージであった[47]。

だが、築港による新市街地創出の強調には、築港を利用した私的なインタレストの増大という負のイメージがまとわりつく。大阪築港が具体化していくにつれて話題となったのは、築港予定地の地価上昇であった。築港研究会が新市街地創出を訴えれば訴えるほど、天保山付近の地価は上昇し、一年間で五〜六倍になったともいう[48]。地価の上昇は築港研究会へ猜疑の目を向けさせ、それは市営築港実現への障害となり得る。築港研究会員であり市会議員でもあった野口茂平が天保山近辺に土地を取得していたことに対して批判が強まると、築港研究会は野口に退会を勧告せざるを得なかった[49]。そのうえ新市街地創出は既存の波止場や倉庫とは潜在的に対立するものであるから、市営築港への支持獲得に向けた決定打とはならなかったのである。

築港研究会が大阪築港への支持獲得に向けて強調した第二の点は、その国家的な重要性であった。たとえば、一八九二年九月の『大阪毎日新聞』には、沖野忠雄内務省技師（第四土木監督署長）による、大阪港を関西における海外貿易の中心とすべきだという意見が掲載された[50]。市営築港が水道事業をモチーフに計画された以上、国庫補助に期待するのは当然である。そのためには、大阪港の国家的重要性も強調されねばならなかった。

しかし、大阪築港に対する国家的な要請を強調することは、市営築港を実現するためには両刃の剣であった。国家的に重要な海港であるならば、国家がその事業主体となるべきではないか、との反論が避けられないからである[51]。しかも、安治川沿岸は大阪市内であるものの、天保山近辺は当時は大阪市外であり、その点からも市営築港には疑問がもたれていた。実際に大阪市会では、測量費支出をめぐって、市が測量を行うことへの疑義が呈されている。大阪市会では、築港そのものに対する反対はなかったものの、「元来築港事業ハ地方税経済トナスベキモノナリヤ、将タ市費支弁トナスベキモノナリヤヲ深ク講究セザルベカラズ」（永田仁助）といった慎重論や、築港は「数年来熱望スル所ナレドモ、其費用ハ地方税、市費ノ孰レニ依ルベキヤト云ハヾ地方税ニ依ルベキモノナリト信ズル」（前川彦十郎）という府営築港論など、市営築港には慎重論や反対論も根強かった[52]。それでもなお、築港研究会が市営築港への支持を調達しえたのは、同時に起こっていた鉄道誘致問題と結びついたからである。

築港と鉄道

先述したように、大阪と日本海岸をつなぐ舞鶴鉄道をめぐっては、その経路選択をめぐる対立が各地で起こっていた。大阪において問題となった路線のひとつに、日本海沿岸の舞鶴港から瀬戸内海へ抜けるルート（舞鶴線）がある。舞鶴線については、二つの私設鉄道が計画されていた。ひとつは、京都商業会議所が中心となって計画した京鶴線であり、いまひとつは、兵庫県の有力者が計画した土鶴線である。京鶴線は、舞鶴から綾部や園部などを経由して京都市へ至るルートであり、京都市からは東海道線を利用して大阪へと抜ける物流網が構想されていた。一方で土鶴線は、舞鶴から綾部を経て瀬戸内海沿岸の土山で山陽鉄道と接続するルートが構想されていた。両者の競合は、京都市と神戸市との都市間競争の様相を呈し、その中間に位置する大阪市は、いずれの経路を支持するかの判断を迫られることになったのである(図2-1)。

京鶴線と土鶴線のいずれを支持するのか、と迫られるのであれば、大阪市は京鶴線を選ぶのが自明であるように思われる。なぜなら、京鶴線が採択されるのであれば、そのルートの終着点が大阪港であるのに対して、土鶴線が採択されれば、日本海側の物産が舞鶴から直接神戸港へと輸送されることは明らかだったからである。神戸商業会議所会頭の山本亀太郎は、土鶴線採択を求める建議書のなかで、神戸港を「関西第一ノ商港」と位置づけ、将来シベリア鉄道が開通すれば、「舞鶴港ト浦塩斯徳ト交通往来スルニ至ラハ内外ノ貨物皆本港ヲ経テ土鶴線ニ依リ輸送スル」ことになる、と訴えている[53]。土鶴線敷設の意図が神戸港の成長にあることは、周知の事実であった。

ここに、舞鶴鉄道問題と大阪築港問題とが結びつく。築港研究会の発起人の一人でもあり、また大阪市会議長でもあった森作太郎は、一八九三年一〇月に示した意見書のなかで、「若シ所謂土鶴線ニ敷設セラル丶トキハ、北海ノ産物舞鶴港ヨリ土山ヲ経テ直チニ神戸兵庫ニ輻輳シ、神戸兵庫ニ於テ取捌ヲ了シ復タ大阪商人ノ手ヲ籍ラサルニ至リ、北海物産ノ商権忽兵庫神戸ノ為メニ奪ハル[54]」ことが明らかである、と主張する。さらに続けて森は、以下のように述べる。「神戸ハ天然ノ良港ヲ有シ、大阪ハ海口浅淤殆ント現今普通ノ船艦ヲ通セス。大阪築港ニテモ成就スルニ非ラサレハ、海運ノ商業ニ於テ固ヨリ神戸ト競争スルノ望ナシ。縦令ヒ築港成就スルモ、海港ニ至テハ神戸ニ譲ラサルヲ得ス。故ニ大阪ハ、陸運ノ商業ニ於テ飽マテ神戸ニ勝レルノ地位ヲ保タサレハ、永ク今日ノ大阪ヲ維持スルコト能ハサルナリ」。

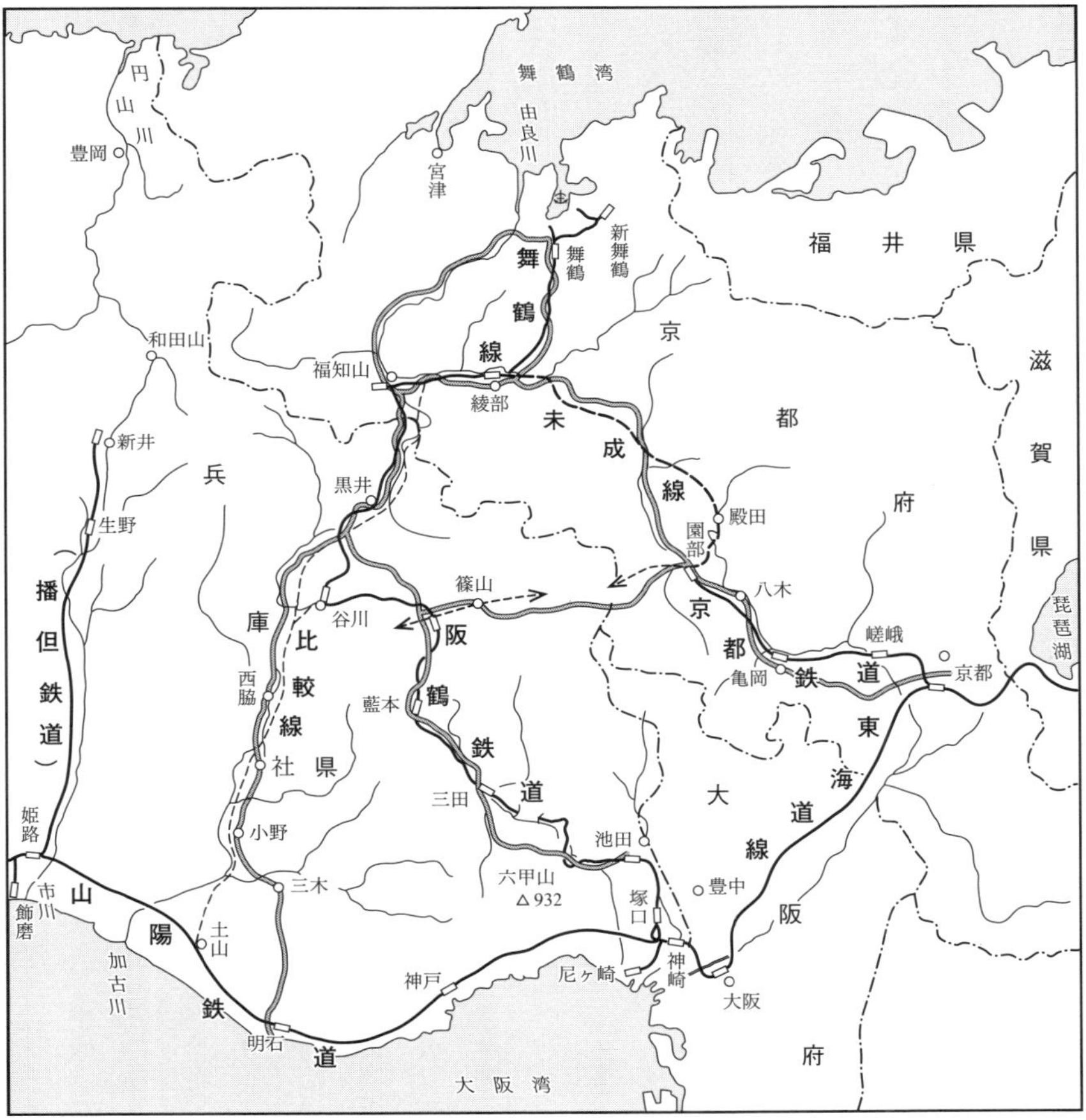

図 2-1　舞鶴線経路図

出典）『日本国有鉄道百年史』第 3 巻，709 頁。

彼らを京鶴線敷設と大阪築港へと動かしたのは、急成長を遂げる神戸港に対する危機感であった。そして、舞鶴より陸揚げされる北海道産の海産物や日本海沿岸の農産物を結びつける大阪港を中心とした交通網構想を提示することにより、京鶴線と市営築港の双方に対する支持を、彼らは獲得していったのである。

だが、大阪市の有力者すべてが、京鶴線を支持したわけではない。大阪市内の有力者、とりわけ大実業家層のなかには、大阪と神戸の双方に利害をもつ者も少なくなかったからである。その代表的な存在ともいえるのが、藤田伝三郎や田中市兵衛、松本重太郎などであった。藤田は紡績業や鉱山業などを多角的に経営しており、田中は家業である肥料商を中心に銀行業などへ経営を多角化していた。貿易業にも乗り出していた藤田と田中は、五代友厚らとともに一八八四年には神戸に桟橋会社を設立しており、田中は一八八五年以来その社長を務めている。また松本は、自ら設立した百三十銀行を中心として紡績業や鉄道業を中心に多角的に事業を展開していたが、一八九二年には神戸と三原を結ぶ山陽鉄道会社の社長に就任し、さらに同路線を広島・下関へと延長していく。彼らが力を入れていた紡績業の展開に不可欠な綿花輸入や綿糸輸出のためにも、[55]神戸・大阪双方に貿易港が必要であった。彼らは大実業家であったがゆえに、その事業は多角化・分散化しており、その利害も大阪市内にはとどまらなかったのである。

松本らは、京鶴派に対抗する目的もあって、鴻池や住友などにも呼びかけて一八九三年七月に阪鶴鉄道計画を立ちあげる。これは、土鶴線では神戸より西に位置する土山が想定されていた瀬戸内海沿岸への接続点を修正して、大阪と神戸の中間に位置する神崎で東海道線に接続する計画である。彼らは、この修正により、舞鶴線に関する大阪と神戸双方のインタレストを調和させようと試みたのである。

大阪港が淀川から排出される土砂によって埋没が避けられないとするのであれば、莫大な費用を投じて天保山沖に築港するよりも、「神戸の埠頭と大阪市場との連絡を付くるの策[56]」を進めるべきだとする立場もありうるだろう。

藤田や松本が経営にたずさわっていた『大阪毎日新聞』は、そうした立場にたって阪鶴鉄道を支持するとともに、京阪神間鉄道の複線化も訴えている[57]。彼らが重視していたのは、京阪神地域全体での輸送能力の改善であって、そのためには大阪と神戸のいずれにも築港を実施し、さらにその二港から舞鶴までを阪鶴鉄道でつないでいくことが構想された。森作太郎ら京鶴派が神戸港との対抗意識のもとに集ったのに対して、松本らの阪鶴派は大阪港と神戸港との共存を意図していたといえよう[58]。

むろん、阪鶴派も大阪築港それ自体を否定するのではない。けれども阪鶴派が目指したのは、壮大なビジョンにもとづいた、それゆえ実現性の疑わしい海港都市・大阪の発展策ではなく、経済的合理性にもとづいた交通網の整備であった。

阪鶴派は、大阪築港に関しては、市営ではなく民営による実現を主張する。すでに神戸においては、貿易量の増大に応じて、民間会社による桟橋・倉庫業の経営が本格化している。田中市兵衛の経営する神戸桟橋会社は、付帯事業として倉庫業を兼営しており、桟橋の維繫料収入及び倉庫・上屋の保管料収入によって順調に成長していた[59]。神戸港には、同社以外にも一八八二年設立の神戸船橋会社や一八八九年設立の兵庫船橋会社などもあり[60]、これらのような民営桟橋会社及び倉庫会社の集合体としての大阪港の将来像を、阪鶴派は描いていた。実際、一八九三年一〇月には、西成郡で築港会社の設立が検討されている[61]。淀川治水や水道敷設など多くの事業を抱えるなかで、さらに大規模な市営築港を行うよりも、複数の民間会社による漸進的な整備を行うべきだ、と阪鶴派は考えていたのである。

阪鶴派は、京鶴派に比べて資本の大きい大実業家を中心としていたからこそ、以上のような京阪神全域における経済合理的な発展策を論じることができた。だが一方で彼らは大実業家であるがゆえに、大阪市政への影響力が限定されていた。森作太郎や小泉清左衛門らが市会に議席を有していたのに対して、阪鶴鉄道発起人のほとんどは市会に議席を有してはいなかった。また、舞鶴線問題をめぐって生じた大阪商業会議所の内紛も、京鶴派が強硬に京鶴線支持を議決してしまうなど、阪鶴派を抑えて京鶴派が優位に事態を進めていく。[62] 大阪においては、中小実業家層が市政の実践部分を担っていたがゆえに、京鶴派の主張が反映されやすかったのである。[63]

しかも阪鶴派の唱える複数の桟橋会社や倉庫会社の集合体としての大阪港の将来像は、市営築港論と対立するものとはいえない。少なくとも理屈のうえでは、民営築港と市営築港の両立は可能である。それゆえ阪鶴派は、大阪築港それ自体の必要性を訴えながら、過大な市営築港には反対するという、わかりにくい態度を取らざるを得なかった。この点は、神戸港との対抗意識のもとに大規模な市営築港を主張する京鶴派とのあいだで、訴求力の大きな差となって現れたであろう。

かくして大阪築港は、市営路線へ向けての一歩を踏み出すことになる。ところが、その主導権を発揮すべき西村は、すでに大阪にはいなかった。築港研究会の活動が盛り上がりをみせていた一八九一年六月、西村は農商務次官に就任したからである。西村はその後も個人的には築港研究会への関与を続けるが、西村が府知事の座から離れたことにより、築港研究会はその指導者を一時的に失うことになる。

現実路線と拡大路線――山田信道と内海忠勝

西村の農商務次官就任は、築港研究会にとって大きなダメージとなった。なぜなら、西村の後任として大阪府知事に就任した山田信道は、阪鶴派の主張する大阪築港民営論を支持したからである。山田は府知事就任直後に、水道敷設・大阪築港・淀川改修など大きなプロジェクトを同時並行的に進める大阪市の現状について、事業を整理する意向を新聞紙上に示している。[64] とりわけ築港問題については、「大阪人士の眼には如何にも必要に見ゆれど、日本全国と云ふ眼から見ればツイ近辺に神戸港あれば、差し当り外国貿易にも差支へはなかる可し。…〔中略〕…殊に大阪貿易盛んになれば、神戸が衰へるは当然なれば、此の事たる公平の眼を以て見れば、中々軽々に論ずべきにあらず[65]」との発言が、『大阪毎日新聞』に報じられている。阪鶴派に同調する山田の姿勢は明らかであった。

しかし、すでに大阪市会は築港研究会―京鶴派の手に落ち、市営築港支持の姿勢を鮮明にしている。そこで山田は、築港問題を議する場を大阪市会と切り離すことで市営築港路線を修正しようと試みる。大阪市会が測量費の市費支弁を決定したおよそ半年後の一八九三年三月、山田は築港取調委員会を大阪府庁に設置した。同委員会は、府知事を委員長として、府書記官一名、市参事会員より一名、市会議員八名、市公民八名の合計一八名に加えて、知事が選任する相談役によって構成されることになった。山田府知事は、この相談役に鴻池善右衛門、藤田伝三郎、田中市兵衛、松本重太郎などの阪鶴派をそろえることにし、さらに市公民互選議員にも土居通夫など阪鶴派をそろえることで、京鶴派主導の市営築港論を封じ込めようと考えたのである[66]。

山田府知事の現実路線には、もちろん築港研究会―京鶴派は不満であった。そして、不満を抱いていたのは築港研究会―京鶴派だけでなく、内務省土木局も同様であった。大阪市会による測量費支出を受けて実際に測量にとりかかったのは、内務省土木局技師のデ・レーケであった。一八九〇年に当時の西村府知事の要請を受けて淀川治水と大阪築港との分離案を設計していたデ・レーケに築港の設計を委託すれば、築港研究会―京鶴派の望む壮大な設計案が完成するのは明らかであったが、ほかに技術者を確保することは困難であった。一八九四年三月から六月にかけてデ・レーケが提出した築港設計案は、やはり天保山近辺に一大繫船場及び倉庫地帯を造成する、きわめて大規模なものであった。その内容は、おおよそ以下のようなものである[67]。

まず、安治川河口に位置する天保山沖を中心に水深二七尺（およそ八・一メートル）の繫船場を整備する。繫船場を平穏に保ち、かつ水深を維持するために、港内を南北二本の防波堤で囲い込む。防波堤の延長は、北防波堤が一二〇〇間（およそ二一六〇メートル）、南防波堤が二七六〇間（およそ四九六〇メートル）である。これにより、一

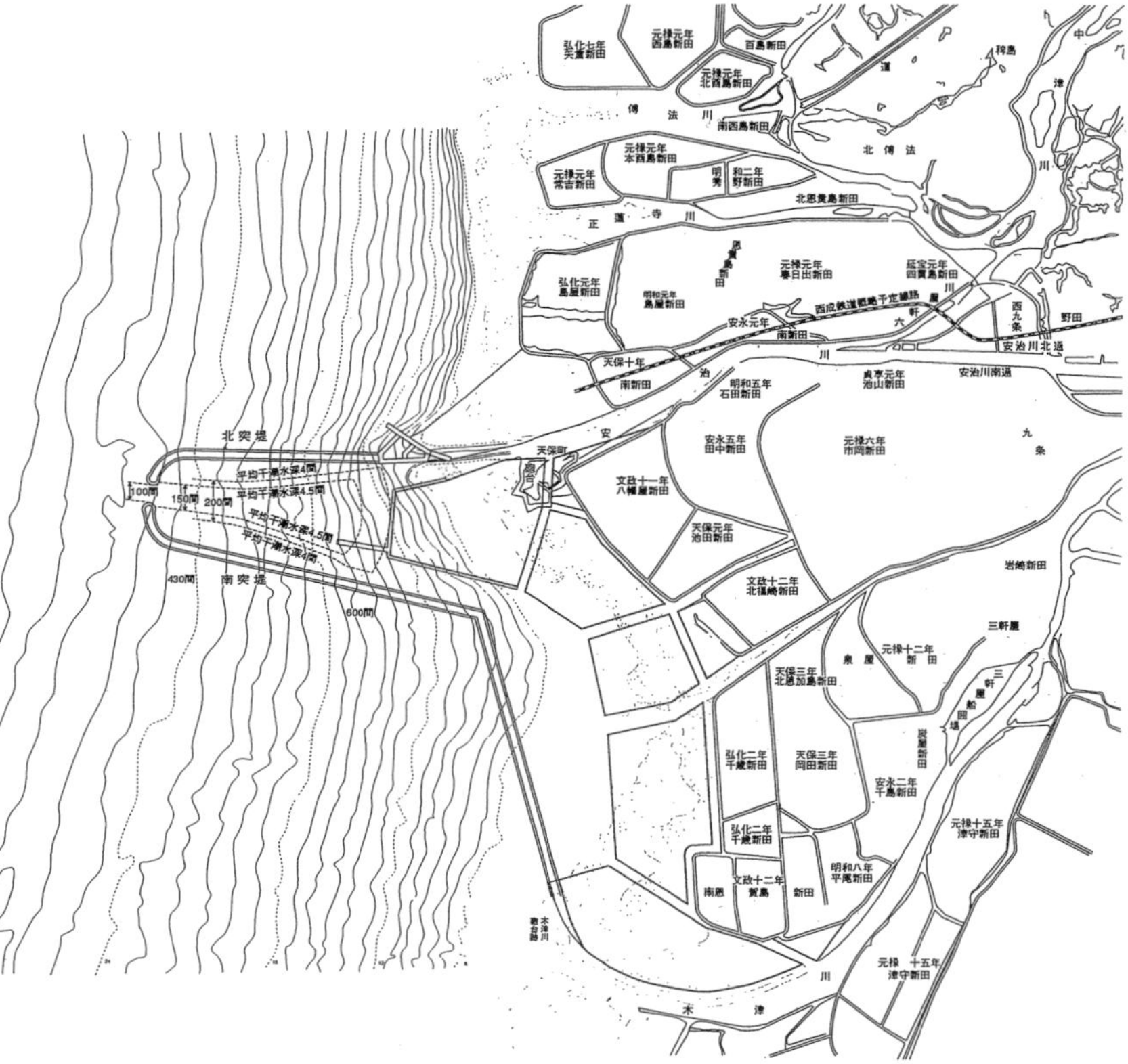

図 2-2　大阪築港／デ・レーケ案（1894 年）

出典）『大阪築港 100 年』上，43 頁。

〇〇〇トン級の船舶が二八〇〇艘、碇泊可能になるという(68)。さらに、湾岸地域には合計七九万二〇〇〇坪余の埋立地を造成し、天保山には大型船舶が横付けできる大桟橋を整備する（図 2-2）。

かように壮大な設計案が出されることは、山田にとってはおそらく想定されたことであった。一八九五年九月には、山田はデ・レーケ設計案に対して当面着手する意志がないことを表明する(69)。かつての野蒜築港や東京築港と同様に、ここでも内務省土木局は壮大なプロジェクトを実現しようと試みたが、それは到底山田に受け入れられるものではなかったのである。

しかし、デ・レーケ設計案の凍結が表明された翌月の一八九五年一〇月、その山田が京都府知事に転任すると、状況は再び一変する。後任として大阪府知事に就任したのは、内海忠勝であった。山田信道が築港の主導権を大阪市会から奪うために築港取調委員会を府庁に設置したことは先述した通りであるが、内海は着任早々にこの築港取調委員を一九名から四〇名へと倍増させる。[70] その意図は、築港設計案の拡大にあった。増員後の築港取調委員会の会合では、時勢の変化に応じて築港設計案の拡大を主張する新規委員と、現設計案の早期着工を主張する既存委員とで激しい対立が繰り広げられる。[71]

内海や新規委員が築港の拡大を主張した背景には、日清戦争を経て、日本国内の汽船の大型化が急速に進んだことがある。日清戦争中には、軍事輸送の必要から政府及び民間船会社は船舶の拡充に乗り出し、二〇〇〇トン級船舶はもはや珍しいものではなくなっていたという。[72] さらに日清戦後には海外航路の拡充が目指されたこともあって、船舶の大型化が進んでいる。一八九六年三月に日本郵船が欧州航路に投入した土佐丸は六〇〇〇トン級船舶であり、日清戦後の主要港には、このクラスの船舶へ対応することが求められるようになっていたのである。

設計を大規模化するのであれば、山田信道が目指したような民営路線はとり得ない。内海は、設計の大規模化に伴い築港予算が膨れあがる可能性に触れ、民営会社ではその負担に耐えきれない、として築港の市営方針を明確にする。その財源は国庫補助と官有浜地の払い下げによりその三分の一をまかない、それで足りなければ会社税を中心とした増税を行う考えであった。[73] 以上のような内海の大阪築港論は、市営築港を目指すという点では築港研究会―京鶴派と一致するものである。したがって、内海による府の方針転換により大阪築港の市営路線はほぼ固まったといえよう。

しかし、設計の規模という点では築港研究会―京鶴派と内海は意見を異にしていた。内海のいうように設計を拡大するのであれば、そのための再調査が必要となり、大阪築港の実現がさらに先延ばしになってしまう。神戸との対抗上、一刻も早く築港に着手したい築港研究会―京鶴派は、内海の築港論を歓迎することはできなかった。大阪市会は、市参事会が提出した再調査のための予算案およそ三一三八円を五〇〇円へと大幅に減額し、反対姿勢を明確にする。大阪市会での反対意見の要点は、第一にデ・レーケよりも優れた技術者は日本にいないために再調査をしても無駄である、第二に土佐丸クラスの船舶は港内にまで入ることが少ないため対応する必要はない、第三に再調査に時間をかければ工事着手が遅れる、という点であった。(74)

この間、阪鶴派は『大阪毎日新聞』紙上で市営築港に消極的な報道を続けたが、大勢は変えられなかった。(75)かくして日清戦後には、大阪築港をめぐって三つの立場がそろうことになる。あくまで市営築港の早期実現を目指す築港研究会―京鶴派と、民営による発展を目指す大実業家層―阪鶴派に加えて、設計を見直して大規模築港を目指す内海府知事のグループである。

ところが、この頃すでに内務省土木局は設計の拡大に向けて動き出していた。内務省土木局は大阪築港の設計案について諮問機関である土木会に諮っており、一八九六年七月に土木会はデ・レーケ案を拡大する修正案を提示するのである。

土木会は、一八九二年六月に設置された内務大臣の諮問機関である。各地からの敷設要求が噴出した鉄道政策を審議・調整する場として設置された鉄道会議と同様に、主として河川政策を審議・調整する場として設置されたのが、土木会であった。その構成メンバーは、内務省のみならず、農商務・逓信・陸海軍省や参謀本部などの技術官に加えて、帝国議会からも代表者が参加するものであった。(76)河川政策と同様に内務省土木局が設計した大阪築港案についても、土木会に諮問に付されたようである。

拡大された修正案は、以下の内容をもつものである。港内の水深を、デ・レーケ案では干潮時二七尺であったも

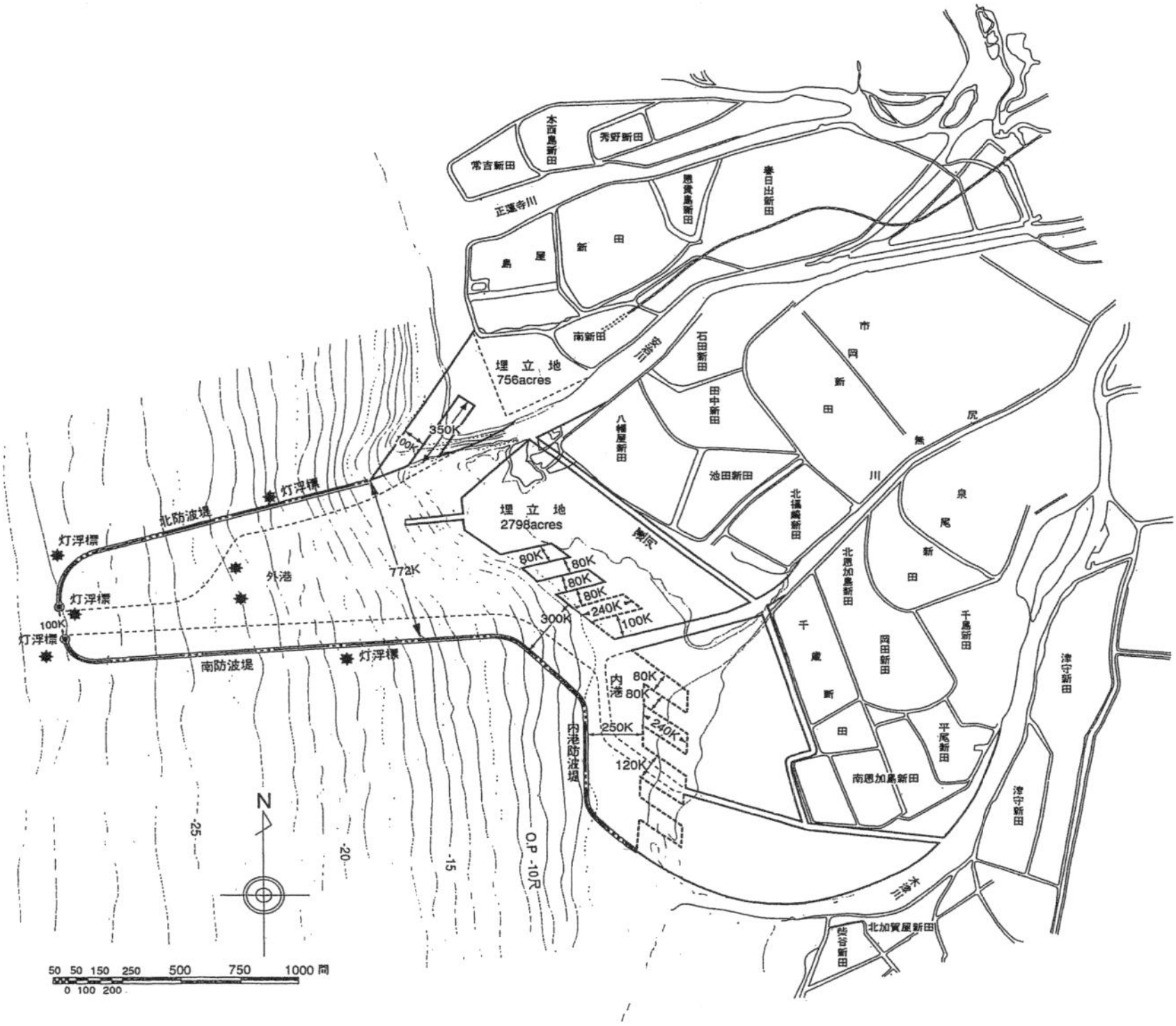

図 2-3　大阪築港／拡大設計案（1896 年）

出典）『大阪築港 100 年』上，52 頁。

のを二八尺にまで拡大する。また防波堤の位置を南側に一五〇間ずらすことで港内碇泊水域を拡大し、繋船浮標を設ける。さらに、デ・レーケ案では繋船岸壁の整備までは想定していなかったが、土木会の修正案では合計一四〇〇間の延長をもつ繋船岸壁を整備することとなった（図2-3）[77]。

土木会での詳細な審議内容は、明らかでない。けれども新聞報道によれば、土木会では築港の規模拡大では認識が一致していたようであり[78]、それは日本船舶の大型化への対処が必要という、内海らの認識が共有されていたものと考えてよいだろう。それに加えて、築港の規模拡大には軍部の意向が反映されていたようである。

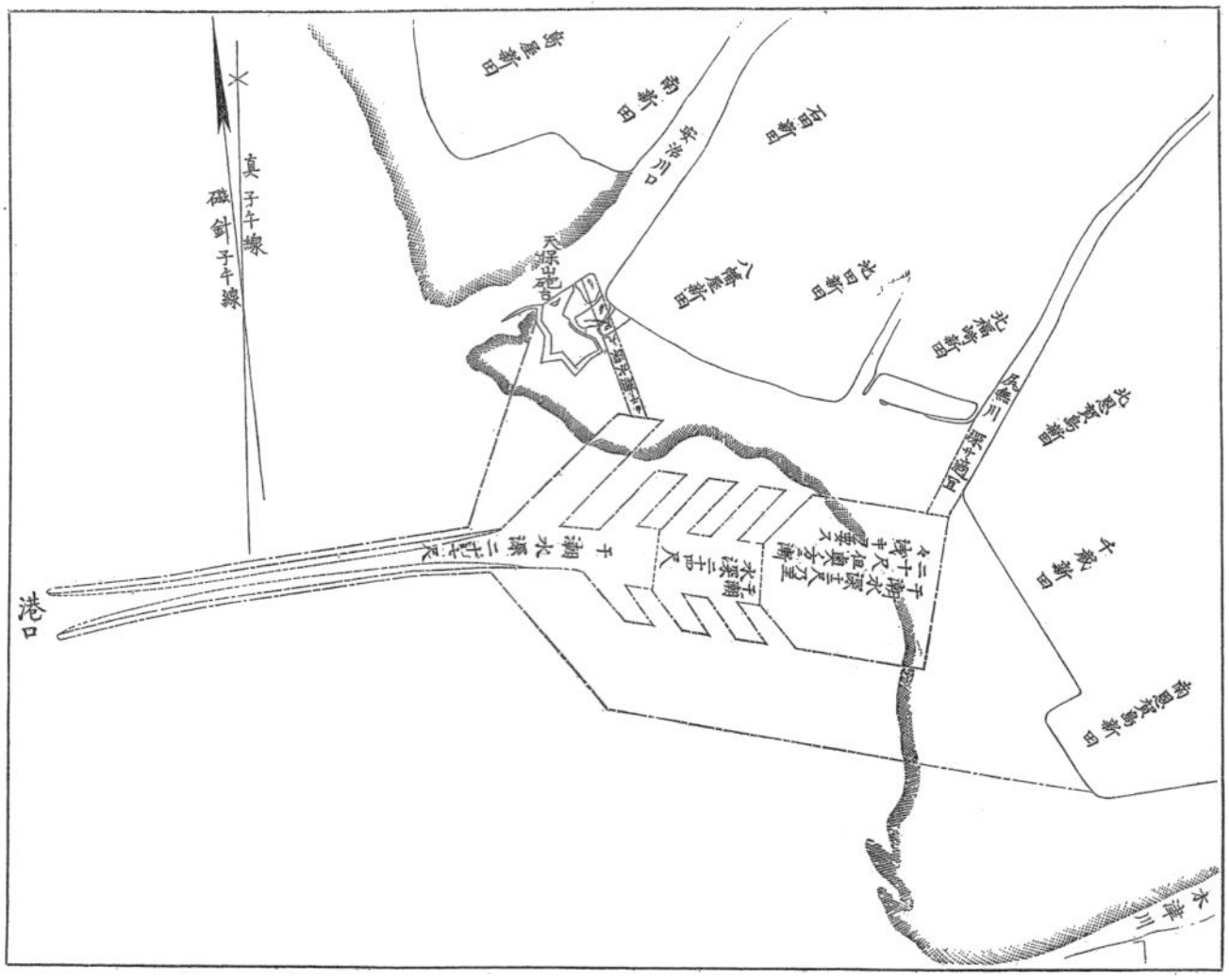

図 2-4　大阪築港／肝付案

出典）『東邦協会会報』第 23 号。

築港拡大派の同床異夢

海軍のスポークスマンである水路部長の肝付兼行は、一八九六年七月に『東邦協会会報』上において、大阪築港についての論考を発表している(79)。その内容は、デ・レーケ案が艀荷役を前提としていることへの批判であった。これまでの築港計画では、港内の船舶は防波堤内に碇泊し、荷物の積み卸しは艀で行うことが前提とされていた。横浜や神戸には、船舶が直接繋船できる桟橋が築造されていたものの、繋船埠頭は日本国内にはなかった。肝付は、日清戦後に日本の海運を発達させるためには積み卸しの時間を短縮させることが必至であると主張し、大阪には繋船岸壁を設けるべきだと主張する（図2-4）。こうした海軍の要望を受けて、土木会で修正された大阪築港設計案は、デ・レーケ案の枠組みは維持しつつも、繋船岸壁を設けるように修正された。

また陸軍は、日清戦争の経験から、大阪港に海外への兵站根拠地としての重要性を見出していたようである。日清戦争の際の兵員及び物資輸送拠点は、広島の宇品港であった。日清開戦直前の一八九四年七月には山陽鉄道が広島まで開通しており、さらに千田県知事時代の築港（埋立）によって大規模な兵舎建設用地が確保できることが、その理由であった。[80] しかし宇品港の問題点は、広島市街から宇品港までの距離が長すぎることにあった。日清開戦直後に陸軍は、広島〜宇品間およそ六キロメートルをつなぐために、わずか一七日間の突貫工事で支線（宇品線）を完成させたが、それでも間に合わなかったようである。とくに負傷兵が帰還した際に病院への収容が遅れることが、陸軍内では問題視されていた。[81] また広島は東日本から兵員を招集する際にも不都合であった。これに対して大阪は、各地へと鉄道路線がつながっているために東日本からでも招集が容易であり、市街と港が近いために兵員の収容にも便がよい。また造船所や製鉄所が多いために船舶の修繕も可能である、などの理由から、陸軍でも大阪港の本格整備が望まれていたようである。[82] 実際、土木会の修正案では埋立地のうち一〇万坪を陸軍用地とすることも盛り込まれた。

なお、陸軍は大阪築港の側面支援をはかると同時に、大陸への窓口である門司に軍事施設を整備している。一八九五年には、軍器製造所（和布利）・火薬庫（長谷町）・軍需品倉庫（丸山町と老松町）が設置され、さらに砲兵第三方面支署も設置された。また、翌九六年には小倉に師団が新設されることも内定し、一八九九年の下関要塞地指定へ向けて、軍都としての関門海峡整備が進められていく。[83] 大阪港の整備を後押しすることで、宇品を中心とした国内輸送ルートの拡充を、陸軍は目指していたといえよう。

元来壮大なプロジェクト型の築港を志向する傾向にあった内務省は、軍部の支援も得て、大阪築港の規模拡大に向けて舵を切る。大阪市会が当初提案したデ・レーケ案は工費総額およそ一五八六万円であったが、土木会の修正を受けて内務省が見積もった工費総額はおよそ二二四九万円と、大幅に膨れあがることになった。

大阪市にとって問題だったのは、かように築港の規模が拡大したにもかかわらず、国庫補助額が、大阪市の当初要求よりも減額されたことである。大阪市会が内務省に稟請した国庫補助額は当初の工費総額のおよそ三分の一にあたる四七〇万八八四四円余であったが、[84] 内務省が作成した修正予算の国庫補助額は工費総額のおよそ五分の一にあたる四六八万円であった。しかもその支給は、工事着手予定の一八九七年度からではなく、その四年後の一九〇一年度から毎年四六万八〇〇〇円づつ、一〇年間にわたってなされる計画であった[85]。

内海府知事は、土木会での結論がほぼ固まった一八九六年七月末、市参事会と市会議員に対して内々に設計の拡大とそれに伴う市負担の増大について打診する。設計の変更により、大阪市の毎年の市税負担額は七万円弱増えて二〇万円に増加することになるが、築港の早期着工を願う彼らにとって、もとより選択の余地はなかった。三月のデ・レーケ案採択のときには大阪市会で三日間にわたって審議がなされたにもかかわらず、八月の新設計案の審議では具体的な検討を加えることもなく、拡大予算案は承認された[86]。

その規模や経営形態をめぐって、地域社会内部で対立が繰り広げられていた大阪築港問題は、日清戦後に内務省と軍部が介入することで、いともあっさりと決着することになった。しかしそれは、築港の規模や経営形態について、地域社会内部での意思の共有が不十分に終わったことを意味している。したがって、経済環境の変化によって工事そのものの存続が危ぶまれることになると、再び築港の是非をめぐって地域社会内部での対立が顕在化することになる。この点については、第4章で改めて検討することにしたい。

三　貿易港制度の変更——大蔵省と地域社会

日清戦争前後の帝国議会

大阪築港国庫補助予算案は、一八九六年に開会された第一〇議会で審議され、衆議院本会議では一七二対七三、貴族院本会議では一〇六対五五と、大差で可決された[87]。すでに前年の第九議会では日清戦後経営関連の重要法案の多くが通過しており、大阪築港についても貴衆両院で大方の支持が得られたものと思われる。

なお、同案に対して、政党は足並みを揃えることはできなかった。自由党・進歩党のいずれもが、大阪・神戸の地域間対立を収拾することができなかったからである。大阪支部からの働きかけをうけた自由党本部は、三月一五日の代議士総会で大阪築港費補助への賛成を党議決定した。ところが、神戸支部が反発して脱党を辞さない構えを示したために、翌日の評議員会・代議士総会では前日の決定を取り消し、自由投票とせざるを得なかった。[88] 一方の進歩党も、第二次松方内閣の与党でありながら、築港費補助に対しては自由投票とせざるを得なかった。進歩党の事実上の党首であり、第二次松方内閣の外相でもあった大隈重信は、大阪築港費補助には賛意を示していた。[89] だが、神戸側の反対も根強く、三月一八日の代議士総会では、自由投票とするがなるべく成功を目指すという玉虫色の結論に落ちついた。[90]

多くの先行研究が指摘するように、一八九〇年代の政党は、築港問題のみならず鉄道建設や河川整備などの地域間対立を収拾することはできなかったのである。議会において、これらの問題を調整する役割を果たしていたのは、超党派組織であった。

鉄道問題に関しては、すでに第二議会から超党派組織が出来上がっていた。民力休養を主張する自由党に対して、鉄道敷設を求める長野・石川・福井など十数県の代表が集まって鉄道期成同盟会を結成する。[91] しかし、各地の鉄道敷設を求める動きは、その着工順を棚上げにすれば協調しやすい。鉄道拡張を求める動きは政府内部でも拡大しており、政府と議会との対立軸はその手法をめぐるものに過ぎなかった。[92] 第三議会においては、政府案と議員提出法案を折衷するかたちで一本化された鉄道敷設法が成立し、また鉄道建設を審議する場として鉄道会議が設置されることとなった。[93]

同様に、河川改修をめぐっては第一議会より治水派議員の運動が活発であった。各地の河川改修を求める議員は連合し、第四議会では治水政策をめぐって自由党と対立する局面もあった[94]。一八九六年には淀川改修の実現と引き換えに、内務省は河川政策の基本法である河川法を制定することに成功したが、その過程においては議会外で議論する土木会という場が設定されていたことが大きな効果を発揮していた[95]。

以上のように、一八九〇年代を通じては、鉄道建設と河川改修の分野においては、いずれも超党派の組織が結成され、政党を介さないかたちで各地のインタレストを実現する経路が出来上がっていた。一方で、政府の側でもこれに対応すべく、鉄道会議や土木会など議会の外で政府と代議士とのあいだで協調する場を整えていたのである。では、同時期において海港をめぐるインタレストの競合は、如何にして調整されようとしていたのか。本節では、一八九〇年代に活発化した各地の貿易港化要求を対象に、この問題を検討することにしたい。

特別港制度と大蔵省の困惑

地域社会から貿易港化問題を帝国議会へ持ち込んだのは、元大蔵官僚であった神鞭《こうむち》知常である。神鞭は、一八四八年丹後国与謝郡に生まれ、七三年に当時横浜税関次長を務めていた星亨の招きで大蔵省に入省する。以後、八七年に実業界に入るまでのほとんどの期間を大蔵省で過ごした。九〇年の第一回衆議院議員総選挙では、出身地である京都第六区から無所属で当選し、その後は実業界の利害を代表する議員として活動する[96]。

代議士としての神鞭のひとつの特徴は、選挙での圧倒的な強さにある。神鞭は、第一回衆議院議員選挙でこそ小室信夫との激しい選挙戦を繰り広げたものの、第二回選挙以降は自由党系の石川三良介を大差で退けている[97]。彼の選挙での強さを支えていたのは、元大蔵官僚というキャリアを利用した、地元への利益誘導であった。神鞭は一八八四年より主税局に勤めており、同時期に繰り広げられた丹後地域の地価修正運動に力を貸したことによって支持基盤が形成されていた。そして一八九二年頃に地価修正運動が一段落した後、神鞭はさらなる支持基盤の拡充を図る。その一環として展開されたのが、宮津港の特別貿易港指定運動であった。では、神鞭が目を付けた特別貿易港制度とは何なのか[98]。

安政条約によって日本の開港として五港が指定されたことはよく知られているが、厳密にいえばすべての海外貿易が五港に限定されてしまったわけではない。列国との条約で禁止されていたのは外国人による不開港場での輸出入であって、日本人による不開港場での輸出入が禁じられていたわけではなかったからである。そして実際に、輸出促進による外貨獲得を目指していた大蔵省は、日本人による輸出入に限定した特別港制度（特別輸出港・特別貿易港）の整備により、その実現を図っていく。

大蔵省は、とりわけ石炭と米穀を、重要な輸出品として位置づけていた。日本産の石炭は、一八七〇年代末には上海の輸入石炭市場の五〇パーセント以上を占めるまでに成長し、重要な輸出品となっていた[99]。また米穀も、一八七五年より輸出が開始され、一八八一年には松方正義大蔵卿により生糸・茶とならぶ主要輸出品と位置づけられるなど、その海外への展開が本格化されることになる[100]。しかし、石炭と米穀を海外へ輸出するにあたっての難点は、それまでの主要輸出品であった生糸や茶と違って、いずれも重く嵩張ることであった。一八八〇年代に北九州各地で炭鉱が開発されたことにより、石炭輸出に際して長崎まで回航しなければならないことの負担が、広く認識される。また全国各地で産出される米穀を開港場まで輸送する費用も、やはり大きな負担であった。

そこで大蔵省は、石炭や米穀などの無税品に限っては、いくつかの港を指定して日本人による直輸出を認めることにした。これが特別輸出港と呼ばれる制度である。外務省と協議のうえ一八八九年には、石炭と米穀に加えて、硫黄・麦・麦粉の五品目に限って特別輸出港からの輸出が認められる。特別輸出港には、下関・門司・博多・唐津・口之津・三角・四日市・伏木・小樽の九港が指定された[101]。

大蔵省が特別貿易港制度を整えた背景には、以上に述べた輸出促進に加えて、密貿易の取締りという課題もあった。それは、とくに対朝鮮貿易において重要であった。日朝修好条規締結以後、日本政府は日朝間の貿易を無税化することで、両国の経済的な結びつきを強めようと試みていた。だが、一八八二年以降朝鮮が欧米列国とも条約を結んだことに伴い、日朝間の貿易のみを無税化することが困難になった。そこで、一八八三年に日朝通商章程及び附属税則によって、出入船舶噸税及び対朝鮮輸出入品関税がかけられることになる。だが、一八七六年の日朝修好条規締結をひとつの契機として日朝間の貿易は拡大しており[102]、そのすべてを長崎経由にすることは、地理的な事情を考えても現実的でない。さりとて関税を徴収する以上、従来通り各地の海港と朝鮮との間の自由な貿易を認めるわけにはいかない。そこで大蔵省は、厳原・下関・博多の三港に税関出張所を設置し、この三港を経由して朝鮮との貿易を行わせることにした。これが、特別貿易港と呼ばれる制度である[103]。

要するに大蔵省は、一八八〇年代に、輸出促進と密貿易の取締りという二つの観点から、二種類の特別港制度を導入した。ひとつは特定の無税品を輸出するための特別輸出港であり、いまひとつは対朝鮮貿易を促進し、また取り締まるための特別貿易港である。特別輸出港では無税品のみを取り扱うため、原則として税関出張所の設置は不必要であるが、特別貿易港では有税品の輸出や輸入も行うために税関出張所の設置が必要となる（表2-2）。

いずれにせよ地域社会にとって重要であったのは、特別港指定による貿易港化が地域振興の起爆剤になりうる、という点であった。大蔵官僚としてこれらの経緯をつぶさにみてきた神鞭は、貿易港化を起爆剤とした地域振興構想を打ち上げることで、さらなる支持基盤の拡充を試みたのである。一八九二年八月、神鞭は宮津商港・鉄道期成会を結成し、舞鶴鉄道の宮津支線敷設と宮津の特別港指定運動に着手する。

神鞭らが着目したのは、前年に着工されたシベリア鉄道の終着点であるウラジオストクである。稲垣や福本が論じている通り、アジアとヨーロッパをつなぐシベリア鉄道の敷設は、むろん軍事的脅威であるが一方で商業的好機でもある。シベリア鉄道の東端であるウラジオストクで都市建設が始まれば、その建設資材の確保が問題となり、

表 2-2　不平等条約下特別港一覧

開　港	制　限	輸出入にとくに制限なし。
	港名（指定年）	横浜・長崎・函館（1859 年） 神戸（1867 年） 大阪・新潟・夷（1868 年）
特別貿易港	制　限	日本人所有船舶に限定。 輸出入ともに認められ，貿易相手港に制限あり（品目にも一定の制限がある場合あり）。
	港名（指定年）	厳原・下関・博多（1884 年：朝鮮） 佐須奈・鹿見（1890 年：朝鮮） 宮津（1893 年：ウラジオストク・朝鮮） 伏木・小樽（1894 年：沿海州・サハリン・朝鮮） 那覇（1894 年：清国）
郵船寄港	制　限	郵船の寄港（旅客運送・郵便物の積み卸し）のみが認められる。
	港名（指定年）	下関（1875 年）・福江（1884 年）・門司（1891 年）
特別輸出港	制　限	日本人所有・雇い入れ船舶に限定。 特定の商品の輸出のみが認められる。
	港名（指定年）	四日市・博多・口ノ津・三角・小樽・下関・門司・唐津・伏木（1889 年） 釧路（1890 年） 室蘭（1894 年）
開港外貿易港	制　限	日本人所有・雇い入れ船舶に限定。 輸出入ともに認められ，商品の種類及び貿易相手港にも制限はない。
	港名（指定年）	博多・唐津・口ノ津・敦賀・境・浜田（1896 年） 清水・四日市・七尾（1897 年） 三角（1898 年）

注）開港については，安政 5 カ国条約による開港年を示す。
出典）『税関百年史』上，148～151 頁をもとに筆者が作成。

丹後地方で産出される花崗岩の輸出が見込めるだろう。また、食料として肉牛需要が高まることが予想されるため、丹後地方の名産のひとつである肉牛の輸出も見込めるはずである。[104] 以上のようなウラジオストク貿易の見込みのもとに、同年末に開会された第四議会で神鞭は、「宮津港ト浦潮斯徳及朝鮮等貿易ニ関スル船舶ノ出入及貨物ノ積卸ヲ許スノ法律按」を提出する。[105]

神鞭の法案提出に慌てたのは、大蔵省であった。石炭や米穀などの無税品の輸出ではなく、石材や肉牛のような有税品の輸出を本格的に行うとなれば税関出張所を設置しなければならない。しかし税関出張所の設置には、年間二〇〇〇から三〇〇〇円の経費が必要となり、[106] 野放図な貿易港化は認められなかった。神鞭らは、ウラジオストクとの貿易が開始されれば、年間およそ五〇〇〇円前後の関税収入が得られるとするが、[107] それは机上の空論でしかない。議会への法案提出という手段をとったのは神鞭の率いる宮津港のみであったが、貿易港化を求める請願や陳情は各地から届いており、宮津の貿易港化が認められれば、これらの各地も法案を議会へ提出するのは明らかだった。[108]

だが、大蔵省の焦りをよそに、宮津港を特別貿易港に指定する法案は貴衆両院を通過する。皮肉なことではあるが、輸出促進のために特別港制度を整備してきたのは、他ならぬ大蔵省自身であった。そして帝国議会開設以後も、勅令ではなく法律として釧路の特別輸出港指定を行ったのも、大蔵省自身であった。[109] したがって、各地からの特別港指定要求が議会への法案提出というかたちで行われうるという点を、大蔵省は考慮に入れておくべきであっただろう。

それ以前から貿易港化の請願や陳情を繰り返していた各地の有志者にとって、議会を通じて特別貿易港指定を実現した神鞭の戦略は画期的なものであった。大蔵省がおそれていた通り、第五議会には鳥取県・境港の特別輸出港指定要求が出されている。法案提出者である島根県選出の佐々木善右衛門は、日本海沿岸には下関と宮津のあいだにひとつも貿易港がない点、そしてウラジオストク及び朝鮮に向けては米穀（年間およそ三万石）の輸出が見込める点などを根拠に、境港が貿易港として発展する可能性を主張した。しかし、大蔵省の調査では境港の米穀移出実績は年間三〇〇〇石から五〇〇〇石に過ぎず、それだけの貿易のために税関出張所を設置することは、大蔵省には認められなかった[110]。

大蔵省にとって幸いなことに、境港の貿易港化は衆議院の賛同が得られなかった。だが、帝国議会における貿易港指定要求の乱発を阻止し、税関出張所の設置に一定の歯止めをかけようとするならば、特別港の指定や廃止を、法律ではなく勅令で行えるように法改正をする必要があった。問題は、議会がそれを承認するか否かである。

大蔵省は、無税品貿易を全面的に開放することで、議会の承認を得ようと試みた。第四議会終了後の一八九三年一〇月、大蔵省は貨物特別輸出入法案を閣議に提出するが、それは以下のような内容をもつものであった[111]。まず税関出張所を設置している港には、有税品・無税品を問わず日本人による貿易を全面的に認める。そのうえで、税関出張所を設置していないすべての港にも、税関官吏を乗船させて検査を受ける場合には、無税品及び昆布・木材・板の三品目に限って輸出を認める、というものである。

従来の特別輸出港・特別貿易港という枠組みを撤廃し、税関出張所の有無によって輸出品目を認めることにすれば、実質的には大蔵省の裁量で貿易港の配置を決定できる。しかも、無税品及び昆布・木材・板の三品目については、一般の港でも輸出を認めるのであるから、貿易港化を求める各地の要望にも応えうる。要するに大蔵省は、無税品貿易を全面的に開放することと引き換えに、貿易港を指定する権限を大蔵省のもとに回収しようと試みたのである。

しかし、無税品及び三品目に限るとはいえ、日本各地のすべての港に輸出を許可するのは、現状との乖離があまりにも大きい。大蔵省の貨物特別輸出入法に対しては、外務省と内閣法制局から批判が寄せられた。条約改正を控えた外務省は、日本人にのみ特権を与えるような貿易港制度をつくることで、列国を刺激することは避けたかったのであろう。また、内閣法制局は、現在の特別港のなかにも必ずしも充分な実績を挙げていない港もあり、これまで通り必要に応じて立法措置をとればよい、との立場であった。かくして、大蔵省は行き詰まってしまう。

政府内部からの開港要求

大蔵省の行き詰まりを打開したのは、元老政治家だった。このとき内務大臣であった井上馨は、大蔵省と外務省・法制局の対立をみて、両者のあいだをとる折衷案を提示する。それは、従来の特別輸出港には品目を限らず無税品輸出を全面的に認め、一方で着実な輸出が認められる特別輸出港においては、新たに税関出張所を設置して有税品の輸出も認める、とする案である。井上の提案を受けて、大蔵省は新たな貿易港法案の作成に取りかかる。

井上の狙いは、北海道開発にあった。井上が「北海道ニ関スル意見書」を作成して北海道開発の基本方針を定めたのは、一八九三年一一月のことである。同年夏に北海道を巡視した井上は、小樽港を中心とした北海道西部の開発を構想していた[112]。また、北海道南岸に位置する室蘭は、一八九二年に北海道炭鉱鉄道が開通したことで夕張炭の積み出し港となっていた。井上は、海外への輸出は税関出張所が設置される海港に制限することで現行制度との整合性を担保し、一方で海外から需要の多い海産物・石炭などを取り扱う小樽・室蘭両港を貿易港とすることを目論んだのである。実際、一八九四年五月に招集された第六議会では、小樽の特別貿易港指定法案・室蘭の特別輸出港指定法案が、それぞれ政府提出法案として出されることとなる。さらに同議会には、伏木・那覇の特別貿易港指定法案が提出されている[113]。

北海道開発には伏木港も重要であった。北海道西岸と日本海沿岸諸地域は幕末以来の経済的結びつきも強く、一八九〇年代には北海道移住の根拠地として機能していた。一八八二年から一九三五年までのおよそ五〇年間に、全国で七一万七四二二四戸が北海道へ移住したが、そのうちのおよそ三分の一にあたる二一万五九五八戸が北陸四県からの移住であった(114)。

そして伏木港において、北海道移住とならぶ、もうひとつの柱が北洋漁業であった。沿海州における日本人による鮭収穫量は、一八九一年の一二〇石から九四年には八七四六石、九六年には二万四二一八石と急増しており、そこで従事する日本船のほとんどが新潟・富山両県の船であった(115)。伏木港の特別貿易港指定は、沿海州及びサハリンの日本人漁業者向けの輸出を行うためのものであった(116)。

要するに、第六議会では政策的意図が込められた四港のみを、大蔵省は貿易港に指定したのだった。だがそれは、当然ながら、各地からの要求のさらなる噴出を招くことになるだろう。しかも、一八九四年七月より始まった日清戦争は、人々の関心を大陸へと向けさせた。朝鮮半島や沿海州との貿易の可能性を根拠に貿易港化を求めていた各地の有志にとって、それはまたとない好機と映じたのである。

一八九四年末に招集された第八議会には、日本海沿岸を中心とする八港（敦賀・境・浜田・唐津・青森・下関・門司・博多）をそれぞれ特別貿易港に指定する法案が、個別に提出された。これらの法案は、衆議院を通過したものの、貿易港に関する新たな制度を準備中であるという大蔵省の説得を受けて(117)、貴族院では否決される。

実際、大蔵省は新たな貿易港制度を準備中であった。一八九四年には一連の条約改正交渉も妥結に近づいていたことから、いずれにせよ大蔵省は、新たな貿易港の枠組みを構築する必要に迫られていたのである。大蔵省は、井上馨の提示した案に沿って新たな枠組みを考案していた。すなわち、改正条約の施行を機に従来の特別港制度を廃止し、また一方で税関出張所が設置されている港にはすべて外国との貿易を認めるというものである(118)。この方式ならば、勅令により貿易港（税関出張所の設置）を指定することが可能になり、貿易港が無制限に拡散することを食い止めることができる。一八九五年末に開かれた第九議会に大蔵省は、以上の方針にもとづいた「開港外に於て外国貿易の為め船舶出入及貨物輸出入の件に関する法律案」（以下、開港外貿易港法案）を提出する。

大蔵省にとって厄介であったのは、第九議会では特別貿易港指定を目指す各港が相互に協力する姿勢を示していた点である。特別貿易港指定運動のために上京していた門司町長前田益春によれば、第九議会では「各地とも関係の代議士互に相賛成して其の勢力を増し、以て可決の運ひに至らしむる」[119]ことを示し合わせていたという。これにより、各港の特別貿易港指定法案は、可決の見通しが高まっていた。

しかし、鉄道や河川のように、貿易港指定を目指す各地が連繫を深めたと考えるのは早計であろう。貿易港指定要求が過剰であり、また第五議会での境港の例のように単独では衆議院の支持すら得られないということは、彼らにも自覚されていた。彼らの協調は、あくまで衆議院を通過させるものであって、実際にどの港が貿易港に指定されるのかは貴族院に委ねることで同意がなされていたのである。[120]

また、第九議会には田口卯吉ら自由貿易主義者による開港法案が提出されていたが、各地の代議士に田口らと協調する動きはみられない。東京その他の主要港を貿易港とすることで日本の海国的発展を目指す田口らは、「今日日本海側に面しました方がまだ充分な港とも見られませぬ所から、現に彼の新潟港の如きも年に七千五百円も費し、開港の経費を費して居って収入は僅に五十円よりしかないと云ふ港がある、斯ふ云うやうなことは成るたけ避けたい」[121]と、日本海沿岸諸港の貿易港化には消極的であった。しかし、かかる態度は衆議院での支持を集めることができず、田口らの開港法案は衆議院通過の見通しは立っていなかった。[122]

ともあれ、第九議会には大蔵省・日本海沿岸諸地域・自由貿易主義者らによる三種類の開港法案が出揃うことになった。これらの法案はまとめて特別委員会で検討されたが、委員会では大蔵省案を採用することで決着した。また、衆議院本会議でも、第三読会が省略されるなど、大きな困難もなく大蔵省の開港外貿易港法案が通過した。

その背景には、大蔵省による日本海沿岸諸港に対する説得があったものと思われる。前述の前田門司町長によれば、主税局長より関係代議士に対して、特別港指定要求を見合わせるよう要請があったようである。[123]また、実際に一八九九年の改正条約施行までの三年間に大蔵省によって開港外貿易港に指定された港は、敦賀・境・浜田・唐津・博多・口ノ津・七尾・清水・四日市・三角の十港に及んだ。大蔵省は、各地の要求を実質的に満たしていくことで、貿易港を指定する権限を回収したのである。

むろん、大蔵省は各地の要求を無条件に受け入れたわけではない。改正条約の施行に併せて従来の開港・開港外貿易港は開港に統一されることになったが、その際には満二年毎の輸出入貨物の価格が五万円に満たないときは閉鎖することが定められた(124)。また、今後は新規開港を基本的には認めない方針も、閣議で確認された(125)。これらの対策を講じなければならないほど、大蔵省は地域社会からの要望への対処に苦慮したということであろう。大蔵省は、自身も貿易港の拡充を求めていただけに、かえって地域社会からの要望を無碍にすることができなかったのである。

軍部による牽制

地域社会からの貿易港指定要求を容易に退けることができたのは、軍部であった。前節で触れたように、軍部は兵站・国防施設の整備を進めていたが、それは貿易港指定を目指す各地にとっては大きな障害となった。国防機密保持のために定められた要塞地帯法（一八九九年公布）では軍事施設周辺の建築制限が設けられるなど、軍部は地域社会の意向に対する感度が低かったのである(126)。

陸軍において重視されたのは、関門海峡であった。第九議会開会中の一八九六年一月、大蔵省が陸軍に対して下関・門司・船越・唐津・四日市・浜田・境・清水・小樽の九港の貿易港指定について照会したところ、陸軍は下関と門司の二港については国防上の観点から貿易港指定を拒絶した。下関・門司両港は、すでに日本人のみが貿易を行う特別港に指定されていたのであるが、外国人に貿易を開放することに対して陸軍は拒否反応を示すのである(127)。

結果として、下関と門司の貿易港指定は他の港よりも遅れることになった。第九議会を通過した開港外貿易港法により、一八九六年一〇月には博多・唐津・口ノ津・敦賀・境・浜田の六港が、また翌年六月には清水・四日市・七尾の三港が、それぞれ開港外貿易港に指定されたが、下関と門司は指定されなかった。ようやく両港の貿易港指定が認められたのは、要塞地帯法が整備されて機密情報保護に対する対策が立てられた後の一八九九年のことであった。

より強硬であったのは、海軍である。沿岸警備のための施設整備を進めていた海軍にとって、貿易港の立地は大きな関心事であった。海軍においても、水路部を中心に全国の沿岸測量と軍港選定が進められていた。陸軍と同様に国防機密保持のためには、軍港（鎮守府）付近の貿易港指定は認められない。一八八〇年代を通じて海軍は、五つの海軍区を定め、それぞれ横須賀・呉・佐世保・舞鶴・室蘭に鎮守府を設置して各区の防備を担当させることと定めていた。[128] 鎮守府の選定に際しては、軍艦停泊に適した地形や周囲に大都市が存在しないこと、などが選定の主要な基準となる。[129] したがって、鎮守府の設置にあたっては地域社会との対立は基本的には顕在化しなかった。例外的であったのは、石炭積み出し港として期待された室蘭と、近隣諸港の貿易港化に触発された舞鶴である。

室蘭では、一八九〇年に海軍鎮守府の設置が決定された直後より反対運動が起こった。同時期に北海道炭鉱鉄道敷設工事（岩見沢～輪西）が着工されたこともあり、鎮守府の設置が石炭積み出し港としての発展の阻害要因となることが予想されたからである。一八九一年から九二年にかけて室蘭郡内町村総代人六名より政府に対して、室蘭の軍港化を取り消すよう請願が出されている。しかし海軍の態度は変わらず、日清戦争を目前に控えた一八九三年には、室蘭港が第五海軍区の軍港に指定された。[130]

転機となったのは、日清戦後のことである。仮想敵国としてロシアが浮上し、津軽海峡の防備が重視されるようになると、室蘭の軍事的価値は相対的に低下した。一八九五年六月には、第五海軍区の軍港は陸奥湾内の大湊へ移し、室蘭は要港（準軍港）へと格下げすることが内定する。[131] これは、室蘭にとっても、そして軍港指定による地域振興を目指す大湊にとっても望ましい結果ではあったが、あくまで海軍の関心からなされた決定であった。

最後まで貿易港化が認められなかったのが、舞鶴である。すでにみたように、一八九〇年代初頭から舞鶴鉄道問題が具体化しつつあったが、その背景にはシベリア鉄道と京阪地域とを結ぶ構想があった。しかし、同じ若狭湾内の宮津や敦賀の貿易港化が順調に進展したのに対して、舞鶴では海軍の反対により貿易港化が認められなかった。舞鶴の貿易港化には大蔵省・大阪実業界・京都府などの支持もあったが、海軍は国防機密の保持、そして近隣の宮津がすでに貿易港化されていることを理由に、これらの要求を退け続けた。それゆえ舞鶴の地域有志は、貿易港化を悲願として政府へ要求し続けることとなる(132)。

大蔵省は、貿易の拡大を目指しつつ貿易港の数を制限しなければならなかった。その意味で、大蔵省は矛盾した立場に置かれていたといえよう。一方で、海軍は各地からの貿易港化要求を一律に拒否すればよい、という点で気楽であった。ともあれ、各地からの要求に苦慮しつつも開港要求を抑制する仕組みを構築したことによって、大蔵省は改正条約施行後の海港行政について一応の道筋をつけることができた。大蔵省にとって残る課題は、横浜や神戸などの既存海港の修築であった。一九〇〇年代初頭には、増大し続ける貿易量に応じるため、大蔵省は海港の本格的な修築に乗り出していくことになる。

小括

一八九〇年代には世界的な交通網整備——とりわけシベリア鉄道の建設着手に刺激されて、日本国内では海港論が展開されるようになった。それは、世界的な交通網のなかに日本を位置付ける取り組みでもあり、海港修築と鉄道建設、さらには貿易港への指定を組み合わせて展開された。

以上のような海港論の展開は、地域社会におけるインタレストの成立に大きく寄与することになった。海港の修築は、多額の費用がかかる一方で直接の恩恵を受ける地域は限られる。それゆえ、府県レベルで築港に対する合意を形成することは難しく、大阪築港は市営工事として着手されることになった。しかし、市営移管によって無条件に築港に対する合意が形成されたわけではない。大阪築港に対する市費支出を正当化するためには、国家的な重要性と神戸港の脅威を強調する必要があった。その際には、同時期に進展していた鉄道建設問題と結びつくことで、大阪築港をめぐる対立軸が整理されることになったのである。

一方で、淀川治水と不可分の関係にある大阪築港問題に対して、当初から内務省土木局の関心は高かった。しかし内務省土木局の関心が高いということは、必ずしも大阪市民にとって歓迎すべきことではなかっただろう。内務省土木局の大阪築港設計案は、東京築港設計案と同様に、大規模化してしまう。大阪港が軍事輸送の拠点としての重要性をもったことも、設計の拡大を後押しした。ところが設計を拡大させる一方で、内務省土木局は築港費国庫補助を拡大させることはできなかった。土木会が河川政策の審議機関として設置されたことに示されるように、内務省土木局の最優先課題は治水対策であって海港修築ではなく、それゆえ国庫補助の制度化も遅れることとなった。そのため大阪市は、築港に着手することはできたものの、その後も費用負担に苦しむことになる。

以上のように、海港論の展開及び内務省土木局の支援を背景として、海港にまつわるインタレストはローカル・レベルでは成立した。だが、ナショナル・レベルにおいては各地のローカル・インタレストは協調することはできなかった。貿易港指定をめぐっては、世界的交通網の中継地点としての地位をめぐって各地は競合することとなり、鉄道問題や河川問題のように地域を超えて協調することはできなかったのである。また、海港論を主導した有力なグループのひとつである田口卯吉ら自由貿易主義者は、輸出の拡大が見込める太平洋岸のみの貿易港指定を主張しため、日本海沿岸諸港と協調することはできなかった。各地の足並みの乱れに乗じて、大蔵省は貿易港の指定権限を議会から政府へと回収する。大蔵省は、各地の要求を実質的にはすべて受け入れる一方で、貿易港の指定に輸出量の制限をかけることで、ローカル・インタレストをコントロールすることに成功したのである。

さらに大蔵省は、一八九四年に改正条約が調印されたことに伴い、新条約実施後の開港の管理体制構築に乗り出していく。それは必然的に内務省との対立を惹起することになった。次章では、各省との対立を乗り越えて、大蔵省が開港の管理体制の構築を試みていく過程を考察する。

第3章　改正条約の実施と海港行政

——大蔵官僚の理想

改正条約の実施は、日本の海港行政にとって大きな転機となった。担い手が不明な状態に置かれていた開港行政権は回収され、また暫定的に設けられていた特別港制度は、一部の例外を除いて、開港に統一された。そして、回収後の開港行政を主として担うことになったのは、旧条約下で開港行政権の回収に努めていた大蔵省であった。改正条約の実施を控えて、大蔵省は関税関係諸制度を整備するとともに海港行政の仕組みを構築しようと試みることになる。

しかし、大蔵省は何の制約もなく海港行政に取り組めたわけではなかった。なぜなら、条約改正後の海港行政には、土木行政を所管する内務省土木局及び管船行政を所管する逓信省管船局が意欲を示していたからである。さらに、前章でもみたように、海港の修築や管理には地域社会の理解と協力が不可欠である。また一九〇〇年代初頭には、政党も海港問題を党勢拡張の道具としつつあり、それへの対策も必要であった。したがって、一八九〇年代末から一九〇〇年代初頭にかけて、大蔵省は内務・逓信両省と対抗しつつ、また政党の介入を防ぎながら、地域社会の合意を取り付けるという作業に取り組まなければならなかったのである。本章は、このような大蔵省の海港行政への取り組みを明らかにすることを目的とする。

なお、先行研究においては、一九〇七年に内務省において策定された「重要港湾ノ撰定及施設ノ方針」が日本で最初の全国的な海港修築方針であったという評価が定着しており[1]、それ以前の海港行政の取り組みについては、ほとんど明らかになっていない。内海孝による研究が、横浜・神戸両港の修築に対する大蔵省の取り組みについて考察しているものの、大蔵省による取り組みを「変則的」なものと評価しているために、その海港行政構想の全容を明らかにするには至っていない[2]。しかし本章で明らかにするように、一九〇七年以前の海港行政を主導していたのは大蔵省であり、これを「変則的」なものと評価することは、その後の海港行政の展開に対する理解を誤らせることになるだろう。

第一節では、一八八〇年代半ばに逓信省が海港行政に参入していく過程を概観したうえで、大蔵・内務両省の海港行政への取り組みと比較しながら、一九〇〇年代初頭の行財政整理で大蔵省に有利なかたちで海港行政が展開していく過程を考察する。第二節では、同時期における海港論の展開を踏まえつつ、大蔵省によって主導された第二次横浜築港及び第一次神戸築港と、それへの反発として内務省が独自の海港修築方針を固めていく過程を考察する。

一　海港行政をめぐる三省対立

逓信省の登場

逓信省は、一八八五年に内閣制度が導入されるとともに設置された後発の省である。それまで工部省と内務省によって分掌されていた電信・灯台・駅逓・管船の四つの局によって、逓信省は構成された。逓信省は、その後一八九一年には電気行政を、九二年からは鉄道行政を所管するようになり、郵便・電気・交通を所管する一大官庁へと成長していく。

逓信省は、その設立当初から、管船行政の一環として開港行政にもたずさわっている。たとえば、一八八八年九月には外務省より条約改正会議に提出する港則草案に関する照会がなされたが、逓信省は草案の内容には異論がない旨回答したうえで、港則「実施の儀は当省於《ママ》て関係を有し候に付、…〔中略〕…御省於《ママ》て港則実施の手続に御着手相成候以前、予め其順序方法に付御協議有之候様致度」[3]と付け加えている。この文書で逓信省は港則実施の際の事前協議を外務省に求めているが、実際には港則実施前から逓信省は開港行政に介入せざるを得なかった。

その背景には、急増する貿易量があった。貿易量の急増は、当然に港内の交通を混雑させる。横浜港に入港する外航船舶数は、一八八五年には三六四隻（四九万五七七二トン）であったものが、一八九二年には四七二隻（八五万六七二五トン）へと増加している。内航汽船と併せれば、同年には三三九六隻（二二〇万四〇〇〇トン）の船舶が入港している。[4]しかも、第1章でみたように、当時の横浜港は領事裁判権の拡大解釈によって港内船舶に対する監督権限の日本側への帰属が認められていなかったため、港内船舶を指揮する港長職が置かれず、また港内の船舶が守るべきルール（港則）も定められていない状況が続いていた。その結果、それまで波止場整備に非協力的であった横浜居留民が日本側へ波止場整備を要求するようになったのである。

これらの事態は、開港行政権の回収を目指す日本の外交交渉に有利に働くかと思われた。大隈重信外相は、急増する貿易量への対策として築港を実施し、またそれを梃子に港内の船舶を監督する権限をも回収しようと試みた。[5]ところが、大隈の試みはうまくはいかなかった。第一次横浜築港工事の着手は決まったものの、条約改正の試みそれ自体に大隈は失敗したため、開港行政権の回収も達成されなかったのである。

一連の経緯は、横浜港の混雑をより激しいものにした。なぜなら同工事は、横浜港の周囲を防波堤で囲い込むものであったからである。一八九〇年四月に防波堤築造工事が開始されると、神奈川県から外務・逓信両省に対して港則実施を求める上申がなされている。上申では、「該工事は未だ落成に不至候得共、港口の幅員港湾の区域に至ては恰も竣工の後と異なる事無之、…〔中略〕…然るに各船舶は…〔中略〕…随意に其碇泊場を選定し之に投錨致候より、往々船体若くは其付属浮標の他船舶出入航路を障害候もの有之。…〔中略〕…加之ならず、之が為め工事の妨碍を惹起候場合も不少、且目下折角港内泥砂浚に着手中なるにも係はらず、或は塵芥等を水中に投棄するの不都合なきを難保候」[6]と、港則不在による弊害が、築港工事の実施により顕在化している状況を訴えている。

そのため、逓信省は港内船舶の行動を取り締まるために港則の制定に乗り出さざるを得なかった。一八九二年九月、逓信省は開港港則制定にむけた取調委員会を立ち上げ、独自の港則案を提示する。その内容は、逓信省が各開港の境界線や港内船舶の管理、また手数料徴収などを担うものであった[7]。

もっとも、未だ条約改正前であったから、日本側の判断のみで港則を施行することはできなかった。そこで翌九三年五月、逓信省は規則案（開港港則の施行細則や港務局官制案、桟橋規則など）を外務省へ送付した[8]。その内容は、横浜港をはじめとする各開港に港務局を設置し、この港務局が船舶の碇泊位置の指定や碇泊料の徴収を行うものであった。これにより逓信省は、自らが開港を一元的に管理していく意向を内外へ示したのである。

しかし、如何に逓信省がその意気込みを示しても、実態として横浜港内の治安維持を担っていたのは税関であった。第1章でみた通り、横浜税関は、明治初年より港内の外国船舶や外国人の取締りに苦慮しており、その打開のために横浜貿易商らの築港構想も後押ししていた。また、条約改正をめぐっては外国船からの港税・噸税の徴収がひとつの交渉テーマであったため、新たに設置される港長の職務には港税・噸税の徴収が含まれる可能性が高かった。それゆえ逓信省が港務局による一元的管理を打ち出すのと前後して、大蔵省も独自に横浜港碇泊料規則を起草するのである[9]。

逓信省と大蔵省の競合は、前章でみた開港外貿易港の指定をめぐっても現れた。大蔵省は、各地からの貿易港指定要求を調整するために、その指定権限を自らのもとに置く意図をもって開港外貿易港法を定めたのであった。だが逓信省は、貿易港の選定も含めた海港行政の基本方針は、関係各省を集めた調査会において定められるべきだとして、内務・海軍両省とともに港湾調査会の設置を提案した[10]。大蔵省は、すでに海港に関する全国調査が行われていることを理由に反対したが、結局は内務大臣を委員長とし各省の局長クラスが参加する港湾調査会（第零次港湾調査会）[11]が設置されることになった（表3-1）。

このように一八九〇年代には海港行政をめぐって大蔵省と逓信省との対立状況が生じていたが、すでに二〇年以上の実績を誇る大蔵省と、いまだ海港行政の経験のない逓信省とでは勝負は見えている。大蔵省は、条約改正を見据えて関税行政の再編をはかるなかで、横浜港内の行政についても主導権を握っていく。

一八九四年に完成した横浜港の大桟橋は横浜税関に引き渡され、桟橋に繋船する船舶は横浜税関の指揮下にはいることが定められた[12]。また同年に改正条約の調印が実現されると、関税関係諸法の整備がなされるが、それに伴い税関の権限も拡充されていく。一八九七年には保税倉庫法が制定され、税関が保税倉庫を建設するための法的根拠が整えられた。一八九九年制定の関税法では、船舶の入出港手続きや貨物の積み卸しなどに関する、広範な税関の権限が明記される[13]。また、大蔵省の反対をしりぞけて設置された第零次港湾調査会も、目立った活動実績はなかったようである[14]。

このように開港における行政権のほとんどが大蔵省のもとに編成されたとはいえ、逓信省の試みが無駄に終わったわけではない。一八九八年に開港港則を制定するに

表3-1　第零次港湾調査会名簿

委員長	樺山資紀	内務大臣
委　員	高田早苗	外務省通商局長
	古市公威	内務省土木技監
	三崎亀之助	内務省県治局長
	武富時敏	大蔵省参事官
	石川有幸	大蔵省主税官
	児玉源太郎	陸軍次官
	上原勇作	陸軍工兵大佐
	伊集院五郎	海軍大佐
	有川貞白	海軍少佐
	大石熊吉	農商務省参事官
	駒井重格	農商務省大臣秘書官
	佐藤秀顕	逓信省管船局長
	増田禮作	鉄道技監

出典）公文類聚・第二一篇・明治三〇年「港湾調査ニ関スル衆議院ノ建議ヲ採用シ委員ヲ選定シ港湾ノ種類資格ノ調査並ニ其調査方法ノ審議ニ従事セシム・十月二十八日内務大臣伯爵樺山資紀ヲ委員長トシ外務省通商局長高田早苗以下十三名ヲ委員トス」。

あたって、主要三開港（横浜・神戸・長崎）には、逓信省所管の港務局が設置されることになり、一九〇〇年からは門司も加わった。これにより、逓信省は開港行政に本格的に乗り出すことになったのである。

かくして、一八九八年以降の日本の海港には、関税業務を司る大蔵省（税関）と、港内の船舶を管理する逓信省（港務局）が並立することになった。これに加えて、土木工事や水上警察は内務省（府県）の管轄であったから、大蔵・逓信・内務の三省が開港行政を分掌することになったのである。

逓信省に対する地域社会の期待——日本海航路の拡張

逓信省は後発官庁ではあるものの、鉄道と海運の双方を所管するため、その結節点である海港行政分野において存在感を増していくことは必定であった。一八九九年には横浜商業会議所により第一次横浜築港完成後の施策について政府に対する建議がなされているが、そのなかでは「政府ハ宜シク逓信省ヲシテ之ヲ直轄セシメ、……機宜ニ応ジテ以テ港政ノ統一ヲ計ルベキナリ[15]」と、逓信省のもとへの海港行政の統一が提言されている。新条約締結後には、開港港則が施行されるなど港内の管船行政が本格化するなかで、逓信省に対する地域社会の期待は高まりつつあったのである。

もっとも、それまで海港行政の経験がない逓信省にとっては、実際にそれらの役割を担ってきた大蔵省や府県ほどの活動を期待することはできなかった。一八九八年四月、門司港内に汽船豊島丸と八重山丸が沈没し、その沈没船が港内交通の妨げとなっていたが、沈没船を放置し続ける逓信省に対する批判も上がっていた[16]。

各地の有志が逓信省に期待したのは、むしろ航路誘致の側面であった。前章でみたとおり、一八九〇年代においては貿易港に指定されることが、彼らにとっての目標であった。そして実際に、日本海沿岸の主要港の多くが貿易港に指定される。しかし、貿易港に指定されれば、無条件に貿易が盛んになるわけではない。しかも開港外貿易港法では、二年間の貿易高が五万円以下の場合には開港指定が取り消されることが定められていたため、各地の有志は開港としての資格を維持するために海外貿易の実績を積まなければならなかったのである。

たとえば、日本海沿岸諸港のなかでいちはやく特別貿易港に指定された宮津港では、朝鮮半島（元山・釜山）及びロシア沿海州（ウラジオストク）とのあいだで貿易を始めようという試みがなされた。宮津からは石材と肉牛を輸出し、大豆や漁獲品を輸入する計画である。一八九三年には、そのために地域ぐるみで日露貿易株式会社も設立された。⒄ところが、同社の初航海は暴風に遭ったために失敗に終わり、その後も日清戦争の混乱の影響などもあって、貿易を軌道に乗せることはできなかった。一八九九年には同社は解散を余儀なくされる。⒅

かかる状況は、他の日本海沿岸諸港でも同様であった。一八九六年に開港外貿易港に指定された敦賀でも、北前船主であった大和田荘七が対岸貿易に乗り出している。大和田は一九〇〇年に敦賀外国貿易汽船会社を設立し、翌年三月からは牛荘とのあいだに年四回の定期航路を開設した。大和田は、この定期航路によって大豆・豆粕などの直輸入を試みた。だが、大豆・豆粕価格の変動が激しく、いずれも大きな損失を出したため、定期航海はすぐに中止された。福井県も、敦賀港着荷の荷主に対して県費補助金を交付するなど、大和田の取り組みを後押ししたが、成果はそれほど上がらなかった。⒆

各地域単独では収益を確保することができないという状況を打開するために有効だと考えられた方法のひとつは、命令航路を誘致することであった。各行政機関の命令航路に指定されれば、政府から補助金が支給されるため、定期航路そのものが事業として成り立たなくても存続が可能となる。日清戦後の一八九五年一二月には、逓信省は遠洋航路における日本郵船の国際競争力を強化するため、航海奨励法及び特定航路助成策を第九議会に提出している。航路補助の対象は、主として欧州（インド）・米州・濠州などの遠洋航路であったが、日本海航路としては新潟～ウラジオストク間の郵便定期航路が就航することになった。同線は、一八九六年一〇月より大阪を拠点とする大家商船の運航により開始された。

日本海沿岸諸港の有志はこの日本海航路を寄港させるよう運動を展開し、一八九九年の第一四議会では日本海航路拡張に関する建議が議決された。第四次伊藤博文内閣で逓信大臣を務めていた星亨は、これらの要求を積極的に受け入れ、一九〇〇年一二月の閣議では日本海航路拡張に要する追加予算を提案している[20]。その結果、一九〇二年二月からは日本海航路は甲・乙二線に拡張されることとなった。

甲線は門司港を起点とし、浜田～境～宮津～敦賀～ウラジオストク～敦賀～七尾～伏木～夷～新潟～函館～小樽～コルサコフ～小樽～ウラジオストク～元山～釜山を経由して、再び門司に戻る路線である。乙線は小樽港を起点とし、函館～夷～新潟～伏木～七尾～敦賀～ウラジオストク～敦賀～宮津～境～浜田～門司～釜山～元山～ウラジオストク～小樽～コルサコフを経由して、再び小樽に戻る路線である。いずれも大家《おおいえ》商船によって運航された[21]。

以上のように、一八九〇年代末から一九〇〇年代初頭にかけて、逓信省は港務局の設置により海港行政に乗り出し、また航路整備というかたちで地域社会からの要望を吸い上げる機能を果たすようになった。そして、かかる期待を背景に逓信省は海港行政を自らの下に再編しようと試みる。

一九〇一年、逓信省は開港法案を第一次港湾調査会（後述）へ提出した。同法案は全二二条からなるもので、港内における船舶の行動――錨地の指定（第二条）・臨検（第九条）を監督する権限を逓信省に認めるものであった。特筆すべきは、これまで大蔵省にあった開港の指定権（第一条）、内務省にあった土木工事の許認可権（第一一条）を逓信大臣に認めている点である。同法案に、これまで三省により分掌されていた海港行政を逓信省のもとに統一しようとする意図があったことは明らかである[22]。

しかし、以上のことは、逓信省内部で海港行政の重要性が高かったということを意味するものではない。逓信省は管船行政の一環として海港行政に取り組みはじめたものの、門司港の沈没船引き上げの事例が示すように、この時点においては、そのための充分な能力を有していたとはいえない。また、開港法案についても、一九〇一年以降逓信省が推進した形跡はみられない。

逓信省の動きが一時的であった要因としては、同時期には政友会を与党とする第四次伊藤博文内閣下で、政党政治家（星亨［一九〇〇年一〇月～一二月］・原敬［一九〇〇年一二月～〇一年六月］）が逓信大臣を務めていたことが挙げられよう。周知の通り、政友会党人派を率いる星は、地方への社会資本整備を通じて党勢の拡張を目指していた人物である。星の積極主義路線を象徴する演説が、政友会の前身である憲政党の東北出張所でなされたのは一八九九年春のことであった。東北築港・東北鉄道敷設・東北大学設置の三項目実現に対する期待を喚起したこの演説は、同年秋の府県会選挙における勝利を目指してなされたものである(23)。

星は、逓相就任直前の一八九九年の春から秋にかけて二度にわたって東北及び北陸地方を遊説し、地域社会の期待を喚起し続けていたのであり、したがって日本海航路の寄港地拡張や開港法案の起草は、逓信省の組織的な意向というよりも、大臣の意向であった可能性が高い。実際、星によって拡張された日本海航路は、契約更新を機に一九〇三年以降は寄港地が縮小され、一九〇四年には敦賀～ウラジオストク直航線のみが残されることとなった。

星の後任として逓相に就任した原も、以上のような積極路線を引き継いだ。原は、行財政整理を進めるために公債支弁事業の全面中止を主張する渡辺國武蔵相を批判し、結局この問題が引き金となって第四次伊藤内閣は倒れることとなる(24)。逓信大臣のポストは、しばしば「陪食大臣」と評されるように軽量級のポストではあったが、それゆえ政党政治家が就任することとなった。それは、逓信省の積極化をもたらしたのである。

内務省による築港費補助方針確立の試み――第一次港湾調査会

もっとも地域社会の期待は、航路誘致や海港行政の統一のみに限定されない。海港の修築に関する国庫補助要求がその最大のものであり、したがって内務省の重要性はここでも明白である。

前章でみた大阪築港に対する国庫補助要求は、その代表的なものである。また大阪築港に触発されて、一八九〇年代後半には神戸においても築港に向けた動きが本格化した。大阪市参事会が内務省に対して築港費の国庫補助申請をした一八九六年五月には、神戸市会は満場一致をもって「築港ノ義ニ付意見書」を可決し、大阪築港に対抗する姿勢を示した。さらに神戸市会は、神戸築港実現のために内務省土木局に対して設計技師の派遣を要請し、また築港調査委員会を設置するなどの対抗手段を講じた(25)。同年末から開かれた第一〇議会には大阪築港国庫補助予算案が提出されたが、神戸側の努力の甲斐あって、九七年一月より内務省土木局は技師を神戸に派遣し、神戸築港の設計にも着手することになった。

しかし第一〇議会で内務省土木局は、まさに大阪と神戸の関係について質されることとなる。一八九七年三月の衆議院予算委員会では、鹿児島県選出の大島信より「果してあすこ〔大阪――引用者注〕に此港をば撰定する、即ち我国どころではない、東洋第一の貿易場とでもしなければならぬと云ふ所のものを定めると云ふことに於ては、一点の欠点はない所ではないと云ふことを〔政府は――引用者注〕認めて居るや否や、果してさう認めた以上は、即ち我国の中央部に於て、即ち神戸と云ふものが所定の開港場になって居る、まさにそれと接近した大阪…〔中略〕…に於て何の必要あって指定しなければならぬ(26)」と、既存の貿易港である神戸よりも大阪築港を優先する内務省土木局の根拠が質される。

これに対して政府委員の古市公威（内務省土木局長）は、「元々此港が唯今御話の国の門戸とか、是より外にないとかさう云ふことを決定して、さうして此補助を提出した考ではない(27)」と、内務省土木局としての基本方針が定まっていないことを告白している。前章でみたように、河川改修に関してはすでに土木会が設置され、その正当性を担保する場が設けられていたが、海港修築に関しては未だそのような場が設けられていなかった。そのため、帝国議会で正当性が質されることになったのである。

同様の問題は、政府部内でも生じていた。一八九七年に着工された大阪築港には国庫補助がおりたのにもかかわらず、一八九六年に着手された熱田（名古屋）築港には国庫補助はおりなかった。愛知県知事として熱田築港を推進した江木千之の回想によれば、江木は元老政治家の政治力に依拠して補助金を獲得しようと試みたようである。熱田築港に対する伊藤博文・井上馨の同意を得たうえで、大蔵省に対して備荒貯蓄金から築港費を借り入れようとしたところ、大蔵省には聞き入れられなかったという(28)。

このように築港事業に対する国庫補助要求が政府内外から噴出することになった要因は、築港に対する国庫補助に関する法的な整備がなされていなかったことによる。これも、海港行政よりも河川行政が進んでいる分野であった。すでに一八九四年から土木局では河川法の制定に向けた準備を進めていたが、これは河川改修事業に関する内務省の権限と費用分担の問題を法的に整理することを目指したものであった。当時土木局長であった都筑馨六の回想によれば、河川法と同時に道路法・港湾法についても整備することを意図していたようである(29)。だが、おそらく大蔵省及び逓信省とのあいだで調整する必要があったために、このときには港湾法は実現しなかった。

基本法が未整備の状況で、大阪築港国庫補助を実施するために第一〇議会に提出されたのが、「国庫ヨリ補助スル公共団体ノ事業ニ関スル法律案」であった。これは府県郡市町村などが、水道及び築港などの工事に着手する場合、主務大臣が必要と認める限りにおいてその全額もしくは一部を国庫より補助することを定めたものである(30)。しかし、同法は全四条という極めて簡素なものであり、暫定的なものに過ぎない。それゆえ、この後に各地の築港事業が活発化していくことを見通せば、基本法の制定は急務であった。

また同年末には、開港の維持工事に関しても暫定的な法整備がなされた。前節でみたように、改正条約実施に向けて開港における法整備が進められていたものの、浚渫や防波堤の修繕などに要する開港維持費の出所については、未だ定められていなかった。内務省土木局は大蔵・逓信両省と協議し、開港維持費は国庫より支出すること、ただし開港所在市町村は工事費の最大二分の一を国庫に納入することを定めた。しかし、この「開港維持ニ関スル法律案」も、当座をしのぐための暫定的なものに過ぎなかった。[31]

したがって、一八九〇年代末における内務省土木局の課題は、海港修築及び維持に関する権限及び費用負担について定めた基本法を制定することにあったといえよう。そしてそのためには、河川行政における土木会に相当するような、海港修築に対して正統性を与える場を設けることが必要であったのである。

緊急性が高かったのは、海港の修築に関する基本方針の確立であった。一八九〇年代末には、阪神以外にも各地で築港事業が着手されている。九七年には北海道開拓事業の一環として、防波堤建設を内容とする小樽築港第一期工事が着手された。また県営工事としては、先述した熱田(名古屋)に加えて、九七年に高松・長崎、九八年には博多で築港工事が開始されている。さらに、一八九九年には北九州で若松築港会社による第一次拡張工事が着手された。表3-2に示した通り、日清戦後に着工された築港工事のうち、国庫から工費が補助されたのは、北海道開拓事業の一環として取り組まれた函館と小樽を除けば、長崎と若松のみである。

しかもこのうち若松築港への国庫補助は、内務省土木局主導によって決められたものではなく、有力実業家と元老政治家によって推進されたものだった。[32] 洞海湾口に位置する若松港は、筑豊炭の積み出し港として注目されており、一八八九年には地元の石炭商らにより若松築港株式会社が設立された。同社は、三菱などの支援も受けて浚渫工事を進め、九三年一月からは入港船舶からの港銭徴収を開始するなど、本格的な民営港湾会社としての活動を開始する。[33] 築港工事の結果、九八年には港内水深は一四尺(およそ四・二メートル)にまで拡張され、若松港には七〇〇トン級船舶が進入可能となっていた。しかし日清戦後には洞海湾内に八幡製鉄所が建設されることもあり、同社は三〇〇〇トン級船舶への対応——具体的には水深を六・六メートルにまで拡大する必要に迫られていた。拡

表 3-2　日清戦後に着手された主要築港工事一覧（1896〜1902 年）

港　名	着工年	竣工年	総工費（円）	費用分担	工事概要	備　考
函　館	1896	1899	820,884	市　費（内国費 200,000 円）	第一防波堤・浚渫・船入場・埋立	
熱　田	1896	1911	2,855,638	県　費	東西防波堤・防砂堤・泊地浚渫（7.0m）・埋立・航路・桟橋・繫船浮標・上屋	
小　樽	1897	1908	2,200,409	国　費	北防波堤	
高　松（第 1 次）	1897	1899	192,773	市　費（内県費 15,225 円）	防波堤・浚渫・埋立・桟橋・突堤	
大　阪	1897	1928	44,971,912	市　費（内国費 1,872,000 円）	浚渫・南北防波堤・内港防波堤・埋立・突堤・桟橋・繫船岸・荷揚場・運河・船溜	1915 年一時中断。1921 年再開。
長　崎	1897	1906	4,902,000	県　費（内国費 800,000 円）	浚渫・埋立	
博　多	1898	1908	78,000	私　費（内市費 45,000 円）	船溜・埋立	1908 年に福岡市が買収。
若　松	1899	1906	2,100,000	私　費（内国費 500,000 円）		
横　浜（第 2 次前期）	1900	1905	2,304,649	国　費	埋立・岸壁・物揚場・護岸	税関拡張工事
境	1900	1904	47,000	県　費	物揚場延長	
鹿児島	1901	1905	800,000	県　費	内港築設・浚渫（2〜5 m）・掘削・物揚場・浮桟橋	
高　松（第 2 次）	1901	1904	133,428	市　費（内県費 48,922 円）	防波堤・浚渫・埋立・桟橋・突堤	
細　島（第 2 次）	1901	1901	5,426	県　費	物揚場	
三　池	1902	1908	3,600,000	私　費	導水堤・船渠・閘門・内港・桟橋・護岸・浚渫・船渠・桟橋・鉄桟橋	

注）『日本港湾修築史』をもとに，各港史・築港誌などにより修正を加え，筆者が作成。

張工事の予算はおよそ二一〇万円と見込まれたが、同社はそれだけの資金を用意することができず、国庫補助（五〇万円）の申請を検討し始める。[34]

若松築港会社会長の安川敬一郎は、井上馨の政治力に依拠して国庫補助を獲得しようと試み、同予算は一九〇〇年二月の第一四議会に提出された。安川は事前に憲政党（自由党）系代議士らと協議を重ねていたが、衆議院予算委員会では強硬な反対論が起こり、予算案は衆議院本会議で否決された。衆議院における反対理由は、①政府の海港修築方針が一定しない段階で、一割弱の配当金を出している民間会社に補助金を与える必要はない、②国庫補助を下付するほどの重要港であれば、政府が直接工事を施工すべきである、の二点に集約される。[35] もっとも、予算案は貴族院では可決され、両院協議会を経て二月一九日には無条件下付が決定された。[36]

また一九〇〇年頃には、政党のなかにも海港修築を党勢拡張に利用しようとする動きが現れる。第2章でもみたように、一八九〇年代末には大阪築港をめぐって自由党大阪支部が党勢拡張に利用していると『大阪毎日新聞』から批判される状況にあった。[37] だがこの段階では、政党は築港問題を有効な政治資源とすることはできていない。築港問題を党勢拡張の手段として組織化した人物が、先述した星亨である。逓信大臣として星は、寄港地拡張を党勢拡張の手段として活用したが、築港問題も同様に政治資源として活用しようと試みている。

星がとりわけ力を入れていたのが、東京築港問題であった。第1章でみたように東京築港を主導していたのは実業家層であったが、星は一八九九年六月の市会選挙に向けて実業家層の支持を獲得するために、東京築港問題に取り組んでいる。[38] 東京市では、第一次横浜築港が決定された後も築港問題が検討されており、九九年六月に東京市は古市公威・中山秀三郎に新たな設計案の作成を委嘱し、翌年一月には新たな設計案が完成している。新たな設計案は、一万トン級船舶に対応するために港内水深を三〇尺（およそ九・〇九メートル）にまで浚渫し、また年間四〇〇万トンの貨物を処理するための繋船施設を備えたものであった。総工費四一〇〇万円にのぼる、壮大な計画であった（図3-1）[39]。

星はこの設計案に賛同し、市会において自ら設計案・資金計画を説明するなど[40]、これを積極的に推進していく。同年六月には東京市会で一二カ年事業として築港工事に着手することが決議され、さらに肝付兼行（水路部長）や渋沢栄一（東京商業会議所会頭）ら有識者による調査を経た上で、七月には東京市から内務省にあてて、東京築港稟申と国庫補助請願が提出される[41]。

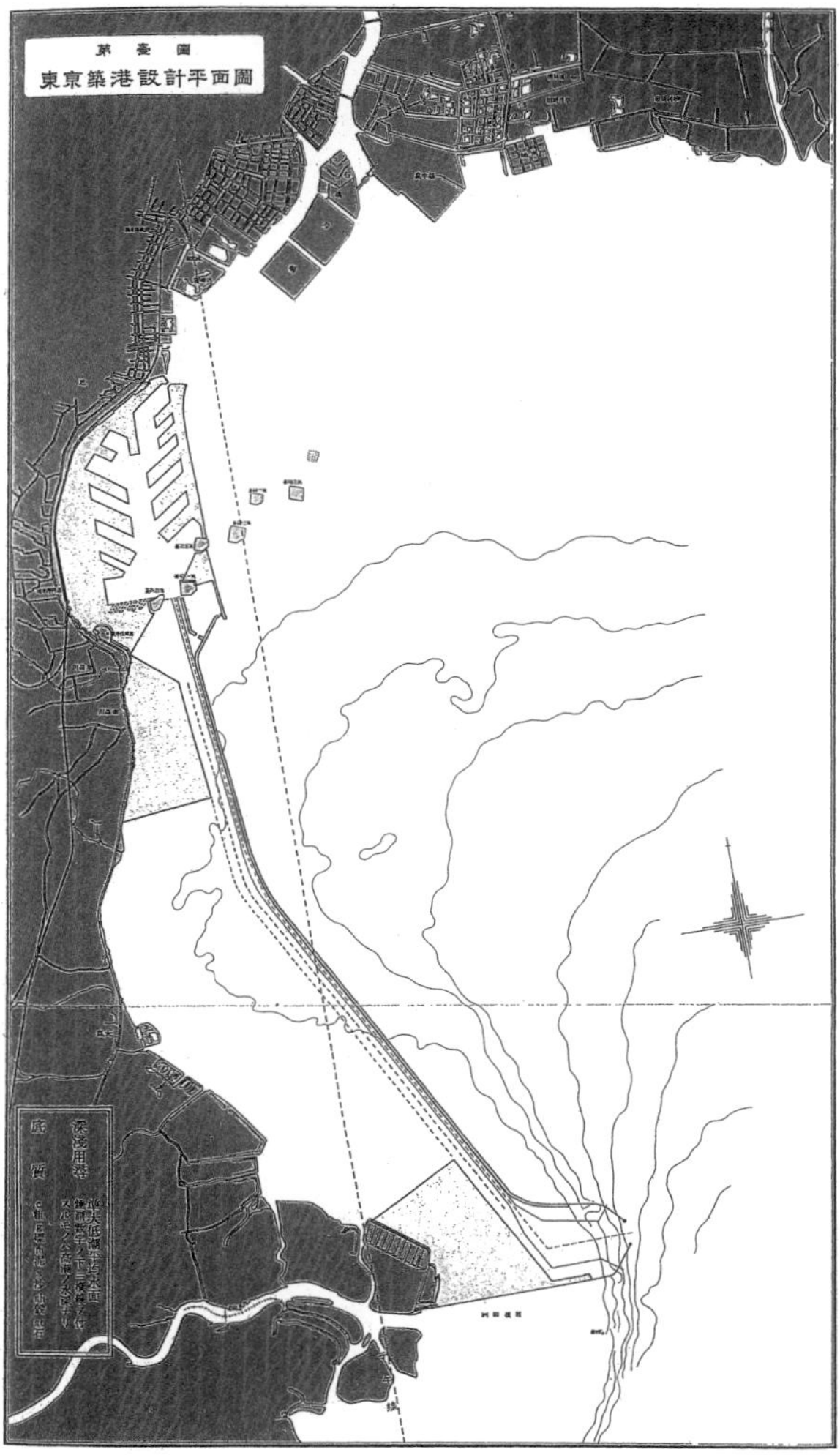

図 3-1　東京築港／古市，中山設計案（1900 年）
出典）『東京港史』第 1 巻通史編各論，13 頁。

表3-3　第一次港湾調査会・土木会委員比較

	第一次港湾調査会		土木会　(明治27年以降)
会　長	勅任官	会　長	勅任官
委　員	内務省高等官　3名 大蔵省高等官　2名 農商務省高等官　2名 逓信省高等官　2名 外務省高等官　1名 陸軍省高等官　1名 参謀本部高等官　1名 海軍省高等官　1名 軍令部高等官　1名 水路部高等官　1名 東京帝国大学工科大学教授　1名	必須委員	内務省高等官　3名 — 農商務省高等官　1名 逓信省高等官　2名 — 陸軍省・参謀本部高等官　2名 — 海軍省高等官　1名 — — 東京帝国大学工科大学教授　1名
任意委員	—	任意委員	10名以内　(貴衆両院議員)
委員総数	16名以内	委員総数	20名以内
土木監督署長 臨時委員 幹　事 書　記	7名 内務大臣の奏請による 内務省高等官　1名 内務属　若干名	土木監督署長 臨時委員 幹　事 書　記	7名 奏任官 内務属

注1）それぞれ港湾調査会規則・土木会規則による。
2）土木会の任意委員については，村山「土木会に関する基礎的研究」を参照。

このように、日清戦後には海港修築に対する国庫補助の基準が不透明であったため、内務省土木局は各地からの国庫補助要求を整理し正当性ある結論を出す場を用意しなければならなかった。そこで内務省土木局は、一九〇〇年四月には土木会から港湾に関する部門を独立させ、港湾調査会（第一次）を設置する。(42)

土木会と第一次港湾調査会のもっとも大きな違いは、その委員構成にある。海港行政に関する利害調整を土木会で行わず、あえて独立させた背景は、両者の委員構成の違いから推察できよう（表3-3）。土木会の委員構成が、内務省（高等官三名）、陸軍省及び参謀本部・逓信省（高等官二名）、海軍省・農商務省（以上、高等官各一名）及び東京帝国大学工科大学教授（一名）の合計一〇名であったのに対して、第一次港湾調査会の委員構成は、内務省（高等官三名）、大蔵省・農商務省・逓信省（以上、高等官各二名）、外務省・陸軍省・参謀本部・海軍省・海軍軍令部・水路部（以上、高等官各一名）及び東京帝国大学工科大学教授（一名）の合計一六名であった。港湾調査会には、大蔵省・外務省・水路部など他の土木事業には直接の関心はもたないが、海港修築には関心をもつ行政機関からの参加がみられる。

さらに特徴的なのは、第一次港湾調査会には帝国議会からの参加者がいないということである。土木会の委員総数は二〇名であり、そのうち土木会規則で定められた「必須委員」は先述の一〇名である。残りの「任意委員」一〇名は貴衆両院議員から選ばれた(43)。一方で、第一次港湾調査会は委員総数が一六名であり、土木会のように「任意委員」はいなかった(44)。前章でみたとおり、帝国議会では築港費補助及び貿易港化要求を整理することができず、また政党も海港に関する地域社会内部の対立を充分にコントロールすることはできなかった。星亨は確かに東北築港を掲げたが、それは仙台湾内のどこかに港をつくることを表明しただけであり、実際にどこに港をつくるのかの決定は、地域社会に委ねられたのである(45)。内務省土木局が、海港行政に関する審議を土木会から切り離した意図は、相互に利益を調整することができない帝国議会選出議員を締め出すことにあったとみることも可能であろう。

第一次港湾調査会は、土木会と同様、議事内容は公開されておらず、また管見の限り議事録も確認できないため、その詳細な活動実績を知ることはできない。だが、松尾家文書のなかに残されている同調査会への諮問書をみる限り、船川・鹿児島・神戸・東京の各築港に対する国庫補助の申請や、門司港の港域拡大申請、大船渡の民営築港の許可、仙台湾内の港湾選別などが審議されたようである(46)。また、前述した通り、逓信省起草による開港法案も、同調査会で審議されたものと思われる。

いずれにせよ、第一次港湾調査会は、国庫補助に対する基準を確立することはできなかった。前掲表3-2に示したように、第一次港湾調査会が設置されて以後、新規築港工事に対する国庫補助は実現していない。後述するように、一九〇〇年代初頭には政府部内で行財政整理をめぐる議論が活発化しており、築港工事が新たに着手される状況ではなかった。さらに推進者であった星亨が一九〇一年六月に刺殺されると、東京築港に向けた動きは急速に収束していく。星の死から二カ月後の八月には、東京港調査事務所が廃止されるなど、築港に関する組織が縮小された。また、築港調査委員会も、東京築港の設計案については高く評価するものの、「将来当市の発達ニ伴フテ漸次築港ノ事業ヲ完成スルヲ以テ適当」として、速成方針から漸進方針へと転換することとなった(47)。

大蔵省による横浜港整備――海港の法人化構想

以上のように、内務省が築港費補助方針の確立に苦慮する一方で、大蔵省は横浜・神戸両港の本格的整備の必要に迫られていた。一八九〇年代末には、着実に増え続ける貿易量を前に、横浜・神戸の二大海港の整備は急務となっていたのである。

第一次横浜築港工事は、すでに一八九六年に竣工している。しかし、二本の防波堤と一本の桟橋のみでは、増え続ける貿易量に対応することはできなかった。海陸連絡の迅速化を図るためには接岸埠頭が必要であったし、増大する貨物を処理するためには倉庫や上屋などの陸上設備の拡充も必須であった。

大蔵省にとっての問題は、横浜市民の態度にあった。横浜市民は、第二次築港に対して積極的ではなかったのである。そもそも横浜市民は第一次築港工事に対してすら、協力的ではなかった。たとえば郵船会社や港内運送業者は、従来の地形を大幅に変更するような税関地先の埋立や、大桟橋から東海道線を直接つなぐ連絡鉄道の敷設には反対であった。埋立や鉄道の敷設が、海岸線と横浜市街を分断してしまうからである。彼らの反対によって、既存の波止場が残され、また連絡鉄道の敷設は中止されることになった(48)。

かかる事態は、横浜市民に対する批判を再び燃え上がらせる。たとえば、一八九八年には『時事新報』記者の石井甲子五郎が「日本の港湾」と題する論説を連載しているが、そのなかで石井は、貿易港の恩恵を受けているにもかかわらず、その整備には無頓着である点を批判している。石井は、条約改正を契機として、全国各地の港湾が「五港の独占権を奪ふ」べきだと主張する。[49]

こうした批判を受けても、横浜市民の動きは鈍かった。星亨が再び政治課題にのせるまでは東京築港に向けた具体的な動きはみられず、一八八〇年代とは異なり彼らが切迫した危機感を抱くことはなかったのである。もちろんそれは、横浜市民が不便を感じていなかったということではない。彼らも、貿易量の増加に直面して、波止場の使い勝手が悪くなっていることは認識していた。しかし差し迫った危機がないために、大阪のように自ら費用を負担してでも築港を実現しようという動きは大勢にはならなかったのである。

神奈川県においても大阪府の場合と同様に、横浜市部とそれ以外の郡部とのあいだで社会資本整備に関する費用負担の問題が顕在化しており、横浜港修築が県営で実現される見通しは、このときにはすでになかった。一方で横浜市会においても、地主派と商人派との派閥対立が激しく、一八九六年には横浜港の埋立認可をめぐって両派の対立が深まるなど、第二次築港を推進するような状況にはなかった。[50] 横浜でも、県会・市会における築港に向けての意思形成は困難な状況にあったのである。東京築港のようなわかりやすい脅威がないのであれば、なおさら困難であった。結局彼らが行いえたのは、横浜商業会議所の決議として港内の浚渫や税関倉庫の拡充を求めることのみであった。[51]

この状況にもっとも不満を募らせていたのは、やはり税関であった。一八九八年には、横浜税関長の大越成徳が、新たな波止場築造の設計案を作成している。これは艀荷役の増加に応じるための工事で、工費総額四〇万円と小規模なものであった。大規模な繋船埠頭の建設や臨港鉄道の整備には、港内運送業者をはじめとする反発が予想されることから、大越は小規模な波止場を築造して、急場をしのごうと考えたのである。

大越による波止場造成計画を一大築港計画へと転換させたのは、大越の後任として横浜税関長に就任した水上浩《ひろ》躬《ちか》であった[52]。水上は、一八九八年末に開かれる第一三議会への予算案提出を目指して、設計案の作成と関係各省との協議を開始する[53]。総額五〇〇万円をかけて接岸埠頭や連絡鉄道を整備する築港計画を水上は考えていたが、問題はやはり技術者の確保であった。第一次横浜築港工事では、防波堤建設の際にコンクリートの破損が生じていたため、水利土木技術に対する議会の不信感が高まっていた[54]。大蔵省にも税関倉庫などの設計をする土木技術者はいたが、彼らはあくまで建築技術者であって、水利土木を任せられる技術者はいなかった。とはいえ、依然として東京築港を模索する内務省から技術者を招聘することは、困難に思えた。

水上にとって幸運であったのは、大蔵・内務・逓信三省間のセクショナリズムを打破する契機が訪れたことである。一八九八年七月に成立した憲政党（第一次大隈重信）内閣に反発して多くの官僚が退官していたが、そのなかの一人に内務省土木局長であった古市公威も含まれていたのである[55]。

水上は、さっそく古市へ税関設備工事の設計を依頼する。名称こそ税関設備工事ではあるが、繋船埠頭と連絡鉄道の整備という実質的には築港計画の依頼である。すでにみたように、古市は依然として東京築港を目指していたが、「内務省は現今治水事業に専らにして、築港に着手するの余裕を得ず[56]」、当面の着工は難しい状況にあった。また古市自身も内務省から離れて「閑散の身[57]」であったこともあって、あくまで将来的な東京築港を前提としつつも横浜築港計画を立案する。古市の設計案は、横浜港内の海底の地盤に沿って凸型の埋立地（保税地区）を造成し、横浜駅から連絡鉄道を接続させるものであった（図3-2）。これにより、一八九七年の横浜港の貨物輸出入実績である一一〇万トンから、東京の貨物七〇万トンと繋船岸壁を利用しない石油輸入量一五万トンを差し引いた、二五万トンを処理することが可能になるという。工費の総額は三〇〇万円で、水上が当初予定していた規模の六割程度に過ぎなかった[58]。

その規模の小ささに、おそらく水上は不満であった。だが、日本の土木技術の第一人者である古市による設計を

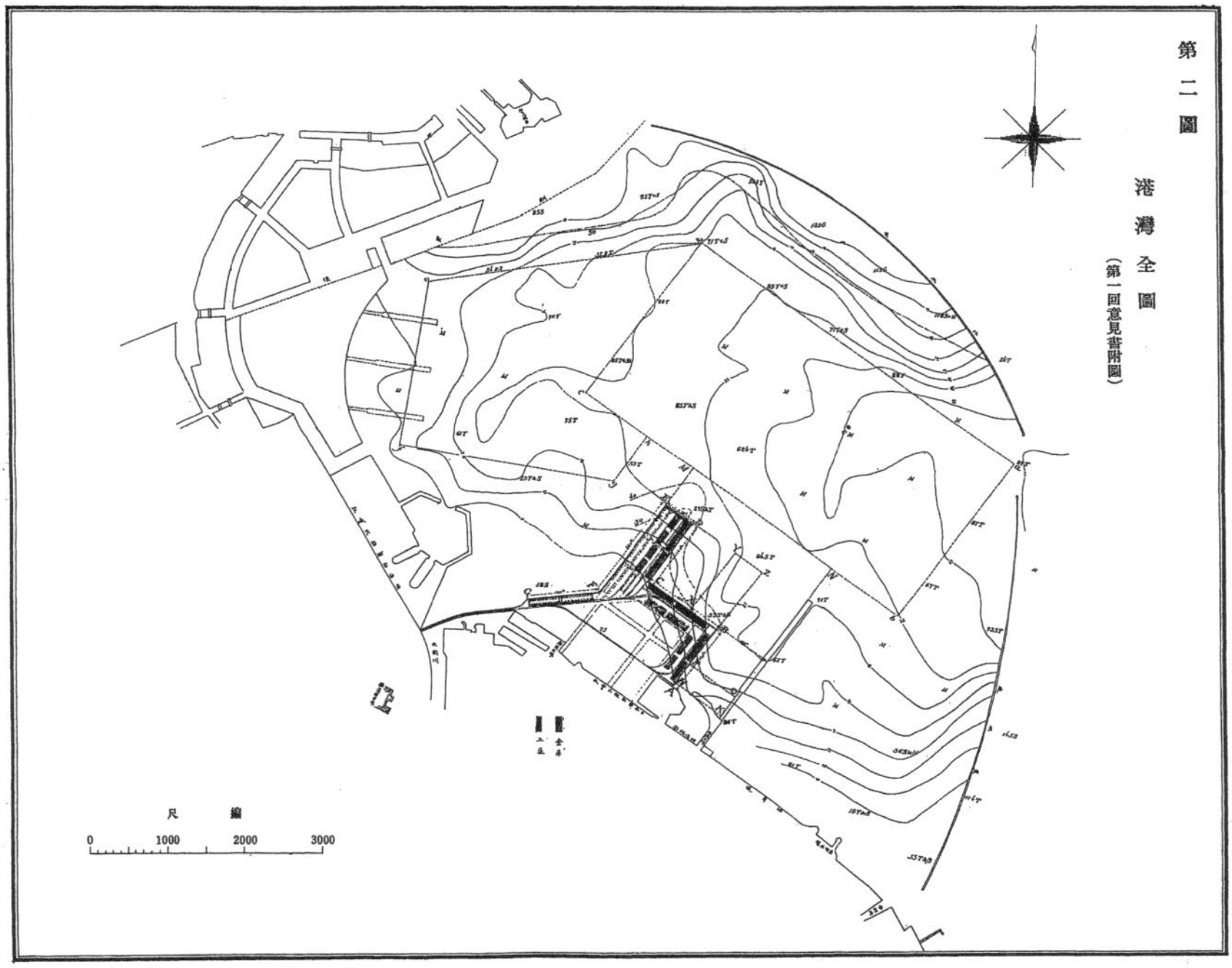

図 3-2　第二次横浜築港／古市案（1898 年）
出典）『横浜税関海面埋立工事報告』附図。

くつがえすわけにはいかない。水上は古市案を受け入れ、連絡鉄道については逓信省に工事を施工させることとし、鉄道関係費を除いた二六〇万円を予算として工事に着手することにした。

ところが、この計画に異議を唱えたのが逓信省であった。大蔵省は、予算を議会に提出するのに先立って、内務・逓信・海軍の三省に設計案の了承を求めたが、逓信省港務局のみが古市の設計案に異議を唱えたのである。港務局が反対した理由は判然としないが、おそらく埋立地の拡大によって船舶の碇泊水域が狭隘化することを懸念したものと思われる[59]。

港務局が強硬に反対すれば、工事の実施が遅れるおそれもあったが、水上にとって幸運であったのは、設計案を作成した古市公威がこのときは逓信省にいたことである。第一次大隈内閣発足時には官職を辞していた古市であったが、一八九八年一一月に成立した第二次山縣有朋内閣では、逓信次官の座に就いていた。古市は、自ら作成した設計案に対する港務局の異議を斥け、築港工事に対する政府内の合意は成立する。

かくして、第二次横浜築港工事は、大蔵省によって実施されることになった。一八九九年、大蔵省は臨時税関工事部を設置し、築港工事に着手する。だがそれは、大蔵省以外のすべてのアクターの無関心や非協力的態度を乗り越えて、ようやく実現したものであった。内務省土木局は依然として東京築港を目指しており、逓信省港務局は埋立地の拡大には反対であった。第二次横浜築港工事が実現したのは、水上の努力と古市の協力という人的要因によるところが大きかったのである。しかし、海港修築の具体化が人的要因に依存してしまう状況は、今後の展開が不透明になるという点で、決して望ましいものではない。第二次横浜築港工事をめぐる一連の経緯は、海港行政の制度化に対する大蔵省の関心を高めることになったのである。

そこで大蔵省は、海港を経営する新たな方法を模索していく。大蔵省の海港修築構想が内務省や逓信省のそれと大きく異なる点は、防波堤建設や浚渫などの海面部分の整備よりも、貨物の荷捌きに必要な陸上施設（上屋・倉庫・臨港鉄道）の整備を重視していた点にある。一九〇一年二月、大蔵省主税局長であった目賀田種太郎[60]は、講演において「従来頻りに唱道されますする所の築港なるものがありますが、是は只纔に外港すなわちアウターハーバル即ち外防の築堤をするだけであって、インナルハーバル即ち内港の方の計画に属することは殆と無い[61]」と、不満を述べている。

むろん東京や大阪の築港計画をみれば明らかなように、内務省も陸上設備の整備に無関心であったわけではない。だが、既存貿易港である横浜・神戸には未だ本格的な陸上設備は整備されていなかったために、大蔵省にとっては陸上施設の整備こそが急務であった。そのためには多額の工事費を捻出する方法を、大蔵省は考えなくてはならなかった。全額国費で負担するのでは、土木行政を主管する内務省の意向を尊重しなければならないうえに、各地からの築港要求を惹起してしまう。一方で横浜や大阪の事例からも明らかなように、府県や市の自発的な整備を期待するのも難しい。そこで大蔵省が考えたのが、海港の法人化（特別会計化）である。

目賀田の講演によれば、過去一〇年間で海港から得られた国庫収入は五七〇八万余円であるのに対し、海港修築にあてられた国庫金は二九七万余円に過ぎないという。このうちの大半は第一次横浜築港の工事費であるから、ほとんどの海港では、国庫収入を挙げているにもかかわらず、それに見合う整備がなされていない状況であった。かかる状況を打破するため、海港から直接得られる収入の幾分かを海港修築にあてるための特別会計制度を導入し、貿易業者や船舶業者など関係業者を参加させた独立法人として海港を経営していく方法を、目賀田は提唱する。大蔵省は、差し当たって整備しなければならない主要海港（横浜・神戸・長崎・函館・大阪・小樽・若松）に合計一億〇三九七万余円の工事費が必要だと見積もっていたが[62]、海港を法人化することにより利用料収入その他からその財源を捻出しようと考えていたのである。

以上のように、大蔵省の海港経営構想は、府県を中心とした明治国家の枠組みの例外として海港を捉えるものであったといえよう。そして、海港経営を法人化する試みは、当時の欧州で主流となりつつある方式でもあった。河川のなかに海港が位置するイギリスやドイツでは、船渠（ドック）による海港機能整備が主流であった。船渠は一定の水域を岸壁で囲い込むため私立会社による経営が容易であり、したがってイギリスやドイツにおける海港とは、開放的な水面を指すことが多い日本の海港とは異なり、複数の船渠会社が並立しているものであった[63]。ところが一九世紀以降、船舶が急速に大型化すると船渠も大規模化を迫られ、私立船渠会社の経営を圧迫した。また、貿易量の急増とそれに伴う港内の混雑に対応するために、複数の船渠会社を総合的に管理する必要が生じた。そのため一九世紀末のイギリスやドイツでは、複数の船渠会社を束ねる公法人（オーソリティ、ボード、トラストなど）による海港経営が本格化しつつあったのである。

私立船渠会社が発達しなかった日本とは背景が異なるとはいえ、公法人による海港の独立経営は大蔵省にとって望ましい形態のように思えた。すでにみてきたように、府県会や市会という枠組みでは、必要に応じた海港修築が困難なこともある。大蔵省は、公法人による特別会計化により、海港修築のための財源を安定的に確保しようと試みていたのである。

またそれは、複数の官庁が乱立している状況にあった海港行政を一元化していく意図を含んだものでもあった。水上浩躬が回想するように、横浜における海港行政の錯綜は、利用者にとって混乱のもととなっていた。当時の横浜港には、海港検疫所・水上警察署・税関監視部・海務署・県庁第六課・航路標識管理所・港務局が並立しており、外国から来港した船舶は、検疫所・港務局・税関にそれぞれ入港手続きを済ませなければならなかった。[64] 大蔵省は、海港の法人化によりこれらの弊害を改善することも目指したのである。

しかし、このような大蔵省の姿勢は、河川行政と同様の原則による海港行政を模索する内務省土木局とは、当然対立するものであった。全国的な海港修築政策の統合を目指す内務省土木局と、主要港の重点的な整備を目指す大蔵省とのあいだでの対立は避けられない状況になりつつあったのである。

逓信省の後退——行財政整理の影響

以上のような大蔵省の構想は、一九〇〇年代初頭の行財政整理を通じて実現が試みられた。一八九〇年代後半における日清戦後経営は、清からの賠償金・増税・公債発行などの財政措置と、長期金融機関の設立などの国内金融の拡大、さらには外資の流入促進などにより、軍備拡張と国内産業の発展を図るものであった。[65] しかし、以上の積極政策は二度の戦後恐慌を惹起し、また一九〇〇年の北清事変により財政危機が深刻化したことにより、第四次伊藤博文内閣及び第一次桂太郎内閣においては、行財政整理が取り組まれることとなった。

第二次横浜築港問題を通じて海港行政一元化の必要性を感じていた大蔵省は、行財政整理によりその実現を図ろうと試みる。その中心となったのは水上浩躬であった。一九〇一年八月、水上は曾禰荒助蔵相より海港行政一元化に関する意見書の起草を命ぜられる。これに対して水上は、逓信省港務局を廃止し、また水上警察署が所管している艀船取締事務を税関へと移すことを提言した。水上は、海務署・航路標識管理所はひとまず措き、まず港内船舶・艀船を税関のもとに一元的に管理しようと試みたのである。[66]

海港行政一元化の必要性は、大蔵省外にも共有されている問題であった。元老の井上馨は、第一次桂内閣成立前後に作成されたと推定される財政整理意見書[67]のなかで、「各省割拠の弊」として海港行政を挙げ、内務省土木監督署・府県土木課・逓信省港務局・内務省海港検疫所・税関などを統一した官庁を設置することを提言している。[68]また伊藤博文系官僚である奥田義人法制局長官も、一九〇二年に提出した行政整理意見書のなかで、土木監督署・海港検疫所・港務局などの統合に加えて、港湾調査会の廃止を提言している。[69]

しかし、井上や奥田による海港行政一元化案は、税関ではなく府県へと統合することを提言したものであり、必ずしも大蔵省を支持したものではなかった。井上と奥田の意見書の内容はいずれも多岐にわたるが、海港問題に関連するものだけを取り上げれば、以下のように整理できる。

井上の提言内容は、①内務省土木局及び土木監督署の農商務省への移管、②逓信省港務局及び海事局の府県への移管、③逓信省航路標識管理所の同省管船局への移管である。また奥田の提言内容は、①内務省土木局及び土木監督署（一部）及び臨時税関工事部を廃して工部省を新設、②逓信省航路標識管理所の同省管船局への移管、③土木会・港湾調査会の廃止、④土木監督署事務（一部）・海港検疫所・海事局・港務局の府県への移管であった。

井上と奥田の提言内容は、いずれも土木行政を内務省から切り離し、また一方で地方出先機関は府県へと統合する狙いをもったものであったといえよう。そしてそれは、第一次桂内閣の行財政整理方針と合致するものでもあった。第一次桂内閣の行財政整理方針の要諦は、各省部局の整理及び地方出先機関の統廃合と、それに伴う府県の機能強化にあった。そしてこのような行財政整理構想は、各論に入ると対立が深まるものの、総体的には当時の政治指導者のあいだで共有されている認識でもあった。その結果、一九〇二年四月には逓信省港務局及び内務省海港検疫所は廃止され、いずれも府県港務部へと移管されることとなった。海港行政の一元化は部分的には実現されたものの、それは大蔵省が目指したものとは大きく異なるものとなったのである。

当然、水上は不満であった。水上は、府県港務部に所属することになった海務課長・検疫課長がそれぞれ奏任官であることから実質的には経費の節約にはなっていない、と不満をこぼし、「早晩改正ヲ要スルナルヘシ」と、改めて大蔵省のもとへの一元化を目指していく。(70)

大蔵省の不満とは対照的に、逓信省には不満があったようにはみられない。港務局の府県移管に難色を示したのはむしろ内海忠勝内相であって、(71)逓信省の反発は管見の限り確認できない。その背景には、おそらく鉄道問題があった。一連の行財政整理にあって、逓信省にとって海港問題よりも重要であったのは、鉄道問題であった。一九〇一年春には、逓信省は大蔵省に対して鉄道建設費の増額を要求しているが、逓信省は、不得手な海港行政に固執せず、むしろ鉄道建設・航路整備の実利を確保することを選んだのであろう。その成果は、一九〇二年末に第一次桂内閣により打ち出された鉄道一〇カ年計画にあらわれている。同計画では、鉄道建設及び改良費として毎年一三〇〇万円、総額一億三〇〇〇万円を支出することが明記されている。海港に関連する事業としては、横浜・大阪の海陸連絡線建設費（計一九六万円余）が盛り込まれているものの、その金額はわずかでしかない。(72)

以上のように、一九〇〇年代初頭の行財政整理を通じて、逓信省は鉄道と航路の結節点である海港行政の一元化よりも、各地からの要望も多い鉄道及び補助航路の延伸に関心をよせることになる。そして逓信省は、一九〇八年に鉄道部門が分離され鉄道院が設立されたことにより、海陸交通の結節点を所管する強みを失ってしまうのである。

行財政整理の影響は、内務省土木局も免れなかった。土木行政は内務省に残されることになったものの、第一次港湾調査会は一九〇三年三月に廃止されてしまう。一連の行財政整理のなかで、内務省土木局は守勢にまわらざるを得なかった。それゆえ大蔵省臨時税関工事部も存続することとなり、結局のところ海港修築における割拠性は、依然として残されることになったのである。

二　海港行政の再編——第二次横浜築港と第一次神戸築港

海港論の再度の高まり——海港整備と自由港論

一八九〇年代末から一九〇〇年代初頭にかけて、内務省による築港方針が樹立されず、また大蔵省による海港の法人化構想も実現に至らなかったことは、再び海港論を活発化させることとなった。前章でみたとおり一八九〇年代における海港論は、シベリア鉄道に代表される世界交通網整備の進展と、国内における鉄道敷設法の制定を契機とするものであり、したがって世界交通網と国内交通網との結節点としての海港論が展開された点に特徴があった。これに対して一九〇〇年代における海港論は、上海や大連をはじめとする中国大陸の海港との競合を念頭に置いている点に特色がある。

たとえば、東京高等商業学校教授の関一は、一九〇二年一二月に雑誌『太陽』上で発表した論説において、「大商港は一国の門戸店舗として、外国貿易の消長に関係すること大なるを以て、対外的商港間の競争の激しきを致し、其競争は一商港の盛衰に止まず、…〔中略〕…国家は此競争場裡に上りて互に勝敗を賭せざるべからず[73]」と述べている。関は、ヨーロッパにおいてはハンブルク・ロッテルダム・ルアーブル・ロンドンのあいだで熾烈な競争が展開されていることを指摘し、かかる「列国対峙の状」は東アジアにおいても同様であるという。香港（イギリス）・膠州湾（ドイツ）・大連（ロシア）はそれぞれ列国の租借地であり、大規模な築港工事に着手しつつある。日本の海港論が「西比利亜鉄道の開通、中米運河の竣成を夢みつゝある間に、支那方面の諸港は早く隆盛を極め地盤跋扈抜く可らざる」状況にある。

日本の海港が置かれている状況をこのように分析したうえで、関は「一国商港政策を確立して、国民経済上の必要に応じて商港を築成経営し、秩序的組織ならしめ列国競争に当る」ことを訴える。日本の海港行政は、「全く地方的にして箇々相峙立し」ており、横浜港は「国家の費用を持って築成維持する」一方で、横浜港と同程度に重要であるはずの大阪港の整備は「自治体に委任し単に補助をなすに過ぎ」ないなど、一定の方針が立てられていない点に問題がある。横浜港を国費で整備し、また大阪築港に補助を与えるのであれば、東京築港と神戸築港に対しても補助せざるを得ないが、「国民の負担の一部を以て近接する数里の地に、二箇の大商港を築きて相競争せしむるは、徒に資本を濫費し、尚且つ完全なる一商港を得る能はざるに終わ」ってしまう。したがって、「全国の利害より各商港の関係を定め、資本の集約的使用を以て、列国競争に応ずべき大商港の完成」を期する必要がある。さらに関は、関係官庁・私企業など利害関係が錯綜する海港の経営が困難である点も指摘し、「世界的商業港として我国の門戸たるべきものに対しては、商港内組織の統一」を図ることが必要であることも付け加える。

関が掲げた二つの問題——築港方針の樹立と海港行政の一元化は、ここまでみてきたように決して等閑に付されていたわけではなかったが、これらの問題が解決する以前に大阪築港や若松築港が着手されたために、海港行政をめぐる中央政府の不作為が批判されたのである。政府の海港行政に対する同様の批判は、肝付兼行の論説(74)や『読売新聞』の社説(75)などにもみられ、一定の広がりをもっていたものと思われる。

そして、東アジアにおける海港の競合状況に対する認識は、日本国内の海港にも大連や膠州湾と同様に自由港制度を導入しようという議論をもたらすことになる。その代表的な論者が、中橋徳五郎である。[76] 中橋は、一八九一年から逓信官僚として会計局長や財務課長などを務めていたが、九八年七月に岳父である田中市兵衛の跡を継ぎ、大阪商船の社長となっていた。[77] 大阪商船は、一八八四年に瀬戸内海の船主が合同して成立した船舶会社であり、大阪・神戸を基点として瀬戸内海から朝鮮・台湾地域に就航していた。日清戦後の大阪商船は、台湾総督府の命令航路として、九六年五月からは大阪〜台湾線、九七年四月からは神戸〜基隆線や台湾沿岸線を開設するなど対外拡張期にあった。中橋の社長就任以後もその方針は引き継がれ、九九年四月からは台湾総督府命令航路として淡水〜香港線を開設し、また逓信省命令航路として九八年より上海〜漢口線、一九〇五年より大阪〜大連線を開設するなど、台湾・中国航路を拡張している。[78]

このように、大阪商船は大阪港を拠点として近海航路を経営していたが、中橋は一八九七年に築港工事に着手したばかりの大阪港に自由港制度を導入することで、航路の中継地点としての大阪港の重要性を高めようと試みるようになる。[79] 自由港とは、海港内の全域あるいは一部に無税地区を設定することで、中継貿易や加工貿易を促進する制度である。中橋によれば、ドイツ工業が急速に発達した理由は、第一に「ハンブルヒ及ブレメンの両港に於て自由貿易港を設置した」ことにある。中橋は、太平洋貿易の中継地点に位置する大阪港に無税地区を設定することで、日本の工業を発展させることが可能だと論じる。

そのためには、大阪築港を中央政府の直轄にする必要がある。大阪港沿岸の五〇〇坪の土地を自由港区に設定し、いったん政府が買い上げた後に、内外人問わず売却し、倉庫・工場・取引所などの営業に従事させる。かかる方法をとれば、早くも財政面で行き詰まりをみせていた大阪築港の継続が可能となり、さらに商工業を発展させることも可能になる、と中橋は主張するのである。

中橋の海港論のように、大連・膠州湾・香港など東アジアの自由港に対抗するためには日本にも自由港が必要である、という主張は広く見られるものであった。たとえば『東京経済雑誌』は、大阪ではなく、長崎に自由港を設置することを提唱している[80]。長崎は、香港・上海など中国沿岸から朝鮮半島・ウラジオストクへと至る航路上に位置しており、長崎港の取扱貨物のほとんどは、欧米・中国南部と朝鮮半島・露領アジアへの中継貨物であった。自由港制度は、中継貿易・加工貿易を促進する制度であり、もとよりその機能を担っている長崎港に自由港を設置すべきだ、というのが『東京経済雑誌』の主張であった。さらに、自由港では無税地区とその他の地域とのあいだの密輸を取り締まる必要があり、大阪や神戸のような交通が便利である地域には不向きである点も、『東京経済雑誌』は指摘する。「長崎港の形勢たる四面山を帯ひ、内地との交通は唯々一二路に過ぎず、之に関門を立れは以て陸上の運輸を取締る」ことが容易であり、また海上からも小型船では内地へ移動することが困難であることから、やはり取締りが容易となる。

もっとも、自由港制度については、すでに大蔵省も注目しているところであった。前節で紹介した目賀田種太郎主税局長の講演でも、自由港制度には言及されている[81]。目賀田によれば、近年ヨーロッパで主流となっている自由港は、海港全域を無税地区とする「単純ナル自由港」ではなく、海港内に無税地区を設定する「四半分自由港」とでもいうべきものであるという。海港内に無税地区を設定する保税倉庫制度自体は、日本の旧条約下にもあり、一八六六年七月には列国との合意にもとづいて借庫規則が定められた[82]。また条約改正後も、大蔵省は中継貿易・加工貿易促進のため、保税倉庫法・仮置場法を整備している。保税倉庫とは輸入手続未済の財貨を無税のまま蔵置する倉庫のことであり、仮置場では蔵置のみならず輸入手続未済貨物の加工及び改装等が認められる。保税倉庫法は一八九七年七月に、仮置場法は一九〇〇年四月に、それぞれ公布された[83]。

大蔵省がとりわけ力を入れていたのは仮置場制度であり、大蔵省内では自由港と同じ性質のものであると認識されていた。仮置場法の起草者の一人である水上浩躬は、同制度の目的を「自由港ヲ試ムルニ在ル[84]」と回顧しており、また目賀田も前述の講演において、「仮置場法ト云フモノ、倉庫ナルモノモ自由倉庫デアル、其仮置場法ノ設ケ方ノ程度如何デ、即チ其四半分自由港ニナル」と述べている。

しかし、大蔵省の意気込みとは裏腹に、同制度の利用頻度は少なかった。目賀田は、その要因を施設の不備に求め、「ソレハ最前申ス通リ一向必要ナ所ノ彼ノ金ガ無イ」と述べ、繋船埠頭・上屋・倉庫・起重機など海港設備完成の必要を訴えるのである。『東京経済雑誌』などで論じられた自由港論が新たな制度としての自由港を求めていたのに対し、大蔵省にとってみれば「制度としての自由港」はすでに実現されているのであり、むしろその利用頻度の向上が問題視されていた。それゆえ大蔵省は、既存大海港である横浜と神戸の陸上施設の整備を目指すことになる。そしてその過程を通じて、自らの目指す法人化へと動き出していくのである。

横浜築港の拡大と管理委員会構想

前節でみたとおり、第二次横浜築港は古市公威の設計案をもとに着手されたが、水上は古市の提示した案には規模の点で不満があった。そこで築港工事が始まると、水上はまず設計の変更に乗り出した。一九〇一年九月に完成した新設計案では埋立地が拡大され、これにより岸壁有効長にして一五一間、繋留船トン数にして九九〇〇トン、面積にして九六五〇坪拡大された。むろん総工費も膨れあがり、古市案ではおよそ一二八万円であったものが、設計の変更により総工費はおよそ三六三万円となった[85]。

しかし、第一次桂内閣による行財政整理が進められるなかで、かような拡大方針に対する同意を得ることは容易ではなかった。一九〇一年に開かれた閣議では、設計の拡大に対する各省の同意を得ることはできたものの、工事全体を前後期に分けたうえで、ひとまず当初予算内で前期工事を竣工させることが決められた（図3-3）。したがって、後期工事を実施するためには追加予算が必要であった。前期工事の竣工が迫った一九〇三年頃より、水上は

図 3-3　第二次横浜築港設計案（1901 年）

出典）『横浜税関海面埋立工事報告』附図。

後期工事の実現へ向けて動き出す。海港修築の財源が限られるなかで追加予算を獲得するためには、ある程度予算を圧縮すると同時に、横浜市にも費用負担を求める必要があった。そこで水上は、一九〇三年九月曾禰蔵相を訪ね、以下の私案に対する同意を得た[86]。

当時の横浜港では、大蔵省臨時税関工事部が第二次築港工事（陸上施設）を実施する一方で、神奈川県が港内浚渫・防波堤修繕を内務省から委任されていた。そこで水上は、大蔵省臨時工事部が担当していた陸上設備の経営を横浜市に移し、神奈川県が担当していた港内浚渫・防波堤修繕事業を大蔵省へ移そうと考えたのである[87]。具体的には、第二次築港工事と港内維持・防波堤修繕工事費用を合わせた一一一八万一〇〇〇円のうち、倉庫・上屋の建設費二八一万八〇〇〇円を削減したうえで、上屋や水道などの陸上施設の工費二〇四万三〇〇〇円を横浜市の負担に移し、四一〇万八〇〇〇円を臨時税関工事部で引き受ける。これにより国庫負担をおよそ七〇〇万円削減し、しかも横浜税関と横浜市による海港経営が可能になる。

だが、これまでみてきたように、横浜市民の築港に対する動きは鈍いものであった。一九〇〇年頃には東京築港論が再度活発化したために、横浜でも『横浜貿易新聞』上で横浜市営築港を実施するよう求める論説が掲載されるなど、[88]海港修築をめぐる議論が活発化した。横浜市会でも、同年六月には港湾調査委員会が設置されるなど呼応する動きもみられたが、翌年に東京築港が挫折すると、横浜市の築港に対する関心も低下してしまう。[89]同委員会にはほとんど活動実績がなかったようであり、[90]水上の構想を実現するためには、横浜市が費用負担を受け入れるための準備が整わなければならなかった。

一九〇三年一月に市原盛宏[91]が横浜市長に就いたことにより、そのための準備が整うことになる。市原は、就任直後に行った施政方針演説のなかで、港湾改良問題を最重要課題に位置付けている。横浜市のこれまでの発展は「天与の良港及政府の保護の賜にして、所謂受動的の発達を為したるもの」であるが、「受動的の発達の程度は最早既に絶頂に達せり、今や自動的即働き掛けの発達を要するの時」が来た、と市原は訴える。[92]

そのためには、地主派と商人派の対立で膠着状態にあった横浜市政を打開しなければならない。市原は、市会・市参事会・商業会議所の代表者からなる横浜市改良期成委員会を設置し、従来の市政の枠組みを取り払おうと試みた。そして、同委員会において築港問題を検討させることにしたのである。

一九〇四年七月に同委員会が提出した試案は、これまでの日本の海港経営方式とはまったく異なる画期的な案であった。すなわち、内閣総理大臣の下に横浜港管理委員会を設置し、関税事務を除いたすべての海港行政事務を一元化して行うものである。委員会は、地域代表（市会議員［五名］・商業会議所議員［五名］・市長・船舶所有者、倉庫、船渠業者、貿易商及一般商人［一〇名］）に加えて、逓信・大蔵・内務・海軍各省より一名ずつ計四名により構成される。横浜港内の倉庫・上屋などの使用料、岸壁・浮標などへの繋船料、水先案内料などを徴収し、これらを財源として施設整備などの経営を、委員会が行う。[93]この構想は、海港行政の一元化を図り、さらに海港修築を安定的に進められる案として横浜市民には受け入れられたようである。[94]

市原市長の登場により、横浜市は主体的に海港経営に乗り出す体制を固めつつあった。翌一九〇五年七月には、横浜市改良期成委員会は第二次横浜築港の継続問題について横浜市参事会との協議を始め[95]、また市原市長と小野光景商業会議所会頭らは関係各大臣へ築港の継続を求めて陳情を行った。

かかる状況は、大蔵省にとってはもちろん好ましい事態であった。ただし、横浜市が単独で部分的な工事を行うことは、横浜港全体の整備計画を遂行するうえでは好ましくない。そこで同年八月に臨時税関工事部長若槻禮次郎らと水上は協議し、以下の横浜港経営案を横浜市に対して提示した。横浜港の部分的整備を市が単独で行うことは認めず、あくまで臨時税関工事部の行う事業への参加という形式をとり、費用負担の割合に応じて横浜港を管理する委員会委員へ任命する[96]。市原らはこれを承諾し、翌九月には大蔵省に対して後期工事の工費及び維持費の三分の一を出資することを申し出た[97]。これは、大蔵省が考えていた海港の法人化の実現に他ならなかった。一八九〇年代より模索されていた税関と市町の共同による海港経営方式は、第二次横浜築港継続問題のなかで実現されつつあったのである。

横浜市からの申し出を受けた大蔵省は検討を進め、一九〇五年一二月一四日には、大蔵省は横浜港設備法案を閣議に提出している[98]。この法案は、工費総額八一八万円を限度として第二次横浜築港工事を継続させるためのものであり、横浜市が一九〇六年度から一一年度までの六年間にわたって、総額二七〇万円を納付することを定めたものである（第三条）。横浜市は負担分を捻出するために市債を発行することが認められ（第四条）、またその市債償還にあたっては埋立地から得られる収益をあてることが規定されている（第五条）。築港工事の設計及び予算に関する事項は、大蔵省に設置される「横浜港経営委員会」が取り扱うことが定められている（第八・九条）。同委員会は、「高等行政官、高等技術官、横浜市長、横浜市会議長、横浜商業会議所会頭、横浜市会ニ於テ選挙シタル横浜市公民二人及横浜商業会議所ニ於テ選挙シタル横浜市公民一人」によって構成されることになっている。しかし、この頃にはすでに桂首相が政友会内閣への政権移譲を考えていたこともあって、新たな内閣で臨む第二二議会には同法は提出されなかったようである。

横浜港設備法は成立しなかったものの、一九〇六年六月には臨時横浜港設備委員会が設置されている。その構成は、委員長として大蔵次官を充て、内務省より二名、大蔵省より四名、逓信省より二名、農商務省・鉄道庁より各一名の一一名に加えて、横浜側より神奈川県知事、横浜税関長、横浜市長、横浜市会議長、横浜商業会議所会頭、横浜市会選出（二名）、横浜商業会議所選出（一名）の八名、合計一八名であった。前年に起草した法案と同様の構成であったことが確認できる。海港の法人化に持ち込むことこそできなかったが、ひとまず大蔵省は海港修築の権限を手に入れることができたといえよう。同委員会のもとで第二次横浜築港は継続されることとなる(99)。

神戸築港と大蔵省

横浜築港に続いて大蔵省が取り組むべき課題は、神戸築港であった。神戸の場合には、横浜とは異なり、市民が比較的早い段階から海港修築に直接かかわっている。その要因としては、第一に一八九〇年代から大阪築港の動きが急速に具体化したこと、第二に神戸港の取扱貨物量の伸び率が横浜港に比べて大きく、港内の狭隘化が急速に進んでいたこと、の二点が挙げられよう。

前章でみたように、一八九六年には大阪築港の具体案が土木会で審議されるなど、中央政界でも具体化されつつあった。これに対抗するかのように、同年には神戸市会が築港の測量に自ら乗り出す一方で、中央政府に対する陳情も始めている(100)。その結果、一八九七年一月には内務省土木局から沖野忠雄を招聘し、神戸築港設計案の作成にあたらせることに、神戸市は成功する。

だが、この沖野設計案をめぐって、神戸市内部では対立が起こった。一八九八年一〇月に出来上がった沖野設計

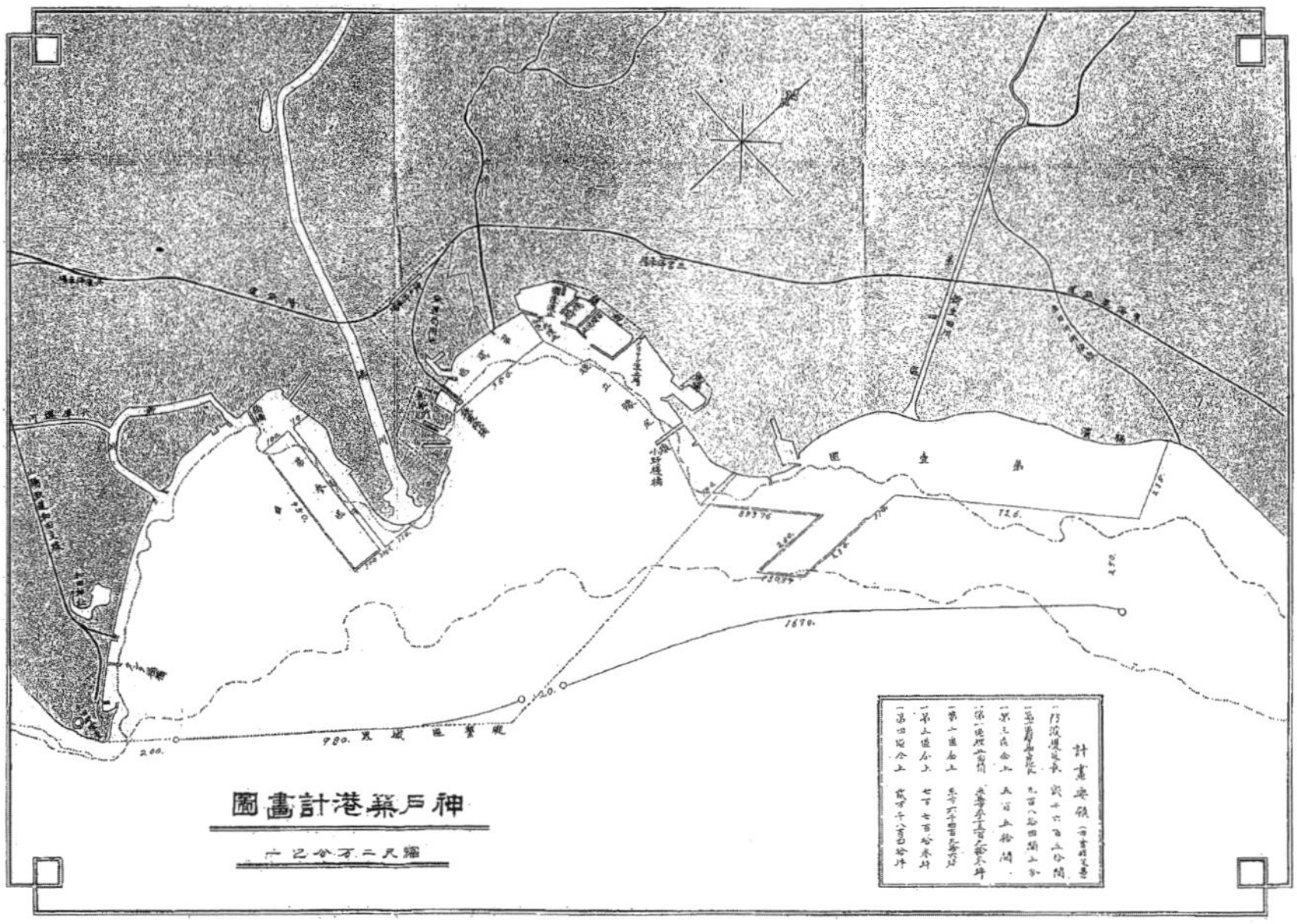

図 3-4　神戸築港／市会確定案（1900 年）

出典）『神戸築港問題沿革誌』附図。

案は、埋立面積は一九万九三〇〇坪、総工費は一五七四万八五三二円と、如何にも内務省土木局らしい壮大な設計であった。沖野設計案は、既存の神戸港を東側に拡大するものであったため、神戸港の西側に位置する兵庫から反発が起こったのである。[101] 結局、神戸市築港調査委員会では西側にも繋船岸壁を築造することに決定し、設計はさらに拡大することになった。一九〇〇年一月に神戸市会で採択された神戸築港計画は総工費二六一四万三三八〇円であり、このうち一四九五万円を国庫補助、一〇四九万四〇〇〇円を公債、六九万九八〇〇円を市税でまかなうものであった（図 3-4）。[102] 予算案の確定を受けて、神戸市長鳴滝幸恭は、大蔵・内務両大臣へ築港事業の認可と国庫補助を稟請する。

このように、市内の意見調整に手間取りつつも、神戸においては大阪の場合と同様に、市が主体となって築港を進めていく体制が整いつつあった。ところが、一九〇一年五月に坪野平太郎が神戸市長に就任したことにより、神戸築港問題は行き詰まってしまう。坪野は、社会資本整備よりも教育問題に熱心であり、神戸市技師として築港問題を担当していた吉本亀三郎は同年一〇月に退職することになった[103]。

坪野市長に代わって神戸築港の主導権を握ったのは、兵庫県知事の服部一三であった。服部は、築港問題に対して消極的であった坪野より問題の一任を取り付け、築港事業認可と国庫補助の稟請を取り下げさせる[104]。神戸市の大規模築港案に代えて服部が提示したのは、小規模な波止場築造案であった。服部は、神戸税関長桜井鉄太郎や、神戸市内有力者の団体である貿易実業協会と協議を進め、貨物の急増に対応できるように税関波止場の拡充を目指した。一九〇二年末には、小野浜税関波止場の拡築予算案二九六万円が第一七議会に提出される[105]。これに要する費用は全額国庫より支出され、地元負担は求められなかった。服部は、中央政界における行財政整理問題の展開をみて、二〇〇〇万円を超える大規模な築港案の実現は困難であると考え、また地元負担を必要としない程度の現実的な解決策を提示したのである[106]。

同議会は解散されてしまったために予算案は成立しなかったが、一九〇五年春には、再び税関波止場の拡築を目指して運動が展開される。四月には桜井税関長より上申が出され、また五月には神戸商業会議所より建議が出された。同年末の第二二議会には小野浜税関波止場拡築予算三九六万円が通過し、翌〇六年より大蔵省臨時建築部による五カ年継続事業として着手されることになった[107]。

以上のように、神戸においても行財政整理の影響は避けられず、築港計画の縮小が迫られていた。しかし神戸の場合の問題は、横浜の場合とは事情が異なるだろう。神戸では、大阪築港の影響などもあって早くから市民の積極的関与がみられたにもかかわらず、市長・県知事のいずれもが築港に対して消極的あるいは現実主義的であったために、税関による波止場整備を実現するのみにとどまっていたのである。

したがって、大蔵省がなすべきことは明白であった。坪野に代えて築港に積極的な人物を神戸市長にあて、兵庫県から再び築港の主導権を神戸市へと取り戻すことである。そして、それにふさわしい人物は、水上浩躬をおいて他にはいなかった。一九〇五年八月、神戸商業会議所会頭岸本豊太郎は、大蔵次官阪谷芳郎を訪ね神戸築港問題を推進できる人物の推薦を願い出た。築港に消極的な坪野市長に対しては、神戸市民の不満も高まっていたのである。阪谷より打診を受けた水上は、後見人である井上馨や松方正義らの了解を得たうえで、市長就任を承諾する。(108)

水上の役割は、神戸港に必要とされている規模の築港工事を実現に移すことであった。そのためには波止場拡築にとどまらず、大規模な築港の必要性を示さなければならない。水上は翌〇六年六月に『神戸港ノ現状及改良策』を発表し、香港や上海に対抗しうる国際中継港としての将来像を提示する。それは、大阪港との棲み分けという観点からも必要なビジョンであった。水深が浅い大阪港は比較的小型船舶が多い朝鮮及び北清航路に特化し、水深が深い神戸港はインドやヨーロッパ航路に特化することで、両港の共存は可能だと水上は述べる。(109)したがって水上の設計案は、神戸市会の設計案よりも大型船舶への対応、とりわけ繋船埠頭の拡大に主眼が置かれることになる（図3-5）。

さらに水上は、同年八月に市参事会員（九名）・市会議員（一〇名）・市公民（五名）からなる港湾改良期成委員会（九月に神戸築港委員会に改称）を設置し、同委員会で設計案の検討を始める。九月四日に開かれた第一回委員会では、横浜市の例にならって一部費用の負担を申し出ることで、築港の速やかな実現を政府に求める方針が確認された。委員会の一任を受けた水上は、総工費二二六〇万一六〇〇円のうち四分の一（五〇六万五六五〇円）を神戸市が負担することで、政府に対する交渉を開始する。(110)

神戸において水上が築港実現に向けて奔走するなか、大蔵本省では海港の法人化に向けて動き出していた。前年の横浜築港継続問題に際しては、大蔵省は経営委員会を設置することができなかったが、神戸築港を目前に控えて再び経営委員会の設置を目指すのである。大蔵省は、横浜・神戸両港を法人化する「港制法案」を起草している。(111)

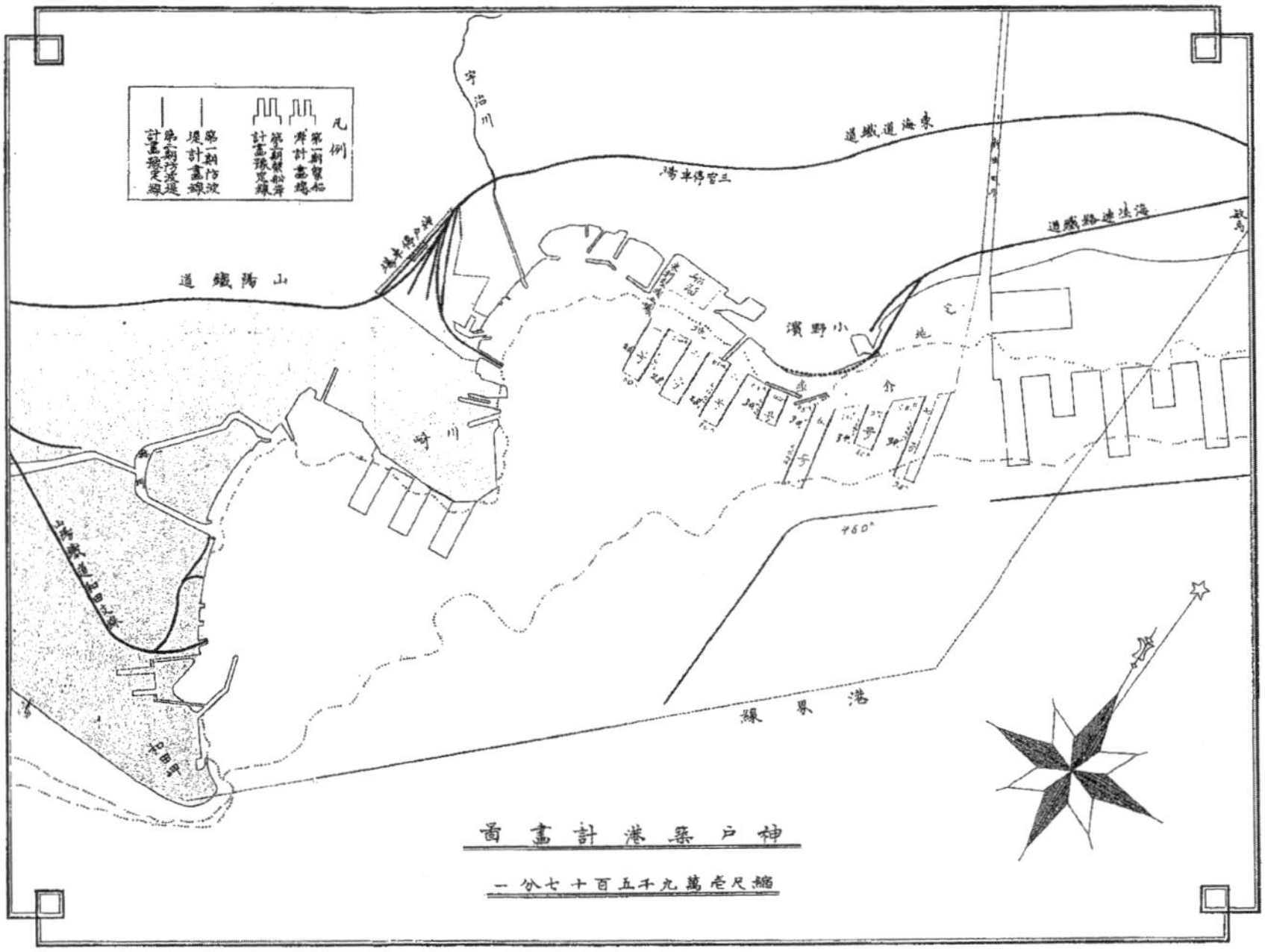

図 3-5　神戸築港／水上案（1906年）

出典）『神戸築港問題沿革誌』附図。

同法案は、これまで大蔵省が検討してきた海港の法人化構想の集大成とも呼べるものであった。同法案では「港」は、大蔵大臣の監督のもと、府県知事・府県事務官・税関長・市長・市助役・市会議長・市会議員（二名）・商業会議所会頭からなる港会によって経営される。収入源としては、港内施設の使用料収入及び、施設建設のために起債することも認められた。これにより、従来大蔵省（税関、臨時建築部）・内務省（府県港務部）・逓信省（海務署、航路標識管理所）によって分掌されていた海港行政を大蔵省のもとに一元化し、独立会計による海港運営を目指したのである。

もっとも、横浜築港問題を経て、内務省も海港行政に本格的に取り組み始めていた。後述するように、神戸築港問題が本格化する一九〇六年四月には内務省土木局は再び港湾調査会（第二次）を設置する準備を進め、港湾の全国調査に乗り出している。[112] 翌五月には第二次港湾調査会の第一回会合を開催し、内務省土木局は海港修築に関する根本方針を樹立しようと試みていた。

そのため、海港の法人化を目指すためには、大蔵省は内務省を出し抜く必要があった。同年九月一六日、阪谷芳郎蔵相は神戸港を視察した折、神戸市内外の有力者らを目前にして神戸築港の詳細な計画とその実施を認める演説を行い、これが各新聞に掲載されたことから、大蔵省による神戸築港が既成事実化された。[113] これに対し、原敬内相は「如何にも監督官庁を出し抜きたる仕打[114]」と憤慨したが、閣僚が公言したものを撤回することは難しく、一二月の閣議では予算が承認された。[115]

しかし阪谷は、神戸築港を機に海港の法人化まで一気呵成に進めることはできなかった。当時大蔵次官であった若槻禮次郎の回想によれば、原内相のもとへ同問題を協議しに行ったところ、原は「神戸から金を出させるなどということが第一気に入ら」ず、「『法律はいらん』の一点張り」だったようである。[116] 最終的には、法律ではなく大蔵省令による資金拠出という形式をとり、経営委員会は設置せずに海港修築のための委員会を置くことで両省の妥協は成立した。その結果、神戸築港の場合も横浜と同様に、大蔵省のもとに臨時神戸港設備委員会が設置され、同委員会のもとで工事が進められることとなった。[117]

内務省の巻き返し——重要港湾ノ撰定及施設ノ方針

神戸築港は大蔵省の手で進められることになったものの、一連の混乱は、内務省土木局の巻き返しの始まりであった。内務省土木局は、一九〇〇年代初頭には全国的な築港方針を定めようとしていたが、第一次港湾調査会が廃止されたことにより一時的に後退せざるを得なかった。しかし、第二次横浜築港及び第一次神戸築港をめぐる混乱は、結果として内務省土木局の海港行政への回帰をもたらしたのである。

また、一九〇六年一月に第一次西園寺内閣が発足し、政友会の領袖であった原敬が内務大臣に就任したことも、土木局の海港行政への回帰を後押しした。前節でみたように、原は逓相時代には逓信省のもとへの海港行政の統一を志向していたが、内相に就任したことで内務省のもとへの統一を目指すようになる。原内相就任直後の一九〇六年四月には港湾の全国調査が開始され、翌〇七年五月には、全国七七一港のなかから出入船舶トン数や輸出入価格などを基準に選別した一一九港の「港湾調査要覧」が、原内相に提出されている[118]。

さらに土木局技師沖野忠雄は「港湾改良ニ関スル意見」を原に提出し、内務省土木局の海港行政構想を提示している[119]。それは、大蔵省の海港法人化構想とは対照的に、あくまで国家による港湾の全国的整備構想であった。沖野は、東京・大阪・横浜・神戸・門司・長崎・新潟・小樽・基隆の九港を第一に着手すべき港湾と位置付け、これら九港に国庫から総額一億円を投入すべきだという。修築工事に要する財源は、公債の発行によってまかなう。海港所在の地方団体は、工費の三分の一から二分の一を負担する。工事は内務省直轄工事を基本とし、地方団体が単独で実施する場合も内務省の監督下で行うこととされている。

沖野は、海港の管理にもっとも適任なのは「港ノ盛衰ニ直接ノ関係ヲ有スル団体即チ港所在ノ市町村ニ若クハナシ」というものの、市町村にすべて委ねたときには、航路・防波堤・港内水深などの直接利益を生まない部分については、工事が実現されない恐れがあるという。そのため、①航路維持、②突堤及び防波堤の維持修繕、③港内水深の維持修繕、灯台及航路表示ブイの維持修繕などは内務省が行い、一方で①繋船岸壁・桟橋・湿船渠、②陸上設備、③修繕用乾船渠、④繋船ブイなどの使用料収入が見込める部分のみ、市町村の経営に委ねる方針を示している[120]。

以上の構想から、内務省土木局の関心はあくまで水利土木の分野にあったといえよう。港内の浚渫及び防波堤の建設など、高度な技術が必要とされる一方で、使用料収入が見込めないために民間では経営が成り立たない分野にこそ、内務省土木局の存在意義がある。大蔵省が防波堤・繋船埠頭の建設から港湾荷役・倉庫などの陸上施設経営まで一体的に行うことが可能であると考えていたのに対して、内務省土木局は防波堤・繋船埠頭の建設は、陸上施設と分離すべきだと考えていたのである。

以上のような海港行政構想をもった内務省は、第二次港湾調査会において各省の了解を得ようと試みた。一九〇七年七月に開かれた第一回目の会合では前述の「港湾調査要覧」が各委員に配布され、そこに記載された一一九港のうち主要港を選定したうえで重点的に整備を進めること、ならびにその原案は土木局が作成することが了承された[121]。大蔵省は、土木局が原案を作成するのではなく特別委員会を設置することを求めたが、陸海軍が土木局に一任することに賛同したために、土木局が原案を作成することになった[122]。

同年一〇月の第二回会合では、内務省が工事を施工する第一種重要港として横浜・神戸・関門海峡・敦賀の四港、地方団体が工事を施工し国庫から相当の補助をだす第二種重要港として大阪・東京・長崎・青森・秋田海岸・新潟・境・鹿児島・伊勢湾・仙台湾の一〇港、併せて一四港を重要港として選定する原案が提出される。これは、沖野自身が「日本ノ沿岸ニ諸方振分ケテ見タノデス、…〔中略〕…ドウモ其位置ヲ撰定シタノハ極ク薄弱デス[123]」と述べているように、主として地域バランスを最優先したものであって、明確な基準のもとに選定したものではなかった。そのため、当該地域で同程度の海港が並立している秋田海岸（土崎・船川）・伊勢湾（四日市・名古屋）・仙台湾（塩釜・野蒜・松島など）については、「ドチラニモ極メズ、其地方ニ一箇所ト云フヤウナ書キ方[124]」をして、後日の検討課題としている（図3-6）。

このように地域バランスを重視して重要港を選定するのであれば、やはり東京と横浜、大阪と神戸の位置付けが問題にならざるを得ない。内務省土木局は、この問題について現状を追認する方向を打ち出した。会合の席上で原は、「横浜ガアル以上東京ノハ国ガ経営スル必要ハナイ、果シテサウデアルカドウカハ分ラヌガ、神戸又然リデ、大坂〔ママ〕ノ築港ヲ国ガヤル必要ハナイ、此案ニ極マレバサウナルノデス、即チ現在ノ通リデス」と述べている。すでに市が築港工事に着手している大阪、及び市が築港を立案中の東京については、市による経営を認めつつ、国から補助する道筋をつけたのである。

しかし地域バランスを重視して重要港を選定する場合、沖野自身が認めるように、その選定基準は曖昧なものにならざるを得ない。そして選定基準が曖昧であれば、たえず拡大圧力が加わることになるだろう。内田嘉吉（逓信省管船局長）は、将来的には東京大阪両港の国営化が望ましいとし、さらに新潟と敦賀の間及び九州東岸に一港ずつ加えることを提案している。また、多羅尾源三郎（大阪商船監査役）[125]は、四国南岸と九州東岸に一港ずつ加えるよう主張した。

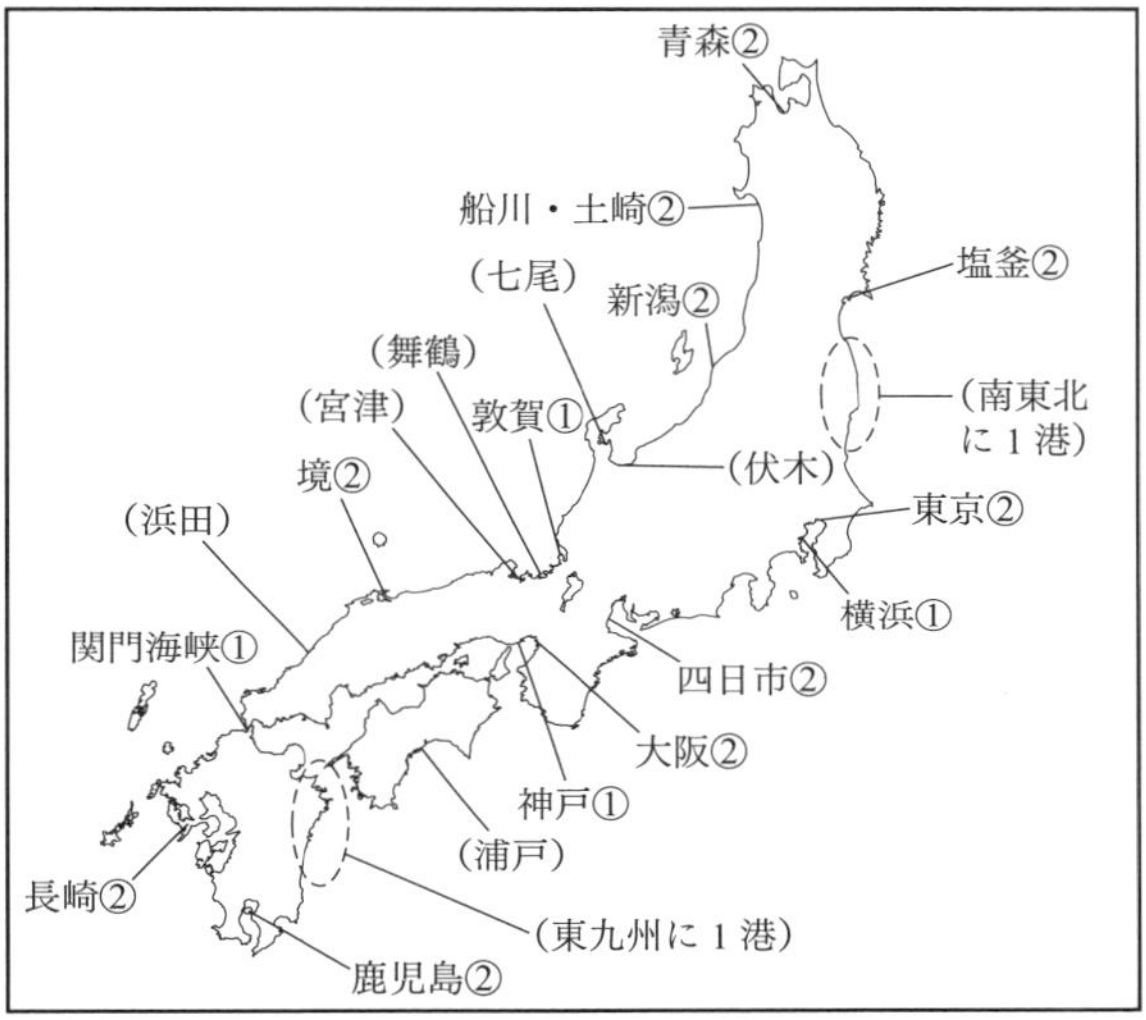

図3-6　重要港配置図

注）丸数字は種別を表し，括弧は候補として挙げられながら指定されなかった海港を指す。

一方で、財政上の理由から、重要港の拡大には慎重な意見も相次いだ。勝田主計（大蔵省理財局長）は一四港でも数が多すぎると批判し、また石本新六（陸軍次官）も各地の海港修築を確実に進めるためには数を増やさない方がいいと主張している。

結局のところ、会合では原案が了承された。それは、原が「何年カノ中ニ幾ツモ出テ来ルカモシレヌ、今日是切リデ是以上何所モ加ヘナイト云フコトモナイ、アトハ段々必要ニ応シテ加ヘタラドウカ」と述べているように、将来の拡大へと含みをもたせたものであった。

以上のような経緯を経て制定された「重要港湾ノ撰定

及施設ノ方針」をもとに、内務省土木局は海港行政に本格的に参入していく。同局による海港行政が如何に展開されたか、については、章を改めて論じることにしたい。

小括

一八九〇年代末から一九〇〇年代初頭にかけて、日本の海港行政を主導したのは大蔵省であった。関税法・保税倉庫法の制定など、条約改正後の枠組みを検討するなかで、大蔵省の海港経営構想は形作られた。それは、イギリスやドイツなどヨーロッパの海港都市を模範としたものであり、府県・市町村から独立した公法人（委員会）による海港経営構想であった。

関税行政の観点から海港経営を構想する大蔵省の特徴は、防波堤建設や浚渫などの水面の整備よりも、倉庫や上屋及び埋立地造成などの陸上施設の整備を重視していた点にある。船舶の入港料に加えて、倉庫・上屋等の陸上施設使用料から得られる収入を財源として海港修築を進めようと、大蔵省は考えていたのである。そしてそれは、海港行政の統一を目指したものでもあった。

これに対して内務省土木局は防波堤や浚渫などの水利土木を重視しており、それゆえ海港を「経営」するという発想には至らなかった。河川改修や道路建設と同様に、重要度に応じて等級をつけ、国庫補助を配分する制度の確立を目指していくのである。しかし内務省土木局にとって優先度が高いのは、やはり河川行政であり、海港行政に関しては暫定的な法整備しかなされなかった。

その結果、この時期に実現した築港事業には、恣意的な国庫補助がなされることになる。大阪・若松・長崎には国庫補助が実現したものの、名古屋その他の築港事業には国庫補助は実現しなかった。そして恣意的な国庫補助が可能であれば、そこに政党政治家が目をつけるのは避けられないことであろう。星亨・原敬など、この時期に閣僚ポストを手にした政党政治家は、各地から出される海港修築・航路誘致要求を党勢拡張へと結びつけようと試みるのである。

彼らが「陪食大臣」である逓信大臣の座についたことは、逓信省の積極化をもたらすことになった。逓信省は海港行政への意欲をもってはいたものの、後発官庁であるために大蔵・内務両省を相手に主導権を握ることは困難であった。しかし逓信省は、海運・鉄道・電信など社会インフラ事業を監督する一大官庁であり、強力な政党政治家を大臣に戴いたときには強引に海港行政の統一に向けて動き出すことが可能であった。しかし逓信省にとっても海港問題は最優先課題ではなく、行財政整理のために予算削減が求められると港務局をあっさりと手放してしまう。さらに鉄道院の分離により、海陸交通の結節点という強みを失うと、海港行政に対する影響力をさらに減退させていくのである。

かくして一九〇〇年代初頭には、大蔵省が海港行政の一元化に向けて動き出した。しかし、逓信省の事例が示すように、この時期には政党の影響力は無視できないものとなっていた。第一次西園寺内閣において原敬が内相に就いたことによって、大蔵省は海港経営構想を断念することになった。以後、内務省が本格的に海港行政に乗り出していくことになる。

第4章　緊縮財政下の海港修築

――地方実業家の取り組み

　一九〇七年に制定された「重要港湾ノ撰定及施設ノ方針」は、政府が直接工事を施工する第一種重要港が横浜・神戸・敦賀・関門海峡の四港に限定されたことから、少数の外国貿易港にのみ修築の対象を絞った「大港集中主義」をとったものである、との評価が定着している。(1)

　しかし、前章でみたように、一八九〇年代には香港・大連・膠州湾など列強の自由港への対抗を念頭に置いた海港論が展開されており、大阪築港に対して国庫補助を与えたことにすら批判が寄せられていた。(2) 大港集中主義者からみれば、第一種・第二種合わせて一四港に国庫補助の道が開かれた同方針は、むしろ批判の対象となったであろう。実際、港湾調査会では会長を務める原敬が「アトハ段々必要ニ応シテ加ヘタラドウカ」と述べており、「重要港湾ノ撰定及施設ノ方針」は将来的には拡大する意図をもったものであった。

　各地のローカル・インタレストを実現させなければならない政党にとって、特定の海港の修築のみを優先することは難しい。一方で、近代海港の特質は交通のターミナル機能を有する点にある。「政党による海港修築」を矛盾なく実現するためには、大港集中主義という原則のもとに実質的に地方港修築を進めるしかなく、「重要港湾ノ撰定及施設ノ方針」はそれを実現しようと試みるものだったといえよう。そのために、原は政友会の鉄道政策（建主改従論）に海港政策を従属させようと試みた。(3) 一九一〇年二月、広軌改築案を支持する桂首相に対して、原は「日本の鉄道は欧米に於けるが如く長距離の間に貨物を運搬するの必要なし、故に鉄道に伴ふて要所々々の港湾を修築せば各勢力範囲に於ける貨物を集散し得るものなるに因り、俄に広軌に改良するの必要なし[4]」と述べ、狭軌鉄道と地方港整備を組み合わせた交通網構想を披瀝している。そして原のいう「要所々々の港湾」とは、港湾調査会で確定した第二種重要港のことであった。

ところが実際には、一九〇〇年代末から一〇年代半ばにかけて、第二種重要港の修築は容易に進まなかった。日清戦後にもまして行財政整理の必要に迫られていた同時期において、政友会は財政政策の主導権を握ることはできず、また政府に対する要求内容も基本的には鉄道敷設問題に集中された。それゆえ国庫補助が確約されていたはずの第二種重要港においても、その実現は容易ではなかったのである。したがって、原は第二種重要港への国庫補助に対する予算措置は熱心に要望するものの[5]、重要港ではない海港に対しては当面は調査のみを実施することで期待をつなぎとめることができたに過ぎない[6]。海港修築をめぐるローカル・インタレストの成立は、内務省が主導権を握った一九一〇年代においても、依然として困難な状況が続いていたのである。そして、財政的な制約があった内務省に代わって、地方港修築の担い手となったのは地方実業家であった。

本章では、財政的な制約があった一九〇〇年代末から一〇年代半ばにかけて、地方港分散が進展していく過程を、その推進主体であった内務省土木局・地域社会・私企業の観点から考察することとする。第一節では、内務省土木局による海港修築に向けた取り組みを概観する。第二節では、行財政整理が進展するなかで、大阪築港が縮小されつつも継続されていく過程を考察する。第三節では、国・市による海港修築が行き詰まりをみせるなかで、私企業による海港修築が進展していく過程を、門司・若松両港を対象に検討する。

一　内務省による海港修築

海港整備の担い手としての府県――第一次舞鶴築港

一九〇七年に築港の基本方針を確立した内務省土木局は、さっそく全国的な築港に取り組むことになる。内務省土木局によって着手されたのは第一種重要港である。

一九〇九年には、第一次敦賀築港工事が着手された。同工事は、日露戦後に開設されたウラジオストクとの定期直通航路に対応するために実施されたものである。ロシア東亜汽船が同航路に投入した三〇〇〇トン級汽船が安全に碇泊するためには、防波堤を延長し、港内の水深を二四尺（およそ七・三メートル）に浚渫する必要があった（巻末付表3）。これに加えて、三〇〇〇トン級汽船二隻が同時に接岸できる桟橋、及び埋立地が造成された。総工費は八〇万円で、全額国庫負担により実施された(7)。

さらに一九一〇年からは、関門海峡の改良工事が着手された。内外交通の要衝である関門海峡は最狭部でおよそ六〇〇メートルしか幅がないうえに浅瀬や岩礁なども多く、また潮流が早いために、事故が多発していた。一九〇七年には『門司新報』上で浚渫の必要性が論じられるなど、通航船舶の安全を確保し、また門司・下関両港の海港機能を拡充するためにも、海峡の整備が求められていたのである(8)。一九〇七年一〇月の港湾調査会では、関門海峡の水深を将来的には四〇尺（およそ一二・一メートル）にまで浚渫する計画を立て、当面は三三尺（一〇メートル）に浚渫して航路を整備することについて合意がなされた(9)。工費総額一二〇〇万円で、やはり全額国庫負担により実施された(10)。

以上のように、内務省土木局は第一種重要港の整備に着手したが、それとは対照的に第二種重要港の整備は進まなかった。第二種重要港一〇港のうち、一九一〇年代に新規築港が着手されたのは、四日市・船川・塩釜・新潟・青森の五港に過ぎない（巻末付表1）。第二種重要港整備の主体は、あくまで府県であって、それぞれの地域で築港に向けた準備状況に違いがあったからである。

しかしそれは、裏を返せば港湾調査会による指定の有無にかかわらず、府県内における準備が整えば、地方港修築が進められるということでもある。「重要港ノ撰定及施設ノ方針」は府県による独自の海港修築を制約するものではなかったため、一九〇〇年代末から一〇年代にかけては、舞鶴・名古屋・大分・七尾など第二種重要港以外の海港も修築されている（巻末付表1）。

とりわけ敦賀港が第一種重要港に指定されたことは、府営による舞鶴築港を後押しすることになった。第2章で見たとおり、舞鶴では早くから貿易港化への要求があったが、一八八九年に海軍鎮守府の設置が決定したことにより、国防上の理由から貿易港化が見送られていた。しかし、日露戦争の勝利を受けて、舞鶴の地域有志には国防上の重要性が低下したものとみなされ、京都府及び舞鶴町による貿易港化要求が再度活発化することになる。(11)

舞鶴の貿易港化運動には、大蔵省と水路部の後押しもあった。一九〇六年四月には、大蔵省は陸軍省に対して舞鶴の貿易港化について打診している。だが陸軍は、舞鶴港を「北海岸ニ於ケル唯一ノ軍港所在地」であるとして開港を拒否した。(12) 同じ理由から、港湾調査会においても舞鶴の重要港指定は見送られていた。「重要港ノ撰定及施設ノ方針」策定の際には、坂本一（水路部長）は「目下ノトコロ敦賀港ト西舞鶴ト較ベルト出入ハ総テ敦賀港ガ無論多ウゴザイマセウガ、港トシテハ敦賀港ト舞鶴港トハ違ハウ〔ママ〕、…〔中略〕…後来朝鮮方面ニ向ツテ愈々発展セントスルモノハ寧ロ敦賀ヨリハ舞鶴ノ方カト思ヒマスガ、又港ヲ設計スル上ニ於テモ敦賀港ニ多クノ経費ヲ投スルヨリモ舞鶴港ニ少ナイ経費ヲ投ジテシタ方ガ完全ナル港ニナリハセヌカ」と、対朝鮮貿易の発展可能性及び地形上の理由により、舞鶴港を推していた。しかし、石本新六（陸軍次官）が、「国防上ノ関係カラ慥カ海軍大臣陸軍大臣ノ意見デ彼所ヲ開港場ニスルノハ見合セテ貰ヒタイ」と反対し、また内田嘉吉（逓信省管船局長）も、「鉄道ノ便カラ云フト敦賀ヲ択ンデ之ニ手ヲ加ヘル方ガ宜シイ」と、石本に賛同した。その結果、舞鶴港の重要港指定は見送られ、敦賀港が第一種重要港に指定されることになったのである(13)。

敦賀が第一種重要港に指定されたことにより、大蔵省も舞鶴の開港には消極的となる。一九〇九年に再度舞鶴開港を求める建議が衆議院に提出された際には、大蔵省・海軍ともに敦賀港重視の姿勢を鮮明にした。こうした経緯もあって、京都府及び舞鶴町の有志らには、敦賀との競合関係がより強く意識されることとなる(14)。

以上のような敦賀港への対抗意識を背景として、一九〇八年より第一次舞鶴築港工事が着手された。同計画は、鉄道停車場地先を埋め立て三〇〇〇トン級汽船三隻が同時に繋船できるよう桟橋等を整備する計画であり(15)、明らかに敦賀築港を意識したものであった。府会に提案した大森鐘一府知事も、築港によって舞鶴が敦賀にとって代わることが出来ると述べており、敦賀港への対抗意識を強調することで府会の合意を取り付けようとしている(16)。第2章でもみたように、海港修築に府県が乗り出すためには、府県内部の合意を形成する必要がある。大森は、敦賀との対抗意識をあおることで、築港が舞鶴町のみならず京都府全域にとってのインタレストであることを訴えるのである。こうした努力の甲斐あって京都府会では、五カ年事業・総工費二五万九五七四円余の築港案が了承された。

第二種重要港の整備——第一次四日市築港

第二種重要港のうちでもっとも早く築港に着手できたのは、すでに工事施工中の大阪港を除けば、四日市港であった。四日市港は、明治初年に稲葉三右衛門による改築が行われて以来、三重県や四日市町からの補助を受けつつも、地元有志による整備（埋立・浚渫）が進められていた。しかし、日露戦後になると、船舶の大型化・鉄道輸送網の整備という状況の変化を受けて、四日市市営海港整備計画が策定されるようになる。一九〇六年から一〇年にかけては、海面埋立と浚渫及び海港周辺の道路・河川を整備する「四大事業」が実施された。「四大事業」には、四日市市の特別会計費のおよそ九九パーセントにあたる一九万七八九四円が投じられたが、繋船岸壁や防波堤などを築造することはできず、本格的な築港工事というには程遠いものであった[17]。それゆえ、内務省による「重要港湾ノ撰定及施設ノ方針」の策定は、四日市の有志の期待を高めることになる。

もっとも、一九〇七年一〇月の時点では、港湾調査会は伊勢湾内のどの海港を第二種重要港とするのか決めてはいなかった。伊勢湾内には、四日市港の他にも名古屋（熱田）港という有力港があったからである。内務省土木局の調査では、一九〇六年度の輸出入価格は、四日市港が三二八三万四〇七円、名古屋（熱田）港が三三八九万五一四八円と拮抗している。

ただし、海港の整備状況という点では、名古屋港が一歩先んじていた。名古屋港では、すでに一八九六年より総工費およそ一八九万円にも及ぶ本格的な築港工事が愛知県によって着手されており、港内の最大水深はおよそ六・一メートルにまで拡大していた。さらに一九〇三年からは陸上施設整備をその主な内容とする追加工事にも着手しており、総面積六六〇〇平方メートルの倉庫・上屋、鉄製桟橋、起重機なども整備されている[18]。以上のような施設整備もあって、一九〇七年一一月には名古屋港は開港に指定されている。

名古屋築港も決して順調に進んだわけではない。一八九八年の愛知県会では築港中止建議が出されるなど、とくに木曽川改修を優先課題と考える郡部からの築港反対論は根強く残っていた[19]。そのため築港推進派は、日露戦時に輸送船として利用された三〇〇〇トン級汽船「ろせった丸」が報知新聞主催で全国を巡遊していた機会を利用して同船を寄港させるなど、築港の成果を広くアピールしなければならなかった[20]。

「ろせった丸」の入港は、名古屋市民のみならず、四日市市民にも大きなインパクトを与えたことであろう。一九〇七年二月、伊東伝七・九鬼紋七などを中心として四日市市民有志による港湾改良会が結成され、築港に向けた世論啓発に努めた。その結果、一九〇八年一二月の三重県会では「四日市港修築に関する建議」及び「四日市港修築に関し国庫補助を仰ぐの意見書」を議決し、それぞれ三重県知事と内務大臣に提出するなど、築港に向けた動きが本格化することになった[21]。

三重県では県事務官及び技師九名による四日市港修築調査委員会を組織し、築港設計案を作成した。設計案の大要は、港内の最大水深を二八尺（およそ八・四メートル）とし、長さ二九五間（およそ五三六メートル）及び六四三間（およそ一一六九メートル）の二本の防波堤によって港内を囲い込むものである[22]。総工費は一〇三万四五八六円であった。県当局は一九一〇年度から四カ年事業として、一九〇九年一二月の三重県会に予算案を提出した。だが、同計画は総工費のほとんどを県費より支弁する計画であったため、県会では否決されてしまう。そのため、県当局は総工費のおよそ半分にあたる五一万三五五円を埋立地の売却益でまかなうことで県費負担を圧縮した予算案を作成し、翌一〇年一月の臨時県会に再度提出、可決された[23]。

同年五月三日、第二次港湾調査会では伊勢湾内の第二種重要港を、四日市に決定した。そのもっとも大きな理由は、地形上の問題であった。「伊勢湾調査ニ関スル特別委員会」の報告書によれば、名古屋港は遠浅であるために浚渫するには「巨額ノ工費ヲ要シ、且ツ其維持ニ多クノ費用ヲ投ゼザルベカラザルノ不利」があり、「大規模ノ拡張ヲ為スハ得策ニ非ズ」と評価された。一方で、四日市は鉄道連絡の点については名古屋に劣るものの、すでに上屋や倉庫などの陸上設備が整っており、また「素ト大吃水ノ船舶ニ適スル水深ヲ有スルヲ以テ従来名古屋ノ前港タリシ本分ヲ完フシ本邦中央区域ノ発展ヲ助長スルニ最モ効果アル」と評価されている[24]。

内務省の立場からみれば、伊勢湾内の第二種重要港は、このタイミングで決定される必要があった。すでに愛知県でも第二次名古屋築港に向けた準備を進めており、一九〇九年七月には中山秀三郎（東京帝国大学教授）に設計調査を委嘱していた。同年一一月に答申された中山の設計案は、五〇〇〇トン級船舶に対応するために港内の最大水深を七・六メートルとし、その浚渫土を利用して埋立を行うものである。総工費は三二〇万一〇〇〇円と見積もられ、同予算案は翌一〇年九月の愛知県会市部会に提出されることになっていた[25]。国庫補助が得られるか否かは築港計画の規模と直結する問題であり、愛知県会で予算案が確定する前に第二種重要港を決定したことは、内務省による最大限の配慮だったであろう。

実際に、港湾調査会によって四日市築港計画は大幅に拡大されることとなる。一九一〇年五月七日には、港湾調査会特別委員会は四日市築港計画の審査を終えたが、「本案ノ設計ノ如キハ僅カニ当港目下ノ急須ニ対スル施設ノ一端ト認ムルノ外ナク、素ヨリ之ヲ以テ満足スベキモノニアラズ」と評し、将来的な築港拡大の障害とならないよう、防波堤築造計画を却下し、その代わりに航路及び艀溜の増浚を指示した（図4-1、図4-2）[26]。

当初計画にもとづく築港工事は一九一〇年七月に起工したが、さらに翌一一年一〇月には港湾調査会で拡大設計案が決定される。これは輸出入高の増大に合わせて港内の浚渫面積を従来計画の一〇万四二四四坪から二五万四〇〇〇坪へと拡大し、さらにおよそ一二万四〇〇〇坪の埋立地を造成する設計案である。この設計拡大により、総工費は三四八万五〇〇〇円となり、およそ二四五万円の追加工費が必要となった[27]。

設計拡大の背景には当然国庫補助の確約があり、新たに三重県の負担としては一二万二〇一九円増加することとなるものの、三重県に設計の拡大を拒絶するという選択肢はなかった。同年一一月に開会された三重県会では、県当局から「四日市港は政府に於かれても我国の重要なる輸出入港と見られ、此修築を今少しく拡張致さば国家は相当の補助を与ふることになつて居りまして、従つて政府の必要と認むる程度まで拡張致し、約三分の二の補助を政府に請求致す考へであります」[28]と、工費の三分の二の補助を前提として築港の拡張案が提出される。県会では、新たな負担分を県有財産の処分などによって捻出することを条件として、満場一致でこれを可決した[29]。

ところが、同年八月に成立した第二次西園寺内閣は緊縮財政方針を採らざるを得ず、第二八議会に提出された一

図 4-1　四日市築港／港湾調査会提出案（1910 年 5 月）
出典）『港湾調査会議事録抜粋』附図上巻，26 頁。

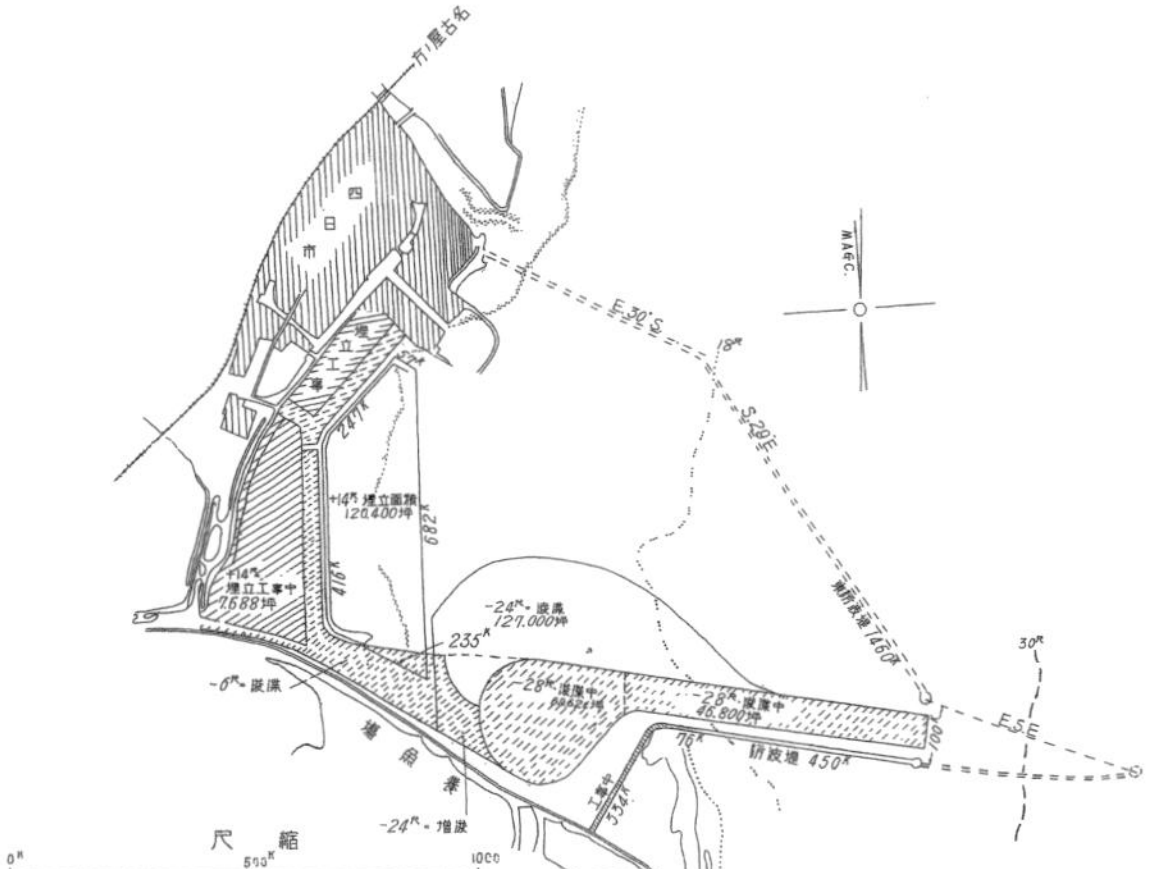

図 4-2　四日市築港／港湾調査会拡大案（1911 年 10 月）
出典）『港湾調査会議事録抜粋』附図上巻，48 頁。

九一二年度予算には、国庫補助は盛り込まれなかった。そのため、四日市築港の拡大設計案も実施には至らなかった。拡大設計案が再度検討されるのは、一九一三年二月に成立した山本権兵衛内閣のもとである。第三一議会では、一九一四年度から八年間にわたって合計一七六万二〇〇〇円を下付する四日市築港国庫補助案が提出され、同案は貴衆両院を通過した。しかしその直後にシーメンス事件により山本内閣が倒れたため実施には至らず、つづく第二次大隈内閣では年度割に違いはあるものの、同じく一七六万二〇〇〇円の国庫補助が認められることになった。(30)

かくして拡大設計案が確定したが、当初工費総額の三分の二（およそ二〇〇万円）の国庫補助が予定されていたにもかかわらず、実現したのはおよそ二分の一に過ぎなかった。それゆえ、三重県会では差額の八四万三五五三円の捻出方法が問題となる。県当局は当初このうち四日市市よりの寄付金七万円、及び県罹災救助基金より六二万三四〇〇円を調達し、残額のおよそ一五万円を県税負担としようとしたが、県会での反発にあったため、県有財産の処分及び県費の整理によって捻出して県税負担としない条件のもとに県会では予算案が可決された。(31)

以上のように、第二種重要港の修築の主体はあくまで府県であり、内務省土木局は府県内部での合意が形成されるのをまって、その具体化に乗り出していた。そして、府県内部での合意形成を後押ししたのは、やはり隣接港との競合意識であった。しかし元来壮大な計画を好む内務省土木局は、際限のない船舶の大型化が進んでいることもあって、築港の規模を拡大させる傾向にあった。一方で、一九〇〇年代末から一〇年代初めにかけては政府の緊縮財政方針もあって、国庫補助額は拡大しなかった。それゆえ、この時期には海港修築の件数は、それほど伸びなかったのである。

河川改修工事の一環としての築港――第一次伏木築港・第一次新潟築港

以上のような府県による海港修築とならんで、内務省土木局によるもうひとつの海港修築の方法は、河川改修工事の一環として着手することであった。これまでみてきたように、内務省土木局にとっての主な事業は、河川改修であった。一八九〇年代以降、河川関係投資額は総インフラ投資額のおよそ二割を占めているのに対して、海港関係投資額は二パーセント程度に過ぎない。[32]このような河川重視の姿勢は人員の割合にも表れており、一九一八年に内務省新潟土木出張所に赴任した大島太郎の回想によれば、同所では河川技術者が一〇名ほどであったのに対して、海港技術者は大島だけであったという。[33]もっとも河川土木技術と海港土木技術とのあいだに、どれほど明瞭な線引きがあったかは不明であり、大島自身も小矢部川改修事業に関与している。日本の海港の多くが河口に位置している以上、河川改修工事と同時に海港修築に着手されることになるのは必然であった。

内務省土木局による河川改修が本格化するのは、一八九六年に河川法が制定されて以後のことである。河川法の制定は、内務省土木局にとって二つの意味があった。第一は河川改修事業の実施主体及び費用負担の方法が決定されたことであり、第二は河川政策の基本方針を利水を目的とした低水工事から治水を目的とした高水工事へと転換したことである。[34]第1章でもみたように、一八九〇年代初めまで内務省土木局は河川舟運を国内輸送網の中核として整備しようと試みていたが、かかる方針は河川法の制定により改められることになったのである。それゆえ大河川の河口部は、水深維持を目的とするのではなく、氾濫を防止するために分水工事や新川開削などが実施されるようになる。

しかし、以上のような方針転換によって、河川改修と海港修築とが完全に分離されることになったわけではない。既存海港の多くは河口に位置しており、河川法制定後も河川改修事業の一部として海港修築が行われることは少なくなかった。その代表的な事例は、庄川改修工事の付帯事業として実施された第一次伏木築港工事である。

一九〇〇年度から着手された庄川改修工事は、河口部に新川を開削して河川の氾濫に備えるものであったが、新川開削により本川の水量が減少すると河口（伏木港）部への船舶の入港が困難となるため、その弊害を最小限にす

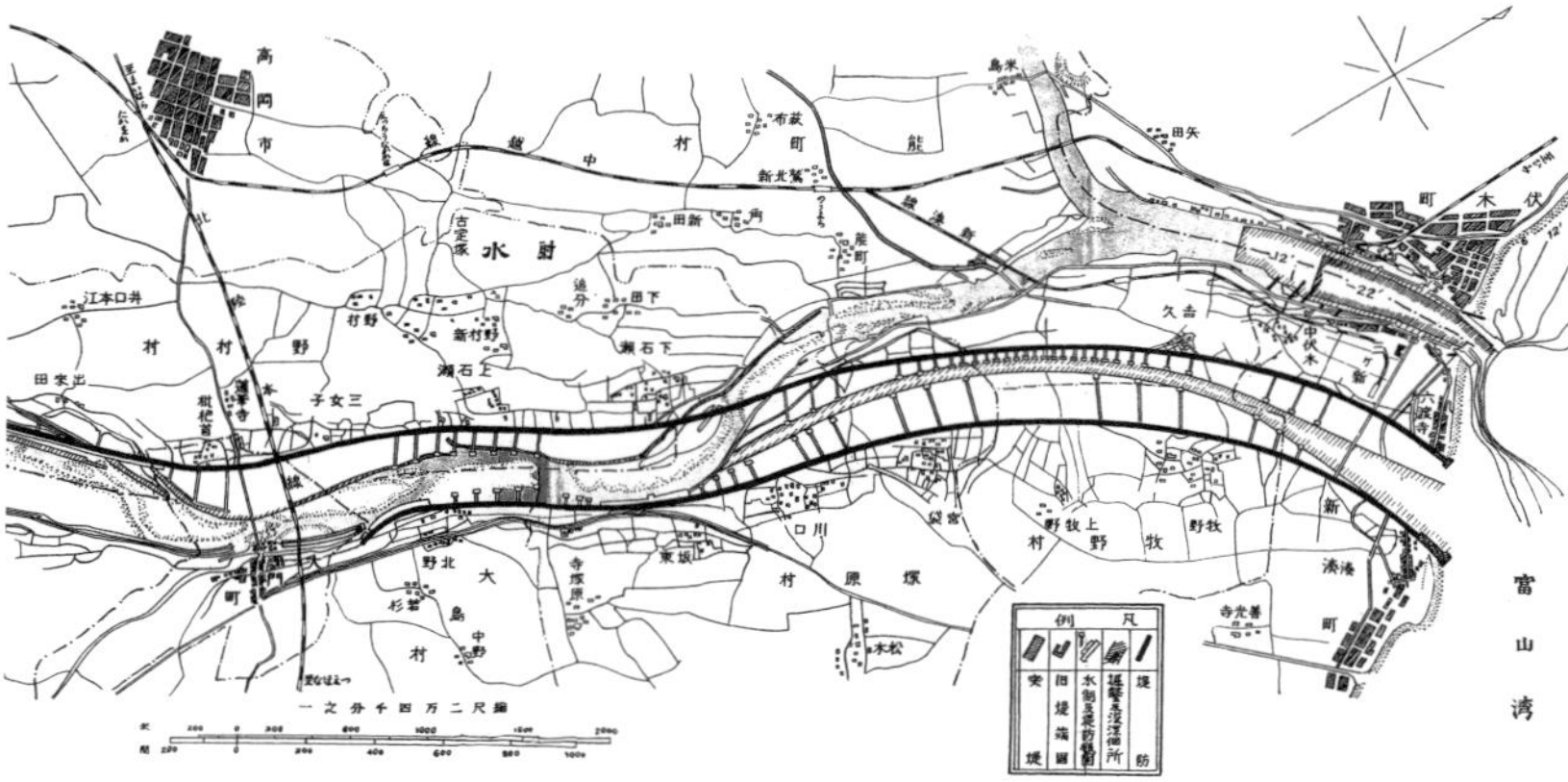

図 4-3　庄川改修工事竣工図

出典）『内務省新潟土木出張所沿革ト其ノ事業』附図。

るために河口部への突堤建設と、河口部の水深を最大で二二尺（およそ六・六メートル）にまで浚渫することも、併せて計画された。[35] 工事は内務省土木局によって実施され、総工費は二九二万二四三二円、このうち富山県の負担分はおよそ三割にあたる約八四万九六五四円であった。[36]

同工事は一九〇九年度に竣工する予定であったが、すでに一九〇八年頃より伏木商工会・高岡商業会議所を中心として河口部の浚渫区域の拡大を求める意見書が出されており、[37] これに応えるかたちで工期を三カ年延長し、伏木港の護岸・浚渫を主な内容とする付帯工事を実施することになった（図4-3）。

庄川改修工事は、一九〇九年度末の時点で三三万八〇〇〇円の残額が生じており、これに富山県費七万円を追加し、総額四〇万八〇〇〇円で付帯工事が着手されることになった。その内容は、庄川の両岸に最大で三〇〇〇トン級船舶が接岸できるように護岸工事を行い、また鉄製桟橋を設置するものであった。工事内容からも付帯工事が築港工事であることは明らかであったが、港湾調査会の審議にかけられることもなく、あくまで庄川改修工事の一部として実施された。[38] このように、伏木港は第二種重要港には指定されなかったが、河川改修工事の一環としての工事であったため、実質的には築港工事に国庫補助が下付されることになったのである。

同様に、河川改修工事の一環として築港工事がなされた海港としては、新潟港が挙げられる。新潟港は旧条約下の五開港のひとつであり、しかも河川舟運と沿岸海運との結節点でもあったことから、明治初年から築港計画が立案されていたが、信濃川改修の方針が定まらなかったことから本格的な着手は遅れていた。河川法制定後の一八九六年にようやく河口修築（流末）工事が着手されることになる。

信濃川流末工事は、河口部に突堤を設けることで土砂による埋没を防ぎ、また浚渫によって河口部（新潟港）の水深を最大一五尺（およそ四・五メートル）とするものであった[39]。同工事は一九〇三年に竣工したが、その後突堤が度々損壊し、また信濃川上流から土砂が流れ込み水深の維持が困難であったため、一九〇七年度から新たに河口改修工事が着手されることとなった。同工事は、他の海港と同じく三〇〇〇トン級船舶への対応を目的としており、港内の最大水深を二五尺（およそ七・五メートル）とするために突堤建設及び浚渫工事が実施された（図４-４）[40]。

内務省土木局によって水面部分の整備が進められると、新潟市の側でもこれに応じて陸上施設を整備しようとする動きが本格化する。一九一三年一一月、新潟市は港湾調査会を設置して築港に向けた調査を開始した。もっとも新潟市に築港を設計できるような技術者がいるわけではなく、内務省土木局技師で信濃川改修工事にあたっていた安芸杏一に設計を依頼している[41]。

それゆえ、翌一四年に完成した新潟築港設計案は、信濃川改修工事と一体化したものとなる。総工費は一二一万円であり、その概要は以下の通りである。①内務省において施工中の河口浚渫区域に接続して、信濃川右岸に年間七〇万トンの貨物を処理することが可能な繋船埠頭を設置する。②繋船岸壁の最大水深は二五尺（およそ七・五メートル）とし、四〇〇〇トン級船舶を接岸可能とする。③七万二〇〇〇坪の埋立地を造成し、上屋を三棟建設する。また、繋船埠頭には鉄道を敷設して沼垂駅へと接続する。

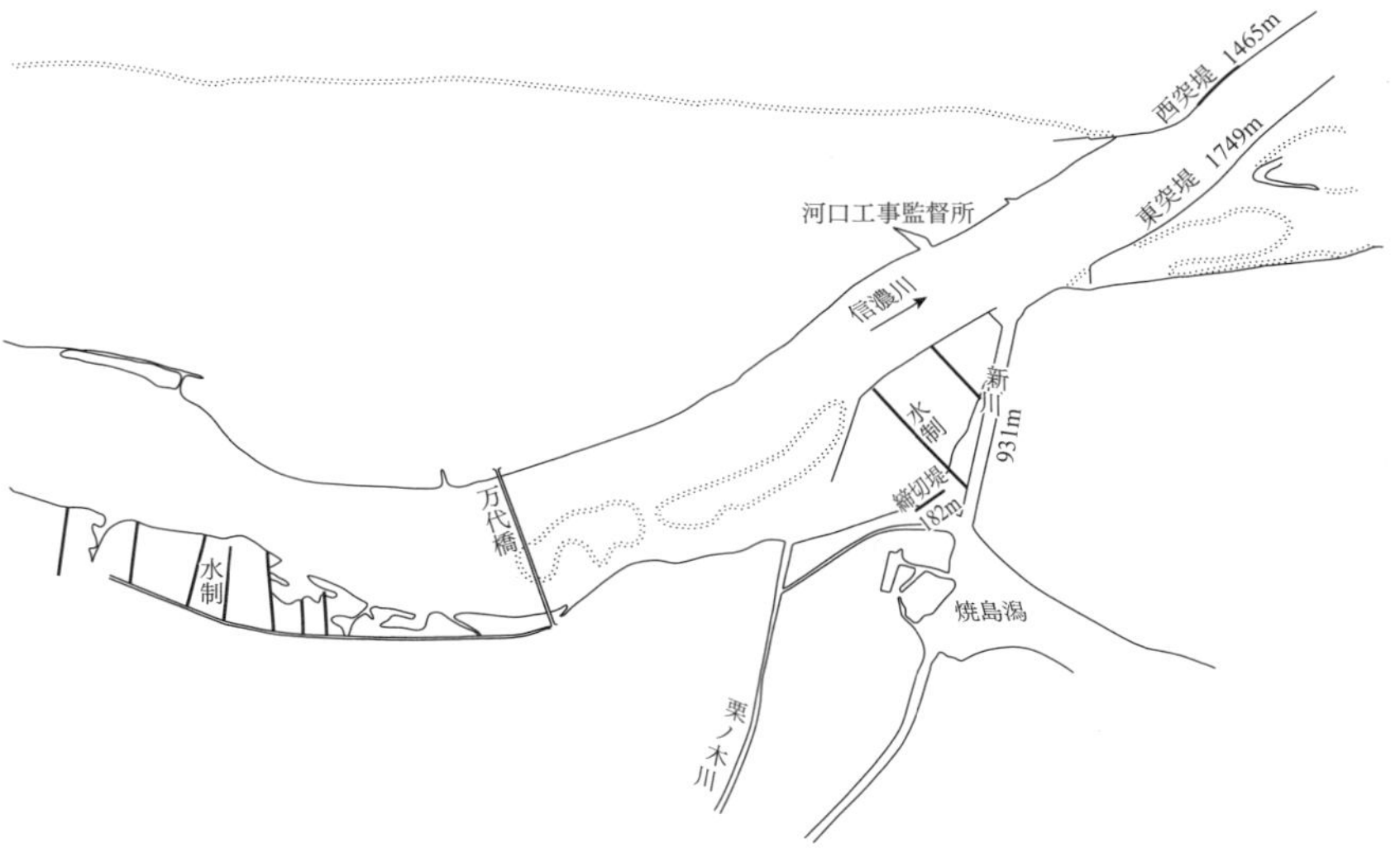

図 4-4　信濃川流末工事（1896～1903 年）

出典）『新潟港修築史』68 頁。

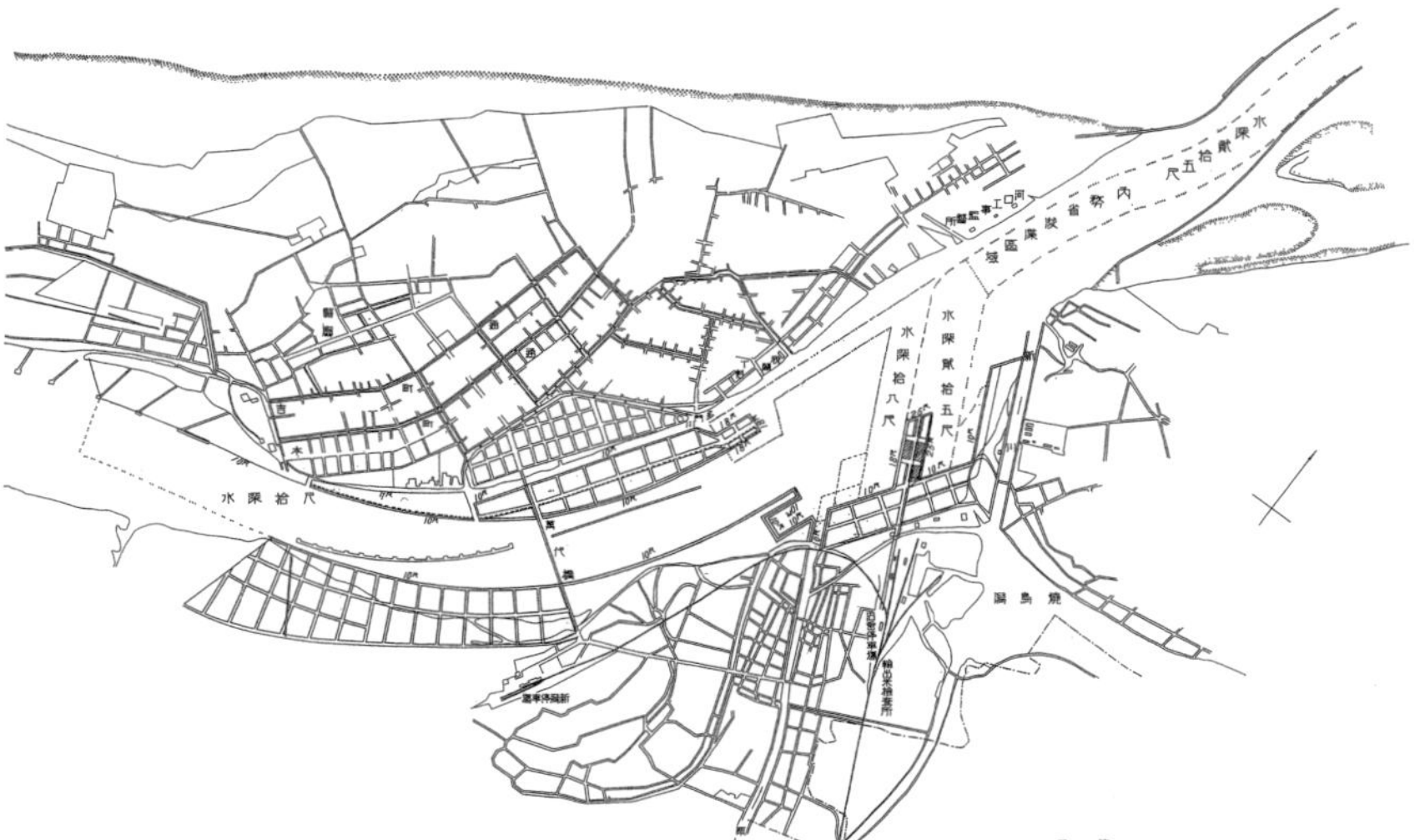

図 4-5　新潟築港／港湾調査会設計案（1914 年）

出典）『港湾調査会議事録抜粋』附図上巻，83 頁。

新潟市はこの安芸設計案を踏襲して設計案を確定し、一四年一一月には内務省港湾調査会にて設計の認可を受けた（図4-5）。[42] 新潟港は第二種重要港に指定されていたため、国庫補助が下りるのは確実とみられており、新潟市は総工費のうち三分の一を国庫補助、三分の一を県費補助、残る三分の一を市費負担（市債発行）によってまかなう計画を立てていたが、一九一四年末に議会が解散されたために国庫補助が得られず、当面は県補助金と市債・市税によって支弁することとなった。[43] 国庫補助は翌年度より認められ、一九一五年に改定された予算では、総工費一三七万三〇〇〇円のうちおよそ三分の一にあたる四〇万三〇〇〇円が国庫補助額として認められた。[44] 以上のように、第一次新潟築港は内務省新潟土木出張所において全体設計を行い、河口部の浚渫事業は内務省直轄で実施され、繋船施設及び陸上施設は新潟市において着手されることとなった。水面は内務省直轄・陸上施設は地方による経営という分担であり、これは前章でみた内務省土木局の海港経営構想のモデル・ケースであったといえよう。

このように内務省土木局は河川改修事業の一環としても海港修築に乗り出していたが、しかし問題はやはり財源を確保することが困難な点にあった。内務省の河川行政は、一九一〇年夏に起きた全国的な水害を受けて根本的な修正が図られており、同年一〇月に設置された臨時治水調査会により全国的な河川改修計画（第一次治水計画）が立案された。[45] しかし、第一次治水計画は、早くも一九一三年度からは縮減されることとなった。同計画は大蔵省預金部資金を財源としており一般会計からは切り離されていたが、同資金の増加率が鈍化したこともあり、一三年度以降は事業が繰り延べられ、当初計画の七割程度しか予算は計上されなかったのである。[46]

海港行政一元化の試み

財源問題に加えて、内務省土木局にとって問題であったのは、一九一〇年代には土木行政が多様化・拡大しつつあった点である。一九一四年四月に土木局長に就任した小橋一太[47]は、「土木ニ関スル意見」と題した意見書を残しているが、同意見書には内務省土木局が当面解決しなければならない問題として、①河川改修事業の円滑な実施、②海港行政の統一、③道路法の制定、④地方土木行政の刷新、⑤上下水道の補助、の五点が挙げられている。[48]

一九一〇年の大水害は、治水のためには堤防建設のみでは不充分であり、砂防事業など治山事務の統一も必要であるとの教訓を内務省土木局に与えた。また、鉄道を中心とする全国的な交通網の形成や自動車の登場は、道路整備の必要性を再認識させるに至った。それゆえ必要であれば、農商務省に属する治山事務や鉄道院との共管となっている軌道事務などは内務省土木局に一元化する必要がある、と小橋は述べる。

また小橋は、土木技師の身分についても言及している。土木技師の多くは名義上は国の官吏であるが、その実態は地方団体に属しているために、「府県会議員ノ制肘ヲ受ケ…〔中略〕…小地域ノ利害ヲ先ニスルコト」がある。それゆえ、土木技師を「純然タル国費官吏」とし、任免権を内務本省に属させることが喫緊の課題となる。

このように、土木行政の多様化にあわせて、小橋は内務省土木局の権限強化に乗り出しつつあったが、それは当然海港行政にも及んだ。同意見書のなかで小橋は、「港湾改良工事ハ国、地方庁及公共団体等ニ依リテ経営セラル、モ、経営ノ主体、工事ノ施行庁、費用負担者等ニ関スル根本法規ナキカ為頗錯雑ヲ極ムルノミナラス統一ヲ欠」いていることを問題視している。そして、その解決のためには、「港湾法ノ制定」及び「開港々則、港湾ノ管理維持、船渠桟橋陸上ノ設備、海港ノ検疫、港内ノ警察衛生、船舶、船員、航路其ノ他管海官庁ノ事務」など、従来逓信省・大蔵省・鉄道院などで分属されていた海港行政事務の一元化が必要である、という。

小橋一太の旧蔵文書には全四五条からなる港湾法草案も残されており、内務省土木局の海港行政構想がうかがえる。[49] 草案は、軍港要港を除き、「主務大臣ニ於テ国又ハ地方ノ公益ニ重大ナル関係アリト認定シタル」港湾を対象として、その管理運営方法を定めたものである（第一条）。対象となる港湾を「商港」「避難港」「検疫港」の三種類に分け、そのうち「商港」をさらに「開港」と「内港」に分けて、それぞれにつき管理方法を定めている（第五条）。開港・避難港・検疫港は「主務大臣」が管理し、内港は「行政庁」が管理するが（第六条・第八条）、海港行政の一元化という観点から問題となるのは「主務大臣」が何を意味しているのか、ということである。

この点につき、草案では内務・大蔵・逓信各大臣が監督する事項をそれぞれ定めている。内務大臣の監督事項は①港湾の付属物の認定、②港湾に関する工事の施工・維持、③繋船堤・商港地区における運輸交通、④操業設備工事の施行、⑤港湾内の私設工事・使用の許可、⑥港湾に関する警察事務、の六点である（第三六条）。これに対して、大蔵大臣の監督事項は①操業設備の運用、②港税・使用料の徴収、の二点であり（第三七条）、逓信大臣の監督事項は①船舶の出入・繋船・碇泊、②曳舟・水先案内、③海上救難、④点灯装置、の四点であった（第三八条）。海港行政の一元化といいながらも、修築工事部門のみを分離することが、内務省土木局の狙いであったことは明らかだろう。

以上のような内容をもつ内務省の海港行政一元化案に対して、もっとも激しく抵抗したのはやはり大蔵省であった。寺内正毅内閣（一九一六年一〇月～一八年九月）で大蔵大臣を務めた勝田主計の旧蔵文書には、「港湾行政統一に関する件」と題された覚書が残されている。(50)

覚書では、海港行政の内容を「施設の方針及計画の大体」と「港湾設備」の二つに分け、内務省主導の海港行政一元化への反論が展開されている。すなわち、「施設の方針及計画の大体」については、すでに内務省が主催する「官民の関係者及斯道の専門家を以て組織せられたる港湾調査会」において決定されており「不統一の弊」はみられない、というのである。

一方で、「港湾設備」については、確かに中央政府・地方政府・私企業の三者がそれぞれ施行しており、また中央政府内部でも内務省土木局・鉄道院・税関、さらには地方政府（府県）港務部によって、それぞれ工事が施工されている。しかし、私企業が施行している工事まで統一することは、財政の観点からみれば非現実的である。また、現行の制度では各行政機関に土木工事を施行する権限があり、さらにそれぞれの土木工事は各行政機関の行政と密接な関係を有しているために、港湾土木工事だけを分離することは非合理である。陸軍臨時建築部による師団建設、文部省営繕課による学校建設を例に引き、たとえ税関設備工事を内務省に引き継いでも、一元化の効果は得られないと主張する。

しかも施工中の横浜・神戸の税関設備工事においては、すでに海面埋立や繫船岸壁築造などの水面における土木事業はほぼ完了している。今後は臨港鉄道や起重機設置、倉庫建設などの工事に移るため、内務省土木局に移管するメリットはほとんどない。したがって、「今漫に法制の形式的統一を求めて実際上の便益を顧みす、臨時建築課の事務を割きて之を内務省の所管に移すとせむか、他方に於て鉄道院其の他の例外を認むる以上、単に現行制度の主義を破壊するに止り、其目的とする法制の形式的統一も亦之を達するを得さるへし」と、内務省案の不完全性を指摘する。

海港行政を一元化するためには、従来から大蔵省が主張しているように、「其区域内に行はるへき一切の経営を挙けて之を一機関の包括管理に属せしめ、利害関係者たる特種法人の自治に委ねしむること、猶ほ英国に於ける『ボード』以国に於ける『コンソリチューム』の如くする」必要がある。そしてそのためには、「港管理局」を設置し、同局に陸海軍工事・関税徴収・司法警察を除いた一切の事務、すなわち海陸設備工事の新設・維持、港税その他使用料の徴収、港湾労働者の取締りなどの権限を与えなくてはならない。しかし、それは「我国現制度に対する重大なる変更」となるため、慎重に調査を進めねばならず、すぐに海港行政を統一することは困難である、と大蔵省は結論づけている。

以上のように、「重要港ノ撰定及施設ノ方針」が定められた後も、内務省土木局による海港修築は必ずしも安定化しなかった。競合する複数の海港のなかから第二種重要港を選定する作業には依然として困難が伴い、また内務省土木局内部でも河川改修事業の一環として海港修築を実施する動きがみられるなど、内務省土木局内部ですら海港行政に関するセクショナル・インタレストが成立したとは言い難い。小橋による港湾法制定の試みは、海港に関するセクショナル・インタレストを成立させようとする試みであったが、大蔵省の反対により実現することはできなかった。中央・地方両政府の財源不足に加えて、インタレストが成立しなかったことにより、海港修築は容易には進まなかったのである。

かかる状況は、これまでの海港論の前提となっていた「大港集中主義」に対する疑問を惹起することになった。次節では、築港予算の不足が海港修築方針の転換を促していく過程を、大阪築港を事例としてみていくことにしたい。

二　市営築港の縮小——大阪築港打ち切り問題

築港計画の縮小

一八九七年一〇月から着工することになった大阪築港は、繋船埠頭と臨港鉄道を組み合わせた設計をもとにした築港計画であった。けれどもそれは、第2章でみたように内務省及び軍部の意向を反映して、当初大阪市が想定していた規模を超えるほどの大規模な計画となった。そのため築港工事は、開始当初から資金面での不安を抱えることとなる。

大阪築港の総予算は二二四九万四〇〇〇円であったが、このうち国庫負担分は一割にも満たない一八七万二〇〇〇円に過ぎず、工費の大半は大阪市の負担であった。しかも国庫補助金の交付は着工時からではなく一九〇一年度から毎年四六万八〇〇〇円ずつ、四カ年にわたってなされることになっており、残りの予算の大半にあたる一七〇三万八〇〇〇円は大阪市が発行する公債によってまかなわれる予定であった。

ところが、工事が開始される以前から日清戦後不況は顕在化しており、大阪市内で公債を消化することは困難な状況であった。築港事務所長の西村捨三は安田善次郎に公債の消化を依頼し、その結果安田系の北浜銀行が大阪市内では唯一公債に応じることになった。ところが、一九〇一年春にはその北浜銀行で取り付け騒ぎが起こり、大阪市内での消化の目処は立たなくなってしまう。結局、公債はロンドン市場で売り出すことによって消化されたものの引き受け価格は額面を大きく下回り、その補塡のために大阪市は新たに二二〇万円の公債を発行せざるを得なくなる。このように、日清戦後の積極財政ムードのなかで急速に拡大した大阪築港は、その決定前後から顕在化していた日清戦後不況の影響により、財政面では完全に行き詰まってしまったのである。

事態を打開したのは、一九〇一年九月に大阪市長に就任した鶴原定吉であった。日露戦後の大阪市は、築港事業のみならず市電や水道など多くの市営事業の肥大に苦しんでいた。そこで日本銀行大阪支店長や関西鉄道社長などの経歴をもつ鶴原に、一連の市営事業の整理が期待されたのである。かかる期待を受けて大阪市長に就任した鶴原は、築港事務所の体制を改め、築港計画の抜本的な見直しに着手する。

鶴原がまず着手したのは、築港事務所の体制一新であった。すでにみてきたとおり、大阪築港は府知事・西村捨三の働きなくしては実現しなかった。しかも西村は、内務省土木局長を務めるなど土木事業の経験も豊富であったために、大阪築港の実現にあたってその事務は西村に一任されることになっていた[51]。だが、築港予算をめぐる一連の経緯に加えて、当初の工事計画や施工上の問題が生じたこともあって[52]、大阪築港に対する西村のカリスマ性は失われていく。鶴原は、それまで西村に一任されていた築港事務所の予算を大阪市会の管理下におくなど、築港事務所の主導権を大阪市のもとに一元化させ、他方で市有浜地の売却により一三〇〇万円を捻出して、築港事業を継続させようと試みるのである。

財源を捻出する一方で、鶴原は過大な築港計画の縮小にも着手する。当初計画は南北の防波堤や浚渫に加えて総面積一四九万坪にも及ぶ埋立地を造成する計画であったが、鶴原は埋立地造成面積を四六万四二八六坪と大幅に縮小し、工費の大半を防波堤・浚渫・大桟橋に集中することにした。鶴原は、これら築港事業の整理縮小によって、一九〇三年には第一期工事分（南北防波堤・浚渫・大桟橋・埋立）の利用開始にこぎつけることができたのである。デ・レーケ（J. de Rijke）の想定よりは小規模なものではあったが、築港工事の一応の完成が大阪港にとって大きな画期となったのは間違いない。大阪港の最大の欠点は遠浅で外航船舶が入港できない点であったが、防波堤の建設と浚渫により大阪港内の水深が最大で干潮面以下二八尺（およそ八・四メートル）となったことで六〇〇〇トン級船舶も入港可能となり、この問題はひとまず解消されたのである。

その結果、一九〇三年にはそれまで神戸港を基点としていた大阪商船の近海航路（台湾・中国方面）の一部が大阪港を基点とするようになった。また日露戦争時には、埋立地内の無償提供された陸軍用地に病院や倉庫が建設され、陸軍が大阪港に期待した兵站基地としての役割も果たしたという(53)。

大阪築港をめぐる論争――中橋徳五郎と松尾小三郎

しかし、工事自体は当初計画を大幅に縮小したものであったから、残された課題も当然多かった。大阪市内から大阪港までの陸上輸送機関（臨港鉄道）は依然として未整備のままであったし、外航船舶が接岸できる繋船設備も大桟橋のみであった。そこで第二次横浜築港の場合と同様、大阪築港の継続問題が政治課題として浮上することになる。横浜築港の場合は工事の継続を後押ししたのは大蔵省（横浜税関）であったが、大阪の場合はそうではなかった。もちろん大阪港貿易の拡大に伴って、一九〇六年には大阪税関から大蔵本省に対して税関拡張が上申されているが、それは築港内の税関施設の拡充を求めたものであって、築港そのものを求めるものではない(54)。前章で示したように大蔵省は神戸築港の実現を目指しており、大阪築港に対する関心はそれほど高くはない。

大阪築港継続問題を後押ししたのは、大阪市内の紡績業者であった。一八九〇年代から大阪を中心として日本に近代的綿糸紡績業が発展したことは周知の通りであるが、その発展の基盤には、中国・インド・アメリカなどからの原料棉花の輸入があった。そのため、大阪市内の紡績業者にとって海港機能の整備は重大な関心事だったのである。

もっとも、この時点では外航船舶の多くは神戸港に就航しており、棉花輸入のほとんどは大阪港で行われていたわけではない。しかし、貿易量の急激な拡大は、神戸港ですら対応できていなかった。一九〇五年の棉花濡損事件（神戸港の倉庫や上屋に収容しきれず野積みされていた棉花が暴風雨と高波によって大きな被害を受けた事件）をきっかけに、棉花を大阪港まで直輸入させる運動が大阪の紡績業者のあいだで起こり始める。

そしてこの運動を主導したのが、大阪合同紡績の谷口房蔵であった。谷口は、日本郵船や大阪商船のインド航路（神戸〜ムンバイ）就航に尽力した経緯もあり、この航路の基点を神戸から大阪へと移そうと試みたのである(55)。むろんそれは、大阪の紡績業者にとってのインタレストであり、従来通り神戸港での棉花集積を望む全国レベルの紡績業者（大日本紡績連合会）のインタレストとは合致しないものであった。一九〇五年九月、谷口は他の在阪紡績業者とともに共同組合築港利用会を結成し、従来通り神戸港からの輸入を望む大日本紡績連合会に対抗して、大阪港へのインド航路誘致に成功する。

新興紡績業者にすぎない谷口らの動きを支援していたのは、大阪商船社長の中橋徳五郎であった。前章でも触れた通り、中橋は一八九九年頃から大阪築港に関する意見を演説や雑誌論説などのかたちで発表しているが(56)、それらの集大成ともいえるものが日露戦後の一九〇五年に発表された「国港論」である(57)。そのなかで中橋は、「交通機関経営の要旨たるや、先づ之れに適当なる或地点を選定して、総ての幹線、総ての支線を之れに集中し、船舶鉄道電信電話等有ゆる交通機関をして…〔中略〕…悉く中央の一点に集中する者たることを要す」と述べている。そして、その集中点たる一大国港には太平洋貿易の拠点となり得る地点に選択されなければならず、その地理的・経済的条件として、①世界交通の幹線にあること、②周辺各国からの距離が等距離であること、③輸出貨物の製造工場があること、④広大な内国貿易区域を後背地としてもつこと、⑤良好な碇泊水面をもつこと、⑥廉価に燃料が供給できること、の六点を挙げている。これらをすべて備えているのは、横浜・神戸ではなく大阪であり、したがって「東洋に於ける、唯一の中央市場として、大阪を選択したる以上は、其現今の大阪築港計画に従ひ、若しくは其設計を変更するとしても、必ず更に適当なる船渠倉庫の設備を為さゞるべからず」と、大阪築港の継続を主張するのである。

日露戦時に明らかになった大阪港の軍事的重要性に加えて、谷口や中橋による築港利用の働きかけもあり、大阪築港はその継続が認められていく。一九〇六年七月には、大阪市が九二〇万円の追加工費を投じて築港工事を一〇年延長することを決定し、同年九月には内務省もこれを許可した。

以上のように、大阪築港の完成と利用促進に向けて一定の成果を出していた谷口らではあったが、彼らの活動は必ずしも大阪市全体の総意とはなっていなかった。日露戦後の対外膨張ムードのなかで築港工事の継続問題こそ決まったものの、大阪経済が低迷し始めると、一九一二年頃には再び築港の打ち切りが検討されるようになる。

一九一二年六月、大阪市は臨時港湾調査会を設置し、築港事業の再検討を始める。臨時港湾調査会は、他の多くの港湾調査会と同じく港湾関係企業（船舶会社・倉庫会社など）の代表者、府会議員や市会議員などの地方政治家、鉄道院や陸軍省などの官庁・軍部の代表者から成り立つものであった。臨時港湾調査会は、松尾小三郎に築港計画の再検討を依頼する。

再検討といいながらも、松尾に依頼をした時点で築港計画の縮小は既定路線であったといってよい。なぜなら松尾は、一九〇〇年代末より雑誌『太陽』や『東京経済雑誌』を中心に、接岸埠頭や臨港鉄道を備えた大規模計画を批判する論説を発表していた人物だったからである。

松尾は、大分県鶴崎に生まれ、東京商船学校を卒業した後、船員として各国を航海し、また一九〇〇年初頭には南満洲鉄道で大連海務局長を務めていた人物である。それらの経験から松尾は、中橋が主張するような、大規模海港に貨物を集約し、そこから全国へと鉄道で輸送していく国内流通網のあり方に対しては、「長大なる周囲の沿岸に対し、二三の制限的国港を以て経営せんとするは、仮令其国港が如何に完全なるにせよ、全く自然に背反する政策」であると批判する。国内物流は水運を中心として行い、全国津々浦々に市場規模に応じた小港を整備し、かつ分業的な役割を担わせることで全体として物流コストも低下する、と松尾は主張する。さらに松尾は、田口卯吉以来の海港論では当然視されていた繋船岸壁の建設そのものにも異論を唱え、艀輸送の有効性を認めることで、全国的な中小海港の整備を進めていくことを主張するのである[58]。

以上のような内陸水運を重視した海港論にもとづき、松尾は一九一三年一月に大阪市臨時港湾調査会に答申する。その内容は、おおよそ以下のようなものであった[59]。大阪築港工事が費用不足に陥るのは、繋船岸壁や臨港鉄道を築造しようとするからであり、市内水運を利用して市内の各工場へ直接貨物を積み卸しすれば、多額の費用を投じなくても海港としての機能を発揮することができる。具体的には、従来の繋船岸壁築造及び臨港鉄道建設を改め、①安治川両岸整備、②尻無川の整備、③北防波堤外を工業地帯として整備、④江之子島近辺の水路及中津川の整備、を提案する[60]。松尾の答申は築港計画の単なる縮小ではなく、その設計理念を根本から見直すものであったといえよう。

繋船岸壁・臨港鉄道の廃止を求める松尾の主張には、合理的な裏付けがあった。日露戦後に築港事業を再開して以来、大阪港への船舶の入港は低迷し続けていた。とりわけ大阪市内への陸上輸送の連絡手段を欠く大桟橋や埋立地への船舶の入港は少なく、一九〇三年に供用を開始した大桟橋は、一九一〇年には年間の利用船舶が一〇隻（延維繫時間は八四時間）[61]にとどまるなど、その利用頻度の低さが批判の的となっていた。[62]

しかし築港推進派にしてみれば、大阪築港の利用頻度の低さの原因は、まさに大阪築港が未完成であることにこそ求められた。谷口によれば、一九一二年における大阪市内のムンバイ綿の消費高はおよそ二二万俵であったが、そのうち大阪港に陸揚げされたものはおよそ七万俵に過ぎず、残りのおよそ一五万俵は神戸港に輸入された後に大阪へと回漕されたものである。紡績工場の多くが大阪にあるにもかかわらず、なぜ神戸港で多くの棉花が積み卸しされるのか。それは神戸港の海陸連絡設備（接岸埠頭や臨港鉄道など）が整っていて国内各地への分配輸送に便利だからである。したがって、大阪港でも同様に海陸連絡設備が整備されれば大阪港の利用頻度は上がり、大阪は日本における棉花の一大市場になるはずだ、と谷口は主張する。[63]大阪を「東洋のマンチェスター」[64]へと発展させていくことを目指す谷口らにとっては、築港規模の縮小を目指す臨時港湾調査会の議論を転換していく必要があったのである。そして彼らの運動は、大阪市政全体の変革に向けた動きと連動していくことになる。

刷新派の抵抗

そもそも一九〇〇年代から一〇年代にかけて、大阪市政の構造は転換期を迎えつつあった。一八九八（明治三一）年に市制特例が廃止されたことによって府知事による市政への介入がなくなり、市政は個別的なインタレストの対立が先鋭化していたのである。

府知事の圧力がなくなった市政界では、「予選派」と呼ばれる地域名望家によって選出された市参事会員及び市会議員の影響力が大きく、市長は彼らの意向を無視しては市政を担うことはできなかったのである。予選派が多数を占める市参事会及び市会と大阪市長が対立するたびに、市長が辞職に追い込まれるという事態が繰り返されていた[65]。初代市長の田村太兵衛は、市内の名望家のひとりであったが、任期の六年をまっとうできずに一九〇一年八月には市会との対立から辞職を余儀なくされる。市会の反予選派は、予選派を押さえ込むために中央政治の有力者のひとりでもあった鶴原定吉[66]を田村の後任として招いた。先述したように、鶴原は、大阪築港問題をはじめとする市の財政改革に一定の成果を上げるものの、結局は市会との対立から一九〇五年七月に市長を辞職している。そして鶴原の後任の山下重威は予選派の推した人物であったために反発も根強く、新聞紙上で前助役から「市政は市会議員万能で市長や助役は何の権限もない」と告発される有様であった[67]。

かかる状況に対して、新たに「予選体制」に包摂されないグループが市政に登場する。そしてその中心にいたのが、谷口房蔵であった。谷口は予選派に対抗するために、市内の弁護士・各新聞社などと連携して一九〇九年に大阪市民会を結成する。彼らは、予選派による大阪市政の刷新を目指して大阪市政刷新運動を起こしたため、刷新派と呼ばれる。一九一〇年六月の大阪市会選挙で刷新派が圧勝すると、刷新派は中橋徳五郎を大阪市会議長へと推薦する。

中小実業家を中心とする予選派対策として、元逓信官僚であり、また大阪商船の社長でもある中橋の存在は大きな効果をもった。横領事件の責任をとって辞職した山下市長の後任をめぐっては、中橋の調整のもと、刷新派は植村俊平（鉄道院九州鉄道管理局長）を就けることに成功した。

しかしながら、谷口や中橋が目指した大阪築港の推進という目標は、刷新派内部でも共有されていたわけではなかった。大阪市政の混乱は市電・電灯・ガスなどの公営事業をめぐるものであって、これらの財源を捻出するために、植村は築港の縮小へと傾いていく。松尾による築港計画の再検討は、以上のような状況でなされたものであった。

むろん、谷口や中橋にとって、松尾案は到底受け入れられないものであった。一九一二年、市電経路選定問題をめぐって植村と内務省とが対立すると、中橋の後ろ盾を失った植村は市長辞任に追い込まれてしまう[68]。植村の後任として中橋が白羽の矢を立てたのは、水路部長として大阪築港私案を作成したこともある肝付兼行であった。そして肝付の市長就任を契機として、再び大阪築港は拡大していく。松尾報告を受け取った大阪市臨時港湾調査会は、一九一三年四月に最終報告書『大阪築港利用完成ニ関スル報告書』を提出するが、それは松尾案とはまったく異なるものであった[69]。

最終報告を項目ごとに列挙すれば、以下のようになる。①築港利用策のうち、もっとも急を要するものは臨港鉄道の整備であり、埋立地南部及び桜島に貨物線を延伸・拡充する。②港内の浚渫及び市内河川運河を整理し、水運網の拡充を図る。③船舶の航行・碇泊を容易にするため、航路標識・繋船浮標を増設、廻船場を設ける。④荷役・荷捌きを容易にするため、艀溜・貯炭場・貯木場の設置、起重機船・上屋・倉庫を増設、公認仲仕制度を設ける。⑤市営仮置き場・公設乾船渠の設置、噸税・入津料の軽減などにより外国航路を誘致し、また各種工場の設置や海員・労働者の待遇を保護する。⑥大阪府港務部の設置、及び大阪市港湾課の権限を拡張することにより、海港行政機関を整理する。市内運河網の拡充にも言及しているものの、最終報告書の主眼が臨港鉄道の整備にあることは明らかである。最終報告書に対して、『大阪新報』は多様な利害関係者の主張を盛り込んだ結果「無定見」なものになったと批判しているが[70]、一大貿易港の建設を目指す谷口や中橋にしてみれば、いずれの設備も必要だということであったろう。

しかし、谷口や中橋は、最終報告書の内容を実現することはかなわなかった。植村の市長辞任当時より刷新派の勢いには陰りが生じており、肝付の市長就任をめぐっても大阪市会は容易に承認しなかったのである。一連の混乱の責任をとるかたちで、一九一三年二月に中橋は大阪市会議長を辞職に追い込まれ、同年八月には肝付も市長辞任を余儀なくされる。

中橋の大阪市政からの離脱と肝付の市長辞職により、大阪築港問題は再び縮小方針へと引き戻されることになる。肝付の後任として大阪市長に就いたのは、予選派の推す池上四郎であった。大阪府警察部長としてのキャリアをもつ池上は、予選派と中立派の支持を受けて大阪市財政の再建を進めていくが、大阪築港問題についても田川正二郎港湾課長を中心に再調査を進め、一九一五年五月には築港の打ち切り案を市参事会に提出する。(71)

池上は、築港打ち切りについては慎重に調査を進め、事前に市内有力者の同意を得ていたようである。五月一九日に市参事会の了承が得られると、同月二七日から六月一一日にかけて『大阪朝日新聞』で「大阪築港問題」と題する特集が連載される。この特集では、田川に加えて、船舶会社関係者（大阪商船監督課長千浦友七郎・日本郵船大阪支社長伊丹二郎）、土木技術者（内務省土木局大阪出張所部長三池貞一郎）、港湾運送業者（富島組代表井上虎次・大阪倉庫調査部長明石重礼）らによる築港打ち切りを支持するコメントが掲載され、大阪市内の世論支持獲得を狙ったものであった。(72)

彼らの主張は、それぞれの立場の違いを反映して細部では異なる点もあるが、①大阪築港の規模が日本の経済規模に比べて過大である、②臨港鉄道は西成線で代替可能、③運河整備による築港埋立地利用促進の必要、の三点では共通している。中橋が退社した大阪商船や拡大設計案を作成した内務省土木局も含めて、この段階では松尾案に対する支持で一致していたといえよう。

むろん谷口らはこの動きに反発する。築港打ち切り案は六月二日に大阪市会に提出されたが、谷口は市会委員会で打ち切り案を否決に持ち込むことを試みると同時に、『大阪毎日新聞』を利用して築港継続に向けたキャンペーンを展開した。五月三一日には市政狂より、また六月一日及び一二日から一六日にかけては図南生によって、築港打ち切り案批判が『大毎』に連載される。さらに谷口自身の名義でも、同年九月五日から一八日にかけて築港打ち切り案批判が連載されるのである。[73]

谷口らの主張は、おおよそ以下のようなものである。大阪築港は、海外各地と西日本全域をつなぐ「中継港」となることを目指して、当時の内務省及び陸軍省が主導して設計されたものである。したがって、大阪港と国内各地をつなぐ臨港鉄道及び繋船埠頭は、機能面でも不可欠の設備であるのみならず、中央政府の意向を反映しているものであり、軽々に放棄すべきでない。費用面でも、一九〇五年に起債許可を得た九八〇万円のうち四三八万円が未発行であり、これらを募集すれば繋船埠頭の建設は不可能ではない。

要するに、一九一五年段階では臨港鉄道敷設の現実的な可能性が問題視されていたといえよう。そして臨港鉄道の敷設は、内務省や大蔵省ではなく、逓信省―鉄道院の所管事項であった。前章で見たとおり、逓信省―鉄道院は一九〇〇年代以降は陸海交通の結節点としての海港行政への関心を失っていた。それゆえ臨港鉄道の優先順位は決して高くなく、一九一四年に鉄道院が作成した七カ年計画では大阪臨港線は外されていた。[74] 臨港鉄道の早期実現が見込めない状況が、池上らによる築港打ち切り方針を後押ししたのは間違いないだろう。

しかし谷口らは、築港を打ち切ってしまえば臨港鉄道の実現の道を閉ざすことになるとして、あくまで築港打ち切りに反対した。大阪市会における中立派は、打ち切りではなく延期とする妥協案を出して調整を図った。中立派による調整の結果、築港工事を一九一六年度より五年間中断し二一年度より再開する、ただし政府によって臨港鉄道敷設が実施された場合には中断期間であっても直ちに工事を再開するとの内容で両派は妥結し、一九一五年一一月の大阪市会で議決された。

中断後の大阪港

結局、谷口らによる運動は功を奏さなかった。一八九〇年代とは異なり、築港問題を大阪市のローカル・インタレストとすることはできなかったのである。その要因は、大阪が都市として発展したことにより、築港以外の公営事業（市電・電灯・ガス事業）の必要性が増し、築港により得られるインタレストを共有させることができなかったことに求められよう。しかも、大阪市政が名望家支配からの転換期にあったこともあり、市政の混乱のなかで築港事業は多くの支持を得ることができなかった。

しかし、一九一五年の時点で大阪の海港整備は完全に止まってしまったわけではない。むしろその後、大阪港整備は飛躍的に進んでいくことになる。市営築港の打ち切り後、海港機能整備を進めたのは、私企業であった。その前年に勃発した第一次世界大戦の影響により日本経済は好転し、船会社や倉庫会社をはじめとする民間企業が設備投資に乗り出したのである。しかも、急速に海外貿易高が増大したために、横浜や神戸などの大貿易港も船舶や貨物の収容が追いつかず、大阪港に対する期待も急速に高まった。

一九一六年には、住友倉庫・東京倉庫・東神倉庫などの財閥系の倉庫会社が相次いで埋立地の利用申請を大阪市に対して行う。同年一月、住友倉庫は築港埠頭埋立地二万四〇〇〇坪の借地願を大阪市に提出した。これは、市が築造予定であった第一船渠北側繫船岸壁を築造し、上屋・倉庫を建設するものであった。市営築港の中断を決定した大阪市にとって、これは歓迎すべき事態であった。大阪市と住友倉庫は折衝を重ね、繫船岸壁工事を市の委託工事として住友に実施させる契約を交わした。両者の契約期間は二〇年間で、その間住友倉庫は繫船岸壁の優先使用が認められ、また背後地約二万一五〇〇坪の市有地を借用して倉庫業を経営することが認められた。さらに、大阪港北部の正蓮寺川近辺の地主は、一九一六年六月に正蓮寺川沿地地主組合を組織し、北港修築計画を立てて大阪市に出願した。(75)

このように、大阪市が総合的な築港を一時中断した後は、私企業による部分的な築港事業が進められた。大阪市においては、築港をめぐるローカル・インタレストは成立しなかったが、プライベート・インタレストによって部分的に実現されることになったのである。しかし、私企業によって部分的に海港修築が進められると、全体計画とのあいだの調整が問題となるだろう。プライベート・インタレストとローカル・インタレストの相克は、かたちを変えて持続するのである。次節では、工業港化が私企業によって進められた北九州地域を対象に、以上の問題を検討することとする。

三　民営港の積極的展開——北九州諸港の整備

北九州工業地帯の特徴

一九〇〇年代から一〇年代にかけて、日本の海港に生じたもっとも大きな変化は、工業港化である。従来、海港は物流の結節点であり、港町は内陸への原料・製品の中継地点として繁栄していた。しかし、重化学工業部門の発達に応じて、原料・製品の輸送コストを下げるため臨海部に工場が集中して建設されるようになる（図4-6）。そして、この工業港化こそが、海港修築に対する私企業の積極的な参入を促したのである。

日本における（集合）工業港建設は、浅野総一郎による鶴見港整備がその端緒だといわれる(76)。浅野は、日清戦後の英米視察を経て横浜港の近傍に大規模な工業地帯を建設することを目指すようになり、渋沢栄一・安田善次郎らの協力を得て、一九〇八年に鶴見埋立組合を設立した(77)。神奈川県より田島・町田両村の地先海面約一五〇万坪の埋立事業の許可を得て、工事を開始する。この埋立地には、日本鋼管（一九一二年）・浅野造船所（一九一六年）・浅野製鉄所（一九一七年）・浅野セメントなどが工場を建設し、後の京浜工業地帯の中核を構成していくことになる(78)。工業港においては臨海部がそのまま工場となるために、私企業の進出意欲が高い。一九一〇年代以降、私企業が府県

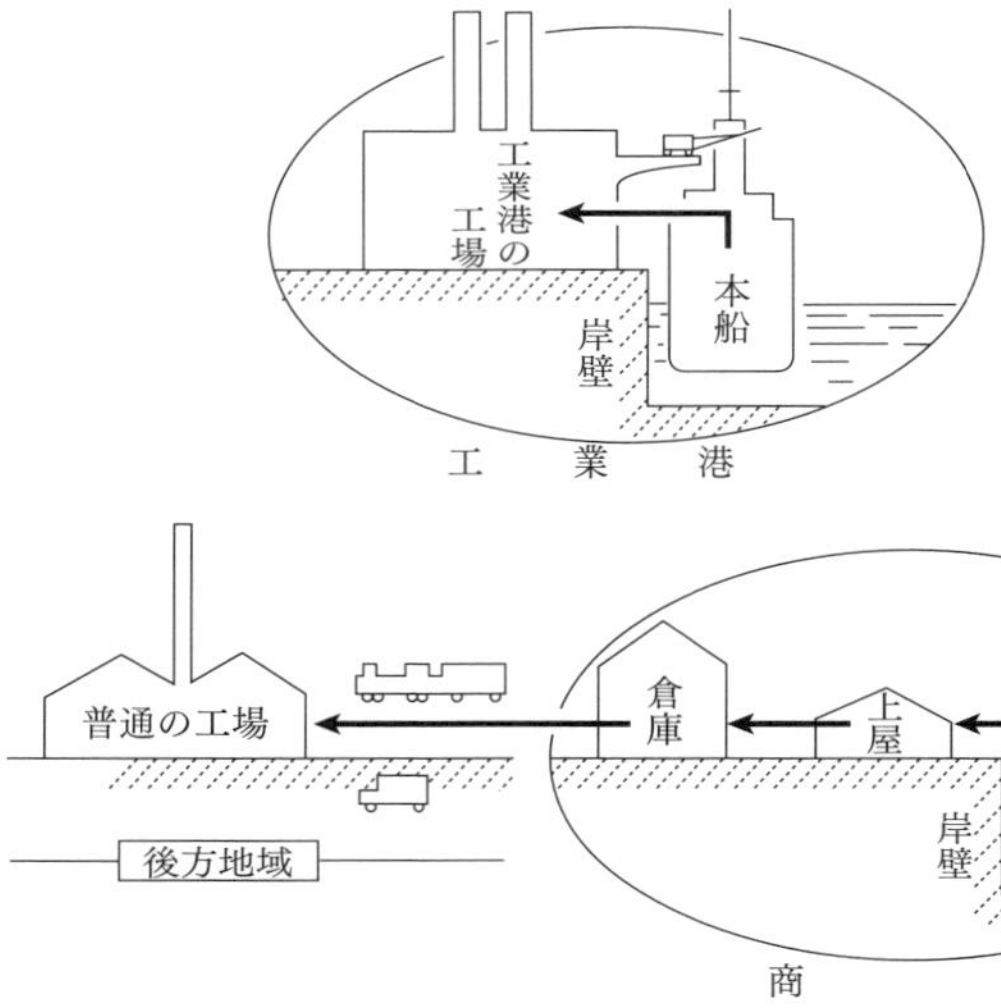

図 4-6　工業港イメージ図

出典）『工業港の躍進』2 頁。

の許可を得て埋立地を自ら造成することが一般的になっていく。

むろん、従来型の中継港において私企業が参入していなかったというわけではない。たとえばイギリスでは、二〇世紀初頭まで海港は複数の船渠会社の集合体であることが一般的であった。また日本においても、第1章第二節で触れたように、一部の海港では倉庫業・船渠会社を中心に私企業は参入していた[79]。しかし、日本の近代海港において特徴的な点は、船舶の大型化や物流量の急速な増大に、私企業の規模が追いついていなかった点にある。これまでみてきたように、横浜や大阪といった日本を代表する海港では、必要とされる設備をすべて私企業によって整備することは困難であった。海港として要請される規模が、私企業により整備できる規模を大きく上回っていたからである。

私企業が主導して海港整備を進め得たのは、横浜や大阪のような総合貿易港ではなく、石炭積み出しのための中小海港であった。石炭は大量の貨物を積み出すための設備が必要であり、それゆえ鉱山と海港の一体経営が可能であった。たとえば福岡県三池港は、三池炭鉱の積み出し港として新たに整備された海港であるが、すべて三井鉱山会社により整備された。一九〇二年に着手された三池築港工事は、三池炭を積み出すための二〇〇〇トン級船舶に対応するものであり、南北それぞれおよそ三〇〇〇尺の防波堤と、繋船岸壁・炭積機・貯炭場などを整備するものであった[80]。

一九〇〇年代に石炭積み出し港から一大工業地帯へと転換を遂げたのが、北九州地域である。三池では一企業による単独経営がなされたが、北九州地域では、門司・若松・戸畑・小倉などの海港が、それぞれ競合しつつ、私企業による海港整備が進められたのである。

ところが、北九州地域には、京浜地域や阪神地域とは異なり地元資本が脆弱であるという特徴があった。周知の通り、北九州地域が発展した要因は石炭であった。豊富に産出される筑豊炭の積み出し地として発展の契機をつかみ、さらにその筑豊炭を燃料とした工業地帯化が進展するのである。しかし北九州の工業地帯化の直接の契機となる八幡製鉄所の建設が政府によってなされたことに象徴されるように、重工業を経営するだけの資本力は、北九州地域にはなかった。

それゆえ、三菱や三井などの中央資本が同地域に進出し、鉱山経営及び各種工場の建設に乗り出すことになる。第1章で触れたように、筑豊炭積み出しのために一八八〇年代に試みられた門司築港事業は、地元財界のみでは資金を調達できず、渋沢や三菱などの中央資本の支援を仰がざるを得なかった。

筑豊炭のもうひとつの積み出し港として一八八九年に着手された若松築港も、同様に中央資本の支援により実現されたものである。若松築港は、当初は地元の炭鉱業者・石炭商が中心となって計画されたものであったが、一八九〇年恐慌の影響をうけて経営が悪化すると、三菱や渋沢らの支援を受けざるを得なかった[81]。

地元資本の脆弱さは、とくに金融面で顕著であった。一八九〇年代末以降、門司には銀行が相次いで設立されたが、そのほとんどは東京・大阪の銀行の支店であった。さらに日清戦後から日露戦後にかけて、銀行間の過当競争のなかで、経営基盤が劣った地元資本の銀行の多くは淘汰されていった[82]。

かかる状況は、当然ながら北九州地域におけるローカル・インタレストの成立にも影響を及ぼすだろう。[83] 以下、本節では一九一〇年代に石炭積み出し港から総合貿易港への脱皮を図った門司港と若松港を事例に、私企業が海港経営に参入していく過程を検討することにしたい。

門司港の発展

北九州諸港のなかでもっとも整備が急がれたのは、門司港である。第2章でみたように、門司港は一八八九年に特別輸出港に指定され、石炭その他五品目の輸出が認められ、さらに一八九九年には開港に指定され貿易制限が解除された。その結果、東アジア向けの石炭輸出を中心に、門司は長崎に代わって九州の代表的海港の座を占めるようになる。

特別輸出港に指定された当初の一八九〇年時点では、門司港の輸出年額は三四万円余であり、長崎港（四三一万円余）の一〇分の一にも満たなかった。しかし、門司港はその後着実に輸出を伸ばし、一八九七年には四五〇万円余と長崎と肩を並べる。さらに貿易制限が解除された一九〇一年には、門司港の輸出年額は前年の五六九万余円から一三六一万余円へと倍増するなど、急激な伸びを示した。一方で、長崎港の輸出年額は一九〇一年にいたっても四八五万円余とほぼ横ばいであった。[84]

以上のような貿易量の急増は、当然ながら門司港の整備を要請する。とりわけ船舶の大型化への対応は、門司の人々にとって重大な関心事であった。日本郵船が一九一三年に欧州航路に投入した一万トン級汽船（香取丸・鹿島丸）が、碇泊の安全性を理由に門司ではなく長崎を寄港地としたことは、門司の人々の危機感をあおることになった。[85]

船舶の大型化が進むなかで問題視されたのは、門司港沖の中洲（門司洲）の存在であったが、それはすでに内務省土木局によって対策が講じられていた。先述したように、関門海峡及び門司・下関両港の浚渫は、さしあたって三三尺（一〇メートル）、将来的には四〇尺（およそ一二・一メートル）にまで浚渫することが第二次港湾調査会で決められている。

したがって、より切迫したものとして門司の人々に捉えられたのは、陸上施設の問題であった。『福岡日日新聞』記者の田中一二は、日本郵船が門司港を寄港地としなかった原因を、水深の問題ではなく、石炭積み出しその他陸上施設が貧弱であることに求めた。若松・三池・室蘭など民間業者により経営されていた石炭積み出し港では、すでに石炭積み出しの機械化が図られていた。だが、すでにみてきたように、その他の大港湾では臨港鉄道の敷設すら遅れており、門司においてもその早期整備が課題となっていたのである。

さらに、門司では上屋・倉庫用地も不足していた。前章まででみてきたように税関（大蔵省）は横浜・神戸の施設整備に追われており、一方で地元資本が脆弱であったことから、貿易が急増していたにもかかわらず、倉庫等の建設はまったく進んでいなかった。一九〇〇年代までの門司港には東神倉庫が保有する倉庫四棟のみしかなく、しかも税関はその一部を借りて保税倉庫としている有様であった。

かかる状況は、当事者である中央資本の人々にとってさえ門司港発展の阻害要因と考えられていた。三井系の倉庫会社である東神倉庫門司支店長の加藤直法は、「門司港の如き実力なき商人のみの都市にありては、貨物は徒らに通過し、一刻も留まる事なきに至るべく、されば倉庫は休息し、銀行は閑散に繰りしむに至り、市の盛衰に関るゝ事決して少からず[86]」と、地元資本の脆弱さが門司港の発展を阻んでいることを指摘している。

門司港の陸上施設整備に乗り出したのは、神戸の貿易商社鈴木商店であった。一九〇七年に鈴木商店は門司市桟橋通りに支店を開設して門司進出を本格化させる。もっとも、門司港は平野部や埋立用地が少ないため、陸上施設を建設することは困難であった。そこで鈴木商店は、門司港より五キロメートルほど離れた大里地区に陸上施設の建設を目指した。一九一〇年、鈴木商店は大里に一万坪の大倉庫群を建設し、さらに製粉所・製塩所・ビール工場・硝子製造所を相次いで建設するなど、大里の陸上施設整備及び工業港化を進めていくのである[87]。

鈴木商店による大里の工業港化は、門司港の整備が遅れていることの裏返しの現象でもあった。もちろん、すでにみてきたように、中央政府においても門司港は重要視されていた。しかし、内務省主導で取り組まれた門司港の整備は、陸上施設の整備に対する充分な関心をもっていなかったのである。

港湾調査会が門司港の整備計画に着手したのは、一九〇八年のことであった。そこでは安全な碇泊地の確保のために門司州を除去することが確認されているが、そのほかに荷捌き施設拡充のために確認された方針を要約すれば、以下の二点になるだろう[88]。第一に、将来門司港において捌かれる石炭の最大量を年間五〇〇万トン、さらに最大貯炭量を六〇万トンと見込み、それに応じるために鉄道連絡および倉庫施設を整備する。第二に、関門両港を統一管理のもとにおき、関門海峡における混雑を緩和するために艀船の取締規則を設ける。

第一の点の前提には、発展著しい北九州地域においては、門司港のみに機能を集中させるのではなく、小倉・若松など周辺地域の海港も含めた総合開発を行おうとする構想があった。港湾調査会第二回会合で、廣井勇（東京帝国大学工科大学教授）は、「彼ノ若松ノ如キハ既ニ出炭ノ用意ハ出来テ居リマスガ、浅イ所ガ多クテ這入ルコトガ出来ナイ、矢張艀デ廻送シテ居ル、ソレヲ深クスルト云フコトモ一ツハ門司ヲ便利ニスルヤウニナリ、又小倉ノ築港ヲスルト云フテモ同シク門司ヲ助ケルヤウニナリマスカラ、全体ノ上ニ此地方ニ一ツ港ガ出来レバ利益デアラウ[89]」と述べている。

とくに意識されたのは、同じく筑豊炭の積み出し港であった若松港である。若松では、地元の石炭業者が中心となって若松築港会社が設立され、以後同社が海港修築を実施していた。一八九〇年より開始された築港工事により、以前は水深六尺（およそ一・八メートル）にも満たなかった若松港は、一八九八年には最大水深が一四尺（およそ四・二メートル）にまで拡大した。さらに一九一三年に着工された第三期工事では、最大水深を二〇尺（およそ六メートル）まで拡大することが計画されていた[90]。また石炭積み出しの機械化にかけては、早くも一八九八年にはホイスト式クレーン及び水圧クレーンが一台ずつ設置されていた[91]。

後述するように門司・若松双方の地域社会では互いをライバル視していたが、中央政府では両者が互いに補いあいながら筑豊炭の積み出しを行うことを期待しており、第二次港湾調査会における議論では、若松においても門司と同量かそれ以上の石炭を積み出すことが想定されていたのである。

第二の点は、すでに横浜・神戸においても問題になっていた海港行政の一元化問題であった。海難事故が多発していた関門海峡では、その必要性は切迫したものとなっていたのである。しかも同海峡は山口・福岡両県にまたがるため、府県による管理も難しい。そこで港湾調査会においては犬塚勝太郎（内務省土木局長）・内田嘉吉（逓信省管船局長）・多羅尾源三郎（大阪商船監査役）を「関門両港ノ管理及艀船取締ニ関スル主査委員」に任命し、管理方法について検討をさせた。

委員会の出した結論は、関門両港を一元的に管理する「関門海務局」を設置するというものであった[92]。関門海務局は、航路の保持や港則事務など港内船舶の管理に加えて、船渠桟橋や海面埋立など港内工事の許認可、検疫、水先案内、陸上設備までを包括的に管理する官庁として構想された。大蔵省・鉄道院を排除して構成された同委員会では、倉庫や上屋などの陸上施設に対する関心は低く、水面部分の管理と陸上施設の経営を切り離す海務局構想が打ち出されたのである。当然、海務局構想は大蔵省の反発にさらされたことであろう。この後、港湾調査委員会では同構想が検討された形跡はみられない。

海務局構想のみならず、門司・下関両港の陸上施設整備計画も、一向に実施に移される気配はなかった。その要因はやはり財源問題であり、中央政府部内ではさまざまな財源捻出策が検討された。最初に検討されたのは、民営論であった。その背景には、若松築港の成功があっただろう。当時の日本経済を牽引していた石炭関連の商工業者が支援すれば、私企業による築港は成功するように思われた。内務省土木局では、すでに一九〇七年の段階から沖野忠雄が陸上施設は民間会社に委託する意見を提出している[93]。また一九一一年四月には、桂太郎首相兼蔵相が政友会幹部の原敬に対して門司港を民間会社に委託する案を提示し、これには原も賛成している[94]。

しかしその三カ月後の七月には、桂は原に対して、海港修築問題を鉄道院に移管し鉄道特別会計に組み込むことを提言するなど[95]、第二次桂内閣の方針は一定しなかった。中央政府は門司築港の計画自体は立案したものの、その実行手段に関しては、なかなか具体化しなかったのである。

門司港の将来像をめぐる論争

かくして門司港の陸上施設整備には、やはり門司市が主体的に取り組まなければならなかった。だが、大阪の事例からも明らかなように、海港修築に関する地域社会の合意を形成することは、存外難しい。門司市長永井環の主導により一九一一年五月には港湾調査委員会が設置されたが、この委員会には批判も多かった[96]。『福岡日日新聞』の記者であった田中一二は、門司市港湾調査委員会が市政の有力者のみで占められ、実際に海港施設を利用する人々の意見が取り入れられていないことを批判している[97]。同委員会は、市公民中選挙権を有する者（六名）・市会議員（四名）・市参事会員（二名）により構成されていたが、これでは専門知識が必要とされる海港問題について充分な議論を尽くすことができない、と田中はいう。確かに、同時期に設置された大阪市の臨時港湾調査会が地方政治家だけでなく私企業や官庁関係者も含んでいたことと比べると、門司市港湾調査委員会の構成は、地方政治家に偏重していたといえるだろう。

そして田中は、一九一三年三月には鉄道院や倉庫会社支店長など門司港に直接の利害を有する人々の意見を『福岡日日』に掲載し、門司市主導の築港に対する反対キャンペーンを展開する。[98] さらに、これらの築港意見を収録した『帝国の関門』を刊行し、門司築港をめぐる議論の場を狭義の門司市政界から門司港にかかわる官庁・実業界にまで広げようと、田中は試みたのである。

『福岡日日』及び『帝国の関門』にみられる門司港論の対立軸は、門司港の修築方針として従来通り石炭の輸出機能を重視するのか、それとも総合貿易港へと発展させていくために工業用地の確保を第一に考えるのか、という点に集約される。

石炭の輸出機能を重視する代表的な論者は、鉄道院九州鉄道管理局長の長尾半平である。長尾は、従来門司市内にあった門司港の地理上の優位点を過度に評価する姿勢を戒める。大阪築港が失敗したのは、神戸との地理上の競争に負けたからではなく、大阪築港の設計そのものに問題があったためである。したがって、門司築港計画を考える際にも、「東往西来の船舶必ず此所に碇繋し居ながらにして、百貨を吸引するの力を有す」るなどというような、「地の利を頼むの依頼心を去り、種々の計画に強固なる根底を作」る必要がある、と長尾はいう。

そして、長尾が考える門司港の「強固なる根底」こそ、門司港が発展する契機となった筑豊炭の取扱であった。確かに、門司港の取扱品目のなかで石炭の占める割合は低下しつつある。だが、石炭に代わって門司港の主要な取扱品目となりつつある精糖その他の工業製品は、筑豊炭の供給があってこそ生産されるものである。筑豊炭の積み出し港としての門司は、若松と競合関係にあるのであり、したがって炭積機の設置を急ぐ必要がある、と長尾は主張した。[99]

一方で、長尾の前任の九州鉄道管理局長であった藤田虎力は、「最う石炭を唯一の生命としなければならぬと云ふ時代じゃない」[100] と、炭積機の設置にはこだわらない姿勢を示す。藤田は、石炭を如何にして積み出すべきかを考えるのではなく、石炭を如何にして利用すべきかを考えるべきだと述べ、海港問題よりも工業問題を検討するべきだと主張した。

田中一二は自らの築港論を明らかにしてはいないが、『福岡日日』紙上では総合貿易港論が大勢を占めており、藤田の唱える総合貿易港論を支持していたものと思われる。たとえば、鈴木商店大里製糖所支配人を務めた人見一太郎は、石炭積み出し施設は寄港船舶へ供給するのに充分な程度にとどめ、三菱や三井などの中央資本の工場誘致に力を入れるべきだと唱えており、また大阪商船会社の渥美育郎は、門司港を通過する旅客や貨物を引き留めるために有力な商人を誘致し、また旅客施設を整備する必要を訴えている。

しかし、彼らも築港計画の具体案をもっていたわけではない。海港修築の全体計画については、すでに内務省第二次港湾調査会で検討されつつある事項である。人見は、「門司港の設備に就て門司市民の一部が地方的の考案で設計せんとするも、…〔中略〕…土木局の方針と衝突しては、実行が覚束ないから、寧門司市丈で調査などをする無用の手数をやめて、土木局に調査設計を委任するのが賢明な処置[101]」だと考えていた。おそらく、『福岡日日』に寄稿した多くの論者も、同様に考えていたことだろう。

いずれにせよ彼らの議論は、門司の人々にとっては机上の空論に過ぎなかった。人見が指摘するように、一九〇九年の時点ですでに第二次港湾調査会による門司港沿岸の利用計画が定められている。白木崎より小森江に至る沿岸は石炭積み出し地帯、白木崎より旧門司（門司停車場）が一般貨物の積み出し地帯とする計画である[102]。この一般貨物の積み出し地帯のうち門司市が独自に整備できる範囲が確定しなければ、門司市港湾調査委員会には為す術がない。したがって同委員会は、門司港に関する各種統計を収集し、また内務省技師に設計意見を聴取する程度のことしかできなかったのである[103]。

彼らに必要であったのは、門司港の将来像をめぐる抽象論ではなく、具体的な設計案であった。そして一九一〇年代にそれらを提供したのは、やはり大蔵省であった。門司税関が長崎税関から独立したのは一九〇九年のことであったが、横浜や神戸と同様、門司では税関が海港修築を主導していくのである。

門司税関が策定した設計案は、門司港の海岸一帯に長さ三〇〇間・幅三〇間の埋立地（九一六八坪）を造成して外国貨物の積み卸し用地を確保し、さらに繋船岸壁を築造するものであった。[104] 同工事の予算案は一九一四年度の大蔵省予算に盛り込まれていたが、第三一議会が解散されるなど同年度予算不成立の影響もあって着工は遅れ、[105] 一九一六年より工事が具体化し始める。同年四月には第二次港湾調査会で設計案が承認され、着工されることとなる。

門司税関の整備計画が明らかになったことで、門司市も独自に海港修築に乗り出すことが可能になった。門司税関設備工事における埋立用地は、これまで内国貿易にも用いられていた場所であったため、同工事により門司港の内国貿易に支障が出ることが予想された。門司市は、設計段階から税関に対して埋立地を内国貿易にも使用できるように要望しており、[106] 港湾調査会でもそのための設備を整備するよう条件が付された。だが、門司税関設備工事の設計案が港湾調査会で了承された直後の一九一六年五月には、税関に期待するよりもむしろ市自らが築港に乗り出すべきだとの動議が市会に出され、[107] 翌一七年度より門司市は市営築港に着手することになる。

門司市営築港工事は、内務省下関土木出張所長の原田貞介による設計で、約五五〇〇坪におよぶ沿岸埋立を行ったうえで、既存の第二船溜まりを約一万六五〇〇坪拡張し、内国貿易施設の拡充を目指したものである。[108] 同計画は、一九一七年四月に第二次港湾調査会において可決された。[109] 総工費は三二万円で、一九一七～一八年の二カ年事業として実施された。[110]

かくして門司築港は、大蔵省（外国貿易施設）と門司市（内国貿易施設）により、個別工事として行われることになったが、これらの工事は応急的なものでしかなかった。すでに一九〇九年には第二次港湾調査会による基本設計案が完成しており、それを具体化する総合計画が必要であった（図4-7）。

そのためには、やはり内務省土木局の協力が不可欠である。門司税関・門司市及び内務省下関土木出張所は協議を重ね、一九一八年夏には第一次門司築港工事の設計案が完成した(111)。この設計案は、白木崎より旧門司にいたる区間に繋船岸壁を設け、その前面を水深一〇メートルにまで拡大して一万トン級汽船に対応することを主眼としたものであった。総工費は五八九万円で、このうち内国貿易施設分の半額一〇三万円を門司市が負担、それ以外は国費でまかなうものである(図4-8)(112)。

以上のように門司築港をめぐっては、財源難から中央政府で民営論が模索されつつも、最終的には大蔵省・内務省・市の三者による修築という、横浜・神戸でとられた方式で行われることになった。その最大の要因は、東神倉庫の加藤直法が指摘したように、門司には「実力ある商人」がいなかったことに求められるだろう。『福岡日日』における論争は、具体的な計画の裏付けがない机上の空論に過ぎなかった。そして「実力ある商人」がおり、なおかつ具体的な計画を有していたのは、門司港のライバルと目されていた若松港であった。

若松築港第四次拡張計画と若松市

若松港が位置する洞海湾には、第一次世界大戦を契機として、重化学工業を中心にさまざまな企業の工場が設立された。一九一〇年代初頭に設立された主要な工場を列記すれば、以下のようになる。若松の対岸に位置する戸畑には、戸畑製鉄・東洋製鉄・旭硝子などによる製鉄所及び化学工場、さらに明治紡績の工場などが建設された。また八幡には、九州製鋼・安川電気・黒川窯業などの各種工場が建設された。若松にも、東海鋼業・日本板硝子・石川島造船・九州造船などの工場が建設される。

これらの工場建設用地のほとんどが、洞海湾を埋め立て造成されたものであった。そしてその埋め立ては、私企業である若松築港会社によって行われたものであった。築港会社は一八九〇年より築港事業を開始したが、その費用償却は二つの柱からなされていた。ひとつは入港する船舶より徴収する入港銭であり、もうひとつは港内及び

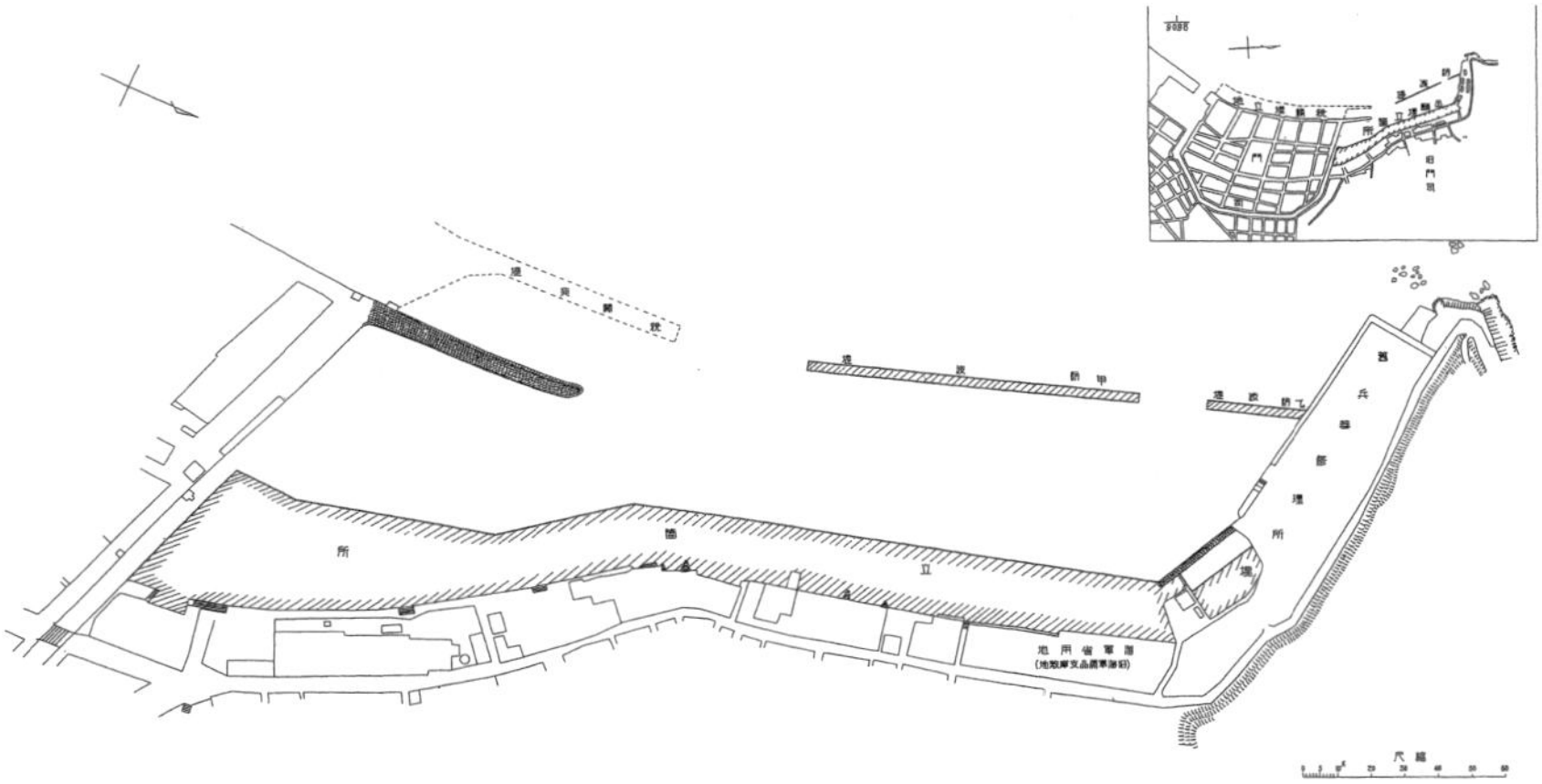

図 4-7　門司市営築港工事／確定案（1917 年 4 月）
出典）『港湾調査会議事録抜粋』附図上巻，111 頁。

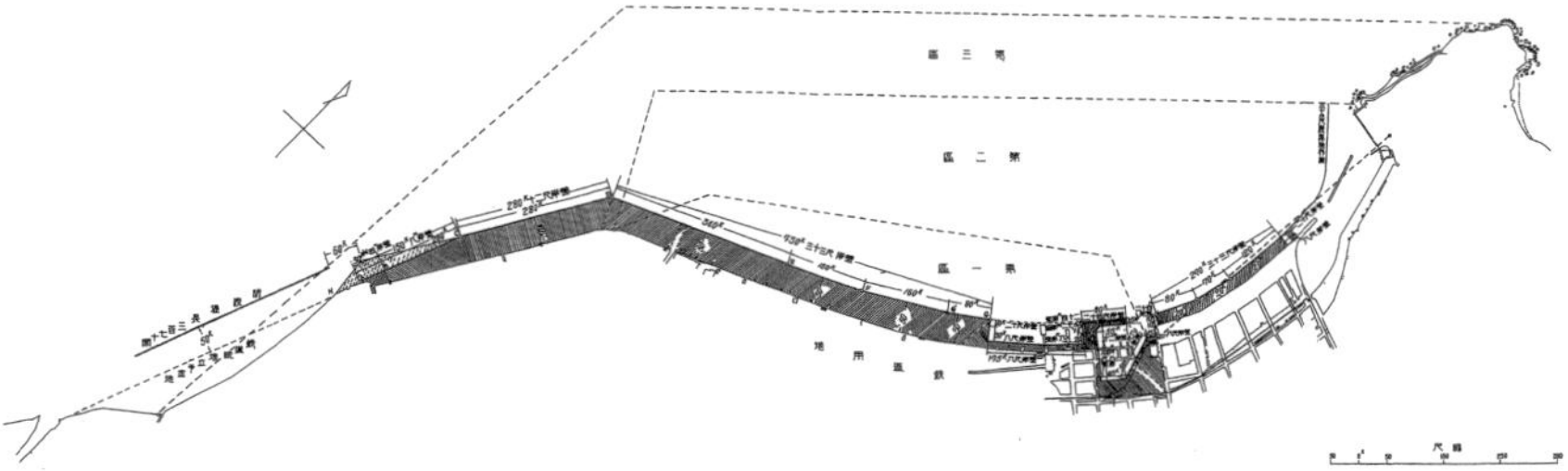

図 4-8　第一次門司築港工事／確定案（1918 年 12 月）
出典）『港湾調査会議事録抜粋』附図上巻，129 頁。

航路の浚渫より生じた土砂で造成した埋立地の売却である。同社は、設立当初から埋立地を売却していたが、一九一六年頃から売却件数は急増する。同社は若松におよそ五万坪、戸畑・枝光におよそ二万坪を所有していたが、一七年末には若松所有地のうちおよそ四万坪を売却し、また戸畑・枝光の所有地もほとんどを売却している。それらは、前述の各種工場建設に利用された。

所有埋立地のほとんどを売却することになった若松築港会社は、当然ながら新たな埋立地の造成を模索することになる。一九一六年一〇月には、同社は洞海湾一周航路浚渫及び埋立地造成工事の許可を、福岡県に願い出た。第四次拡張計画と呼ばれるものである。計画内容は、水深二〇尺（およそ六メートル）・幅五間（およそ九メートル）の洞海湾内一周航路を浚渫し、その周囲に埋立地を造成して各種工場に売却するものであり、総工費は三七二万五〇〇〇円と見積もられた(113)。

一方で、若松の地域社会では、独自に埠頭整備が試みられつつあった。洞海湾沿岸の工業港化は、同時に労働者の移入をもたらしていた。若松の人口は、築港が開始された一八九〇年は二九三四人に過ぎなかったが、一九一〇年には三万三五三人と、わずか二〇年で一〇倍に膨れあがっている(114)。しかし一方で、これらの人口をまかなうだけの生活用品を鉄道で輸送することは困難であった。門司と若松のあいだには洞海湾が横たわっているために、鉄道輸送のコスト負担が大きく感じられるようになっていた(115)。

かかる人口の膨張と地形上の特質は、若松港に要請される機能も変質させた。一八九〇年当初は石炭の積み出し施設のみで充分であったものが、工業港化に伴い、工場における原料及び製品や労働者の生活用品などの移出入を行う雑貨埠頭の整備が必要とされたのである(116)。

そのため、若松市は一九一四年より独自に市営雑貨埠頭の整備に着手していた。若松市は、九州帝国大学教授の君島八郎に設計を依嘱し、翌一五年六月には君島設計案が完成する。君島設計案は、洞海湾口（若松市側）渡船場の西南に四〇〇間（およそ七三〇メートル）の物揚場・横桟橋を整備するものである。これにより、石炭以外の雑貨を年間二〇〜三五万トン取り扱うことができるという。総工費は、二六万六三五九円と見積もられた[117]。若松市では、海陸連絡調査委員会及び市会での承認を経て、一九一七年四月には福岡県に工事の許可を申請した。

洞海湾国営論の展開

以上のように、一九一〇年代半ばには若松の地域社会でも、独自に築港を行う気運が高まっていた。そしてそれは、若松港の波止場整備のみならず、洞海湾全体の築港を民営ではなく国営で行うよう求める動きへと発展していく。一九一八年初めには、沿岸の若松・戸畑・八幡・黒崎・折尾の各商工会が連合して洞海湾開発連合調査会が結成され、彼らは上京して中央政府に洞海湾国営化の陳情を行った。さらに政友会系の石崎敏行や、国民党系の的野半介など、各地選出の県会議員や衆議院議員も国営化論を支持した[118]。また、福岡県知事の谷口留五郎も国営論を支持し、その運動を支援していくことになる[119]。

このような洞海湾全域を巻き込んだ運動は、工業港化によってもたらされたものでもあった。一九一七年五月には、『福岡日日新聞』を中心に洞海湾国営論が展開されたが、その主張は、おおよそ以下の三点に集約される[120]。第一に、洞海湾の工業港化の進展は急速かつ大規模なものであり、入港料収入と埋立地売却益をもとに工費を捻出しながら整備を進めていく築港会社の手法では、時間がかかりすぎる。第二に、若松港の取扱品目のうち石炭の割合は低下しており、若松港は石炭積み出し港から総合貿易港へと脱皮しつつある。石炭以外の貨物を積んだ船舶にとっては、築港会社の徴収する入港料は大きな負担となる。第三に、入港船舶の急増に応じて港内交通を取り締まるためには、私企業ではなく官庁による管理が望ましい。

若松港が単なる石炭積み出し港であった頃は、石炭業者によって設立された築港会社に対する入港銭もそれほど負担には感じられなかっただろう。しかし、工業地帯へと転換しつつあった若松港及び洞海湾には、入港銭の負担と、それにもかかわらず水深が拡大しない状況は人々の若松築港会社に対する不満へとつながっていったのである。[121]

したがって、洞海湾築港の規模が大きくなればなるほど、国営論者には有利である。その意味で国営論は、内務省土木局の壮大なプロジェクト志向と親和的であった。若松市による雑貨埠頭整備許可申請を受けて、一九一七年四月より内務省土木局も洞海湾調査をはじめる。洞海湾には明治初年にデ・レーケによって、水深維持のために「不可埋」の原則が定められていた。しかし調査を担当した内務省技師安芸杏一は、大規模に埋立工事をしても水深維持の妨げにはならないと判断し、「大工業港」を建設する方向に転換していく。[122]

そして、内務省土木局は洞海湾の国営化に前向きであった。第二次港湾調査会による審査を経て、一九一八年五月には土木局案が完成する。これは、水深三〇尺（およそ九・〇九メートル）・航路幅三〇〇尺（およそ九〇・九メートル）の一大航路を浚渫し、その周囲に埋立地を造成するもので、総工費が七〇〇万円にも及ぶ一大計画であった。[123] 最終的に確定した修築事業は一〇カ年事業・総工費九七〇万円となり、一九一九年度の内務省事業予算に盛り込まれることになった（図4-9）。

ところが最終的には、洞海湾修築予算は、内務省予算からは削除されてしまった。一九一八年末に開かれた第四一議会には第一次門司築港工事の予算案も提出されており、内務省土木局としては第一種港である門司港を上回る規模の大規模修築案を、重要港ではない洞海湾に投入することはできなかったのであろう。衆議院予算委員会では、「何分財政ノ都合ガ附キ兼ルノデ一寸何時カラ其大規模ノ築港ノヤラウト云フ見込ハ立チマセス」[124]と、堀田貢土木局長より洞海湾国営は明確に否定された。

財源の見通しが立たなければ、洞海湾国営論は成り立たない。洞海湾国営論の最大の根拠は、若松築港会社の経営規模や経営手法では、迅速かつ充分な海港修築は不可能であるということであった。しかし、沿岸市町村の運動

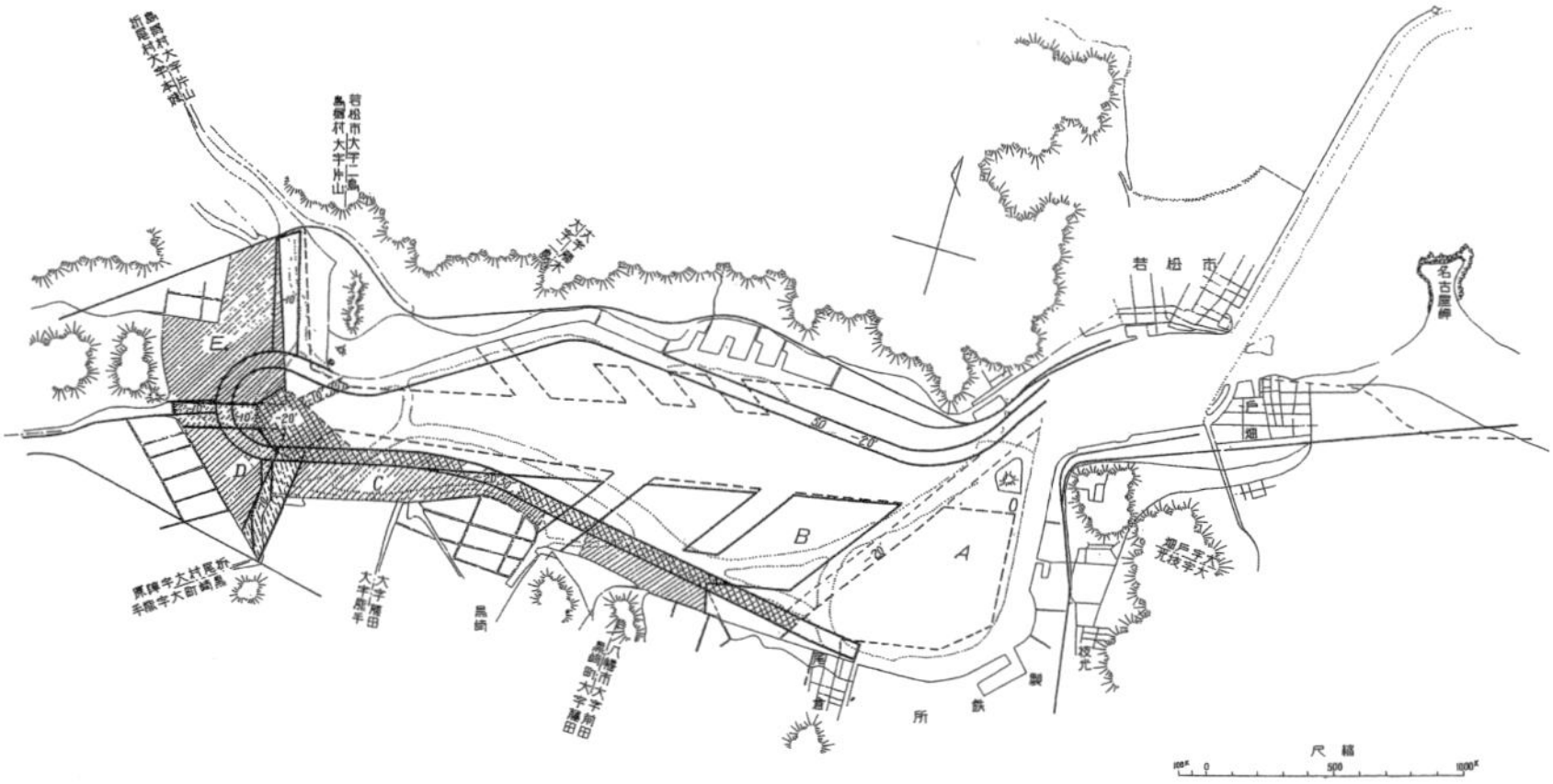

図 4-9　洞海湾修築工事／設計案（1918 年 12 月）

出典）『港湾調査会議事録抜粋』附図上巻，133 頁。

の結果として明らかになったのは、国家もまたそれだけの財源を捻出する余裕がないということであった。谷口県知事は県営による洞海湾修築を模索したが、やはり財源の目処が立たず、洞海湾修築は再び若松築港会社の手に委ねられることになる。

問題は、肥大化した設計案である。若松築港会社単独では九七〇万円にも及ぶ規模の設計案は、到底実現できない。一九一六年一〇月に築港会社が提示していた第四次拡張案は、あくまで三〇〇〇トン級汽船への対応を念頭においたもので、国営論者からは「姑息な」ものと批判されていたものであった[125]。それゆえ、同社に修築を依頼するのであれば、その規模について合意に達しなければならなかった。福岡県は内務省土木局が修正した設計案の実現を若松築港会社に求め、両者は折衝を繰り返した末[126]、若松築港会社単独ではなく三菱合資・九州製鋼と分担して工事を実現することで、福岡県の要請する規模に近づけることとなった。しかし、内務省土木局や国営論者にとって不満が残ることに変わりはなく、次章で述べるように、一九三八年には福岡県に移管されることとなる。

小　括

一九〇七年に「重要港ノ撰定及施設ノ方針」が策定されたことによって、内務省土木局による海港行政の主導性が確立したわけではない。本章で明らかにしたように、一九〇七年以降も、内務省土木局は河川改修事業の一環として重要港ですらない伏木築港に着手するなど、内務省土木局において海港に関するセクショナル・インタレストは未だ成立していなかった。また、財政的制約が大きかったこともあり、第二種重要港の修築も容易には進まなかったのである。したがって内務省単独で海港修築を進めることはできず、門司築港の事例が示すように、大蔵省が海港行政において果たす役割も依然として大きかった。

かかる状況で海港修築を進めたのは、やはりコスモポリタン型アクターであった。とりわけこの時期に海港修築に積極的であったのは地方実業家であった。大阪築港や門司築港をめぐっては、地方実業家が海港論を主導し、海港修築事業の縮小に抵抗し続けていた。そしてその際に強調されたのは、やはり国家的重要性と隣接港の脅威という二つの要素であった。各地の築港縮小派は、中小港分散主義——各地域において必要な範囲で小規模な修築を実施することで国家全体としての海港機能は維持できると主張したが、築港拡大派は、依然として大港集中主義——ターミナルとしての海港の建設を主張し続けたのである。しかし、大港集中主義者が求める海港の規模が、地域社会の費用負担能力と比して過大であったことは事実であり、かかる現実の前に大港の建設は一時的に凍結されることとなった。

内務省土木局・地域社会いずれも海港修築を拡大することができない状況で、海港修築を現実に推し進めたのは私企業であった。同時期には、日本国内で進展していた工業化を背景に、原料の輸入が不可欠な重化学工業を中心として臨海工業地帯が造成され始めていたのである。しかし、臨海部の工業地帯化は、労働者の流入による都市化を伴う。それゆえ、私企業による部分的整備においても、やはりローカル・インタレストの成立という問題は避けられなかった。洞海湾国営論は、臨海工業地帯においてローカル・インタレストを成立させようとする試みだったのである。

そして、洞海湾国営論を後押ししたのは、内務省土木局であった。私企業による部分的整備は、内務省土木局の壮大なプロジェクト志向とは相容れないものであった。それゆえ、内務省土木局は、私企業による部分的整備を整理し、洞海湾全体の海港修築を目指すようになる。それは、内務省土木局において海港に関するセクショナル・インタレストを成立させる契機となったが、現実には財政的制約の大きい状況で、壮大な計画を実現させることは不可能であった。内務省土木局が本格的に海港修築に取り組むためには、財政の積極化と政党内閣の成立をまたなければならなかったのである。

第5章　政党内閣期の海港行政

――内務官僚による統率

一九一八年九月の原敬内閣の成立は、内務省土木局にとって大きな転機となった。原敬が率いる政友会が、四大政綱（教育・交通・産業・国防の充実）を象徴とする積極主義を打ち出すことで、各地域社会からの支持を調達したことは周知の通りである[1]。原内閣の成立を契機として、内務省土木局は、海港行政のみならず土木行政全般の再構築に乗り出していく。たとえば、一九一八年末に開かれた第四一議会では、積年の課題であった道路法が成立した。同法は、道路を国道・県道・郡道・町村道とランク付けし、それぞれ主務大臣・府県知事・郡長・町村長を管理者として位置付け、その整備費用の捻出方法などを規定したものである[2]。また、同年六月には道路行政に関する事項を審議する機関として道路会議を設置し、道路改良計画の立案に乗り出すこととなった。要するに同法の成立によって、河川行政に準じたかたちでの道路行政の構築に内務省土木局は成功したのである。そして、道路法を成立させた内務省土木局にとって、次なる課題は港湾法の成立であった。そこで本章では、一九一〇年代末以降、政友会との協調のもとに積極化する内務省土木局の海港行政の展開を明らかにすることを目的とする。

もちろん内務省土木局だけで海港行政を展開させることは不可能である。内務省と政友会との協調の要となったのは、地方長官であった。一九〇〇年代から政友会系と目される地方長官が各地の社会資本整備を実現したことは多くの研究で指摘されている通りである[3]。また一九二〇年末に開かれた第四四議会には、水面埋立の許認可権者・

漁業権などの補償をめぐる裁定者として府県知事を規定する公有水面埋立法が成立している。したがって海港行政においても地方長官の役割は重要であったが、一方で海港がもたらすインタレストの範囲が必ずしも府県域とは一致しない、ということもすでにみてきた通りである。それゆえ、府県域をまたいでインタレストを成立させることが、内務省土木局・地域社会の有志にとっては重要であった。一九一〇年代から二〇年代はじめにかけて、その媒介となったのは政友会系代議士であった。第一節では、政友会系地方長官・地域有志（政友会系代議士）・内務省土木局の三者の協調によって地方港が修築されるまでの過程を、伏木・境・敦賀の三港に注目して検討する。

一方で、内務省土木局にとって、政友会は決して万能ではなかった。地方港修築とならぶ、内務省土木局にとっての重要課題は、河川法・道路法に準ずる港湾法の制定であった。政党を媒介とする手法は、地域社会内外の競合を乗り越えるためには有効に作用したが、各省間の競合を乗り越えることはできなかったのである。それゆえ、内務省土木局は港湾法制定のために、新たな手法を編み出さざるを得なかった。それが、海港整備にかかわる官民すべてのアクターを網羅した外郭団体、港湾協会の設立であった。第二節では、以上の目的をもって設立された港湾協会の活動実態を、検討することとする。

一　地方港修築の展開——伏木・境・敦賀

内務省への海港行政の一元化

原内閣が発足した直後の一九一八年一〇月、「港湾経営を内務省に於て統一施行する」ことが閣議決定された(4)。閣議決定の主な内容は、以下の三点である。①国家が直接経営する港湾の設備工事は内務省が施行する。ただし陸上設備については利用者及び大蔵省と事前協議を行う。②国庫補助を受けて地方庁が施行する地方重要港の修築工事は、内務省が監督する。③国庫補助を受けて地方庁が施行する漁港修築工事は、内務・農商務両省が監督する。閣議決定の理由として「港湾の経営竝工事の計画は内外貿易の趨勢、商工業の状態、陸上交通機関との連絡竝後方地域に於ける物資の集散関係等を稽査考量し各種の方面に亘りて慎重調査を要すへく、単に税関事務の便否如何を以て断すへきにあらす」と強調されていることからも、横浜・神戸両港の修築工事を念頭に海港行政から大蔵省を排除することに狙いがあったことは明らかであろう。

この閣議決定に応じて、行政組織の改編も進められた。一九一九年一二月には内務省土木局の分課規定の改正が行われ、港湾課が河港課から独立し、河川課と港湾課にわかれることとなった。[5]

以上の経緯からわかるように、内務省土木局の関心はあくまで全国的な海港整備にあった。そしてそれは、内務省土木局が所管する他の全国的事業（河川政策・道路政策）に準じるものであった。内務省土木局は、一八九六年に河川法を制定することに成功していたが、同時期に検討していた道路法・港湾法については実現させることができなかった。[6]したがって一九一〇年代の内務省土木局の主要課題は、港湾法と道路法を成立させることにあったのである。

前章で言及した小橋一太土木局長による「土木ニ関スル意見」でも、「道路ニ関スル法規ハ極メテ不備ニシテ今日ノ実情ニ適セス…〔中略〕…法典ノ編纂ヲ企テ以テ制度ノ確立ヲ図」ることの必要性が言及されている。意見書が作成された時点では、すでに「法案ノ調査ヲ遂ケ今ヤ一ノ成案ヲ得」ていたようであり、一九一八年一二月に開会された第四一議会には、実際に道路法案が提出されている。この道路法案の狙いは道路整備への国費投入を制度化することにあり、そのために国道・府県道以下の道路を内務大臣及び地方長官が独自に認定するというものであった。[7]前章第一節でみたように、内務省土木局は港湾法も準備していたが、大蔵省の抵抗により実現させることはで

表 5-1　内務省土木局による港湾種別構想

種別	定　義	港湾名
第一種	枢要ナル海外貿易港	横浜・東京・神戸・大阪・門司・下関・長崎・新潟・函館・小樽・基隆
第二種	枢要ナル沿海貿易港ニシテ外国貿易ヲモ兼ネ行フ港	四日市・口ノ津・武豊・糸崎（尾道）・唐津・若松・室蘭・清水・境・青森・敦賀・石巻（仙台湾）
第三種	沿海貿易ヲ主トスル港	熱田・和歌山・（塩津）徳島・浦戸・三ヶ濱・玉島・宇品・多度津・大分（臼杵）・鹿児島・三角・那覇・博多・厳原・松江・直江津・伏木・土崎（又ハ酒田）・宮古・平潟・舞鶴
第四種	避難港，検疫港	—
第五種	漁業港	—
第六種	第一ヨリ第五迄ニ認定セラレサル港湾ニシテ程度ノ稍低キモノ	—

出典）小橋一太文書，第 299 号「港湾種別其他」。

きなかった。

したがって、この時期の内務省土木局の関心は、海港修築に国費を投入するための等級化を推し進めることにあった。一九〇七年の重要港選定方針では第一種・第二種合わせて一四の重要港に国庫金を投入することを制度化していたが、全国的な海港工事のさらなる拡大のために、内務省土木局は等級の細分化を検討していたようである。

小橋文書によれば、内務省土木局は、「主務大臣ノ認可ヲ俟テ施行」する海港として、新たに六種に分類することを想定していたようである（表 5-1）。[8] 第一種は枢要海外貿易港であり、横浜・神戸ほか一〇港である。第二種は「枢要ナル沿海貿易港」で外国貿易も行う港であり、四日市・敦賀ほか一二港である。第三種は「沿海貿易ヲ主トスル港湾」であり、熱田・伏木ほか二一港である。具体名を挙げているのは、以上の三種別であり、これら合計四三港は、内務省土木局が直接工事を施行し、また国庫から工事費を補助することを想定していたものと思われる。さらに第四種の避難港・検疫港、第五種の漁業港にも国庫補助を下付することが考えられていた。しかし、前章第一節でみたように内務省土木局による港湾法草案は、各省の合意を得られなかった。そのため、従来の一四港を大幅に上回る合計四三港以上への国庫金投入の制度化も、見送られることになったのである。

そこで次善の策として、内務省土木局は既存の第二種重要港の拡大に乗り出していく。一九一九年七月二四日の港湾調査会で名古屋港の第二種重要港への指定が認められたことを皮切りに[9]、翌二〇年一〇月には清水・那覇の二港が[10]、二一年六月には若松・高松・小松島・今治・伏木・伊万里の六港が第二種重要港に指定された。さらに内務省土木局は、第二種重要港以外の地方中小港へも国庫補助を拡大させるために、一九二二年五月には指定港湾制度を導入した[11]。これは、内務大臣が指定した「港湾ニ関スル新築、改築、除却工事ニシテ其ノ港湾ノ利用ニ著シキ影響ヲ及ホスノ虞アルモノ」については、内務大臣の認可を義務づけることを定めたものである。これは、府県営及び民営に委ねられていた地方中小港の修築工事に対する内務省の監督権を強化したものであったが、後にみるように、実質的には修築工事に国庫補助を投入する際の基準となるものであった。

このように、政友会内閣下における内務省土木局は懸案であった海港修築の量的拡大を目指して動き出した。しかし、すでにみてきたように、地元負担が伴う海港の修築事業にたいしては、地域社会における合意形成は困難であった。海港の修築によって実感されるインタレストの及ぶ範囲は、府県全域に及ぶものではなく、また時として府県をまたぐ問題でもあった。そして、一九一〇年代末から二〇年代初めにかけて、海港修築問題をローカル・インタレストとすることに貢献したのは、従来の研究が示唆するように、政友会であった。

そこで本節では、一九一〇年代末から二〇年代初めにかけて、内務省土木局が政友会との協調のもとに地方港修築に乗り出していく過程を検討することにしたい。対象としては、一九二一年六月に第二種重要港に新たに指定される伏木港、第二種重要港のうちで最後に修築が決定する境港、第一種重要港でありながら大蔵省の関心が低かった敦賀港を取り上げることとする。

表 5-2　敦賀・七尾・伏木三港輸移出入価格比較

	敦賀			七尾			伏木		
	内国貿易	外国貿易	合計	内国貿易	外国貿易	合計	内国貿易	外国貿易	合計
1909(明治 42)年	16,608,255	3,831,641	20,439,896	—	—	—	15,556,349	298,628	15,854,977
1910(明治 43)年	16,892,232	2,953,489	19,845,721	—	—	—	15,276,878	99,354	15,376,232
1911(明治 44)年	19,125,375	3,544,959	22,670,334	—	—	—	16,519,550	501,112	17,020,662
1912(大正元)年	11,652,256	4,278,145	15,930,401	—	—	—	16,408,718	686,383	17,095,101
1913(大正 2)年	9,686,543	4,382,168	14,068,711	—	—	—	19,759,767	1,064,628	20,824,395
1914(大正 3)年	12,450,743	6,296,888	18,747,631	—	—	—	18,129,186	906,159	19,035,345
1915(大正 4)年	5,926,493	40,047,557	45,974,050	—	—	—	15,406,358	317,161	15,723,519
1916(大正 5)年	6,789,707	55,977,540	62,767,247	7,529,255	56,612	7,585,867	19,567,827	241,941	19,809,768
1917(大正 6)年	10,178,974	48,037,746	58,216,720	7,349,823	670,531	8,020,354	28,178,778	296,883	28,475,661
1918(大正 7)年	13,282,322	31,050,497	44,332,819	11,416,516	1,140,236	12,556,752	41,563,930	541,125	42,105,055
1919(大正 8)年	15,532,984	45,715,888	61,248,872	14,296,558	332,097	14,628,655	67,719,035	862,484	68,581,519
1920(大正 9)年	15,159,118	13,914,787	29,073,905	10,097,770	645,332	10,743,102	67,334,394	913,678	68,248,072
1921(大正 10)年	13,173,856	7,032,911	20,206,767	22,227,350	817,269	23,044,619	57,672,329	1,369,326	59,041,655
1922(大正 11)年	11,207,163	7,165,447	18,372,610	27,660,094	768,959	28,429,053	61,929,373	3,164,782	65,094,155
1923(大正 12)年	10,549,963	5,114,360	15,664,323	26,705,080	1,691,891	27,796,971	81,993,094	3,874,197	85,867,291
1924(大正 13)年	14,905,250	5,703,127	20,608,377	26,862,363	1,144,546	28,006,909	72,528,625	6,623,573	79,152,198

注）単位は円。対朝鮮貿易は内国貿易に含む。
出典）『大日本帝国港湾統計』各年。

対岸航路の誘致——富山県伏木港

前章第一節でみたとおり、第一次伏木築港は庄川改修工事の一環として実施されたものであった。伏木港は、敦賀港や新潟港など他の日本海諸港と同じく、北海道との交易で栄えた海港であったが、一九一〇年代にはやはり対岸航路への期待が高まったようである。第一次伏木築港工事の竣工を目前に控えた一九一二年頃には、浜田恒之助富山県知事が、「日本海沿岸の発展」「伏木港」などの論説を発表している[12]。

浜田は、伏木築港の完成を目前にして、定期航路の誘致・日本海側幹線鉄道の整備・造船場の設置などのインフラ整備を通じた地域振興策を訴えている。伏木港の移出入価格は、外国貿易の点では敦賀港に劣っているものの、対北海道を中心とする内国貿易では敦賀港と遜色のない成績を誇っている（表5-2）。そのため浜田は、米穀・綿織物・藁工品などの移出と肥料・石炭の移入を中心とする対北海道貿易を第一に重視すべきものと位置付けている。そして今後さらに重視すべきなのは、ロシア沿海州の日本人出漁者への需要品供給と漁獲物輸入である、という。一九一三年に開通予定である富直線（富山〜直江津）を経由すれば伏木から東京までの距離は二七二哩となり、敦賀〜東京（東海道経由）の三一三哩よりも短縮される。したがって、対ウラジオストク貿易のみならず対朝鮮貿易においても伏木港が有利になると、浜田は分析している。

対岸貿易拡大のために必要なのは、海港施設のさらなる拡張と命令航路の誘致である。浜田は、第一次築港で整備される繋船岸壁及連絡鉄道に加えて、繋船浮標・倉庫・船舶修繕所などの整備が必要だという。さらに将来的には五〇〇〇トン級船舶に対応するために、水深を二五尺（およそ七・五七メートル）にまで拡大する必要がある。また、現行の北海道航路は不定期でありしかも寄港地が多いため、「貨物を吸収する力」に欠ける。ウラジオストク航路も七尾・新潟・青森を経由する航路であるため、やはり「貨客僅少」という結果が生じている。そのため、伏木にある二つの汽船会社及び個人所有の汽船などを合同させることで、航路発展の一助とすることを浜田は提案している。[13]

浜田の構想を特色づけるのは、以上のような対岸貿易の発展に加えて産業振興も考慮している点である。浜田は、県内の中小企業の合同による大規模化を推奨し、また「本県は地勢傾斜し、山岳急峻にして、水勢急なるを以て、水力電気を起すに適し」ていると述べ、豊富な水力と急勾配の河川が多いという自然環境を利用して大規模工業地帯を造成することを提案している。[14] 富山県における本格的な電源開発は一九一一年一月の日本電気化学工業会社片貝川発電所建設によって始まるが、[15] 浜田は伏木港を物流の拠点とし、さらに水力発電を利用した工業地帯化を富山県の将来像として提示していたのである。そして一九一五年八月に浜田が宮城県知事へと転任した後も、これらの構想は後任の県知事や富山県有志に受け継がれていくことになる。一九二〇年には東園基光県知事により県営電気事業が開始され、常願寺川水系の開発が開始される。

表 5-3　敦賀港輸移出入額推移

年	外国貿易		朝鮮貿易		内国貿易		総　額
	輸入額	輸出額	輸入額	輸出額	輸入額	輸出額	
1916	1,699,629	54,277,911	40,937	2,846	6,311,200	434,724	62,767,247
1917	2,911,884	45,125,862	32,891	7,965	9,641,296	496,822	58,216,720
1918	5,963,950	25,086,547	1,886,722	1,744,603	9,210,295	440,702	44,332,819
1919	6,164,213	39,551,675	4,274,856	1,048,263	1,989,794	8,220,071	61,248,872

注）単位は円。
出典）『大日本帝国港湾統計』各年。

しかし、伏木港よりも先に対岸命令航路を獲得できたのは、競合港と目されていた敦賀港であった。第3章でみた通り、一八九〇年代末の星亨・原敬両逓相時代には逓信省命令航路は伏木を含む各地を巡回する航路へと変更されたものの、二年余りで巡回航路は廃止され、敦賀とウラジオストクの直航線のみが命令航路として残されることとなった。さらに日露戦後の一九〇六年二月には、ロシア東亜汽船によるウラジオストク～敦賀間直通定期航路が開かれるなど、敦賀港はロシア側からも注目されるようになった。一九一二年には、東京とヨーロッパをむすぶ欧亜国際連絡急行列車が敦賀を経由することとなり、敦賀港は名実ともに日本海側の代表港となるのである[16]。

ウラジオストクとの定期命令航路の就航は、敦賀港貿易を飛躍的に増大させた。敦賀港貿易の最盛期は一九一六年のことであり、総貿易額はおよそ六二七六万円、そのうち外国貿易額はおよそ五五九八万円の実績を挙げている。これは、全国の外国貿易港のうち五位の実績を誇るものであった。もっとも貿易額のうち大半は輸出額（およそ五四二八万円）であり、それもロシアに向けた軍需品輸出が貿易額の急増を支えていた[17]。そのためロシア革命の勃発は、敦賀港貿易に深刻な影響をもたらすことになる。一九一六年をピークに外国貿易輸出額は激減し、一八年には二五〇〇万円ほどにまで落ち込んでしまう（表5-3）。

敦賀港における対ロシア貿易の穴を埋めたのは、対朝鮮貿易である。表5-3に示されるように、敦賀港の対朝鮮貿易は一九一七年までは移出入額ともに五万円にも満たなかったが、朝鮮総督府の補助により定期命令航路（朝鮮郵船会社）が就航した一九一八年からは輸出入額ともに一〇〇万円を超えるほどに増加している。主な移出品は縄や莚などの藁工品・綿製品・漁網であり、主な移入品は大豆・牛などであった。他の日本海沿岸諸港と同様に、敦賀港の対岸貿易の内容は日本人漁業者に対する漁具供給と、大豆などの輸入から成り立っていた。

朝鮮牛の移入量はさほど大きなものではなかったが[18]、敦賀が朝鮮総督府の命令航路を獲得するのには重要な意味をもった。生牛を移入するためには検疫が必要であるが、当時輸移入獣類検疫所は横浜・神戸・長崎・厳原・下関の五港にしか設置されておらず、本州日本海沿岸から朝鮮牛の輸入はできない状態であった。獣疫検疫所を誘致することによって、敦賀港は他の日本海諸港との差別化に成功したのである。

敦賀港と対抗するために富山県有志がとった方策は、隣接する石川県との共闘であった。石川県西岸には風雨を遮るような地理的条件を備えた海港がなく、県下唯一の開港は能登半島に位置する七尾港であった。伏木港と七尾港は四〇キロメートルほどしか離れておらず、寄港地を伏木・七尾両港と元山・清津・ウラジオストクのみに限れば、一航海あたり一四日間で巡回することができる。

以上のような対岸航路の構想は、政友会系代議士を中心に具体化されたようである。富山県選出の政友会系代議士である上埜安太郎・高見之通・菅野傳右衛門・廣瀬鎮之・石原正太郎に加えて、石川県選出の政友会系代議士である戸水寛人・米田譲・西村正則らの名前で作成された「伏木七尾ト浦塩北鮮間ノ定期命令航路開設ニ付」と題された趣意書には、同航路計画の詳細が記されている[19]。

趣意書においては、浜田県知事と同様に、敦賀港に比して東京までの距離が近い点、また豊富な電力を利用して伏木港の工業港化が進みつつある点が強調されている。とりわけ工業港化は、他の日本海諸港との差別化を強調するもっとも大きな要素であった。「電気製鉄、パルプ製造、豆粕製造、燐寸製造、人造肥料製造軸木製造其他各種ノ製造工場設立セラレ其原料ノ北満（浦塩経由）及北鮮ニ仰グ可キモノ否仰ガザル可カラザルモノ甚ダ多シ」と趣意書では述べられている。

実際、一九一〇年代後半には、鉄鋼・化学・製紙などを中心に伏木港周辺の工業地帯化は急速に進みつつあった。一九一七年二月に電気製鉄株式会社伏木工場が建設されたのを皮切りに、一八年には北海電化工業株式会社、一九年には北海曹達株式会社、伏木製紙株式会社、北海工業株式会社の各工場が操業を開始している。趣意書では、「電気製鉄会社ハ早晩内地銑鉱ヲ使用スルヲ止メテ北鮮ヨリ其原料ヲ移入スルニ至ル可ク」、「又パルプ製造会社ハ将来北海道及樺太木材ヲ使用スルヲ止メテ露領方面ノイゾ《マヽ》松トド松及ビ北鮮豆満江産方面ニ出スル杉松ヲ使用スル計画アリ」と、各工場で使用される銑鉄・木材などの原料は、現状では国内産を使用しているが近い将来にはロシア・朝鮮北部及び中国東北部から輸入される見込みがあると主張している。

以上のような伏木港の工業港化に伴う輸入貨物需要の増大と、石川県から産出される陶磁器・漆器などの輸出を見込んで、政友会系代議士らは定期航路を実現しようと試みたのである。井上孝哉・東園基光など歴代の県知事も彼らの動きを後押しし、一九二〇年には富山・石川両県及び朝鮮総督府から補助を受けた朝鮮総督府命令航路として、伏木七尾ウラジオストク線（清津寄港）が就航することとなった。

政友会系代議士らは、当初は朝鮮郵船会社が運航する敦賀北鮮間定期命令航路の伏木港への延長を試みたようであるが、これは実現しなかった。次善の策として神戸組合汽船会社に運航を依頼したが、これもうまくいかず、結局は実業家でもあった石原正太郎を中心に北陸汽船株式会社を設立して航路を運営することとなった。同社は、東洋海運汽船会社より能登丸を傭船し、一九二〇年一一月一八日より航海を開始した[20]。

このように対岸航路を実現することはできたものの、政友会系代議士らは対岸航路への県費投入に対する県会の合意を調達しなければならなかった。なぜなら、対岸航路の起点となる伏木港は庄川が流れる富山県西部を後方地としており、対岸航路の開始は神通川流域を後背地とする富山県東部には直接の利益をもたらすものではなかったからである。

幸いにして、一九一八年より内務省直轄により神通川改修工事が着手されており、同工事の一環として神通川河口に位置する東岩瀬港の修築を行うことが可能であった。一九一九年一〇月、小矢部川を視察した内務省土木局の比田孝一調査課長は、北鮮航路開設後は伏木港の補助港が必要であると発言し、東岩瀬築港着手への気運を高めている。(21) 神通川改修工事を実施する内務省新潟土木出張所において立案された築港設計案は、神通川河口部に突堤を建設し、また港内を水深四・五メートルに浚渫することで、一〇〇〇トン級船舶に対応することを目的とするものであった。(22)

同工事の総工費は五八万円と見込まれたが、富山県はおよそ半額にあたる三〇万円を支出し、残りの二八万円を富山市と東岩瀬町で負担する予算をたて、一九二〇年の富山県会に予算案が提出された。(23) 県会では、第二次伏木築港が実現すれば東岩瀬築港は不要ではないか、との質問も出されたが、森本内務部長は「主ナル商業港トシテハ伏木港ガアルノデアリマスカラ、之ニカヲ入レテ経営致サナケレバナラヌ、其次ニ東岩瀬ハ富山ヲ控ヘテ居ル港デアリマスカラ、一般カラ見渡シテ伏木ノ次ノ要港トシテ、…〔中略〕…相当ノ設備ヲ致シタイ」(24) と、東岩瀬港は伏木港とは異なる後方地域をもっていることを理由として、その実現に理解を求めた。さらに、商業港としての伏木・東岩瀬に加えて、漁港として氷見・魚津の修築についても調査を進めるために、港湾調査費も同年度予算には盛り込まれた。(25)

このように県内各地に配慮された結果、対岸航路への県費補助及び東岩瀬築港は実現することとなった。また、対岸航路開始以後は内務省土木局による第二次伏木築港の設計も着手され、また一九二一年六月には伏木港が第二種重要港に指定された。

県域をまたがる築港問題——鳥取県境港

伏木港と同様に、後方地域が県域をまたがっていた地方港としては、鳥取県の境港が挙げられる。境港は鳥取県と島根県の県境に位置しており、しかも鳥取県の県庁所在地である鳥取市よりも島根県の県庁所在地である松江市と近接している港であった[26]。また、島根県下の隠岐諸島への連絡線は境港を起点としており、同航路を担っていた隠岐汽船会社は境港〜朝鮮航路を運営していた。境港の後方地域は、鳥取県西域から島根県東域へと広がっていたのである。そのため、たとえば一九一一年の島根県議会では「県の境界変更に関する意見書」が議決されるなど、かねてより境港が位置する西伯郡の島根県移管論が取り上げられるほどであった[27]。

境港の修築計画が本格化するのは、一九〇七年以降のことである。それまで境港は、小規模な修築は行われていたものの、本格的な修築は行われていなかった。だが、第二種重要港に指定されたことを契機として、内務省土木局主導の築港計画が具体化する。一九一三年より内務省技師安芸杏一によって同港の実測調査及び設計立案が進められ、一六年には設計案が完成した[28]。設計案は、二〇〇〇トン級船舶に対応することを目的としたもので、その概要は、繋船岸壁（合計延長二〇〇間）・防波堤（合計延長一六五五間）・浚渫（最大水深二一尺）・埋立（約三八〇〇坪）である。総工費は一八〇万円と見積もられている。

内務省土木局による築港計画の立案を受けて、鳥取県も築港の具体化に向けて動き出す。一九一六年末には鳥取県会で築港調査費三六〇〇円が議決され、翌年には県庁内に境港調査会が設置された。同調査会が手掛けたのは、築港のもたらす経済効果、とりわけ対岸貿易の可能性に関する調査であった。一七年六月には、鳥取県内務部長財部實秀を中心とする調査団が満洲・朝鮮半島を視察している。当時朝鮮半島東岸では鳥取県選出代議士である奥田亀造による漁業経営が展開されており、漁業用の藁工品などにおいては一定程度の需要が見込まれた[29]。以上のような状況もあり、境港調査会は、一九一八年九月六日の総会において県費負担一〇〇万円を上限として境築港の施行を議決する。第二種重要港である境港には総工費の半額が国庫より補助されることが見込まれたため、これにより境築港の気運が高まりつつあったといえよう。

しかし、議決直後の九月一三日から一四日にかけて鳥取県下を水害がおそったことで、事態は一変する。水害の復旧には総額一三〇〇万円が必要と見込まれたため、境港修築費の捻出が困難となってしまうのである。大水害を契機とする境築港事業の遅れは、境港の行政区画変更論議を呼び起こした。鳥取市で発行されていた『因伯時報』によれば、築港の遅れに対する不満を背景に、西伯郡を中心に島根県移管論への支持が広がっていたという。これに対して、西伯郡の島根県移管に反対する『因伯時報』は、「大水害の為め一千三百万円の負債を為したるも島根県との共同事業たらしめば境港湾修築の実行は決して不可能の事業に非ず[30]」と、鳥取・島根両県の事業として実施することを提案している。境築港には総工費の半額が国庫より補助されることが確実であるため、その地元負担分を鳥取・島根両県で折半すれば鳥取県の負担額は総工費の四分の一で済むことになる。西伯郡の移管論や鳥取・島根両県合併論の高まりを防ぎながら、鳥取県の財政負担を軽減させる案として提案された方法が、境築港の共同事業化であった。

一九一九年六月には、境商工会会頭の岡田庄作を中心に境港湾修築期成会が結成されたが、その設立宣言書には「鳥取島根両県官民一団提携上下相呼応シ山陰道開発ノ道程ニ向ヒテ突進スル[31]」と、共同事業として境築港を実現することが盛り込まれている。また同年八月に、鳥取県内務部長として対岸調査を実施した財部實秀が島根県知事に就任したことも、共同事業化への期待を後押しした。同年末の鳥取県会では「同港〔境港――引用者注〕ニ於ケル両県ノ利害等シキモノアルノ故ヲ以テ速カニ島根県当局ニ交渉ヲ開始セラレンコト希望シ両県共同ノ事業トシテ急速ニ修築ニ着手」することを求める意見書が決議された。これを受けて、同年一二月一五日には境港湾修築期成会の一行は島根県庁及び島根県会に出向き、境築港問題の協力を要請した。

鳥取・島根両県当局が境築港問題について意見を合わせるのには、それほど時間はかからなかった。翌二〇年六月には、阿部壽準鳥取県知事が松江市に赴き、財部島根県知事と築港費負担割合について協議を開始した。同年八月から九月にかけて両県の内務部長・参事会員とのあいだで意見交換が行われ、最終的に鳥取県は総工費一八〇万円のうち地元負担額九〇万円の半額もしくは三分の一（三〇〜四五万円）の負担を、島根県に要請した。

これを受けて、同年末には財部島根県知事より県会協議会に対して、費用負担の具体案が提示される。それは、地元負担額九〇万円のうち、鳥取県が三〇万円、境町が二〇万円をそれぞれ負担し、また浚渫船及び機械等の売却益から二〇万円を捻出し、残余の二〇万円を島根県が負担する、というものであった。財部知事は、二〇万円を五カ年継続支出とすれば、一年当たりの支出額は四万円に過ぎず、県財政を圧迫するものではない、と説明した。

だが、島根県会は紛糾した。両県が交渉中であった同年九月に開かれた臨時県会、さらには具体案が提示された通常県会では、境築港をめぐっては県内の地域間対立が顕在化する。境築港への費用負担に対して消極的であったのは、島根県下でも浜田港の後方地域となる石見地域であった。浜田港も境港と同時に特別貿易港に指定されてはいたものの、ほとんど貿易実績はなかった。浜田町の人々はその要因を海港施設と内陸交通網の未整備状況に見出し、一九一〇年頃には浜田港及び郡道修築を島根県会に提案していたが、実現には至らなかった。そのため一九二〇年には、境築港に対抗するかのように浜田港修築期成同盟が結成され[32]、島根県会には浜田港修築を求める意見書も提出された[33]。

島根県内で境築港に積極的であったのは、隠岐郡と松江市であった。とりわけ松江の経済団体（松江商業会議所及び松江経済会）は、境港修築に関する意見書を作成し、島根県下に配布するなど世論喚起につとめた。松江経済会の意見書では、境築港の経済的効果を「小は山陰道一円ノ土地ヲ開発シ、大ニシテハ裏日本ニ於ケル邦家ノ開港場トシテ其自然的良港タルヲ発揮セシメ」と漠然としか表現していない。むしろ彼らは、費用対効果のみに注目する議論を牽制する。「政府ガ境港ヲ以テ十五港ノ一トシ重要視セシニモ拘ラス、既往ニ於ケル事実ニ基キ両県民カ同港ノ利用厚薄ノ度ニ準拠シ、経費問題ニ拘泥シ、逡巡狐疑シ居ルハ殆ンド解シ難キ[34]」と述べ、政府が重要港に指定したという事実をもって、境築港を正当化するのである。

県会における地域間対立は、会派ごとにまとめる努力がなされた。政友派で取りまとめにあたったのは、島根県政友派の長老である小川蔵次郎と佐野正雄であった。一二月六日から開かれた政友会島根支部総会においても石見各郡選出の県会議員は賛同しなかったが、最終的には小川・佐野両氏への一任を取り付けることに成功した。一方の憲政派では、島根県負担分二〇万円のうち二万円を松江市の負担とすることを条件に、合意が成立した。一二月九日にひらかれた両派協議の結果、二〇万円を六カ年継続経費として支出し、このうち二万円を松江市の負担とすることが決定された。その後、一二月一六日には島根県会で境港修築費予算案が可決される。

石見地域が歩み寄った背景としては、対朝鮮航路をめぐる両県の協力関係が挙げられるだろう。松江商業会議所は、一九二三年の事業大綱で境築港とともに浜田〜浦項間航路の開設にも言及し、浦項〜浜田〜境港の三角航路の運営を重要課題としている。また、同年六月には鳥取・島根両県商工会連合会により満鮮貿易調査会が設置された。同調査会には、両県商工会連合会の正副会頭と両県からそれぞれ一〇名が参加し、毎月二回定例会を開催することとし、両県が共同して対朝鮮貿易に取り組む体制が構築された[35]。

一九二〇年一二月には鳥取県会においても、満場一致で修築費予算が議決された。県会に提出された予算案は、境港修築費のうち鳥取県負担分七〇万円を、県費負担を四五万円、境町の負担を二五万円とする案であった[36]。県会における予算案の確定を受けて、鳥取県及び境港町の有志は、国庫補助の獲得へ向けて陳情運動を展開していくこととなる。

第一種重要港の拡張——福井県敦賀港

境港修築費と同じく一九二一年初めに陳情運動が展開されたのは、敦賀港である。敦賀港はウラジオストクへの連絡港として第一種重要港に指定されており、一九〇九年から四カ年事業で第一次築港が実施され、三〇〇〇トン級船舶が二隻同時に繫船できる桟橋が完成していた。しかし、先述したように、ウラジオストク及び朝鮮との定期命令航路の就航によって一九一〇年代半ばには敦賀港の対外貿易価格はピークを迎えており、新たに六〇〇〇トン級船舶への対応が構想されるようになる。

第二次敦賀築港を目指す動きを主導したのは、敦賀商業会議所会頭の大和田荘七であった。大和田は、先述した獣疫検疫所や朝鮮総督府命令航路の誘致を主導するなど、中央の政治家や官僚に直接働きかけることにはすでに実績があった。それゆえ第二次築港に対しても同様に、政党を媒介とせず、直接官僚に働きかけていく。

大和田は、対ロシア・朝鮮関係を重視する政治家や官僚をターゲットとして敦賀港に対する関心を高めようと試みた。大和田が働きかけたのは、日露協会である。日露協会は、一九〇二年に榎本武揚を会頭に設立された半官半民の交流団体であり、一五年一月からは大蔵省主税局長や朝鮮統監府財政顧問などを歴任している目賀田種太郎が同協会日露貿易調査部長に就き、対ロシア貿易拡大のための調査にあたっている。大和田は同協会の敦賀副支部長を務めており、目賀田に対しても第二次築港の必要を訴えた。

目賀田は、一九一七年四月には敦賀港を視察し、敦賀築港に関する意見書を公表している[37]。当時敦賀築港設計案としては、敦賀湾全体を改修する大規模計画案と、敦賀町前面のみを改修する計画案の二案があったが、目賀田は、敦賀湾全体を改修する計画は「貿易先の露国及び米国の通過物のみに限られたる敦賀に在りては余程遠き将来の必要とすべく今日に於ては其要なし」として却ける。目賀田は第一次築港で造成された突堤を延長することでおよそ一五万坪の碇泊水域を確保し、外国及び朝鮮貿易に必要な臨港鉄道・倉庫施設等を整備するよう主張した。また、危険物置き場の設置、工場地帯の整備、停車場施設の整備なども、併せて提案している[38]。

このように第二次敦賀築港に向けた気運は盛り上がりつつあったが、大和田の個人的ネットワークの問題は、それが内務省を中心としたものではないという点にあった。大和田の伝記で関係が強調される人物は、牧野伸顕・前田正名・下村房次郎・後藤新平などであり、福井県知事時代の牧野を除けば、内務省系ではなく農商務・鉄道省系の官僚であった[39]。したがって、第二次築港に際しても、大和田は内務省土木局ではなく鉄道官僚に働きかけることになる。一九一八年の春、大和田は鉄道省運輸局長の木下淑夫と面会し、鉄道省と内務省との共同により第二次築港を実現する計画について合意したようである[40]。

だが、同年九月に政友会内閣が成立したことにより、事態は一変した。木下は採算の見込めない新線建設に消極的であり[41]、それゆえ鉄道の「建主改従」を党の方針とする政友会内閣下では、敦賀築港問題にかかわり続けることはできなかったのである。木下は、原内閣が成立した直後の一〇月には本省の運輸局長から中部鉄道管理局長へと転出し、さらに翌二〇年には退官することになる[42]。

また敦賀港も、境港と同じく、その後方地域が県域と一致しないという問題があった。福井県の主要輸出品は絹製品であったが、これは主として北米・ヨーロッパ向けであったため鉄道により横浜港へと運ばれ、敦賀港からはほとんど輸出されなかった[43]。それゆえ敦賀港修築問題は、全県的な課題とはならなかったのである。

したがって大和田は、鉄道省ルートに代わって内務省・政友会を中心とした新たな体制を構築しなければならなかった。大和田にとって幸運であったのは、一九一九年四月に福井県知事に就任した湯地幸平が第二次敦賀築港に理解を示したことである。湯地の支援を受けた大和田は、従来からの農商務省・鉄道省による中央政府と地域社会とをつなぐルートのみならず、内務省及び政友会を中心に、地域社会におけるインタレストを実現するための組織を設立することになる。

一九二〇年四月、福井県庁内に対岸実業協会が設立された。同協会は、湯地を会長とし、顧問に旧越前藩主家の松平康荘、日露協会の後藤新平、朝鮮総督府政務総監であり前内務省土木局長の水野錬太郎、政友会系政治家である杉田定一・山本条太郎などを迎え、また副会長には福井県内務部長・福井県会議長をおいたものであった。大和田自身は、敦賀支部長に就いた。同協会の機関誌である『対岸時報』創刊号に掲載された対岸子によるコラムには、「福井県対岸実業協会は実に敦賀港の為に人の和を得る目的で生れたといってよい[44]」と書かれるなど、同協会の目的が第二次敦賀築港の実現のための世論形成にあることは、明白であった。

同協会の設立作業と並行して内務省土木局への働きかけも行われたようで、同協会の発会式には土木局長の堀田貢も出席している[45]。さらに同年九月には内務技師安芸杏一による第二次敦賀築港計画が、第二次港湾調査会に提出された。設計案は、現行防波堤の延長及び新規の防波堤を建設することで港内水面を拡張し、また繋船岸壁を築造することで、六〇〇〇トン級汽船二隻・三〇〇〇トン級汽船三隻・一〇〇〇トン級汽船一隻の繋船に対応することを目的としたものである。総工費は三五〇万円、予定工期は五カ年であった[46]。

敦賀港は第一種重要港であり、第一次築港は全額国費負担であったため、内務省土木局も当初は全額国庫負担を想定していたようである。一九二一年度の海港修築予算としては、第三次横浜築港・第一次清水築港・第一次下関築港とともに、第二次敦賀築港予算も計上されることになった。だが、一九二〇年頃から戦後不況が始まったこともあって大蔵省は緊縮方針へと舵を切っていた。そのため閣議では、一九二四年までは築港費に対する国庫補助は支出しないことが決められた。そこで内務省は、一九二一年度から二四年度までの四年間は、地方費から繰り替えて支払い、二五年度より国庫補助額を下付することを提案し、大蔵省も内務省の提案に同意したという。敦賀築港は全額国庫負担を前提としていたため、これにより二一年度の着工は困難となった。

敦賀築港の早期着手のためには、地元負担は不可欠であった。大和田と湯地は協議の結果、対岸実業協会から一〇万円、県費から一〇万円、さらに築港により生じる埋立地買収費として三〇万円を大和田個人が捻出することで、合計五〇万円の地元負担金を用意することとなった(47)。

中央政府への陳情活動

かくして一九二一年度追加予算及び二二年度予算をめぐっては、境・敦賀両港の築港問題が内務省に持ち込まれることとなった。第四四議会開会中の一九二一年一月には、岩田衛鳥取県知事のほか、県会議員や境港町長らが上京して鳥取・島根両県選出代議士らとともに床次竹二郎内相へ直接陳情したが、追加予算は実現しなかった。最大の障害と認識されたのは大蔵省であり、鳥取県選出代議士の清瀬規矩雄は大蔵省に対する陳情活動を強化する必要がある旨、岡田県会議長へ書き送っている。また、清瀬は同じく修築予算の実現を目指す福井県選出の代議士と協調して大蔵省に働きかけるつもりであることも報告している(48)。両港による協調の実態は明らかでないが、伝記によれば大和田も二一年度追加予算での修築事業の実現を目指したようである(49)。両港が実現を目指した追加予算は結局のところ第四四議会には提出されなかったが、同議会では境港修築速成建議案が確定しており、両港とも二二年度予算での実現を目指すことになる。

もっとも、重要港に指定されている両港にとって、国庫補助実現に向けた切迫感がさほどあったようには思われない。これまでに着手された重要港の修築にはすべて国庫補助が下付されており、地元負担金問題が解決すれば境港への国庫補助は確実なものと思われていた。一九二一年五月には松江市で開かれた政友会中国四国大会に出席した床次内相が境港を視察したことも、楽観的な雰囲気を後押ししたものと思われる(50)。一方、第二次敦賀築港をめぐっては、この年の政友会北信大会は長野市で開催されたため、床次内相が敦賀港を視察する機会はなかった。だが、内務省の意向にしたがって地元負担金を捻出した経緯もあり、やはり国庫補助の実現は楽観視されていたものと思われる。実際、一九二二年度の内務省予算には、境・敦賀両港に高松港を加えた三港の修築費が盛り込まれることになった。

ところが、境・敦賀両港の思惑は外れた。緊縮財政方針を堅持する大蔵省が、内務省の三港修築費の要求を却けたのである。境港の有志は、「本来地方費負担さへ決定せば国庫補助は簡単なり」と考えて地域社会内部での合意形成を進めてきたのであるが、それは「今となりては悉く見当違ひなりしことを知[51]」ったのである。

それゆえ同年の秋以降、両港の有志は相次いで上京し、内務・大蔵両省に対して陳情を繰り返すことになる。同年一〇月、敦賀の大和田荘七は、福井県選出代議士とともに高橋是清蔵相をはじめとして内務・農商務・逓信各大臣と面会して敦賀築港の実現を求めた[52]。また、翌一一月には境港湾修築期成会長の岡田庄作も上京し、鳥取県選出代議士らとともに大蔵・内務・農商務・逓信各大臣と面会し、境築港の実現を求めている[53]。

内務・大蔵両省の協議の結果、三港の修築費については国庫補助を一九二六年度以降に実施することとし、半額を補助する境・高松両港の修築費は同年度までは地方費の支出とし、地元負担分より国庫支出分の方が多い敦賀築港については同年度までの支出を福井県が立て替えることで合意に至った[54]。

以上のように、一九一〇年代末から二〇年代はじめにかけて、内務省土木局は地方長官と各地の有志との協調のもとで、地方港の整備を実現していた。海港の後方地域は必ずしも県域と一致しないが、そのギャップを埋めたのは政党であった。政友会系政治家が県域をまたいで協調し、また県会をまとめることで、地方港修築は実現されていたのである。

二　港湾協会の設立とその活動

港湾法の不成立と港湾協会の設立

内務省土木局にとって、地方港修築とならぶ最重要課題は、港湾法の制定であった。前章第一節でみたように、一九一〇年代半ばには内務省土木局はすでに港湾法を起草していた。全四五条からなる同草案は、内務省による一元的管理を目指したものではなく、海港行政を内務・大蔵・逓信三省がそれぞれ所管する範囲を明確化することを目的としたものであった。

しかし、原内閣のもとで積極化した内務省土木局は、内務省のもとへの海港行政の一元化を実質化するための港湾法を起草するにいたる。一九二一年に作成された港湾法草案（全七六条）の内容は、おおよそ以下のようなものである。(55)

同法においては、港湾を「国の営造物」と位置付け、港湾を「国港」と「地方港」の二種類に分類し、「国港」は主務大臣、「地方港」は地方長官が管理する原則を打ち立てている（第六条・第九条）。「国港」「地方港」の具体名は明らかにしていないが、「国港」は「国の公益に重大の関係ある港津又は特別の事由ある港津」であり、主務大臣が認定するものとしている（第七条）。「地方港」は「国港以外の府県内枢要の港津」であり、府県知事が認定するものである（第八条）。主務大臣及び府県知事の認定を受けない港湾は、同法の対象とはならない（第一条）。

管理者（主務大臣、府県知事）の権限は広範にわたり、①港湾の区域の指定（第一一条）、②工事の施工及び維持（第一二～一九条）、③埋立及び施設占用の許可（第二〇～三五条）、④入港料・使用料の徴収（第三七・三八条）などである。港湾管理に要する費用は、原則として国港は国庫負担、地方港は府県負担とする（第四三・四四条）。ただし、勅令で指定する地方港修築工事は、費用の一部を国庫より補助する（第四五条）。また管理者は、関係市町村に修築工事の費用の一部を負担させることができる（第四六条）。入港料その他の収入は、管理者の収入となる（第五七条）。

海港行政を内務省のもとに一元化する意図をもった同法案は、当然ながら各省の反発にさらされることになる。内務省土木局は、一九二一年六月一一日に開かれた第二次港湾調査会に草案を提出したが[56]、草案を審議するための特別委員会では、逓信省と鉄道省が省内の意見がまとまっていないことを理由に、港湾法に関する審議そのものを打ち切ることを求めたようである[57]。

同草案に対する各省の具体的な対応は、管見の限り明らかでないが、それまで逓信省と鉄道省が、海港行政の一元化について本格的に検討していなかったことは確かだと思われる。逓信省は管船行政の一環として外国の開港制度を研究していたものの、それは船舶業者への情報提供を目的としたものであり、日本の海港行政統一を目的として検討したものではなかった[58]。また同年一一月には、鉄道省運輸局が『港湾と鉄道との関係調書（第一輯）』を作成し[59]、また二二年と二五年にも同調書の第二輯と第三輯を刊行しているが[60]、これらの調書は、港湾調査会で港湾法草案が提出されたことへの対応として、作成されたものだろう。

したがって、逓信・鉄道両省は内務省案への対案もないまま、反対を続けることになる。その後も、内務省土木局は関係各省に対する説得を続けたようであるが、特別委員会では港湾法に関する合意をえることができなかった。

同年一二月に土木局港湾課長に就いた松本学の回想によれば、港湾法にもっとも激しく抵抗したのは逓信省だったようである。松本も港湾法の成立を目指したが、「同じことをくりかへしたって無駄なことだと考え」、「郭外団体を作って港湾世論を起し、世論の力でおしきろう」と考えたという。また松本は、港湾には海運・港運・倉庫・陸運などさまざまな業態がかかわるために、一九二一年の港湾法草案のような主務大臣や府県知事が港湾を直接管理するのではなく、「港湾を利用するあらゆる業態が一しょになって、一企業体として動くような機構」による海港経営という基本理念に則った港湾法を起草すべきだと考えるようになる。(61) 松本は、新たな理念の下に港湾法を制定するために、地方有志や土木関係者だけではなく、船舶業者や倉庫業者など従来内務省があまり影響力をもっていなかった人々も含んだ世論団体——港湾協会の設立に向けて準備を進めていくのである。

むろん、この構想が逓信・鉄道両省に露見すれば、協会の設立そのものが失敗に終わる可能性があるため、協会設立準備は両省を出し抜くかたちで進められたようである。折良く二二年六月頃には、南満洲鉄道会社の大連埠頭事務所でも、貨物や旅客の円滑な処理のために各地の港湾との連絡協議会を結成することを考えており、松本はこの連絡協議会結成準備を利用して各港所在の府県知事や市町村長、船舶会社・倉庫会社などの関係者と協議をしながら、港湾協会設立準備を進めていった。具体的には、松本が港湾協会の会則草案を作成し、大蔵省系の技術者である丹羽鋤彦(62)や朝鮮総督府土木部長の原静雄などとともに設立準備を進めたようである。(63)

一九二二年一〇月一二日、大連で開催された港湾関係者招待会には、日本国内の港湾所在府県・市町村の代表者、及び商業会議所会頭・船舶会社や倉庫会社などの民間業者、さらには朝鮮・青島・満洲の港湾関係者も招待され、会議は盛大に開かれた。その席上、松本は「港湾に関する輿論を作る」ことと「官民が協力して港湾の発達に当る」ことの二点を理由に、港湾協会設立の動議を提出した。会議では、逓信省大阪逓信局海事部長の小林音八により「色々の官庁団体に完全なる御了解を得られて、而してそれを一般の議に諮ふて協会を設けるといふことに御話を御進めになつては如何であるか」と、事前に充分な説明がないことへの不満が表明されたものの、「民間側におきましては誰一人として反対しておる人が無」く、動議そのものは議決された。(64)

このように大連において港湾協会設立の既成事実化を進めた松本は、帰国後に具体的な設立準備に入り、同年一一月には、会長には現職内務大臣である水野錬太郎(65)を、副会長には土木業界の第一人者である古市公威及び内務省土木局長である堀田貢を推戴することを決定し、港湾協会は正式に創立された。なお、創立発起人には内務省から一六名、大蔵省・逓信省から九名ずつが名を連ねており、最終的には大蔵・逓信両省ともに港湾協会の設立に同意したようである。(66)

協会の設立にあたっては関係各省に充分な周知をしなかった松本ではあったが、協会設立以後は大蔵・逓信両省との協調関係の構築に力を注いだようである。副会長職は、一九二五年に拡大され、古市公威・松波仁一郎という学識経験者に加えて、内務・大蔵・逓信三省の各次官、あわせて五名が就任することになった。(67) これにより、内務・大蔵・逓信という海港行政にたずさわる三省が協調する場として、港湾協会が整備されたといってよいだろう。

港湾協会と第二次港湾調査会のもっとも大きな違いは、それが政策決定の場ではなく、世論形成の場であったということである。港湾協会会則では、その目的を「港湾政策ヲ攻究シ、港湾ノ修築及海陸連絡設備ノ完成ヲ促進シ港湾利用ノ方法ヲ改善スルト共ニ港湾関係者ノ連絡懇親ヲ図ル」としており(第一条)、この目的を達成するために、①港湾に関する調査研究、②港湾に関する資料収集、③港湾に関する講演会・講習会・展覧会の開催、④港湾に関する図書刊行、⑤会報の発行、⑥港湾に関する関係当局からの諮問に応じ、また当局への建議、⑦その他必要な事業、を行うものとしている(第三条)。

前節までにみてきたように、これまでも海港修築にあたっては、内務省土木局技師による設計をもとに各地で築港計画が立てられ、また地域社会における合意形成が図られてきた。しかし海港をめぐるインタレストは多様であり、各地の有志は個別の行政課題ごとに関係各省に陳情し、また地域住民の合意を取り付けなければならなかった。港湾協会は、それらの行政課題をまとめて議論できる場として用意されたのである。

したがって、海港を通じた地域振興を図る人々からは、港湾協会には大きな期待が寄せられた。港湾協会の役員には、会長・副会長のほかに若干名の理事が置かれることになっていたが、松本のもとには理事就任の働きかけがあったようである。一九二二年一二月には青森県選出の代議士北山一郎が、松本のもとを訪れ、理事就任を懇請している[68]。北山は、一九一九年頃から展開されていた青森港修築運動の中心人物であり[69]、修築実現のためには港湾協会の理事に就任することが有益だと考えられたのであろう。北山の懇請は受け入れられ、東北・北陸・中国四国の地域代表として、北山に加えて、大和田荘七・坂口平兵衛の三名が理事として就任することになった[70]。

以上のように、各省間の競合を乗り越えるために、地域社会・私企業など海港にかかわるアクターすべてを取り込んだ組織として、内務省は港湾協会を設立した。以下では、一九二〇年代における港湾協会の活動を、①自由港問題、②海港行政一元化問題、③港湾法制定問題、④地方港修築問題の四点に即してみていくことにしたい。

自由港論の展開

一九二三年四月より刊行された港湾協会の機関誌『港湾』で最初に取り上げられたのは、自由港設置論であった。第一巻第一号に河津暹（東京帝国大学経済学部教授）による「自由港論」が掲載されたのを嚆矢として、第二号には石井徹（日本郵船会社副社長）・直木倫太郎（大阪市港湾部長兼都市計画部長）・三橋信三（三菱倉庫常務取締役）・島村幡彦（大阪商船調査部長）らの自由港論が掲載され、また第三号には「自由港論是非」という特集が組まれた（表5-4）。

また、『港湾』が創刊された一九二三年四月には、内務省土木局編纂による『自由港の考察』と題する小冊子が刊行されている[71]。同冊子は、内務省土木局が自由港に関する調査のために収集した資料を収録したもので、ドイツやアメリカにおける自由港に関する論文や調査資料の邦訳が収録されている。緒言には、「近時民間識者の間に自由港設置の論議頗る盛んなるものあるも自由港を設置すると否とは其の影響する所甚大」であり、内務省土木局は「港湾管理官庁としては決して忽緒に付すべからざる事項であるから行政及技術の両方面より」調査研究に着手し

表 5-4 『港湾』に掲載された自由港論

巻号	主題	著者	
第 1 巻第 1 号	自由港論	河津暹	東京帝国大学教授　法学博士
第 1 巻第 2 号	自由港に就て	石井徹	日本郵船株式会社副社長
	自由港調査委員会の設立を促す	直木倫太郎	大阪市港湾部長兼都市計画部長 工学博士
	自由港論批判	三橋信三	三菱倉庫株式会社常務取締役
	自由港論の価値	島村幡彦	大阪商船株式会社調査課長
第 1 巻第 3 号	自由港論に就て	山本五郎	合資会社住友倉庫支配人
	自由港の目的と活用の要素	井坂孝	横浜商業会議所会頭
	自由港設置に関する意見	藤山雷太	東京商業会議所会頭
	自由港に就て	間泰蔵	株式会社開通社取締役
	自由港設置の要否	稲畑勝太郎	大阪商業会議所会頭
	自由港設置の要否及利害	三橋信三	三菱倉庫株式会社常務取締役
	自由港設置方針を確立すべし	上遠野富之助	名古屋商業会議所会頭
	自由港と長崎港	田尻常雄	長崎高等商業学校長
第 1 巻第 4 号	自由港区に就て	中野金次郎	門司商業会議所会頭
	自由港設置に就て	多羅尾源三郎	大阪海上火災保険株式会社
	神戸自由港区設置の提唱	福本義亮	神戸商業会議所書記長
第 2 巻第 1 号	我国の自由港問題	石橋五郎	京都帝国大学教授　文学博士
第 2 巻第 2 号	横濱港自由港区設置に就て	左右田喜一郎	法学博士
第 2 巻第 3 号	横濱港より見たる外国自由港制度概要	左右田喜一郎	法学博士
第 2 巻第 4 号	欧米の自由港	林千秋	北海道庁技師
第 2 巻第 5 号	再び自由港問題に就て	三橋信三	三菱倉庫株式会社常務取締役

つつある、と述べられている。

したがって、港湾協会が最初に取り組んだ課題は自由港問題であり、しかもそれは内務省土木局との協調のもとに取り上げられた課題であったといってよい。しかし自由港問題は、一八九〇年代から広く論じられていた問題であり、決して目新しい問題ではない。内務省土木局と港湾協会が敢えて自由港問題を取り上げた背景には、やはり内務省土木局による海港行政に対する支持を獲得する狙いがあったと考えるべきだろう。

『港湾』に自由港論を掲載した論者の肩書きをみると、行政官僚や土木技師ではなく、経済学者や船舶・倉庫会社の重役、及び各地商業会議所会頭などが大半を占めていることが目につく。彼らは、第二次港湾調査会を主たる政策形成のアリーナとしていた内務省土木局とは、馴染みの薄い人々であった。第二次港湾調査会には、臨時委員として団琢磨や荘田平五郎などの財界人が出席することはあったが、それはごく稀なことであった（巻末付表2）。

だが、たとえば一九二〇年一二月には日本船主協会が、また一九二二年一月には横浜商業会議所が、それぞれ内務大臣に対して海港行政の一元化を求める陳情書を提出するなど、[72] 彼らも海港行政に無関心であったわけではない。むしろ彼らは、大蔵省がかつて提示したような委員会方式による海港行政を志向する傾向すらあった。

上述の日本船主協会の陳情書によれば、神戸港では「当港ノ改良発達ニ関スル研究ヲ目的」として神戸港湾委員会が組織されることになったようであるが、これは「港湾行政統一機関設置ニ至ル迄及之カ設立後ニ在リテモ政府当局ニ於テ港湾ノ施設其ノ他ノ件ニ付事ノ当港ニ関スルモノニ就テハ必ス本会ノ意見ニ徴セラルル」団体として、「該制度ヲ漸次他ノ主要港ニ布及セシムル」ことを目指していたようである。同委員会の組織は、知事・税関長・神戸鉄道局長・大阪逓信局長・大蔵大臣官房臨時建築課神戸出張所長・内務省神戸土木出張所長・市長・神戸商業会議所会頭に加えて、同業者団体から選出される船舶会社代表や倉庫業者、港湾荷役業者なども参画するものであった。同様の委員会は、横浜でも設立が模索されていたようである（表5-5）。

したがって内務省土木局は、世論団体である港湾協会を立ち上げるにあたって、彼らの支持を獲得する必要があった。その際には、それまで内務省土木局が得意としていた土木技師や地域社会に加えて、船舶会社・倉庫会社・港湾荷役業者などが共有できる問題として、自由港問題は格好のテーマだったのである。[73]

このときに想定されていた自由港制度は、「船舶の出入し、輸入貨物を荷揚、改装蔵置加工製造等をなす地域丈は関税制度上除外的に外国と見做して之を自由にすることを認め[74]」るものであったため、海港整備を通じて地域振興を目指す人々はもちろんのこと、企業活動の自由度が増すことになる船舶会社や倉庫会社にとっても魅力的なものであった。たとえば、日本郵船副社長の石井徹は「外国の貨物に課税せずに輸出入が出来る、自由港区には荷物

表 5-5　神戸・横浜港湾委員会組織

神戸港湾委員	備　考	横浜港湾委員	備　考
知　事		知　事	
税関長		税関長	
神戸鉄道局長		東京鉄道局長	
大阪逓信局長		東京逓信局長	
大蔵大臣官房臨時建築課神戸出張所長		内務省横浜土木出張所長	
内務省神戸土木出張所長		市　長	
市　長		市会議長	若干名
神戸商業会議所会頭		市会議員	
神戸商業会議所議員	互選：2名	横浜商業会議所会頭	若干名
遠洋汽船会社代表	日本船主協会選出：4名	横浜商業会議所議員	
近海汽船会社代表	日本船主協会推薦：2名	遠洋近海航路汽船会社支店長	
貿易業者代表	団体又は同業者互選：2名	貿易業者	若干名
倉庫業者代表（荷役請負業含む）	同業団体選出：2名	倉庫業者	若干名
船舶取扱業者代表	神戸海運業組合選出：1名	海上保険業者	若干名
艀・小蒸気・曳船業者代表（陸上運輸業含む）	団体又は同業者互選：2名	運送業者	若干名
工業者代表（臨海工場を有するもの）	著名業者互選：1名		
石炭業者代表	同業団体選出：1名		
海員協会代表	同協会選出：1名		
海上保険業者代表	同業者互選：1名		

出典）『港湾行政資料』第一輯，41～45 頁。

が段々集つて来ます、其結果倉庫業保険業、金融機関と云ふものが発達して来ます、自然さう云ふ事が興つて来ます[75]」と述べ、また住友倉庫支配人の山本五郎も、「自国の自由港市をターミナス《〔ママ〕》として船舶の出入、発着することが、其国の海運政策に如何に有利であり、…〔中略〕…而かも自由港内に発達する可能性ある造船業の享くる利益は我邦に於て最も顕著なものであらう[76]」と、その期待を喚起している。

さらに、自由港論の前提には、既存大海港の改修も含まれている。山本は、「日本に物資を集め、船舶を呼寄せ、日本を貨物の集散地となし、船舶のターミナス《〔ママ〕》とする為めには、港湾の改良が目下の急務」であると指摘している。もっとも、築港にかかる費用負担が自由港反対論の根拠とならぬよう、山本は「初めから自由港になることを予想して築港計画を立つるならは…〔中略〕…港湾設備の築造費から見れば問題にならぬほどの少額で出来るのではないか」と述べているが、いずれにせよ自由港制度の導入によって、貨物量が増大するのであれば、新規築港が必要であることは間違いない。

このように『港湾』に掲載された自由港に関する論説のほとんどは自由港設置推進論であり、船舶会社・倉庫会社・貿易商・土木技術者など、海港に関連するほとんどすべてのアクターの期待を喚起するものであった。『港湾』誌上で唯一自由港設置反対論を訴えたのは、三橋信三（三菱倉庫株式会社常務取締役）である。三橋は、自由港論が取り上げられるようになった背景として、「現下の不況に対しては、何人と雖も此を救済すべき何等かの方法を渇望して居た際であるから、恰も響の音に応ずるが如く…〔中略〕…忽ち重大な時局問題となるに至った」と指摘し、実際には自由港設置がもたらす経済効果は疑わしい、と主張している。

三橋は、海港内の一部を自由港区とする構想のような「地代高く労力及資金を得るに困難なる場所に於て、一国の貿易を左右し得るが如き、産業が勃興すると考ふるは甚だしき誤解である」と断じる。そもそも「一国貿易の隆盛は其地理的関係は勿論其国の産業、商業、交通等諸機関の発達完備に俟つのみならず、更に労銀地代等賞品の原価を構成する要素の低廉技術の優秀…〔中略〕…等、複雑なる原因に因る」ものであって、それらの要因を是正せずに自由港制度のみを導入しても貿易が隆盛するわけではない、と三橋は自由港論を批判するのである。

しかし、一九二三年における自由港論の高まりが、内務省土木局及び港湾協会によって意図的に演出されたものである以上、港湾協会の大勢が自由港論の設置へと傾いていくのは必然であった。一九二三年一〇月、神戸で開催された港湾協会第一回総会において、中川望評議員・勝田銀次郎理事より自由港に関する議案が提出された。これを受けて港湾協会は自由港に関する調査委員会を立ち上げ、本格的に自由港制度の検討を開始するのである。

同委員会は、一九二四年五月と翌二五年四月の二度にわたって開催された。(77) 委員会では、自由港設置を主張する石井徹・直木倫太郎・山本五郎と、自由港設置に反対する黒田英雄（大蔵省主税局長）・三橋信三・丹羽鋤彦とのあいだで、激しい議論の応酬が繰り広げられた。(78)

自由港設置推進派は、天然資源に乏しい日本が経済的に発展するためには中継貿易（加工貿易）の振興をはかるしかなく、そのためには自由港の設置が必要であると従来通りの主張を繰り返した。これに対して、委員会の場で自由港設置反対派が繰り広げた主張は、以下の三点に整理できる。

第一に、中継貿易振興のためには、現行の保税倉庫・仮置き場制度の運用を改善することで充分に対応が可能である。これは、従来から大蔵省が主張してきた点でもあったが、その利用者の少なさから、既存の法制度に改善の余地があることは大蔵省も認めており、「出来得るならば此次の議会までには相当の案を立てゝ出来るだけの障害を除き便宜を計りたい」(79)と、黒田は述べる。また丹羽は、「今日の仮置き場が自由港と同じもので、仮置場と云ふ意味が世界に徹底して居らぬ為め誤解が生じて居るのではないか、…〔中略〕…之を今度の法改正で…〔中略〕…仮置場を自由港区と云ふ名前にしたらどうか」(80)とまで述べて、自由港推進論者に理解を求めている。

第二に、自由港の設置により生じる関税行政上の困難である。保税倉庫制度と自由港制度とのもっとも大きな違いは、「水面」を保税地域に含むか否か、という問題であった。山本五郎は委員会の場に全七カ条からなる「メモ」を提出しているが、その趣意は自由港区のなかに水面も含め、船舶からの貨物の積み卸しを税関の手続きを経ずに行うことにあった[81]。

これに対して黒田は、「水面を取入れまして船舶を自由に出入させると云ふことは御尤もでありますが、ハンブルグ港は障壁があつて其処に入るものは取締船の監督を受けてさうして荷揚げをして置いて必要に応じて処理すると云ふ取締方も比較的容易」であるが、「日本のやうな現在の港湾の設備に於きまして斯う云ふやうに水面を区画すると云ふことが果してさう簡便に行くものであるかどうか[82]」と、ウェットドックを中心とするヨーロッパ式の海港と、開放的な水面をもつ日本の海港の異同に触れながら、その実現性に疑問を呈している。

また三橋は、「税関と云ふ監督者が監視して居すらも手続が遅れるとか引取りが遅いとか中々苦情が多いのでありります、無監督で放り揚げて仕舞って速かに引取に来て呉れゝば宜いが何時迄経っても商品が其儘になって居る[83]」と、税関による監視がなくなることで、かえって貨物の遅滞を招くと主張している。

第三に、自由港設置にかかる費用対効果の問題である。そもそも大蔵省は、制度を整えさえすれば結果がついてくる、というような考え方には懐疑的であった。第2章でみたように、一八九〇年代における貿易港制度の改正の際から、経済規模に応じた海港整備を目指すという点では、大蔵省は一貫していた。そして、それは自由港に関する委員会の場においても、同様であった。黒田は開港制度を引き合いに出して、「開港などとやかましく言って来るから開港にすると云ふと今度は税関か支署を置いて呉れと云ふ。併し貿易があれば税関は必ずついて行くものでありります、開港にして呉れとやかましく云って来るから開港にして見ると品物が来ないと云ふ所がある[84]」と、述べている。

大蔵省の調査によれば、中継貿易の割合が日本国内でもっとも大きい神戸港においてさえ、全貿易貨物のなかで中継貿易貨物が占める割合（トン量）は、ピーク時の第一次大戦中で一割ほどに過ぎず、一九二一年には二分九厘にまで落ち込んでいるという。自由港推進論者の狙いは既存海港に自由貿易地区を整備する方針であったため、自由港設置に際しては当然新たな修築工事が必要となる。だが黒田は、「それだけの巨額の経費を使ひ又地域を限って其処に於て種々の自由を束縛してさう云ふ設備をすることが果して利益であるかどうか[85]」と、その効果を疑問視している。

以上の三点を中心とする、黒田らによる強硬な反対によって、委員会の議論は収拾が困難となった。とはいえ、港湾協会が設置した委員会で、自由港不設置を結論とすることはできない。第二回委員会の場で委員長廣井勇は、「自由港を抛棄すると云ふ事だけはやめたい」と述べて黒田らに妥協を求め、また山本五郎は将来的には自由港を「置き得る」という表現での妥結を求めた[86]。結局、調査を継続するということで第二回委員会は散会したが、管見の限り第三回が開かれた様子はみられない。

委員会における審議の中断によって港湾協会における自由港論は収束したが、ここまでみてきたように大蔵省も、保税倉庫制度改正の必要性は理解していた。そのため、委員会での発言の通り、大蔵省は保税倉庫及び仮置場制度の拡充を実施する。二年後の一九二七年に開かれた第五二議会には、仮置場法に代わる新たな法案が提出された。保税工場法と名づけられた法案は、帝国議会で「自由地区ト同ジヨウニ、海外ノ品物ヲ其処ニ於テ加工シテ出セルトイフ、働ニ於テハ同ジ結果ヲ得[87]」ることができると説明されているように、大蔵省の意図としては実質的に自由港制度を導入したものであった。しかし、委員会で丹羽が言及したように、自由港区という名称を入れたものではなかったために、その後も自由港設置を求める議論は繰り返されることとなる[88]。

行財政整理と海港行政一元化問題

自由港論に引き続いて港湾協会が対応しなければならなかった問題は、行財政整理問題であった。すでに原内閣末期より財政難に対応するために行財政整理に着手されつつあったが、政友会内の反発により実現されていなかった。しかし一九二一年一一月より、高橋是清首相の下で、行財政整理が本格的に取り組まれることになる。そして、これまでに取り組まれた行財政整理問題と同様、このときも海港行政の一元化問題が取り上げられた。

高橋内閣によって行政整理準備委員会が設置されたのが、一九二二年五月のことである。同年六月に提出された第一次案は、各省の改廃を含むドラスティックなものであった[89]。本書の関心から注目されるのは、第一次案では逓信省と鉄道省とを合併して交通省を新設する構想が出ている点である。行政整理準備委員会は、海港に関する事務も交通省に所管させることを想定しており、そのために府県港務部及び税関の廃止を検討している[90]。さらに、翌二三年七月にまとめられた行政整理準備委員会による第三次案でも、交通省の設置と税関・府県港務部の廃止が明記されており、高橋内閣から加藤友三郎内閣へと政権交代があった後にも、その方針が継続していたことがうかがえる[91]。

以上のように、港湾協会が設立される前後の時期には、行財政整理の一環として海港行政の一元化が検討されており、当然ながら港湾協会もこれに対応する動きをみせている。一九二四年四月の第一回総会では、海港行政一元化問題についても決議がなされ、同問題を調査する特別委員会が組織されている。同委員会では、海港行政一元化に関する具体的要項を掲げた建議書を作成し、四月二六日、清浦首相をはじめ内務・大蔵・逓信・農商務・鉄道各大臣及び帝国経済会議議長に対して提出した[92]。

建議書では、海港行政に関しては「将来は中央に統一せる機関を設くるを必要とする」が、それは短期的には困難であるため「差当り港湾に関する事務を統一すべき有力なる機関を地方に設置」することを、主な内容としている。地方機関では、①港務部、②臨時海港検疫所、③植物検査所、④水上警察署、⑤地方長官の港湾に関する事務の全部と、⑥内務省土木出張所のうち港湾修築工事に関する事務、⑦税関事務のうち物揚場・上屋・倉庫・曳舟・起重機・桟橋・繋船岸壁及び繋船指定に関する事務、⑧航路標識管理所事務のうち船舶の出入港のために設置している航路標識事務、⑨海事部事務のうち水先人の監督及び海員の雇用に関する事務、を統括するものである。この地方機関は、内務大臣の管轄下に置かれ、各事務についてはそれぞれの大臣の指揮命令を受けることとされている[93]。

港湾協会からの建議を受けて、行政整理準備委員会では海港行政一元化に向けた具体案の検討に着手したが、やはり大蔵省と逓信省から反対意見が寄せられた[94]。大蔵省では、神鞭常孝（横浜税関長）が「関税の徴収に付ては事物の性質上関係設備に付相当の管理」をする必要があるため、港湾協会案の通り地方機関を設置しても二重行政は解消されない、と反論した。また逓信省では、広幡忠隆（管船局庶務課長兼調査課長）より「航路標識に関する事項は港湾特有の事項に非ず、従って全国的に統一するを利便とする」、また海員の雇用に関しても「他の部局と合同する別段の実益なきのみならず此の事務を時に他の部局と合同せしむるは不便」である、と反論した。

とりわけ逓信省の態度は強硬であった。逓信省は、「港務部の事務に付ては主務は逓信省に属すへきものと考ふるを以て、若し之を中心として統一官庁を設らるるとせは逓信省部内のものとせられたし」と、海港行政一元化の主体としての意欲を明らかにする。そのために逓信省は、海港行政事務と管船・航路標識事務を総合する海事院構想を提示する[95]。そもそも「開港々則に関する事務は現在逓信省所管なるに拘らす、之か執行し府県港務部に於て掌れるは甚しき変態」であると、逓信省は現状を批判し、「港湾行政と船舶運航との関係に鑑み当然之を海事行政の主管庁たる逓信大臣の管理に属せしむへき」であると主張するのである。

以上のように、一九二四年頃には海港行政一元化問題をめぐって、内務省―港湾協会と大蔵・逓信両省との対立が顕著になったのであるが、二四年六月に護憲三派を与党とする加藤高明内閣が成立することで、事態は一変する。

周知の通り、加藤高明内閣は、憲政会・革新俱楽部と、政友会（総裁派）が連立して成立したものであったが、内相（若槻禮次郎）・蔵相（濱口雄幸）などの主要閣僚のポストを、大蔵官僚出身の憲政会首領が占めており、水野錬太郎や小橋一太など内務省系政治家にそれまであった海港行政に対する主導権に変動が起こったのである。

同年一〇月には第二次港湾調査会が廃止された。廃止の理由は「重要港湾廿四港ハ伊万里港ヲ除クノ外何レモ修築ノ計画成リ当分港湾調査会ヲ存置スルノ必要ナキニ至」ったというものであった。翌二五年一一月には臨時港湾調査会として再び設置されることになったが、内務省土木局による海港行政の中核であった第二次港湾調査会の廃止は、かかる主導権の変動を象徴する事件であった。

第二次港湾調査会が廃止される二カ月前の八月には、濱口蔵相を中心として行政整理案がまとめられている[96]。同案では、「税関の権限を拡張し、港務部所管の事務、海港検疫の事務、海港港《ママ》則に依る水上警察の事務及植物検査の事務を併せ掌らしむ」と、これまでの議論から一変して海港行政の税関のもとへの一元化が提案されている[97]。

当然ながら同案に対しては内務省から「海港検疫ヲ地方長官ノ権限ヨリ税関ニ移スニ於テハ地方長官ノ管掌セル陸上防疫事務トノ連絡互助等ニ不便ヲ来ス」、「港内ノ一般行政警察事務ヲ税関ニ移ストキハ此ノ部分ニ於ケル地方長官ノ行政警察権ヲ奪フコト」になるとして反論が加えられた。両省が折衝した結果、「海港検疫ニ関シテハ原案通リ税関ニ移スコト」とし、一方で「港内行政警察ニ関シテハ税関ノ権限ヲ『開港々則ノ施行ニ直接必要ナル港内ノ行政警察ニ関スル事項』に限ることとして妥結した[98]。これにより、海港修築事務を除いた開港行政事務（港務部・海港検疫事務・開港港則による水上警察事務・植物検査事務）が税関のもとに一元化されることとなったのである[99]。

加藤高明内閣による行財政整理は以上のように展開したが、これにより内務省土木局にとって港湾協会の重要性はむしろ増すことになった。翌二五年一月の『港湾』には、水野錬太郎会長・堀田貢副会長によって加藤内閣への批判と、港湾協会の意義を強調する論説が掲載されている[100]。

水野は、「我国の状態を見るに、四面環海の国なるに拘はらず、従来港湾改良の如きは殆んど閑却せられ、外国貿易の枢要港と称せらるる横浜―神戸の如きすら港湾設備の見るべきものなく、…〔中略〕…英米独仏等のそれに比較すれば、殆んど港湾として見るべき施設」がない状態であり、第二次港湾調査会の必要がないと断じた政府を批判している。とりわけ海港修築は「若し一度其の方策を誤らば、…〔中略〕…埋立てたる土地及構築したる防波堤を、後日に至り取除ける必要が起り、或は海陸連絡の関係を誤りたる設備を為し、徒らに多大の費用を海中に投ずるが如きことありては、国家財政上は勿論、国民の負担に多大の不利を及ぼさしむる」ものであり、それゆえ慎重な調査と審議を行う第二次港湾調査会は極めて重要な機関であったと述べる。そして、「今や此重要機関が廃止せられたる上は、之に代はるべき相当の機関がなければ」ならず、「是に於て我港湾協会は、今後益々重要なる機関として、活動せねばならぬ時期に到達した」と、港湾協会の意義を強調する。

また堀田も、「今日国民が苦しんでいる物価の騰貴を抑制する」ためには、「如何にして此海の利用に便し、物資の移動を円滑にするか」という点が重要であるのに、日本の海港行政が「所謂朝令暮改、内閣の更迭と財政の都合に依り、政策に屡変更があるやうでは、港湾の改良及其機能発揮の上に完璧を期することは不可能である」と、批判する。「現今の如く鉄道は逓信省之を主管し、道路は内務省之を主管し、港湾は内務省、逓信省或は今回行政整理の結果として、大蔵省が重要港湾の行政事務を管掌すると云ふことになるらしいが、此の如き状態に在ては、各種交通機関の円滑なる機能の発揮が出来るや否や、予は頗る疑問」と、税関のもとへの海港行政統一についても不満を隠さない。そして、第二次港湾調査会が「今回の行政整理に依つて廃止せられたに就ては、我協会の如きは港湾に関する唯一の機関になったのである、故に今後…〔中略〕…諸般の問題に対し、常に輿論の中枢とな」らなくてはならない、と港湾協会の存在意義を改めて強調するのである。

港湾法の検討

かくして、一九二二年から二四年頃にかけての行財政整理の展開は、港湾協会の活動を活発化させることになる。そしてその活動の主たる関心は、港湾法の制定に向けられた。先の論説で堀田は、内閣の更迭と財政の都合により海港行政に変動を来さないようにするためには、「港湾の管理維持及改良、進歩、利用等に就き、基礎となるべき法令を制定し、而して其の法令の下に、夫々適切なる施設を為し、以て秩序あり且つ整然たる発達を遂げしめる」ことが肝要であると述べている。内務省土木局が港湾法制定を試みた一九二一年当時、土木局長であった堀田にとってみれば、税関のもとへの海港行政一元化は港湾法が制定されなかったからこそ生じた問題であり、それゆえ改めて港湾法制定の必要性が実感されたことであろう。

一九二六年八月、小樽で開かれた港湾協会第三回総会において港湾法制定に関する建議が出されたのを契機として、港湾協会で港湾法の検討が開始されることとなった[101]。同年一〇月には港湾法調査委員が委嘱され、港湾法草案の検討が開始される（表5-6）[102]。

表5-6　港湾法制定問題調査委員

松波仁一郎	法学博士
丹羽鋤彦	工学博士
太田丙子郎	大阪商船株式会社専務取締役
奥村久郎	東神倉庫株式会社常務取締役
筧正太郎	鉄道省運輸局長
川村貞次郎	三井物産株式会社常務取締役
河津暹	法学博士
武田良太郎	日本郵船株式会社専務取締役
谷本伊太郎	三菱倉庫株式会社取締役社長
中山秀三郎	工学博士
長濱貞一	農林省水産局長
楢崎猪太郎	
黒瀬弘志	神戸市長
藤井真信	大蔵省主税局長
藤村重道	海員協会専務理事
寺島成信	経済学博士
有吉忠一	横浜市長
宮崎清則	逓信省管船局長
宮崎通之助	内務省土木局長
廣井勇	工学博士
比田孝一	

出典）鮫島茂文書948-⑨。

一九二七年四月八日に開かれた第一回港湾法制定問題調査委員会では、水野会長臨席のもと、港湾協会幹事の久保義雄から委員会の課題として、①港湾法の制定が必要である理由、②新たに制定する港湾法と既存の断片的法律及慣習との関係、③港湾法に規定すべき内容、の三点について整理することが示された[103]。委員会では、内務省土木局の草案をもとに、従来の慣習や規定を精査して、港湾の管理者・費用・取締りについて大枠を取り決めることから始めることになり、そのために松波仁一郎（港湾協会副会長・法学博士）・丹羽鋤彦（工学博士）・寺島成信（経済学博士）・原静雄（横浜市港湾部長）の四名からなる特別調査委員を選定した。

もっとも、委員会の場で久保が「港湾は…〔中略〕…本来は国家で所有し管理すべきものである」という原則だけは認めてほしい、と発言しているように、海港を「国家ノ営造物」とみなして維持管理を土木局で行おうとする内務省の草案が基礎となることは、既定路線であった。それゆえ、原静雄が「港湾法の成立を早くしようと思へば、内務省系統の行政事務だけの港湾法を作ると一番早いですね。外の各省に属する港湾に関する規定は大体出来て居りますから、夫れを統一しようと掛ると、各省関係は理屈は良くても実行が出来ない、夫れで早く成績を挙げやうと思へば、内務省系統の仕事をやれば宜い」と述べるように、海港行政一元化のための港湾法制定は困難であるとの見方もあった。

実際、四名からなる特別調査委員のあいだでさえ、港湾法に関する意見を統一させることはできなかった。同年一一月に開かれた第二回委員会では、特別調査委員から港湾法草案が提出されたが、後述するように、それには丹羽鋤彦委員による「少数意見」も付されていたのである。港湾法草案の要旨は、以下の内容のものである。

草案では、港湾を「国ノ営造物」として位置付ける。その理由としては、「英国ノ港庁制度ノ如ク港湾利用者及港湾所在地ノ市民ノ選挙ニ係ル委員ヲ主トシテ組織スル自治的委員会」は、理想的ではあるものの「現在ノ日本ノ国情カラ見テハ一躍シテ此ノ制度ニ向フノハ困難」であることを挙げている。また、海港所在市町村によって管理させる方法も、「我国一般市町村ノ現状ニ鑑ミルニ未ダ其ノ域ニ達シタルモノトモ認メ難」いとして却け、「重要ナル港湾」については主務大臣が、「之ニ次グベキ港湾」は府県知事が管理することとする。ただし、「我ガ国デ最モ重要ナル地位ニアル港湾」では、工費のおよそ半額を市が負担していることもあり、「成ルベク市長ニ直接管理サセル」こととする。草案では、全国の海港を一等港・二等港・三等港の三つに分類することとしているが、これは従来の第一種重要港・第二種重要港・指定港湾を想定したものであり、一等港・二等港は内務大臣が、三等港は府県知事が管理することとなる。

海港の管理者に与えられる権限は、①工事の許認可、②水面埋立の許可、③開港港則事務、④海港検疫事務、⑤出入港手続、の五点である。とくに海港は「国家ノ営造物」であるという観点から、海港内においては私権は制限され、工事や水面埋立及び占用などに際しては管理者（主務大臣及び府県知事）に広範な権限が与えられることとなる。

「港湾ニ関スル費用」については、国庫及び府県市で負担することを基本とし、必要な範囲で特別税の賦課及び入港料・使用料その他を徴収することを認める。

主務大臣は、①開港の指定・外国貿易設備に関する事項については大蔵大臣、②漁港の指定・漁業設備に関する事項については農林大臣、③開港の区域・船舶・航路標識・水先に関する事項については逓信大臣、④海港の区域内及び臨港鉄道に関する事項については鉄道大臣、⑤海港の区域内及臨港地域内における軌道については内務大臣と鉄道大臣とし、それ以外の事項についてはすべて内務大臣としている。[104] そして、これらの関係官庁の連絡機関として、関係各省当局者・港湾関係事業経営者・学識経験者・帝国議会及び府県市会議員などにより構成される中央港湾委員会及び地方港湾委員会を置き、重要事項はすべて港湾委員会にて決定することとしている。

このように、関係各省の連絡機関として港湾委員会の設置が盛り込まれているものの、特別調査委員による草案の考え方は、基本的には一九二一年の内務省草案を受け継いだものであった。それゆえ、大蔵省系の技師である丹羽鋤彦は、草案に同意することは出来なかった。

特別調査委員の港湾法草案要旨に添付された丹羽による「少数意見」は、以下の内容のものであった。[105] 丹羽は、

「港湾法に於て一等港の管理者を主務大臣となし其の港湾に関する費用を国庫の負担となすを原則と認めしは港政上時代に逆行する政策」であると、港湾法の基本理念から否定する。なぜなら、イギリス・ドイツ・オランダなど「商港の発達著しき諸国」においては、中央政府が重要港を管理するような事例はなく、むしろ政府の介入が「商港不振の原因」とされており、「自治的公営の特設機関」を設置することが世界の潮流となっているからである。

具体的には、丹羽は中央政府が海港を直接管理した場合の弊害として、以下の五点を挙げる。第一に、海港設備は臨機応変に整備を進めなければならないが、政府直轄とすると帝国議会の協賛が必要となり機動的支出が難しい。第二に、政党により政治的問題に利用されやすい。第三に、海港整備をめぐって「国家的観念」と「地方的利益」とが抵触する可能性がある。第四に、海港所在の市・地元市民ともに「愛港心」が失われる可能性がある。第五に、特定の海港の整備に国庫から支出することになれば、付近の競争港を圧迫する可能性がある。

このように、丹羽は各地の海港がそれぞれ発展していく自由競争主義を採っており、それは大蔵省が従来から目指していた海港行政の基本方針でもあった。丹羽は、港湾法草案においても「一等港」には市長が管理経営にあたるのが適当だと認めているのであるから、「更に一歩を進めて政府管理の制を排斥するも…〔中略〕…立法の精神に大なる影響なし」と、横浜・神戸などの大海港には特例を適用すべきだと主張している。

しかし、丹羽の反対意見は受け入れられず、多少の語句修正のみを経て、一九二八年四月には港湾協会として港湾法草案を確定する。五月二八日、田中首相をはじめ、内務・外務・大蔵・陸軍・海軍・農林・商工・逓信・鉄道各大臣に建議した[106]。しかし港湾協会内部でも意見を統一できなかった同草案が閣議で承認されるわけもなく、港湾法はこのときも成立しなかった。

行財政整理と地方港整備

行財政整理の影響は、海港行政一元化問題のみならず、海港修築予算にも及んだ。加藤友三郎内閣では一九二三年度予算継続費の二割が繰り延べられたが、これに加えて第二次山本権兵衛内閣では関東大震災の復興費が必要だったこともあって、一九二四年度以降の継続費に二割五分の繰延が試みられた。同予算案は第四八議会が解散されたこともあって成立はしなかったが、清浦奎吾内閣では実行予算として決定された。

このように、一九二三年から二四年にかけて二度の繰り延べが実施された海港修築予算であったが、そのもっとも大きな被害を受けたのは、本章第一節でも検討した伏木港だった。一九二一年六月に第二種重要港に指定された伏木港に関しては、二二年末には富山県会で伏木港修築を内務大臣に求める建議案が満場一致で議決されるなど、第二次築港を求める気運は高まりつつあった。内務省土木局もこれに応じて修築計画案を作成しており、二三年六月には『富山日報』紙上に設計案が発表された。同案は、総工費一〇〇〇万円にのぼる壮大な計画であり、実施計画は三期に分けられる。第一期工事は総工費五〇〇万円で、このうち半額を国庫より補助するものであった。

だが、二三年八月にまとまった大蔵省の行政整理案では、新規着工事業である伏木築港が削除されたため、富山県知事を中心に地域有志は急遽上京して各方面へ陳情にまわらなければならなかった[107]。その結果、一九二四年五月には同年度追加予算として伏木築港費（総工費五〇〇万円、一〇ヵ年事業）が認められることとなった[108]。

ところが二四年六月に成立した加藤高明内閣は、神戸・横浜・門司の三港は継続費を五割繰り延べ、その他の事業はすべて打ち切る方針を出したため、伏木の有志は再び上京して陳情に走り回ることとなった[109]。第二次伏木築港予算案は、結局は変更が加えられることなく、同年七月には貴衆両院を通過したものの、行財政整理の展開は各地の海港修築事業に大きな影響を与えたのである。

かかる状況に直面して、内務省土木局は港湾協会を通じて世論喚起に努めることになる[110]。内務省土木局の児玉信治郎は、「港湾改良費繰延打切問題」と題した論説において、近年の日本海運の目覚ましい発達に比して、日本の海港整備が遅れている状況を強調し、さらなる繰り延べに反論する。児玉は、「我が国の港湾設備は乍遺憾極めて貧弱であつて欧米先進国で見る様な荷役の安全とか迅速とかいふことは到底望むことが出来ない、随て港内の諸費用が嵩み延ては物価を騰貴せしめ、国民をして不知不識の間に莫大な損耗を受けしめつゝある」と延べ、横浜・神戸両港も含めた全国的な海港整備によって国民生活に利益があることを強調する。

さらに児玉は、「先以て最も重要なる少数の港に全力を集中」する考えを却ける。「各地方の経済界が著しく進歩発達し、港に出入する船舶貨物が激増して一日も棄て措き難い状態に至つたならば、…〔中略〕…何時でも相当の計画を立てゝ工を起さなければならぬ、…〔中略〕…少数港集中主義を採つたならば他の港は如何に必要であつても、又幾十年を過ぎても設備を整へることが出来ない」と、各地域の経済状況に応じて、海港を分散すべきだと主張する。

しかも海港整備とは、防波堤などの外囲工事と上屋・倉庫・臨港鉄道などの陸上工事とを組み合わせて初めてその効果を発揮するものであり、「中途にして工事を打切る様なことをしたならば、縦令一部竣功したからとて決して之を利用し得るものではない。殊に港湾の工事は其の作業の性質上或は工事経済上一方から一部分づゝ竣功せしめて、順次他の部分に及ぼすといふ遣り方は出来ない、全体の場面に亘りて一斉に進行せしめなければならぬ」から、当初計画通りに完成させなければならない、と訴える。

このように、港湾修築費繰延に対する内務省土木局の反論を『港湾』誌上に掲載する一方で、港湾協会は独自に対応を協議する。一九二六年九月には理事会を開き、「港湾ノ改良修築ハ既定ノ計画ニ従ヒ之ヲ遂行スヘキコト」と決議し、内閣総理大臣をはじめ各大臣に建議を提出する準備に入った。一〇月には各地方評議員を招集して評議員会を開き、理事会の決議の趣旨を貫徹するために特別委員会を設置した。特別委員会は、政府への建議にとどめずに直接政府に働き掛ける必要があるとして、同月八日には内務次官・大蔵次官に面談し、既定計画の遂行を訴えている[111]。

さらに港湾協会は、海港所在各地の組織化にも着手している。とくに力を入れて取り組まれたのは日本海沿岸諸港であったが、それは陸軍からの要請に応えるものでもあった。満鉄の培養線のひとつである吉会鉄道（吉林省～会寧）の敷設が本格化すると、大陸と日本とを結ぶ最短経路として日本海航路に対する期待が高まった。参謀本部第三部長であり、また港湾協会理事も務めていた木原清は、一九二五年一〇月頃に理事会で吉会鉄道の終端港問題を提議し、さらに二六年四月には『港湾』誌上に「敢て裏日本の人士に問ふ」と題する論考を寄せ、満洲北部への最短ルートとしての日本海沿岸の海港整備の必要性を訴えている[112]。

木原は、吉会鉄道とその終端港が整備されることにより、これまで大連を経由していた満洲と日本内地との連絡ルートは一変するはずだと述べる。とりわけ満洲北部には、軍事輸送の上からも海港が必要であり、その候補として羅津・清津・雄基などが検討されている。満洲北部・朝鮮半島北部から日本へ輸移出される木材・石炭・大豆等の総量は二八〇万トンにものぼり、これらの貨物を受け入れる海港が必要である、と木原は述べる。

港湾協会幹事である大瀧幹正（元陸軍中佐[113]）は、木原理事の提言を受けて、かねてより競合関係にあった日本海沿岸諸港を協調させようと試みた。大瀧は、一九二六年八月に小樽で開かれた港湾協会総会の場を利用して各港に働きかけ、同年一〇月には「日本海港湾共栄会」の設立にこぎつけ敦賀で第一回総会を開いた[114]。規約には、同会は日本海沿岸諸港の「諸問題ヲ講究シ其ノ改善ヲ期スル為メ互ニ協力シ以テ諸港ノ共栄ヲ図ル」（第二条）ことを目的とするとし、「年一回会議ヲ開催スル」（第三条）ことが定められた。

もっとも、日本海港湾共栄会に対する各地の期待はそれほど高いものではなかった。第一回総会には一八市町（函館市・青森市・船川町・土崎港町・酒田町・新潟市・両津町・魚津町・伏木町・七尾町・三国町・敦賀町・小浜町・新舞鶴町・舞鶴町・宮津町・境港町・松江市）が参加したが、次回開催地に名乗り出る市町はなく、「只顔を見合せて敬遠か謙遜か只当籤せざらんことを希望する様子」であったという。[115] 結局宮津町で開催することになった第二回総会（一九二七年八月開催）には、第一回には出席がなかった朝鮮半島からの出席があった（元山商業会議所・城津港民会）ものの、北海道及び本州からは九市町（函館市・新潟市・両津町・土崎町・七尾町・敦賀町・舞鶴町・新舞鶴町・宮津町）の出席しかなかった。[116] また伏木町では、一九三〇年に第四回総会開催の打診があったものの、修築工事の遅れを理由に断ったようである。[117] 結局、日本海港湾共栄会は、七尾町で開かれた第五回総会（一九三二年五月）が、最後の総会になったようである。[118]

日本海港湾共栄会が機能しなかったということは、日本海各地の人々がその必要性を感じていなかったということを意味するだろう。実際、第一回総会で議決された項目は、「雄物川改修工事の年度繰上」や「吉会鉄道全通促進」などの対立が少ない問題ばかりであった。一方で、「土崎河港修築問題」には七尾港が反発し、「日本海横断航路延長問題」をめぐっては敦賀と函館の意見が一致をみることができないなど、[119] 同会は日本海沿岸に固有の問題を解決することはできなかったのである。

それは、逆説的ではあるが、港湾協会が各地の期待や要求を吸い上げる機能を充分に果たしていたことの証左でもあったといえるだろう。港湾協会がその機能を果たしていれば、日本海固有の問題に対処できない日本海港湾共栄会は不要であった。一九二七年四月に政友会総裁を首班とする田中義一内閣が成立すると財政政策は積極化していくことになるが、港湾協会はその窓口としての機能を果たしていくことになる。

産業立国策と港湾協会——第二次舞鶴築港

金融恐慌への対策の失敗を直接の原因として退陣した第一次若槻禮次郎内閣に代わって成立した田中義一内閣に

は、なにより経済対策が期待された。そして田中内閣の与党たる政友会は、この点を明確に認識しており、分配よりも生産を重視する「生産第一主義」を唱え、産業立国を田中内閣の方針として掲げた[120]。もっとも、田中内閣に代わったからといって国家財政が好転するわけではなく、海港修築関係予算が飛躍的に増加したわけではない[121]。しかし、だからこそ新規事業の着手は、大きなインパクトをもった。

一九二八年度の内務省予算案には京浜運河開鑿（総額二一〇〇万円、初年度一五〇万円）、土崎（総額二五〇万円、初年度一二五万円）・細島（総額一八七万円、初年度九三万五〇〇〇円）・大分（総額二二〇万円、初年度一一〇万円）・宮古（総額二二〇万円、初年度一一〇万円）・浦戸（総額四三七万円、初年度二一八万五〇〇〇円）・小名浜（総額三八八万円、初年度一九四万円）の各港の修築費補助、及び清水港拡張費補助（総額一六二万円、初年度八一万円）が盛り込まれる[122]。しかし京浜運河・土崎港以外の各港は、第二種重要港には指定されていないため、国庫から補助するためには内務省による指定が必要である。同年一〇月に開かれた臨時港湾調査会では、小名浜・宮古・七尾・尾道・高知・博多・大分・細島の八港が新たに重要港湾に指定された[123]。

そしてこれら八港が第二種重要港に指定される背景には、港湾協会の活動があった。地方港整備に対する行財政整理の影響が大きくなった頃から、港湾協会は各地の海港修築への支援にも乗り出していた。港湾協会は、一九二五年六月には細島・大分の二港、二六年一一月には宮古・七尾・尾道・小名浜の四港、二七年五月には博多・舞鶴の二港の合計八港の重要港指定を求める建議を各大臣に提出しており、実際にこのうち七港が二七年一〇月に第二種重要港に指定されている[124]。二八年八月には舞鶴港も第二種重要港に指定されているため、港湾協会を通じて建議が提出されたすべての海港が、第二種重要港に指定されたことになる。同予算は第五四議会が解散されたために成立せず、一九二八年度に着工することはできなかったが[125]、港湾協会は第二種重要港指定という成果を出したのである。

かかる成果は、港湾協会に対する地域社会の期待を、さらに高めることになる。広島（宇品）港の第二種重要港指定を目指していた広島商工会議所では、「現に昨年十一月第二種重要港湾として指定されたる尾道、博多、大分、七尾、浦戸、宮古及小名浜の八港は同協会の建議する所であるが、之畢竟内務大臣の諮問機関たる臨時港湾調査委員の殆んどが港湾協会の関係者たるに負ふ所が多いのである。そこで港湾に関し政府の施設を促さんとするには先港湾協会を動かすことが何よりも捷径なのである」[126]と語られている。実際、すでにみたように、港湾協会には各省の次官・局長クラスが名を連ねており、また内務省系のみならず各省の土木技師及び経済学者・海港関係事業者も加わっているため、港湾協会での決定事項が覆されることは考えにくかった。

それでは、港湾協会を動かして広島港が第二種重要港に指定されるためには何が必要だと考えられたのか。広島商工会議所は、「同会を動かすものは何といつても多数会員の力」であり、同じく広島県下の尾道港が第二種重要港に指定されたのは、「僅か人口三萬の小都市に百三十余名の会員があつてそれぞれ手分けして協会を動かすに至つたからではあるまいか」と推測している。それゆえ、「賢明なる市民諸君の諒解により多数の入会を得」ることが、広島港の第二種重要港指定につながる、と市民の港湾協会への入会を勧めている。

このように、田中内閣における実績は、各地域の港湾協会に対する忠誠を競わせることになった。そして港湾協会も、かかる期待を背景に内務省主導の海港行政を推進していくのである。田中内閣期に港湾協会と地域社会の共同作業として海港修築がなされていくプロセスを、第二次舞鶴築港を事例として確認しておきたい。

前章第一節でもみたように、舞鶴では敦賀との対抗意識を背景として海港整備が進められていたが、海軍鎮守府が置かれていたために貿易港化及び重要港指定が見送られていた。しかし、一九二二年二月にワシントン海軍軍縮条約が結ばれたことを受けて、同年七月には舞鶴鎮守府は要港部に格下げされることが発表された。これを受けて、再び舞鶴の貿易港化が模索されるようになる。[127]

貿易港化に向けて、舞鶴町では独自に小規模な海面埋立などがなされていたようであるが[128]、本格的な築港のためには技術者による設計が必要であった。一九二七年八月、舞鶴町長水島彦一郎は、京都府知事を通じて、港湾協会に対して調査委員の派遣と築港計画の立案を依頼した[129]。

これを受けて港湾協会は、同年一〇月三〇日から四日間にわたって常議員直木倫太郎及び港湾協会幹事関田駒吉・久保義雄の三名を舞鶴町に派遣して調査設計にあたらせる[130]。同地では、直木・関田及び京都府土木部長村山喜一郎による演説も行われ、舞鶴築港に対する期待と関心を高めている[131]。直木が強調したのは「天然の地勢」であり、峻厳な山々と水深に恵まれた舞鶴港は、容易に海港修築が可能だという。現地調査をふまえて直木は、繋船岸壁の整備を中心とする第二次築港計画を策定する[132]。総工費は二三〇万円で、三〇〇〇トン級汽船二隻・二〇〇〇トン級汽船二隻を同時に繋留できるよう繋船埠頭を整備するものであった。

港湾協会が第二次築港案を策定したのを受けて、内務省土木局も築港計画及び第二種重要港指定に向けて動き出した。一九二七年一二月、土木局技師鈴木雅次は京都府に対して舞鶴港と宮津・敦賀両港の関係についての資料の提出を求め、翌年一月には鈴木自身も現地を視察した[133]。これを受けて舞鶴町及び京都府側も資料収集に努め、「舞鶴町後方地域人口、産業統計並交通」状況、「舞鶴港ト宮津港、敦賀港トノ関係調書」などをまとめ、内務省に対して第二種重要港湾編入申請を行った[134]。

二八年七月には、臨時港湾調査会にて舞鶴港の第二種重要港指定及び修築計画についての審査が行われた。同調査会には、内務省土木局からの依頼を受けて、舞鶴港関係委員として京都府知事代理土木部長村山喜一郎・府会議長代理副議長中村治作・舞鶴町長水島彦一郎・大阪土木出張所長眞田秀吉も出席している[135]。第二種重要港指定については、米村海軍少将が「軍事上ノ関係アル港湾ノ編入ハ予メ要港部へ相当交渉セラレ度」と不快感を示したものの、異議なく決定された。また修築計画としては、直木が作成した設計案と同内容の設計案が提出されている（図

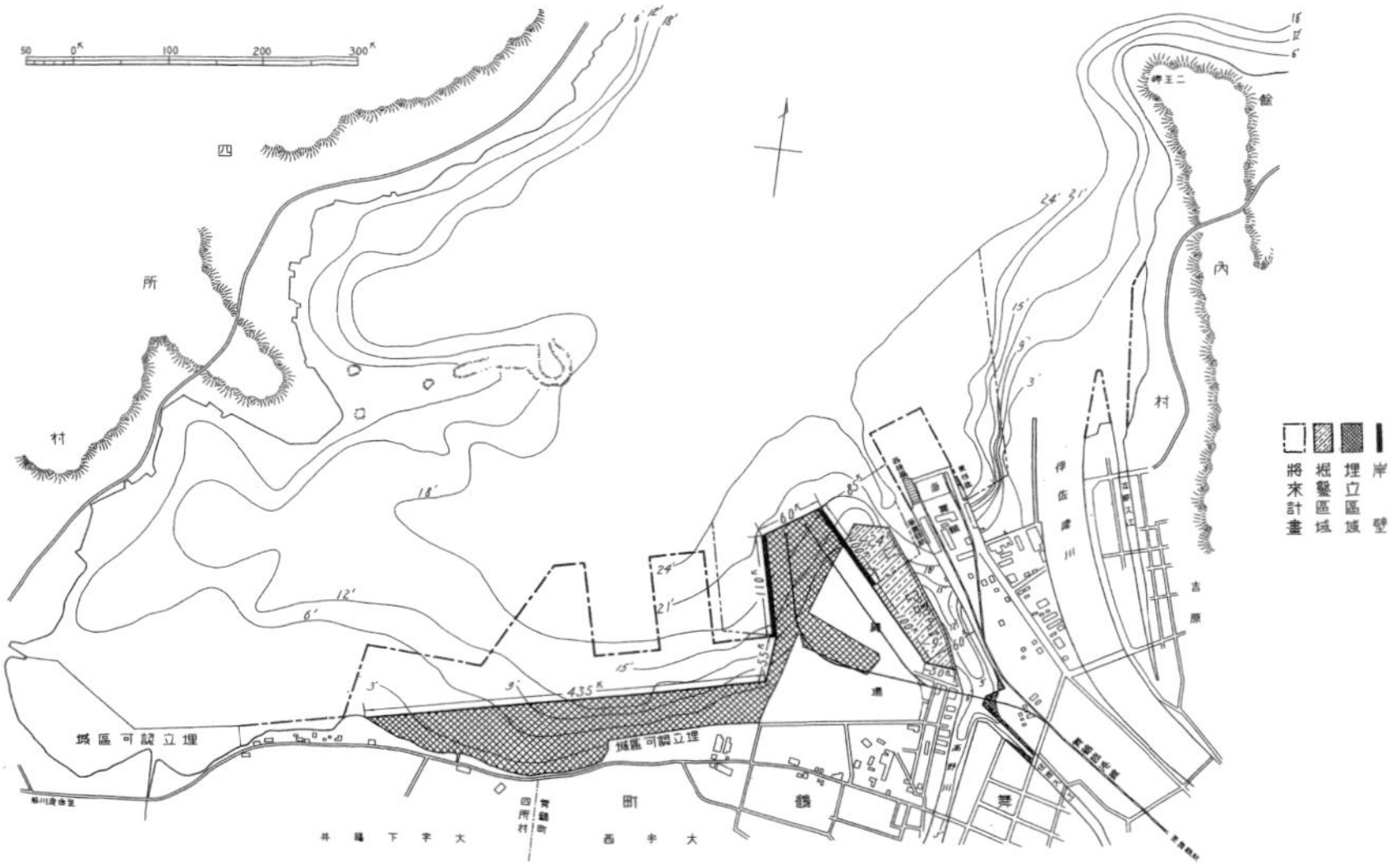

図 5-1　第二次舞鶴築港／確定案

出典）『港湾調査会議事録抜粋』附図下巻，236 頁。

5-1）[136]。調査会では、舟入場及び貯木場の位置について修正案が出されたものの、結局は原案が可決された。[137]二八年八月には、第二種重要港に指定する通知も出されたが、修築費予算については予断を許さなかった。同年一〇月には、港湾協会から京都府知事に対して、「舞鶴港修築費来年度予算ニ計上困難ナル趣ニ付地元ノ一段ノ努力ヲ希望ス」る旨の電報が出されており、内務省土木局が港湾協会を通じて築港予算獲得のために地域有志を動員していたことがうかがえる。[138]動員の成果がどの程度あったかはわからないが、一九二九年度より第二次舞鶴築港は着手された。総工費は直木の試算通り二三〇万円となり、このうちおよそ半額にあたる一〇九万七〇〇〇円が国庫より補助されることとなった。[139]

この一九二九年度予算には、前年度着工が決定しながら議会解散のために着手できなかった八港の新規築港費に加え、横浜・神戸・今治・小松島・塩釜の各築港工事の繰上なども盛り込まれたため海港修築費は総額一〇〇〇万円を超え、かつてないほど大規模な要求となった。[140] さらに一九二九年三月には、内務省土木局は指定港湾制度の拡充に乗り出している。新たに示された基準は、①出入船舶トン数が一〇万トン以上、②出入貨物トン数が五万トン以上、③出入貨物価格が三〇〇万円以上、のいずれかの条件を満たすか、あるいは「前号に該当せざるも特に理由あるもの」であり、実質的にはすべての海港修築に国庫補助の道筋をつけている。[141]

再度の緊縮政策とその反動

このように、田中内閣期には内務省土木局と港湾協会による海港行政は、全盛期を迎えたといってもよい。しかし、一九二九年七月に田中内閣が退陣し、濱口雄幸を首班とする民政党内閣が成立すると、再び事態は一変する。健全財政主義をとる濱口内閣は、成立後ただちに財政緊縮方針を打ち出したが、それは当然ながら海港修築費にも及んだ。七月中旬に示された大蔵省案では、神戸・横浜・塩釜・今治・小松島の五港修築工事の繰上はすべて従来年度に戻されたうえに、二割から二割五分の減額された。清水・鹿児島・伏木の修築費は二割から三割の減額、門司海峡拡張費は六〇万円から一〇万円へと減額された。さらに土崎・小名浜・浦戸・七尾・尾道・博多・舞鶴・名瀬各港の新規着工は打ち切り、というきわめて厳しいものであった。[142]

かかる情報に接した各地では、激しい反対運動が巻き起こった。伏木町では五〇万円を予定していた地元負担金を七八万円へと増額する方針を打ち出し、町長・県会議員を中心に上京して関係各方面へ陳情を繰り返した。[143] 地元負担金を増額する財政力をもたない小名浜町では二〇〇人を越える町民が上京し、明治神宮より内務省に向かって示威活動を行った。[144]

このような各地からの運動が展開されるなか、内務省と大蔵省との交渉の結果、最終的には神戸（一八万二〇〇〇円）・横浜（三六万四七五〇円）・塩釜（六万円）・今治（六万八二〇〇円）はそれぞれ微増ではあるものの増額した。

また土崎以下八港の新規築港費も、名瀬港を除いては、減額されたものの残されることとなった[145]。

両省の交渉は、一九二九年度予算では終わらなかった。緊縮財政方針は翌三〇年度も継続し、海港修築継続費はさらに二割五分の節減を受けることとなる。三〇年度の海港関係予算は、規定額では一三二一万二二〇七円となるはずであった。だが大蔵省が提示した削減案では、海港修築関係予算は総額で八三一万一四七八円となっており、規定額からおよそ三三パーセント、四九〇万七二九円という大幅な削減をなされたものであった。

しかし同年度予算は歳入が不足したために再度第二次実行予算を編成することになり、両省の交渉はなお続けられることになった。内務省は、土木関係予算が失業対策にもなるとしてさらなる削減への抵抗を試みたが、一九三〇年七月には大蔵省によって提示された二次実行予算案は、さらに一九〇万円を削減するものであった。大蔵省が国庫からの支出を認めない以上、工事を継続するためには地方費負担を繰り上げるほかない。内務省は、地方費の繰上により港湾関係予算の削減額を五〇万六一一八円におさえる一方で、国庫負担額も一〇三万六七六〇円削減する折衷案を大蔵省に提示する。このために地方費負担は、総額で五三万六〇四一円増加することになったが、工事を継続するためには他に選択肢はなかった。内務省の折衷案を大蔵省も了承し、七月一八日閣議決定にいたる[146]。

同様の形式は、一九三一年度予算編成にあたっても用いられることになった。大蔵省は国庫補助の繰延を求め、それに対して内務省は地方費負担を繰り上げることで応じた。両省の交渉の結果、同年度の港湾修築費は国費が既定額より五六万二〇〇〇円減であったのに対し、地方費は既定額より四四万八〇〇〇円増え、国費の削減額をほぼ相殺するものであった[147]。

むろん、地方にも充分な財源があるわけではない。足りない財源は起債で乗り切るか、設計そのものを縮小するしかなかった。伏木港では起債することができず、財源の目処が立たなかったため、設計の変更で対応することになった[148]。

第二次伏木築港の当初の設計は、河口部に位置していた防波堤を左岸（二二〇間：およそ三六メートル）・右岸（五〇間：およそ九〇メートル）それぞれ延長し、港内の最大水深を二八尺（およそ八・四メートル）に浚渫し、さらに横桟橋を三カ所・船渠を五カ所新設し、貨物量一五〇万トンに対応することを目的としていた（図5-2）[149]。

しかし、予算削減に加えて工事期間中に地価が高騰したこともあって、内務省土木局は設計の変更を余儀なくされる。一九二九年六月の予算削減の後には直ちに内務省臨時港湾調査会で設計の変更が検討され、一九三〇年一二月には新設計案が完成した。新設計案では防波堤の延長・港内の水深などの基礎工事は残されたが、不急の事業である船渠の新設を減らし、埋立を廃止することで、予算の枠内でおさめた（図5-3）[150]。

だが、内務省による地方費の繰上は、大蔵省につけいる隙を与えることにもなった。一九三二年度予算をめぐって、大蔵省は第二種重要港の地方への全面移管を求めるようになる。元来、大蔵省は大港集中主義をとっており、地方港整備への国庫支出には慎重な立場であった。大蔵省は、一連の行財政整理を利用して内務省によって急速に拡大された第二種重要港を整理し、第一種重要港の整備へ国庫支出を集中しようと試みるのである。

このように、健全財政主義をとる民政党内閣では、海港修築予算は削減を繰り返され、工事を継続するためには地方費負担を繰り上げるほかなかった。しかし地方費負担の繰上は、大港集中主義をとる大蔵省が第二種重要港の地方移管を提案する背景となったのである。

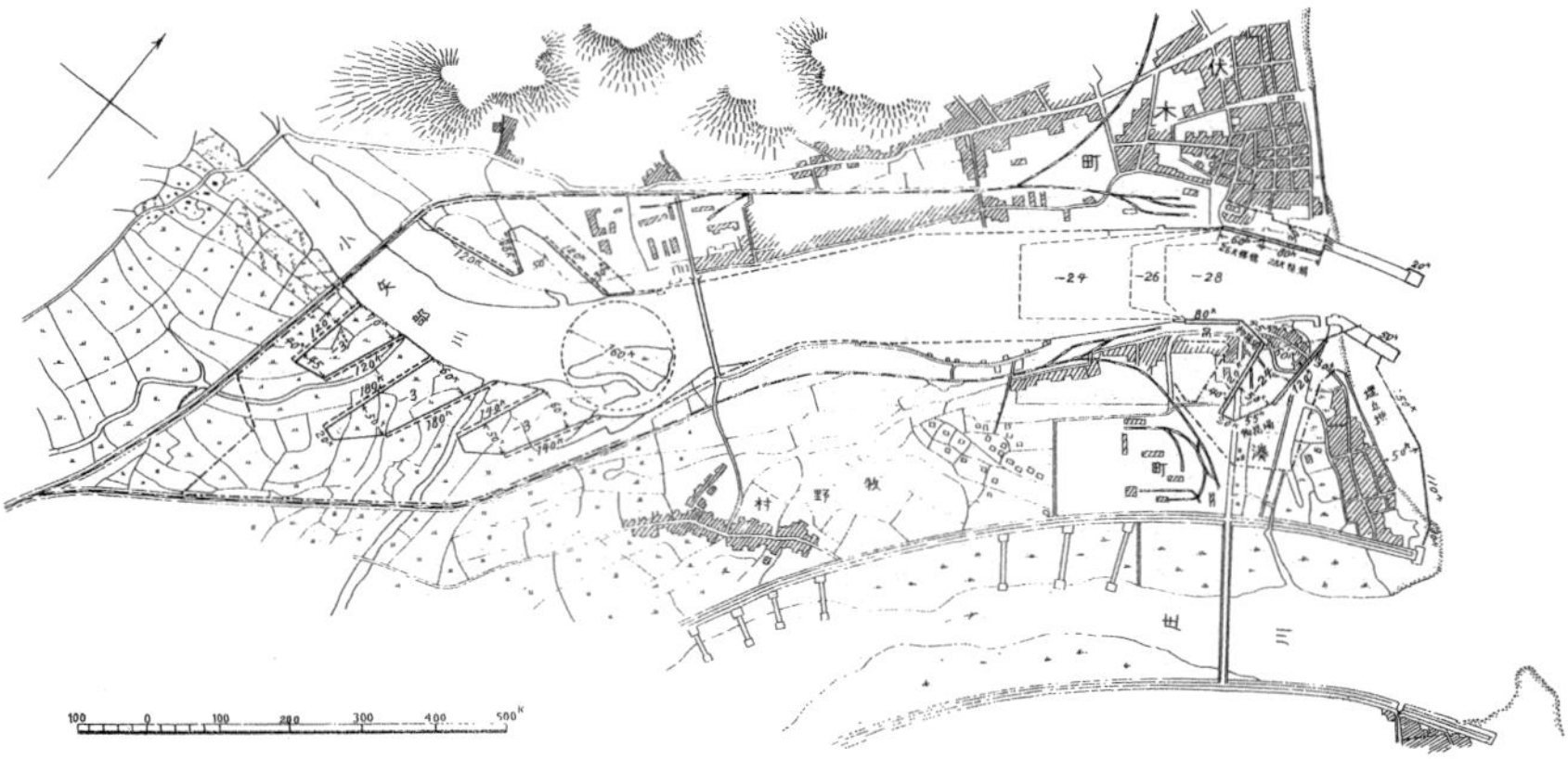

図 5-2　第二次伏木築港／確定案

出典）『港湾調査会議事録抜粋』附図下巻，204 頁。

図 5-3　第二次伏木築港／修正案

出典）『港湾調査会議事録抜粋』附図下巻，249 頁。

小括

以上、本章では一九一〇年代末から二〇年代における内務省土木局の海港行政の展開を考察してきた。原内閣のもとでは、内務省土木局を取り巻く状況は一変した。原内閣の積極的な財政政策と、また内務省のもとに海港行政を一元化する閣議決定がなされたことで、内務省土木局は地方港修築に乗り出すことが可能になったのである。内務省土木局は、第二種重要港を拡大するだけでなく、指定港湾制度を導入することにより、実質的には無制限の国庫補助の拡大を可能にした。そして、国庫補助の拡大を背景に、地方港修築を拡大させるのである。

もっとも、如何に国庫補助が拡大したとはいえ、地方負担が求められることに変わりはない。したがって、海港に関するローカル・インタレストの成立は、この時期においても難題であった。地方港の後方地域は、府県域と一致するとは限らない。一方で、内務省にとって地方統治の単位は府県以外にはありえず、海港修築の費用負担の主体は府県である。かかる負担と受益のギャップを埋め、各地の築港事業を実現に導いたのは、政友会系の地方長官や議会政治家であった。伏木港や境港など県境付近に位置する海港においては、政友会系の政治家により複数の県による共同事業として航路補助や海港修築が実施された。

また、政友会のネットワークは、各県内部の合意が形成された後に、中央政府へ国庫補助を要求する際にも有効であった。重要港に指定された海港は国庫補助が確約されていたものの、それは内務省内部の論理であり、大蔵省の査定は免れなかった。したがって各地の有志は大蔵省その他の各省大臣に陳情しなければならず、その際には政友会のもつネットワークが有効であった。要するに、地方港修築のためには、府県域をまたがってローカル・インタレストを成立させる必要があり、その際に有用であったのは、縦横に広がる政党のネットワークだったのである。

このように、内務省土木局は政党のネットワークに依存することで地方港修築を実現しつつあったが、それには限界もあった。政党のネットワークは、地域社会内部の合意を形成するためには有効であったが、各省間の競合を乗り越えることはできなかったからである。原内閣下においても、内務省土木局は港湾法制定を試みていたが、逓信省の反発により実現させることはできなかった。そのため、内務省土木局は各省間の競合を乗り越えるための世論団体として、港湾協会を設立する。海港をめぐるインタレストは多様であるが、内務省土木局―政友会が得意としていたのはローカル・インタレストであり、海港関連の私企業のインタレストを把握してはいなかった。内務省土木局は、港湾協会を設立することで、これらのインタレストを内務省のもとに置こうと試みたのである。

港湾協会が最初に取り上げたテーマが、積年の課題である港湾法問題ではなく自由港論であったということは、そのことを象徴しているように思われる。自由港論を支持したのは船舶会社や倉庫会社の重役らであり、彼らは独自の海港修築を行っていた。前章で取り上げた洞海湾国営論の展開からも明らかなように、内務省土木局はこれらの部分的整備の統合を図っており、両者のあいだには少なからぬ緊張関係があった。自由港論を打ち出すことによって、内務省土木局は自らの海港行政構想に対する支持を調達することを目指した。そして港湾協会が海港行政構想を議論する場として機能したことから、内務省土木局の試みは、ある程度成功したように思われる。

もっとも、自由港論に関しては大蔵省の反対にあったため実現せず、また護憲三派内閣により行財政整理が行われたことで、内務省土木局は一時的に海港行政への影響力を弱めることとなった。だが、この逆境は、かえって内務省土木局―港湾協会による取り組みを活発化させる効果をもたらした。内務省土木局―港湾協会は、積極的に土木技師を各地に派遣して地方港修築への機運を醸成し、そして実際に第二種重要港を拡大して地方港修築を実現させることで、政友会によるネットワークとは別に、独自のネットワークを作り上げていく。かくして、内務省土木局―港湾協会による海港行政は、全盛期を迎えたのである。

第6章　戦時体制と海港行政

——逓信官僚の挑戦

一九一〇年代から二〇年代にかけて、内務省土木局による海港行政は全盛期を迎えた。そしてその全盛期を支えたのは、政党であった。したがって、一九三〇年代に政党の時代が終焉に向かうと、内務省土木局の海港行政も動揺することになる。

内務省に代わって海港行政の主導権を握ったのは、逓信省であった。政党政治の凋落は、「政治」と「行政」とを結びつける役割を果たしてきた内務省の存在意義を毀損し、一方で同時並行的に進んだ戦時体制化は、内務省以外の各省が地方出先機関を置く動きを活発化させる。(1)こうした流れのなかで一九二〇年代半ばから内務省土木局主導の海港行政に反発していた逓信省が、戦時体制の下ではいよいよ本格的に海港行政に乗り出していくのである。そして逓信省の関心は、内務省のそれとは異なっていた。海運行政の一環として海港行政に取り組む逓信省の関心は、海港の修築ではなく、荷役などの港湾運送の円滑化に向けられる。また、戦時体制の構築のためには海陸連絡輸送の一貫化が必要とされ、交通省構想が浮上する。軍部の後押しも受けて、逓信省は海港行政の一元化のみならず、交通行政の一元化に向けて動き出すのである。

一方で地域社会からのインタレストは、戦時体制においても要求され続ける。そしてその要求ルートは、やはり内務省—港湾協会を措いて他にはあり得なかった。内務省—港湾協会は、戦時体制に即応した新しい海港修築のあり方として、地方工業港の整備を模索していくのであるが、戦時体制の進展は内務省土木局を動揺させることにもなった。それまで文官との差別的待遇に不満をもっていた技師の一部が、軍部・革新官僚に同調したのである。

以上のような一九三〇年代から四〇年代にかけて生じた海港行政を取り巻く環境の変化と、またかかる変化が戦後日本の海港行政に与えた影響について考察することが、本章の課題となる。第一節では、満洲事変を契機として逓信省及び軍部が海港行政に本格的に参入する一方で、それへの対抗措置として内務省が地方工業港修築を推し進めていく過程を考察する。第二節では、戦時体制のなかで推し進められた海港行政の一元化が戦後の海港行政を規定していく様相を明らかにする。

一　一九三〇年代における海港問題——日本海ルートと産業振興

日本海ルート問題の再燃

前章でみたとおり、中国東北部を南北に走る南満洲鉄道本線から、日本海沿岸へ培養線（日本海ルート）を建設しようとする試みは、一九二〇年代よりなされていた。まず、日本海ルートの基本的な構想とその経緯について概観しておきたい。

日本海ルートの基本的な構想は、満鉄本線の終点にあたる長春から東へと鉄道を延伸し、日本海へと通ずる路線を建設することである。このうち長春と吉林とを結ぶ吉長線は一九一一年に全通しており、一九二〇年代には吉林から東の敦化及び会寧に延びる路線（吉敦線、吉会線）の建設が具体化しつつあった。しかしながら、日本海ルート実現のためには、二つの課題があった。

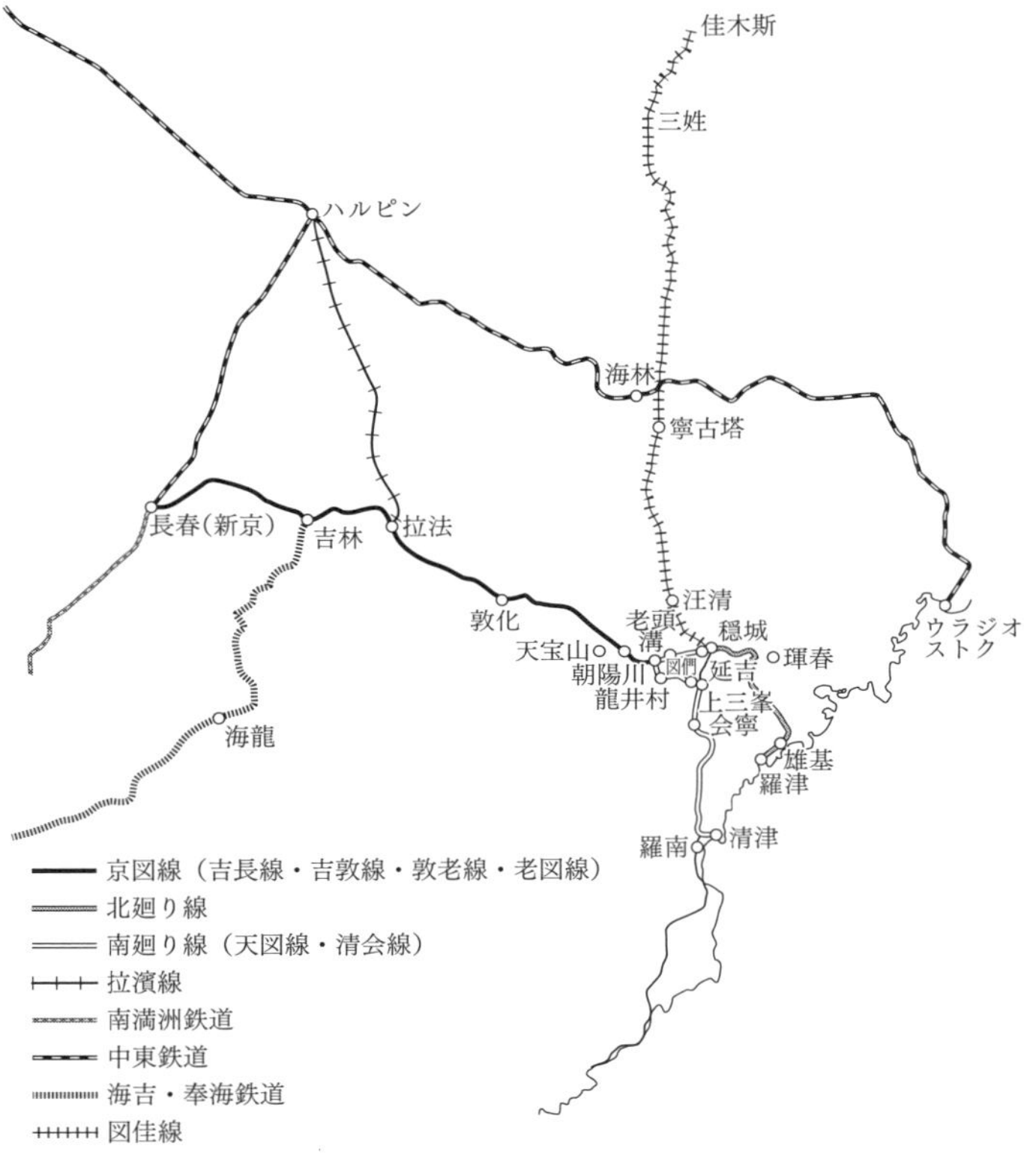

図 6-1　吉会鉄道概念図

出典）芳井『環日本海地域社会の変容』193 頁。

ひとつは、日本海ルートの窓口となる大陸側海港の選定問題である。満洲地域は日本海に面していないため、大陸側の海港は朝鮮北東部に設けられることになる。朝鮮北東部には、清津・羅津・雄基という三つの候補地があった。このうち清津は、一九〇八年に開港した海港である。当時韓国政府財政顧問であった目賀田種太郎によって開港に指定され、その後多くの日本人が移り住んだこともあり、一九二三年には人口が二万人を越えるほどの街となっていた(2)。したがって一九二〇年代までは、日本海ルートの窓口としては清津が想定されていた(3)。

しかし一九二〇年代半ばにな

ると、羅津築港論が高まりをみせた。清津港では大規模な海港を建設するためには地形や冬季の凍結など自然条件による制約が大きいため、自然条件がより優れた羅津に築港を求める主張である。その背景には陸軍の意向もあり、参謀本部第三部長であり港湾協会理事でもあった木原清は、清津港を「到底一地方港の域を出づる能はず[4]」と評価し、新たな海港の建設を求めている。

また羅津築港論の背景には、海港としての自然条件だけでなく、そこに至る培養線のルート選択の問題もあったようである。培養線ルートをめぐっては、清津から中朝国境へと至る天図鉄道に一部を代替させる計画（南廻り線）が考慮されており、外務省や朝鮮総督府はこの計画を後押ししていた。だが満鉄は、より自由な経営を行いやすい独自線（北廻り線）の実現を目指していた。海港選定をめぐる対立の背景には、培養線建設の主導権をめぐる、満鉄と朝鮮総督府との対立があったのである[5]。

日本海ルート実現のための課題の第二は、満鉄の経営問題である[6]。営利企業である満鉄は、南満洲地域の貨物を大連港へと集約させる「大連中心主義」をとっており、経済的利益が見込めない日本海ルートの建設にはもとより消極的であった。しかし一九二〇年代には、松岡洋右が理事に就任したことを契機として、満鉄は吉会線建設へと乗り出していく。満蒙権益の拡充を図る外務省と、対ソ戦準備を重視する陸軍の後押しを受け、松岡は奉天軍閥・北京政府とのあいだで吉会線その他の培養線建設交渉に臨むのである。交渉の結果、一九二四年末には満鉄と北京政府のあいだで吉林と敦化を結ぶ吉敦線の請負契約が結ばれ、翌年には着工された。

しかし、一九二四年に成立した加藤高明内閣によって満鉄首脳部の更迭が図られた結果、松岡も理事を辞職することとなり、一九二〇年代半ば以降は満鉄による日本海ルート建設は膠着することになった。つづく田中内閣期には松岡が副社長として満鉄に復帰したために、再び日本海ルートの建設が模索されたものの、濱口内閣期には満鉄首脳が更迭されたために日本海ルートの建設は頓挫してしまう[7]。

日本海ルート問題を再燃させたのは、一九三一年九月に勃発した満洲事変であった。周知の通り、満洲事変の目的は満蒙権益の強化にあり、それゆえ事変の準備段階から関東軍及び陸軍中央では、対ソ戦を想定した日本海ルートの整備が模索されていた。そもそも事変を主導した関東軍参謀石原莞爾が熱心な羅津築港論者であり、事変直後に石原は、羅津築港を松岡洋右に申し入れたという[8]。また陸軍中央においても、事変勃発直後の九月二五日には小磯国昭軍務局長が、「吉会線の即時敷設」を目指す意向を示している[9]。

関東軍は、事変以後の満洲地域の交通網は満鉄に委託する方針であった。同年一〇月には、関東軍は満鉄に対して一〇項目の要望事項を通達しているが、その主な内容は、満洲地域に乱立していた各種鉄道（日系鉄道、奉天軍閥系鉄道）を満鉄が一元的に管理し、また吉会及び長大線（長春―大賚線）を速やかに敷設すること、などであった[10]。さらに一二月には関東軍参謀第三部によって「満蒙開発方策案」がまとめられたが、そのなかでは「大連及北鮮港湾の二大海港主義を徹底」すること、また「鉄道、港湾に関しては満鉄」が管掌することが明記されている[11]。それまで大連中心主義と二大海港主義（日本海ルート建設）とのあいだで揺れていた満鉄に対して、関東軍は二大海港主義の採用を求めたのである。

事変勃発当初は関東軍と距離をとっていた満鉄は、この一〇項目提案を機に二大海港主義へと傾いていく[12]。一〇月六日、関東軍司令官との会談の席上で満鉄総裁の内田康哉は、一〇項目提案に対して「大に満足の意を表し[13]」たという。かねてより満鉄内部では、吉長線その他の培養線（日系借款鉄道）の建設交渉が外務省主導で行われており、その経営に関しては充分な権限が与えられていないことに不満があった[14]。したがって関東軍が示した満洲地域における鉄道の一元的経営案は、大連中心主義を放棄することを差し引いても、満鉄にとって魅力的な提案だったのである。

関東軍からの提案に応えるかたちで、同年一二月には満鉄により「満蒙経済政策要綱[15]」が作成された。要綱では、満洲国の交通網形成にあたっては「三港三大幹線主義」をとることが明記され、大連港を中心として、東部に雄基港、西部に葫蘆島港を配する交通網構想が示された。

大連港は「満蒙ノ中央部」を後方地域とし、安寧・営口両港は大連港の補助港として位置付ける。葫蘆島は「対北支ノ港湾トシテ活用」することとし、秦皇島を補助港と位置付け、背後諸鉄道を満鉄の委任経営とする。雄基港は、「対日本関係ノ港湾トシテ活用」することとし、清津・羅津両港は補助港と位置付け、背後鉄道と雄基港は満鉄の委任経営のもとに置く。羅津ではなく雄基とされた理由は、羅津にはまだ本格的な築港工事がなされていなかったからであろう。雄基港も羅津港と同様に培養線ルートは北廻り線を目指すものであり、培養線の一元的経営という点では、満鉄の関心に合致するものであった[16]。

ともあれ、満鉄が日本海ルート建設に積極姿勢に転じたことにより、問題の焦点は海港選定へと移ることになった。雄基港を中心とすることに対して、朝鮮総督府が反対したからである。一九三二年二月、朝鮮総督府は拓務省に対して「吉会鉄道敷設ニ関スル意見」を送っている。同意見書で総督府は、培養線としては北廻り線と南廻り線の二ルートを建設する必要があり、したがって「清津及雄基ハ其ノ何レカ一港ヲ充実シ以テ他ノ設備ハ之ヲ顧ミズ放任シ置クコトハ能ハザル」と述べている。当面は「清津及雄基二港ヲ併用シ、将来尚之ガ不足ノ時機来ラバ羅津に設備スルモ遅カラザルベシ」と、清津・雄基の併用論を主張するのである。また、南廻り線にあたる天図鉄道建設を推進してきた実業家の飯田延太郎（太興合名会社社長）も、すでに集落が発展しつつある同線沿線及び清津港を維持することが朝鮮統治にとって不可欠であると訴えている[17]。

しかし、清津港の規模が陸軍の要請に応えられないものであることはすでに述べたとおりであり、海軍も陸軍の姿勢を支持した。同年一月には海軍省も拓務省に対して吉会鉄道終端港についての意見書を提出しているが、そのなかでは清津港は「呑吐港トシテノ価値少シ」と評価されている[18]。その理由としては、清津港及び雄基港は、南からの風浪を遮断するものがなく、大規模な防波堤工事を施さなければ安全に碇泊できない点が挙げられている。一方で、羅津港は港内面積が広く、また水深も適切であるために大艦隊の碇泊に適している。さらに、清津築港を訴える朝鮮側の意見に対しては、「吉会線ノ臨海港撰定ハ地方ノ発展ニ大ナル影響ヲ有スルヲ以テ、清津及雄基ハ従来ノ経済的地盤ヲ擁シテ各々自港ニ有利ニ導カント努メッツアルガ如シト雖モ、吉会線ハ元来経済的意義ノミナラズ対露作戦上ノ必要ニ依リ計画セラレ軍事上重要ナル意義ヲ有スルモノナルモノ」であると、海軍省は経済的見地ではなく軍事上の見地から終端港を選定するよう主張している。

このように、日本海ルートの終端港をめぐっては朝鮮総督府及び朝鮮在住日本人と陸海軍という対立が顕在化したが、この問題に対して港湾協会は態度を明らかにすることはなかった。港湾協会は、終端港問題が顕在化した一九二五年に「吉会鉄道及其終端港に関する特別委員会」を設置している。翌二六年六月に安芸杏一・木原清らによる現地調査を行ったうえで同委員会が出した結論は、三港のうち終端港として優れている海港の順位は、第一に雄基、第二に羅津、第三に清津、というものであった[19]。これを受けて、一九三二年一月に港湾協会が各大臣に提出した建議では、「雄基港ハ比較的有望ナルヲ以テ速ニ当局ニ於テ具体的調査ヲ進ムル」ことを求める一方で、「清津港ハ雄基港ノ修築ニ関係ナク…〔中略〕…同港背後地方資源ノ開発ニ応ズベキ様相当規模ノ修築ヲ行フノ要アルモノ」と評価している。大港集中主義から中小港分散主義への転換を明言している港湾協会にとって[20]、終端港をひとつに定めること自体がナンセンスであったといえるだろう。

満鉄にとってもっとも合理的であった解決策は、港湾協会の提案であった。満鉄は、朝鮮総督府・天図鉄道沿線住民の意向をまったく無視することもできず、一方で羅津港を本格的に利用するためには多額の築港費用が必要である。それゆえ当面は、清津・羅津両港を併用することが満鉄の結論となった[21]。

しかし軍部は、強硬に羅津築港論を主張した。一九三二年四月に開かれた五省会議では、当初は清津港と雄基港の併用とする方針であったが、陸海軍は羅津築港を主張して譲らなかった。拓務省は新規築港についてはさらに調査を進めて一九三三年度以降に着手する妥協案を示したが、陸海軍は譲らず、最終的に羅津築港に着手することが決定した。(22)

日本海ルートをめぐる地域間の競合――命令航路問題

以上のような、対岸における日本海ルート問題の再燃を受けて、一九三〇年代には日本海沿岸諸港でも同ルートをめぐるローカル・レベルでの競合が再燃する。

これまでみてきたように、日本海沿岸諸港の競合は、築港（補助）というハード面の要求のみならず、命令（補助）航路誘致というソフト面も加えて展開されたところに特色がある。近世には国内流通の中継点として栄えた各港であったが、国内交通網の主役が鉄道へと切り替わるのに伴い、中継点としての役割を失いつつあった。(23)国内交通網の中継地点としての役割に見切りをつけた各港は対岸航路に期待を寄せるが、その際に課題となったのは自主航路を維持するほどの貨物量が期待できないことであった。そのため一定の補助金が下付される命令航路の指定は、日本海沿岸諸港にとって不可欠のものと考えられたのである。

命令航路誘致という点で他の海港よりも優位であったのは、敦賀港であった。一九二二年より着工された第二次築港により、敦賀港には最大で六〇〇〇トン級船舶の入港が可能になっていたが、一九三〇年代初頭において、日本海沿岸諸港で六〇〇〇トン級船舶への対応ができるのは、敦賀港のみであった。また敦賀港には、一九〇二年より逓信省命令航路としてウラジオストク航路が就航しており、一八年からは朝鮮総督府命令航路として清津航路が就航している。一九一八年の時点で、対岸命令航路の起点に指定されていた海港は、本州日本海側では敦賀のみであった。

表6-1　敦賀・伏木港対岸命令航路一覧（1918〜30年）

基点	補助機関	就航会社	期　間	寄港地及び終点
敦賀	朝鮮総督府	朝鮮郵船	1918年4月〜20年3月	城津・元山・清津
			1920年4月〜25年3月	城津・元山・清津
			1925年4月〜30年3月	宮津・舞鶴・城津・元山・清津
			1930年4月〜31年3月	宮津・舞鶴・城津・元山・清津
			1931年4月〜32年3月	宮津・舞鶴・城津・元山・清津
	逓信省	大阪商船	1921年4月〜23年3月	ウラジオストク（直航線）
			1923年4月〜26年3月	ウラジオストク（直航線）
			1926年4月〜29年3月	ウラジオストク（直航線）
		北日本汽船	1929年4月〜32年3月	ウラジオストク（直航線）
伏木	朝鮮総督府	北陸汽船	1920年10月〜23年3月	七尾・清津・ウラジオストク
			1923年4月〜25年3月	七尾・城津・元山・清津・ウラジオストク
			1925年4月〜30年3月	城津・元山・清津・雄基・ウラジオストク
	富山県 石川県	北陸汽船	1920年11月〜23年3月	七尾・清津・ウラジオストク
			1923年4月〜26年3月	七尾・清津・ウラジオストク
			1926年4月〜29年3月	七尾・新舞鶴・城津・元山・清津・雄基・ウラジオストク
			1929年4月〜32年3月	七尾・新舞鶴・城津・清津・雄基・羅津・ウラジオストク

出典）逓信省管船局『海事摘要』各年。朝鮮総督府『朝鮮総督府逓信年報』各年。

しかし前章でみたように、一九二〇年代には同じく朝鮮総督府の命令航路として、伏木を起点とする航路（伏木〜城津・元山・清津・雄基）も就航しており、敦賀港の優位性は低下していた。それゆえ満洲事変の勃発と、それに伴う吉会鉄道問題の進捗は、敦賀の人々にとってまたとない好機と映じたのである（表6-1）。

朝鮮総督府命令航路である清津〜敦賀線は、城津・元山に加えて一九二五年より宮津・舞鶴を経由することとなり[24]、片道五日間を要する。そのため敦賀・清津双方から直通航路の開設運動が起こり、一九二八年一月からは北日本汽船会社による自主航路として直通航路が就航することになった。同航路の就航によって清津〜敦賀間の所要時間は四六時間にまで短縮されたが、逓信省・朝鮮総督府からの補助は実現していなかった。[25] 同航路は吉会鉄道全通を見越して「収支採算を度外視して蹶起した[26]」路線であり、命令航路へ指定されなければ航路が廃止される可能性も高かった。

満洲事変後の敦賀の動きは早く、五省会議で羅津築港が決定する直前の一九三二年三月には、敦賀町長と敦賀商業会議所会頭連名により、「北鮮直通定期航路ニ関スル建議」が、逓信・大蔵両大臣及び朝鮮総督に対して提出されている。[27] 同建議では、一九二二年に着工された第二次敦賀築港工事が、そもそも北鮮と内地の連絡を意図したものであり、したがって吉会鉄道問題が解決した以上は敦賀と清津とをつなぐ直航線の整備がなされなければならない、と説かれている。

敦賀〜清津直航線の就航を求めたのは敦賀・清津双方の商工会議所であったが、同航路を運営していた北日本汽船会社が、彼らの活動に振り回されたわけではない。同航路への就航は、あくまで北日本汽船会社の主体的な判断であった。そもそも北日本汽船会社は、対樺太航路の安定化のために、各船主を合同し独占して同航路を運営させるために樺太庁の主導のもとに設立された会社であった。しかし、樺太庁が一九二一年にいたり再び樺太航路を自由化したために、同社は樺太航路を補完する新たな収益源を見つけなければならなかった。そして、日本海沿岸を主たる活動の場としていた同社にとって、対岸航路にその可能性を見出すのは、きわめて妥当な判断であった。

しかし、対岸航路に経済的実績がない以上、同航路を正当化する別の論理が北日本汽船には必要であった。その際に強調されたのは、日本海湖水化論であった。日本海湖水化論とは、一九三〇年代から四〇年代にかけて日本海側沿岸地域で盛んに論じられた対岸開発論である。[28] その端緒となったのは、ジャーナリストの松岡正男が『東京日日新聞』及び『大阪毎日新聞』に掲載した「日本海の湖水化」という論説である。[29] 松岡は、満洲事変以後には満洲東部及び朝鮮北東部の開発が本格化しつつあるとの認識を示し、その完成のためには同地域と日本とをつなぐ日本

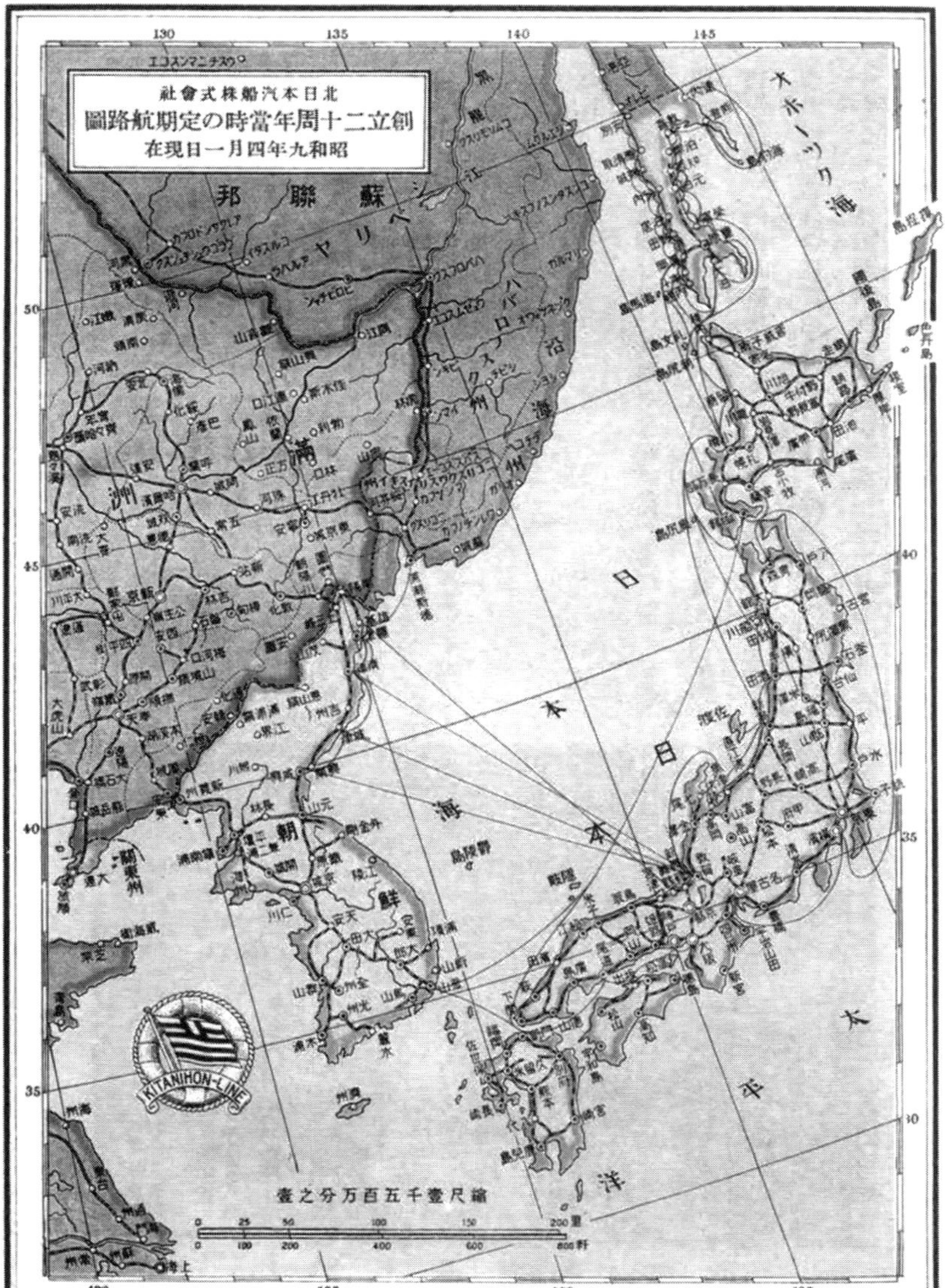

図 6-2　日本海航路

出典）『北日本汽船株式会社二十五年史』。

海航路の整備が最優先課題だと論じる。以上の論説をみた北日本汽船会社は、その趣旨を標語化したポスターを国内及び朝鮮各地に配布して同線の重要性を訴えるのである。(30)

日本海湖水化論の強調は、当然ながらライバル港の出現を促した。一九三〇年代には伏木港でも、対岸貿易への期待が高まったようである。吉会線の敷設が具体化した一九三二年二月には、『高岡新報』上で伏木港と雄基港との貿易が盛んになるとの見込みのもとに第二次築港工事の拡大が必要となると主張されている。(31)しかし、逓信省命令航路は敦賀港を基点としており、伏木港を基点とする北陸汽船の航路に対する補助は、富山・石川両県及び朝鮮総督府より交付されているのみであった。それゆえ、伏木町有志は日本海ルート建設着手を契機として、念願の逓信省命令航路の実現に向けて運動を開始する。

そのためには日本海ルート問題を、全県的な課題へと拡大する必要がある。一九三二年四月には、対岸貿易拓殖振興会が設立された。同会は、「北鮮及満蒙方面ノ産業振興拓殖並物資ノ需給状態ヲ調査シ貿易拓殖ノ振興ヲ期スル」ことを目的としており、会長には県知事が就き、副会長には県会議長・県内務部長に加えて北陸汽船会社の代表である石原正太郎が選出された。(32)同会の支持を受けて、富山県及び伏木町は、上京して陳情運動を展開した。(33)また一九三三年一月には、富山県知事より港湾協会に対して、第三次築港の調査設計の依頼が出されている。(34)

富山県における陳情運動の特色は、伏木港への命令航路誘致・第三次築港実現とともに、東岩瀬港の開港指定を求める運動が展開された点にある。対岸貿易拓殖振興会及び富岩振興会が中心となり、一九三三年には東岩瀬開港期成同盟会が設立された。(35)同盟会の設立趣意書には、「速に伏木港の港開《ママ》を拡張して東岩瀬を包含せしむるか、又或は東岩瀬港開港の指定を受くるの方法に依り、外国船乃至外国貿易に従事する船舶の自由に出入せしめらるることを要望」する、とある。同盟会設立の目的は、伏木港と東岩瀬港の一体化にあった。前章第一節でみたように、富山県内には、伏木港の後方地域となる県西部と東岩瀬港の後方地域となる県東部という二つの経済圏があり、対岸貿易拓殖振興会は両者のインタレストを統合するものでなければならなかったのである。

対岸において伏木に呼応したのは、清津のライバル港である雄基であった。一九三三年六月に刊行された対岸貿易拓殖振興会の会報には、雄基港湾拡築期成会長の中村直三郎より「雄基は富山県と固く提携す」と題した論説が掲載されている。前掲表6-1に示したように、雄基と敦賀とを結ぶ命令航路はなく、雄基にとって伏木との協調関係は不可欠であったのである。以上のような、敦賀・伏木両港における運動の具体化を受けて、一九三二年九月、逓信省は敦賀・伏木両港を命令航路に指定することを内定した。[36]

この決定に反発したのが、新潟港である。一九三二年頃に日本海ルート建設が具体化すると、新潟においても自主航路の命令航路化を求める運動が展開された。新潟港では、一九二九年五月から新潟の鍵富船舶部による自主航路（新潟～元山～清津）が就航し、また三〇年からは嶋谷汽船による新潟県・新潟市命令航路が就航していた。一九三二年四月には、これらの自主航路を政府命令航路とすることを求める「新潟北鮮間定期命令航路開設に関する陳情書」が、新潟商工会議所と新潟市長の連名により逓信・拓務・鉄道・大蔵・陸軍・海軍各大臣に提出された。また同年九月には、新潟県知事より逓信・拓務両大臣に対して同様の陳情が出された。さらに同月には新潟市会及び商工会議所の代表者が上京して、各省及び朝鮮総督府出張所に陳情を行った。[37] このような陳情活動に加えて、新潟商工会議所及び新潟市は、それぞれパンフレットを刊行し、新潟港の重要性を訴えた。[38]

日本国内において新潟の動きに呼応したのは、新潟港の後方地域となる関東及び信越地方の商工団体であった。同年一〇月には、新潟商工会議所会頭の白勢量作が東京商工会議所の役員会に出席し、関東地方産品の対満洲輸出増進の見地から新潟港への命令航路指定の有用性を訴えた。白勢の主張は受け入れられ、東京商工会議所は「新潟北鮮間定期命令航路に関する建議」を逓信省に提出した。[39] さらに一〇月一三日には、東京商工会議所に、東京・横浜・八王子・長岡・高崎・前橋・上田・長野・栃木・宇都宮・高田・直江津・新潟の各商工会議所代表が参集し、同建議案を決議した。(40) この陳情を受けた南弘逓相は、雄基～伏木航路に新潟を加えて三角航路とすることを約さざるを得なかった。(41)

もっとも、逓信省が三角航路を決めた理由は商工会議所連合の圧力だけではない。新潟の動きに満鉄が呼応したことも大きな要因であった。採算の問題から日本海ルートの建設に消極的であった満鉄にとって、同ルートの一貫経営は不可欠であった。そのため満鉄は傘下の大連汽船を同ルートに就航させる予定であったが、これに日本国内の船舶会社が反対したのである。逓信省は、北陸汽船による雄基～伏木航路を新潟港に回航させることにより、大連汽船の日本海航路への参入を阻止しようと試みたのである。(42)

このように、敦賀・伏木・新潟及び国内船舶会社の意向に配慮した結果、逓信省は清津～敦賀、雄基～伏木～新潟の二航路を命令航路として選定するに至った。しかし、同航路案は大蔵省の査定で削除され、一九三三年度予算では実現するにはいたらなかった。(43) 他方、あくまで直行航路の就航を求める新潟側は逓信省の解決案には納得せず、また満鉄も日本海航路の一貫経営を模索し続けた。その結果、一九三二年一二月には大連汽船による大連～新潟間の自主航路が開設される。(44)

以上のように、一九三二年頃には敦賀・伏木・新潟の三港を中心として、日本海ルートの中継港の地位をめぐって激しい競合が繰り広げられた。そしてそれは、敦賀～清津及び伏木～雄基というように、一九二〇年代以来の定期命令航路を背景とした大陸側の各港と連繋のうえで繰り広げられたものであった。一方で、従来は定期命令航路をもっていなかった新潟は、満鉄と提携することで新たな航路を就航させようと試みたのである。

産業振興事業と海港修築

満洲事変後に日本海ルートが政治課題となるなか、内務省土木局はまったく異なる関心から、海港修築問題に取り組んでいた。前章で触れたように、一九二〇年代末の民政党内閣期には、緊縮財政方針がとられるなかで海港修築費は減額を余儀なくされていた。かかる状況で内務省土木局が土木費獲得の名目として期待したのは、失業救済事業であった。第一次大戦の戦後不況の影響を受けて、一九二〇年代半ばには都市部で道路・水道工事を中心とする失業救済事業が実施されていたが、一九二九・三〇年度には都市部への失業者の流入を抑制し、また都市部失業者を故郷の農村部へ戻す効果を期待して、地方都市や農村部へもこれら失業救済事業が拡大されることとなった(45)。失業救済事業の主たる担い手は市町村であったが、内務省土木局はこれを土木局所管事業として拡張させようと試みるのである。

しかし、失業救済事業の固定化を警戒する大蔵省は、従来から継続されている河川・海港関係工事を失業救済事業に組み込むことには強く反対した。一九三一年度予算では、失業救済事業から河川・海港関係工事は削除され、また一九三二年度予算編成をめぐっても内務省土木局と大蔵省は対立し、内務省が失業救済事業費として四五〇〇万円を要求したのに対して、最終的に大蔵省に認められたのは三六五〇万円にとどまった(46)。

一九三一年一二月に犬養毅を首班とする政友会内閣が成立したことは、内務省土木局にとって歓迎すべきことであった。なぜなら政友会は、民政党内閣の失業救済事業を、農村部における土木事業を中止・繰延をしながら都市部の小規模事業にのみ補助を与える「自家撞着の甚だしきもの(47)」と批判していたからである。政友会内閣が、失業救済事業のうち国直轄事業及び府県事業部分を産業振興事業へと名目を変更したことを受けて、内務省土木局は河川・海港関係工事の拡大へ向けて動き出していく(48)。

翌三二年一月、内務省土木局は、総額三億六五〇〇万円に及ぶ産業振興を名目とした土木事業計画を立案する(49)。これは、あくまで単年度事業が原則とされていた失業救済事業とは異なり、一九三二年度から三七年度にいたる五カ年計画として立案したものである。同計画中の海港修築費は、横浜・伏木ほか施工中の築港工事の竣工年限の繰上、関門海峡の追加工事及び今治・鹿児島などの新規築港工事、その他指定港湾の改良費など、合計九八六四万円にのぼった。(50) さらに、五・一五事件で犬養内閣が倒れた後は、内務省土木局は「農村救済」を目的とした土木事業の拡大構想を打ち出し、さらなる土木事業の拡大を推し進めていく。(51)

内務省土木局による「農村救済」を目的とした海港修築事業は全国的に展開されたが、(52) とくに若狭湾沿岸では日本海ルート問題と相俟って、大きな期待を喚起することになった。京都府では、敦賀・伏木両港に対抗して、海港修築と航路誘致の動きが起こった。もっとも、京都府は舞鶴・新舞鶴・宮津という三つの海港を抱えているために、富山県の場合と同様に、それらを統合する団体が必要であった。そこで京都府は、一九三二年六月に京都市内に舞鶴・新舞鶴・宮津各港関係者を集めた丹後港湾懇談会を開催し、その場で丹後港湾協会を設立した。(53) ただし、県知事が会長に就任した富山県対岸貿易拓殖振興会の場合とは異なり、府知事は顧問に就いており、理事長は京都府土木部長の村山喜一郎であった。このことから、舞鶴・宮津の地域有志の関心は、定期命令航路の誘致よりも、海港修築問題に向けられていたことが指摘できるだろう。

一九三二年八月には、丹後港湾協会により、「清津港雄基港ト舞鶴港間船車連絡運輸方之議」、「舞鶴港湾修築工事年限繰上速成ノ議」、「宮津港湾修築之義ニ付国庫補助」、「宮津港湾修築之義ニ付臨港鉄道布設並ニ快速列車運転」、「新舞鶴港ヲ工業的商港トシテ諸施設」、の五項目について、それぞれ請願が所管大臣に提出された。さらに同協会は、同年一〇月からは舞鶴・宮津・新舞鶴三町の都市計画についても調査を開始した。(54)

このように丹後港湾協会は航路誘致・海港修築・都市計画という広汎な問題に取り組んでいたが、この時点では対岸との定期直航航路開設の目処は立っていなかったようである。福岡県知事小栗一雄の報告によれば、一九三四年に至っても京都府は北鮮航路については「将来ノ経済的価値ヲ万有角度ヨリ観察研究中」だったという。(55) すでに自主航路が運営されていた伏木・新潟とは異なり、舞鶴・宮津では船舶会社の選定にも時間を要したものと思われる。

より現実的だったのは、内務省土木局―港湾協会が力を入れていた海港修築事業であった。前章で述べたように、第二次舞鶴築港は一九二九年度より一〇カ年事業として着手されていたが、京都府はさらに宮津港の修築に乗り出しており、やはり内務省土木局技師の手による第一次宮津築港計画（総工費二八万円）を策定していた。丹後港湾協会による請願の結果、一九三三年度の時局匡救土木事業予算には第一次宮津築港補助費も含まれることになり、総工費のおよそ三分の二にあたる二〇万七〇〇〇円の国庫補助が下付された[56]。

これらの成果を背景に、丹後港湾協会は、さらに舞鶴築港の工期短縮と第二次宮津築港の実現を目指していく。第二次舞鶴築港の総工費は二三〇万円（内国庫補助一〇五万三五〇〇円）であったが、一九三〇年には財政緊縮のために総工費が五一万円減額され、工期も二カ年繰り延べられていた[57]。そのため、一九三三年五月に開かれた港湾協会通常総会には、京都府知事及び舞鶴町長より舞鶴港の再拡張を求める議案が提出され、また同年末には、第一次宮津築港を拡張するための設計案作成が、京都府知事から港湾協会に依頼されている[58]。

宮津築港に対しては、一部の土木技師からの支持もあったようである。東京市・大阪市で築港計画を立案した直木倫太郎は、一九三三年九月に宮津港の現地調査を行い、港湾協会にその調査結果を報告している。直木は、羅津港が一万トン級船舶に対応するための繋船岸壁（水深九・五メートル）を整備する計画であることから、日本側海港にも同じように一万トン級船舶に対応する施設が必要である、との前提にたって海港の選定を行う。直木によれば、現在の海岸線から水深九メートル地点までの距離は、小浜港がおよそ六〇〇間（およそ一〇九〇メートル）であるのに対して、宮津港はおよそ一〇〇間（およそ一八一メートル）であり、繋船岸壁を築造する場合には宮津港がもっとも廉価に整備できる、という。また陸上交通の面においても、小浜は敦賀を経由しなくてはならないのに対し、宮津は京都・大阪に直通路線が整備されている点で宮津港の優位性は明らかである、と直木は評価している[59]。

舞鶴・宮津と同じ若狭湾沿岸では、福井県小浜港も築港運動を本格化させている。その契機は、小浜出身の海軍大将名和又八郎が小浜築港論を提唱したことである(60)。名和の築港論を受けて、一九二〇年代末には海軍中将東郷吉太郎ら海軍部内の一部にも小浜港を日本海ルートの拠点港とすることを支持する声があったようである(61)。彼らは、敦賀や舞鶴と異なり、既存の海港施設がない小浜港にこそ自由な施設整備が可能であり、それゆえ漸次拡大するであろう対岸貿易への対応が可能になる、と主張した。

海軍有力者が小浜築港論を唱えたことにより、一九三〇年代には小浜町有志による築港運動が本格化したが、京都府の支援を受けられた舞鶴・宮津と異なり、福井県の支援の見込みが立たなかった。したがって小浜町有志は、海軍及び東京・大阪の同町出身者の協力に期待せざるを得なかった。小浜築港運動の中心人物のひとりであった鳥居史郎は、一九三二年八月二五日より上京し、小浜出身の代議士添田敬一郎の紹介により有力者に直接面会を試みている。岡田啓介海相や南弘逓相との会談はかなわなかったが、鳥居は海軍関係者を訪問して意見交換を行い、また二九日には小浜港湾問題懇談会に出席した(62)。

同年一〇月には、小浜公会堂において遠敷・大飯両郡町村会議が開催され、小浜港湾修築期成同盟会の結成を決議した。同月末には、大阪綿業倶楽部で小浜港湾期成関西同盟会委員会が開かれ、一一月には東京においても小浜港湾修築期成同盟会の発会式が行われた。小浜築港を求める運動は、小浜ではなく、大阪と東京の両同盟会を中心に展開されたのである。翌三三年二月には東京同盟会より港湾協会に小浜築港の設計が依頼され、一方で大阪では小浜築港に対する支持獲得に向けた運動が展開された。同年九月には『大阪毎日新聞』が小浜港が有力との報道をしており、同盟会の活動は一定の成果を挙げたようである(63)。

以上のように、日本海ルート問題の再燃と時局匡救事業の着手は若狭湾沿岸各港の海港修築に向けた動きを活性化させたが、これをさらに後押ししたのは内務省土木局—港湾協会であった。一九三二年一〇月には、港湾協会は

「対満鮮連絡港調査委員会」を設置して、各地の実態調査を開始し、さらに一九三三年三月から六月にかけては、内務省土木局が新潟・伏木・七尾・敦賀・舞鶴・宮津・境・小浜の各港を調査を開始している[64]。しかし、内務省土木局―港湾協会の目的は、小規模な海港修築による各港の共存であって、各地が求める日本海ルートの拠点港を定めることはなかった。

同様の態度は、日本海沿岸諸港が期待した大阪においてもみられた。一九三三年八月に、大阪商業会議所交通部が宮津・舞鶴・小浜・敦賀各港の調査を行ったが、その結果は宮津・舞鶴を高く評価するものであった。その最大の要因は、表6-2に示したように、すでに大阪とのあいだに鉄道が開通している点にあった。交通部の報告書には、「将来大連港に匹敵する一大呑吐港としての羅津港に対し一港主義を以て之に当ることは其の港状及周囲の環境から見て到底不可能と云ふべきであつて、むしろ分港主義が適切なり[65]」と評価されている。そのなかでも宮津・舞鶴については、「此際両港を打って一丸とする計画を樹てることが緊要」と、日本側に一大海港を整備するのではなく、宮津・舞鶴両港を一体とみなした輸送計画をたてることにより、対応が可能だという。

もっとも、大阪商業会議所の本心は、日本海ルートの拡充ではなく、従来の大連ルートの拡充にあった。大阪商業会議所調査課は、交通部による調査に先立つ一九三三年七月に、日本海ルートへの対応を検討した調査結果を発表している[66]。それによれば、吉会線開通後の哈爾浜〜大阪間の距離は、大連経由の場合は二五六二キロメートルであるのに対し、清津・敦賀経由の場合は一七二七キロメートル、羅津・敦賀経由の場合は一七八六キロメートルと、日本海ルートの方が優位である。しかし、調査課によれば「最も重大な案件は運賃問題であって、之の運賃の如何は距離の関係と同様北満貨物輸送の分水嶺を決定する重要な一要素」である。そして、満洲からの主要輸入品である大豆一トンあたりの哈爾浜〜大阪間の運賃は、大連経由の場合は二一円二〇銭であるのに対し、清津・敦賀経由の場合は三一円七三銭、羅津・敦賀経由の場合は三一円七八銭となり、およそ一〇円近く割高となる。これは他の

表 6-2　大阪商業会議所による若狭湾四港比較

	長　所	短　所
宮津港	A. 天然の良港たること，将来栗田湾との間に運河を掘削すれば大規模の港湾となる可能性を有すること，貯木場としては天橋の内湾を存すること B. 天然の障害なきこと C. 後方地帯が比較的広きこと D. 天然の風光に富み且つ来港者に対する設備を具備し居ること	A. 京阪神に最も有利な立場にある舞鶴港が隣接し居ること
舞鶴港	A. 天然の良港たること B. 天候の障害少きこと C. 貯木場として適当な入江を有すること D. 既に港として，相当の施設を有し居ること E. 将来大阪との交通運輸関係に最も有利な地位にあること F. 第二種重要港湾に指定され居ること	A. 港内は要港部の第三区となり居ると，港口は第二区に属すること
小浜港	A. 自然の大港湾なること，特に西港（本郷港）は頗る良港なること B. 水面積の広大なること C. 貯木場に適当なる和田入江を有すること D. 処女港なるを以て，自由なる計画をなし得ること	A. 大阪との交通連絡機関不備なること B. 臨港地帯比較的狭小なること C. 競争港たる敦賀に近きこと D. 西港が小浜町より比較的離れ居ること
敦賀港	A. 国際港として沿革を有すること B. 第一種重要港として指定され居ること C. 既に諸般の設備を有し居ること	A. 港口西北に面せる関係上西北の風を受くること B. 大阪に対し他港に比し比較的遠距離にあること C. 大阪との連絡機関としては省線一線のみにて連絡道路を有せざること

出典）宮津市永年保存文書 114「商港に関する書類」，北日本四港視察報告書。

若狭湾沿岸諸港を経由した場合も同様で、清津・舞鶴経由の場合は三一円二三銭、清津・宮津経由の場合は三〇円六四銭になるという。したがって、吉会線開通後も、「差して影響はなく除ろ将来の日満関係に於ては大阪港の利用は増加するものと想像される」[67]と、調査課は結論づける。

若狭湾沿岸諸港の有志が後方地域として期待した大阪は、実際には北鮮航路をめぐるライバルだったのである。実際、同年五月には大阪商船が、大阪北鮮間航路（大阪〜神戸〜門司〜清津〜雄基）に就航する船舶を一〇〇〇トン級船舶から二五〇〇トン級船舶へと拡充するなど、大阪においても北鮮航路の拡充がなされている。[68]当然ながら、大阪商工会議所の調査結果に各港は反発した。港湾協会によれば、大阪商業会議所の調査結果の公表は、かえって大阪における各港の支持獲得運動を激化させたようである。[69]かくして、対ソ戦に向けた兵站線として日本海ルートを確立したい陸軍の思惑とは異なり、対岸における羅津築港決定後も日本側海港の選定は混乱することになったのである。

日本海ルート問題の帰結――交通審議会・日本海商業委員会

日本海側海港の選定が混乱したもっとも大きな要因は、命令航路を指定する逓信省と、海港修築を所管する内務省が、それぞれ異なった関心から日本海ルート問題に取り組んでいる点にあった。それゆえ問題の解決のためには、各省を横断して協議する場が必要とされ、一九三三年九月には交通審議会が設置されることとなる。[70]

交通審議会は、内閣総理大臣を会長とし、委員には内務・大蔵・陸軍・海軍・逓信・鉄道・拓務の各大臣及び民間委員より構成される審議会である。また、幹事として内閣書記官長、法制局長官及び各省次官が就任している（表6-3）。一九三三年七月に参謀本部から提出された「交通審議会諮問事項案」には、日本海ルートにおける日本海側海港の整備問題に加えて、関門港整備問題及び海港行政統一問題も挙げられており、陸軍による満洲事変後

表 6-3　交通審議会名簿

会長	斎藤実	内閣総理大臣
委員	山本達雄	内務大臣
	高橋是清	大蔵大臣
	荒木貞夫	陸軍大臣
	大角岑生	海軍大臣
	南　弘	逓信大臣
	三土忠造	鉄道大臣
	永井柳太郎	拓務大臣
	水野錬太郎	
	斯波忠三郎	
	片岡直温	
	井上匡四郎	
	山本条太郎	
幹事	堀切善次郎	内閣書記官長
	黒崎定三	法制局長官
	潮恵之輔	内務次官
	黒田英雄	大蔵次官
	柳川平助	陸軍次官
	藤田尚徳	海軍次官
	大橋八郎	逓信次官
	久保田敬一	鉄道次官
	河田烈	拓務次官

出典）昭和財政史資料第六号第六一冊「交通審議会関係書類」。

の交通網の再構築の意図がうかがえる(71)（表6-4）。

とりわけ日本海ルート問題は、陸軍にとって主要な関心事であった。同問題については、陸軍省も「吉会線開通ノ好機到レリト為シ、日本海沿岸ニ不急且不必要ナル築港ヲ経営セントスルノ機運ニ在リ。既ニ内務省ニ於テハ本年度ノ予算ヲ以テ之カ調査ヲ開始セリ」と、日本海沿岸各地の動きとこれに応ずる内務省の姿勢を批判している。また、逓信省も「独自ノ見地ニ於テ北鮮及日本海沿岸港湾間ニ命令航路ヲ設定シ国費ヲ以テ補助シッツ」あるが、「此等何等統制セラレアルモノヲ認メ」られないため、「国家ノ大局ヨリ之カ対策ヲ確立」する必要がある、と述べ、海港修築問題と命令航路指定問題とを統一する基本方針の確立を、陸軍省は求めたのである(72)。

九月二五日に開かれた第一回総会では、まず内務省より羅津・大連両港の現状について説明があり、続いて日本海沿岸諸港（船川・土崎・酒田・新潟・伏木・七尾・敦賀・小浜・舞鶴・宮津・境）についてそれぞれ施設の説明などがなされた(73)。第一回総会における議論をリードしたのは、満鉄総裁を務めた経験をもつ山本条太郎であった。山本は、羅津築港が完成した後も「羅津ヨリ大ナル荷物ガ出ルトハ思ハレズ」との前提に立ち、「裏日本ノ指定港ハ旅客本位」となるものと予測する。日本海ルートを旅客本位のものとして編成するのであれば、国際連絡鉄道が通っている敦賀港がその基点となることは自明である、と山本は述べる(74)。

一一月九日に開かれた第二回総会においては、三土忠造鉄道大臣と南弘逓信大臣によって、やはり敦賀港を支持

表6-4　交通審議会参謀本部諮問案

諮問案
吉会線開通ニ伴ヒ日本海沿岸港湾ノ増築ノ要否及之ニ通スル横断鉄道ノ要否竝之ヲ必要トスル場合ニ於ケル港湾及鉄道ノ選定竝其修築ノ程度
本州，九州間ニ於ケル交通施設ノ改善及之ニ関連シ下関，門司両港修築ニ関スル対策
内地鉄道ノ建改築主義ノ確立鉄道網ノ再検討ト自動車道路網トノ統制強調ニ関スル対策
内地，鮮，満蒙ニ亙リ統制アル航空路ノ設定及航空発達ニ関スル対策
港湾行政統一ニ関スル対策
内地及殖民地ニ於ケル海運行政ノ統一及満洲国海運行政トノ協調ヲ律スヘキ方策
鮮満両鉄道ヲ満鉄ノ統一経営トシ且戦時之ヲ陸軍ニ於テ管理スルノ制度ヲ確立ス

出典）昭和財政史資料第六一冊第六号「交通審議会関係書類」。

する発言が相次いだ。三土は、羅津から積み出される貨物は横浜・名古屋などへ輸送されるものであり、したがって日本海ルートをめぐる各地の運動は「見当違ノ運動」であると批判する。そのうえで、命令航路の起点として敦賀は異論の余地がなく、問題は新潟と伏木の扱いである、と述べる。一方、南は「大体ノ観察ハ三土君ト同感」であると述べ、「敦賀港ハ国際交通路ナル為定期航路トシテ補助スルコト適当」と、やはり敦賀港を基点とすることを提案する。[75]

交通審議会の議論が「交通の論理」にしたがって展開される状況で、内務省土木局—港湾協会は、日本海沿岸諸港における築港の必要性を強調しなければならなかった。水野錬太郎港湾協会会長は、「国防ノ問題ヲヤラネバナラヌモノアリトセバ、考慮セネバナラヌ」と述べ、「軍事の論理」を持ち出すことで築港に対する荒木貞夫陸軍大臣の同意を期待した。しかし、荒木は「各港湾ノ造営修築ハ当分此ノ儘ニテ可ナリ」と述べ、海港修築よりも国内鉄道網の整備（伏木～名古屋間）と日本海航路に快速船を導入することが先決である、との見解を示した。

荒木陸相の発言を受けて、斎藤実会長が「港湾ノ設備ヲ新シクセズ、現状ノ儘推移ヲ見テ他日設備ヲスルコトニシテ可ナラズヤ」と述べるなど、総会の議論は築港不要論へと傾いた。これに対して山本達雄内相は「裏日本ノ港ハドレモ手ヲツケヌゾト云フコトデハ問題ニナル」として、現在計画中のものについては予定通り築港に着手することを求め、最終的には、新規築港計画の必要性は認めないが、施工中もしくは計画中の築港計画については認める、との結論が出された。これは、日本海沿岸諸港にとっては期待はずれの結論であった。

そのため日本海沿岸各港の有志は、日本海ルートの活性化に向けて財界に働きかけていくが、財界の関心もやはり日本海側には向けられなかった。一九三五年一〇月、富山県対岸貿易拓殖振興会と新潟商工会議所の働きかけにより、日満実業協会に日本海商業委員会が設けられた(76)。日本海商業委員会は、新潟・富山・石川・福井・長野・山形・秋田・北海道及び清津・羅津・雄基の各市・各商工会議所が構成員となり、関係各省の後援のもと、日本海沿岸地域の振興を話し合う場として設置されたが、結局は沿岸各地及び関係各省の足並みの乱れを顕在化させる結果しかもたらさなかった(77)。

内務省土木局による工業港修築

各地の要求を吸い上げることができたのは、やはり内務省土木局であった。内務省土木局は、日本海ルート問題と地方港修築問題を切り離すことで問題の解決を図った。政党内閣期に土木事業の縮小を求められていた内務省土木局にとって、時局匡救(農村救済)事業は、干天の慈雨であった。港湾修築事業に限ってみても、一九三二年度から三四年度にかけて、新たに着工された指定港湾は六一港に及ぶ(表6-5)。しかし、時局匡救事業は三カ年の限定事業であったため、一九三四年の夏頃には国庫補助の継続を求める各地の要求が活発化する(78)。

内務省土木局では、これらの事業の長期的安定化を目指して、一九三三年八月に土木会議を設置した(79)。土木会議は、従来内務省土木局の長期整備計画を立案してきた諮問機関である臨時治水調査会・道路会議・臨時港湾調査会を統合したものである。内務大臣を議長とし、内務・大蔵・逓信・陸海軍・鉄道・商工各省の次官、貴衆両院議員、学識経験者などの委員により構成された。土木会議の下には河川・道路・港湾の三部会が設置され、河川部会では第三次治水計画の策定、道路部会では第二次道路改良計画の策定が議題となった。第三次治水計画では、国直轄事業として新たに二四河川の改修事業に着手し、これに加えて府県が施行する中小河川改修事業に対しては、二分の一の国庫補助を行うこととなった。また、第二次道路改良計画では、国直轄事業として普通国道のうち六九〇三キロメートルの改良に着手し、また府県道改良事業に対しては、三分の一の国庫補助を行うことになった(80)。

表6-5　指定港湾修築工事一覧（1933～35年度）

府県	港湾（括弧内は総工費。単位は千円）
東京	岡田（200），二見（200）
京都	宮津（280）
大阪	岸和田（450），大津（840）
兵庫	飾磨（900），相生（320），津居山（300）
長崎	相ノ浦（230），島原（230），郷ノ浦（150），福江（356）
新潟	直江津（420），夷（290）
千葉	木更津（380），館山（120）
三重	鳥羽（388），桑名（148），富洲原（200）
愛知	半田（410），常滑（450），蒲郡（300）
静岡	沼津（400），下田（200）
宮城	石巻（200）
岩手	釜石（340），大船渡（300），久慈（320）
青森	八戸（1250）
福井	三国（210）
石川	宇出津（300）
富山	東岩瀬（350）
鳥取	米子（300）
島根	安来（160）
岡山	片上（500）
広島	糸崎（350），竹原（240），阿賀（785）
山口	萩（500），宇部（580）
和歌山	田辺（600），湯浅廣（100）
徳島	徳島（1000），撫養（340）
香川	丸亀（245），観音寺（300）
愛媛	三津浜（1050），宇和島（660），北條（200），三瓶（210）
福岡	宇島（500）
大分	臼杵（300）
佐賀	唐津（557）
熊本	水俣（505），鬼池（150），百貫（275）
宮崎	油津（295）
鹿児島	名瀬（1270），枕崎（160）
沖縄	那覇（700），渡久地（240）

出典）『港湾』第13巻第2号（1935年2月），20頁。

港湾整備をめぐっても、治水計画・道路改良計画と同様に、国直轄事業と府県事業への国庫補助の拡充が目指された。港湾部会の開会に先立って、一九三四年一〇月から一二月にかけて『港湾』では、暁星なる人物により地方港の改良を正当化する論説が連載されている。[81] 暁星が強調するのは、地方港湾改良が大港集中主義を否定するものではなく、補完するものだということである。暁星は、小港分散主義を「小数の港湾にのみ資本を集中するは不可なりといふ漫然たる平等観、総花主義から出発して居」り、「現実の経済関係を離れて居る」と批判する。一方で暁星は、「大港のみに力を集中して他は全然顧みないで良いといふ訳ではない」と、「従来の大港集中主義」も否定する。「大港主義――わたしの是なりとする意味に於て――に於ては、中小港湾の地位は必らず大港の支配下にあり、之を補助する範囲を出でないのであつて、若しこの範囲を越えて大港と拮抗するが如きことを許すことは絶対に斥けられねばならない」のである。

暁星の唱える「新しい意味に於ける大港集中主義」は、京浜・阪神・北九州という大工業地帯における海港整備を進めながら、地方中小港に対する国庫補助も拡充するという、内務省土木局の方針を示したものであっただろう。[82] 一二月より開かれた土木会議港湾部会では、新たに第二種重要港として八戸・飾磨・宇部の三港が指定される一方で、指定港湾への国庫補助基準が定められている。[83] 指定港湾は一九三四年の時点では三〇三港に上っていたため、内務省土木局にとっての課題は、残る二〇〇港以上の港湾を順次整備していくことであった。一九二九年に定められた指定港湾選択標準は、いずれも一カ年で①出入船舶トン数が一〇万トン以上、②出入貨物トン数が五万トン以上、③出入貨物価格が三〇〇万円以上、のいずれかの条件を満たすか、あるいは「前号に該当せざるも特に理由あるもの」とされていた。港湾部会で定められた新たな国庫補助標準は、同じく一カ年で①出入船舶トン数が一〇〇万トン以上、②出入貨物トン数が一〇万トン以上、③出入貨物価格が五〇〇万円以上、あるいはこれらに該当しない港のうち島嶼部や避難港などの理由により改良の必要があると認められるものであり、指定港湾のなかから国庫補助の対象を絞り込む目的で打ち出されたものであった[84]。

港湾部会で国庫補助基準が議決された直後の一九三五年二月の『港湾』には、港湾協会幹事の大瀧幹正（白櫻）による解説が掲載されている[85]。大瀧は、第二種重要港は「単に港の利用率のみを標準としたものではなく、…〔中略〕…其府県の代表港として」選ばれるものであるため、入港船舶や入港貨物量などの港勢に加えて地理的な要素も選定の基準となる。一方で、指定港湾は港勢上、修築が必要だと考えられる港湾に国庫補助を下付する目的で定められたものだと述べて地理的制約が課せられない点を強調し、さらに国庫補助を得るための手順を示す。地域有志が新たに国庫補助を得るためには、①選択標準に到達するように港勢を増進させ、②港湾協会に依頼して改良計画を樹立し、③改良工事経営者を決定し（府県・市町村に限られる）、④内務省土木局が予算編成を開始する六月から七月下旬までに国庫補助の申請を行うことが必要である、と大瀧は説明する。そして国庫補助指定標準を満たしている指定港六一港の具体名を挙げ、各地からの要求を喚起するのである。

以上のように、内務省土木局―港湾協会は、土木会議における新たな指定港湾修築方針を打ち出すとともに、各地を巡回して港湾修築の機運を盛り上げる活動も行っている。その直接の契機は、一九三四年末より岡田啓介内閣が着手した東北振興運動であった。一九三一年と三四年の凶作を受けて、三四年一二月には東北振興調査会、翌年五月には東北振興事務局が設置されるなど、東北振興が政治課題として取り上げられるようになったが、港湾協会はいち早くこれに反応した。一九三五年六月には、港湾協会に東北地方港湾調査委員会が設置され、また同年九月の『港湾』には会長水野錬太郎による論説「東北特別施政論」が掲載された[86]。東北地方港湾調査会は、一九三五年六月から七月にかけて東北六県（四四港）を視察し、また各県の主要港である小名浜・塩釜・釜石・宮古・八戸・酒田・船川・土崎・青森の九港では地域住民との座談会を開催するなど、東北地方の港湾修築に向けて動き出している。もっとも、港湾協会の活動は東北地方にとどまらず、翌三六年には北陸山陰両地方港湾調査会を、三七年には九州地方港湾調査会を、さらに四〇年には中国地方港湾調査会を設置して、同様の現地視察・座談会を開催している。港湾協会が独自の立場から東北地方振興問題に取り組んだことは確かであるが、港湾協会の主たる関心は、やはり全国的な指定港湾整備にあったのである。[87]

以上のように、内務省土木局―港湾協会は、地方港修築に向けて地域社会の要求を積極的に喚起していたが、指定港湾への国庫補助を実現するためには、当然ながら大蔵省を説得しなければならない。一九三五年度予算をめぐっても、内務省は新たに五港（石巻・大牟田・佐伯・若津・八幡浜）の指定港湾への国庫補助を要求したが、大蔵省に削除されている。[88] そこで内務省土木局は、『工業港の躍進』『躍進日本の経済的実相と地方港湾改良の必要』と題する二冊のパンフレットを土木会議で配布し、大蔵省をはじめとする各省に対しても「新しい意味に於ける大港集中主義」を披露している。[89]

そこで語られているのは、重化学工業の発達と発動機船・自動車の普及という新たな状況に対応した海港をどのように整備していくのか、という問題意識である。すなわち、近年の日本の貿易は「従来の様な繊維工業一本槍ではなくて、この外に、各種の重工業や化学工業が勃興」しつつあるが、外国より原料を輸入しなければならない日本においては、海港の整備が生産費の低下に直結する。しかも、これらの原料を輸送する交通体系も、近年変化を遂げつつある。従来の鉄道輸送への偏重から、「荷送人の戸口より荷受人の戸口まで、直接的に貨物を運送し得る」自動車の普及と、「百噸乃至三百噸級の小型発動機船の増加」により、「各種各様の交通需要を有する貨物が、それぞれ適当な運送系統に分属」されるように変化するであろう。従来は鶴見・川崎・尼崎といった都市部に集中していた臨海工業地帯も、近年では玉（岡山県）・水俣（熊本県）など地方に分散する傾向にある。したがって、「重要港湾に集散する水上貨物をその最初の仕出地たる内陸より搬出し、又はその最終の仕向地たる内陸へと搬出すると共に、また地方港湾相互間の水上交通を処理すべき使命を有する」地方港湾の整備を進めなければならない、と内務省土木局は述べる。説得の成果があったのか、一九三六年度実行予算では一七の指定港湾の新規着工が認められ、既定の一八港と合わせて三五の指定港湾に国庫補助が下付されることになった[90]。

さらに内務省土木局は、これまで民営に委ねざるを得なかった一部の工業港の県営化を推し進めた。第4章第三節で述べたように、一九一〇年代末には洞海湾国営論を唱えるなど、内務省土木局は海港の国営化（県営化）を目指していたが、修築費用が捻出できないために、工業港整備は私企業に委ねるしかなかった。しかし、以上に述べてきたように、一九三〇年代半ばには産業振興を名目として海港修築予算の拡大を図ることができる状況にあったため、内務省土木局は京浜運河及び洞海湾という二大民営港の県営化を推し進めるのである。

京浜運河をめぐっては、一九二〇年代以来、神奈川県・横浜市・京浜運河会社の三者がそれぞれ取り組んでいる状況であった。かかる状況に対して関東大震災後の一九二四年には、内務省土木局が京浜運河整備に乗り出していく。航路整備と埋立地のさらなる造成を目的として、鶴見地区と品川沖をつなぐ京浜運河を内務省土木局自ら計画するのである。しかし、洞海湾のケースと同様に、内務省土木局は計画を立案したものの予算を獲得することができず、一九二八年に京浜運河会社に運河開削を認める方針を打ち出していた。ところが、三六年末にいたって内務省土木局は、一転して運河開削を国営または県営で行う方針を示し、閣議決定を行った。その理由としては、工業地帯に不可欠である水道及び道路整備と一体開発が必要である、ということが挙げられた。当然ながら京浜運河会社は反発したが、運河開削県営化の背景には陸軍の圧力があったともいわれており、同社の運動は実らなかった[91]。

また同じく一九三六年には、福岡県より若松築港会社に対して港銭徴収の廃止が通牒された。第4章第三節で述べた通り、若松築港会社は福岡県の許可を得て一八九三年より入港船舶から港銭を徴収し、また港銭収入に加えて埋立地造成の売却益をもとに洞海湾開発を行っていた。だが、一九一〇年代末には内務省土木局が同湾の開発に乗り出そうと試みており、一九三二年には港湾協会による大若松港修築計画案が策定された。同案では「若松港をして時代の進運に添はしめ、其国家並に地方に対する重要使命を一層発揮せしめんが為には、速に之が経営を公の手に収め、以て航路並に内港の一大改良を図ると共に港内諸施設の統制を期するの要極めて切なるものあり」[92]と述べられ、県営移管は既定路線となっていた。一九三五年六月の土木会議で同案は了承され、同年末には総額三〇〇万円の国庫補助が大蔵省に認められた。その結果、洞海湾築港事業は福岡県に移管されることとなったのである。一九三六年より内務省土木局による直轄工事が着手され、築港会社による港銭徴収は、猶予期間を経て三八年に廃止されることとなった。[93]

満洲事変の勃発以後、海港行政は土木政策のみならず交通政策の一環としても取り組まれるようになった。日本海ルートの構築を求める陸軍と日本海沿岸主要港（敦賀・伏木・新潟）の圧力を背景に、逓信省は海港行政への関心を高めた。一方で、内務省土木局も産業振興を名目として、修築を主眼とする海港行政を継続させていた。逓信省はいまだ海港行政への関心を本格化させてはいないものの、一九三〇年代半ばまでに海港行政をめぐる状況は変わりつつあったのである。

二　戦時体制から戦後へ

戦時体制と海港行政——交通省構想と国土計画

一九三〇年代末以降、逓信省が海港行政に本格的に取り組んでいくことにより、かかる変化は加速していくが、その背景として指摘しておかなければならないのは、同時期における革新官僚の台頭である。[94]政党政治の退潮に伴って、政党・財界などの影響から自立して長期的展望のもとに首尾一貫した政策を打ち出そうと考える官僚（革新官僚）の影響力が一時的に高まった。大蔵省・逓信省・商工省などの経済官僚を中心とする革新官僚の台頭は、従来「内政の総合官庁」として他省に優越する地位を誇っていた内務官僚の影響力を相対的に低下させることになる(95)。

革新官僚の活動の制度的な中心となったのは、総合国策機関であった。一九三五年五月に設置された内閣調査局は、内閣総理大臣からの諮問を受けて重要国策の審査を担当する機関であり、各省から中堅官僚が集められた。もっとも、その後の総合国策機関の歩みは平坦ではなく、与えられる役割の大きさから各省及び陸海軍の対立抗争の焦点となった。各政治勢力の対立と妥協を繰り返した結果、数次の改編を経て一九三七年一〇月に発足した企画院は、統合主体としての機能を充分に果たすことはできないものであった(96)。

企画院に期待されたのは、同年に勃発した日中戦争の拡大に応じて、戦時体制を構築することであった。企画院の主たる関心は具体的な物動計画に寄せられることになり、それは逓信省を海港行政へ本格的に参入させることになる。なぜなら、戦時体制のもとで問題になったのは船舶の不足状況であり、それを補うためには、船舶そのものを増やすか、あるいは船舶の稼働率を高める必要があるからである。そして稼働率を高めるためには、海港に滞在する時間を短くする必要があり、そのためには荷役能力の向上が求められたのである。

一九三八年五月に企画院内部で回覧された文書では、「港湾運営の機構が、今日の如く不統一のまゝに発達してしまつて動きの取れない状態に変つた以上は、最早や港湾行政の一元化や、港湾法規の制定位では之を矯正する事は不可能である」と、従来のような港湾法の制定を目指すだけでは港湾運営の効率化は実現できない、と論じられている(97)。

同文書では、これまで日本の海港修築を担ってきた大蔵・内務両省に対しても厳しい批判を加える。まず大蔵省に対しては、「陸上建築事業は大蔵省営繕管財局の所管であるが、不幸にして之等施設の築造計画は、現在全く港湾の運営と云ふ事と遊離してしまつてゐる」と、倉庫・上屋の建設が貿易業者の利用に配慮した計画となっていない点を批判する。

内務省に対する批判は、より厳しい。内務省の港湾調査会には学識経験者も含まれているが、「其所謂学識経験なるものも、実は港湾事業の実際からは遠く掛け離れた部分的知識であつたり、又実際に事情を知悉してゐる筈の当業者が参加する場合に於ても、業者相互の利害関係や、他者に対する遠慮等から、大乗的見地に立って公正な意見を主張する事の出来ない場合が多く」、調査会の決議はただ技術者の意見を正統化するものに過ぎない、と批判される。

もちろんこれらの施設整備を求めたのは、地域有志である。したがって同文書では、地域有志にも批判が向けられる。「地方都市の方では既存港湾施設の利用されてゐるかないかも知らずに、港の拡張計画が政治問題として取扱はれ、経済的意義の為にあらずして、理事者の面目の為に採用され」ている。「今度の事変に偶々国港又は地方港の死蔵施設が、軍の徴傭に役立つたと云ふ事は、云はゞ、失敗からの功名であつて、…〔中略〕…満足し得べき情態にあつたとは云ひ得ない」のである。しかも地方港の多くは県営もしくは市営港であり、県・市は充分な財源をもたないために、「採算に関係のない国港を隣に控え、既に償却し尽された施設を持つ民間業者を相手として」無理な経営を強いられることが多い。

これらの弊害を取り除くためには、「先第一に現在運営機構の組織替から着手せられなければなら」ない。そのためには「国策的港湾事業会社」を設置することが必要となる。翌三九年六月に起草された改革案では、より具体的な構想が述べられている。(98)

まず、海港行政上の問題は、①修築計画に計画性がないこと、②利用者の手続きが煩瑣であること、③官公私の施設が混然としているために無駄が生じていること、の三点に集約される。各省に分掌されている行政に関しては、内閣総理大臣の監督下に「港湾管理局」を設置し、その下に横浜・大阪・神戸・門司の主要四港には「地方港務局」を設置して、これらに移管する。そしてこれらの管理局に対する諮問機関として、中央・地方それぞれに「港湾委員会」を設置する。この点は、従来の内務省—港湾協会による海港行政統一案と、ほとんど変わりがない。企画院案の特色は、港湾における荷役・倉庫業などを統合する国策会社「港湾運営会社」を設立する点にある。この「港湾運営会社」は、港湾間の競争を惹起する可能性があるため各港別には設置せず、全国を網羅する単一の組織とすることも明記されている。

輸送力増強の観点から海港行政を再編しようと試みる企画院の姿勢は、交通行政を一元的に管理する「交通省構想」へと発展する。一九三九年一月には、企画院第六部は交通関係行政を統合する一大官庁——交通省の設立構想を提示している。これは、交通省の内局として鉄道・自動車・道路・海運・港湾・航空の六局を置き、これに加えて外局として国際観光局を置く。さらに、現業外局として鉄道院・通信院・土木院・灯台局を置き、従来逓信省・鉄道省・内務省土木局などに分かれていた交通関係官庁を統合しようという構想である(99)。

しかし、逓信省主導による海港行政の一元化は、容易には進まなかった。戦時体制下においても、内務省土木局の海港修築に対する積極姿勢は変わらなかったからである。革新官僚の台頭は、内務省幹部層にとっては自らの影響力を減退させる苦々しいものであったが、土木技師にとっては長年の悲願であった待遇改善・地位向上の実現をもたらすものとして捉えられた(100)。それゆえ内務省土木技師は、革新官僚による新体制運動に合流していくのである(101)。

内務省土木技師による待遇改善・地位向上を求める運動それ自体は一九一〇年代より展開されていたが、政治的に大きな影響力をもつようになるのは、一九二〇年代末のことである。濱口雄幸内閣による緊縮財政は、公共事業の削減にとどまらず、土木出張所の廃止など技官のポスト削減にまで及んだために土木技師の反発を招いた。前節で考察した産業振興計画にも、ポスト削減に反発する土木技師による政治運動という側面があったのである(102)。

国内で不満を抱えていた土木技師は、活路を大陸へと見出した。運動の中心人物であった宮本武之輔は、満洲事変直後にはすでに大陸を「技術界匡救の絶好地帯」と評価し、土木技師の満洲国派遣に着手した(103)。宮本は、陸軍首脳と意思疎通を図ったうえで、一九三八年七月までの六年間で一〇〇〇人を超える内務省土木技師を派遣している(104)。さらに、一九三七年六月に発足した六省技術者協議会において逓信省の技術者らと提携したことで、宮本ら内務省土木技師は新体制運動に参加していくことになる。宮本は、一九三八年には興亜院技術部長に就任し、さらに四一年には企画院次長に就任するなど、近衛内閣を支えていくのである(105)。

もっとも、革新官僚と土木技師の関心がすべての面において合致するわけではない。後述するように、海港行政の一元化をめぐる溝は容易には埋まらなかった。両者の関心が一致する焦点は、国土計画であった。内務省土木技師のあいだでドイツの地方計画をモデルとした地方計画法の立案作業が始まったのは、一九三九年頃である。全国的な工業分散と大都市抑制を推し進める内容をもった地方計画法案は、地方の視点から作成されたものであり、国家的視点を強調したものではなかった。一方で、同時期に革新官僚のあいだで検討されていた国土計画は、東亜新秩序や大東亜共栄圏につながるものであり、それゆえ日本本土のみならず、大陸をも含んだ国土の総合利用計画であった。一九四〇年二月末には、産業配置と人口配置と交通計画及び治水利水計画を組み合わせた「総合立地計画策定要綱」が満洲国国務院で決定された。また、日本国内でもこれに対応して、同年九月末には企画院によって「国土計画設定要綱」が立案され、閣議決定をみている(106)。

これらの国土計画は、人口および産業の配置、およびそれに応ずるかたちの資源開発・交通施設のグランド・プランを提示したものであり、したがって海港の配置が重要になる。宮本武之輔の「国土計画と港湾政策」という論考より、この時期の内務省系土木技師の海港行政構想がうかがえる(107)。

宮本は、国土計画を「日・満・支を通ずる綜合計画の一環であると同時に、更に南方地域までを包括した一大綜合計画の中核を構成することを前提とする」ものと位置付け、したがって国土計画の策定に際しては、港湾の配置が重要になる、と述べる。そして、内務省土木局が第二種重要港選定に際して地域バランスを重視してきたことに関しては、「殊更に一府県一港といふやうな画一的方針に捉はれた結果、可なり無理な点がある」と批判し、「国土計画の見地からは、産業配置計画に即応する港湾の配置が考慮されなければならない」と述べ、新たな海港修築方針の樹立の必要性を訴えるのである。

したがって、宮本の関心は海港の配置に向けられる。宮本は、大陸との連絡港としては「日・満・支を一体とする経済提携を緊密化するために」、満洲・朝鮮・中国の三つのルートを想定する。第一の満洲ルートについては、大陸側には大連と羅津の二港を想定する。そして日本海側の各港は、いずれもほぼ等距離にあるため、「旅客、郵便物、高級雑貨を対象とする」連絡港としては舞鶴・敦賀・新潟の三港を想定し、一般貨物については「数港併用で差支ない」と現状を追認している。第二の朝鮮連絡港としては、現状の下関〜釜山が処理能力を超えているとして、新たに博多〜麗水ルートの整備を提案する。第三の中国連絡については、大陸側の上海・青島・天津に対して、長崎・博多・門司その他数港を選定して「連絡のスピード・アップと輸送能力の増強」を図らなければならない、と宮本は主張する。

また、国内における隣接港の競合問題に関しては、「一つの主要港について、培養港、補助港といふものを考へ」、後方地域の面積・人口・生産などの観点から「総合有機的な港湾網を設定」することが必要である、と述べる。とりわけ、東京・横浜、大阪・神戸、名古屋・四日市などの隣接港は、「これを一組の港湾と考へ、総合的機能を発揮し得るやうに、各港の分担を協定し、二重投資と無用の競争とを防止」することが肝要である。さらに、臨海工業地帯として、京浜・名古屋・四日市・広島・長府・石狩・八戸・東岩瀬・苅田などを想定している。これらの工業地帯は防空上の観点から、分散して配置されなければならない。

一九三〇年代末から四〇年代初頭にかけては、以上のような構想にしたがって、海港整備が実施されている。一九三九年一〇月には、土木会議において関門海峡改良総合計画が承認された。これは、従来門司港と下関港のみであった関門海峡の区域に小倉港も含め、工業地帯として設定されている小倉・戸畑・長府の臨海工業地帯と併せて整備する計画である。[108] さらに、四〇年六月には東京湾臨海工業地帯計画、広島港臨海工業地帯計画が、土木会議で承認されるなど、内務省土木局により全国各地への臨海工業地帯の分散配置が進められていく。[109] 臨海工業地帯の造成は「交通の論理」に包摂されるものではなく、したがって企画院が実現しようとする交通省構想とは相反するものであった。

海務院・運輸通信省の誕生

企画院の交通省構想に対しては、内務省系土木技師のみならず、鉄道官僚も消極的であった。鉄道省運輸局配車課長の柏原兵太郎は、企画院書記官を兼任していたにもかかわらず、その著書のなかで「現在の機構の侭でも運用さえよければ、今の港で七割、八割の能率を挙げるのは易々たることだ。今度私は約三週間ばかり各港を歩き廻って、座談会をやり実情視察をやつたが、実に問題が山積してゐるのに驚いた。而も之等の問題は関係官庁がその気にさへなれば直ぐ解決出来るものばかりである。それを究めやうともせず、放つたらかしてゐて民間でも、官庁でも機構のことばかりがとり上げられて、論ぜられ勝ちである」[110] と述べている。交通省の設置及び海港行政の一元化をめぐっては、企画院内部でも意見が一致しなかったのである。

したがって逓信省は、当面は行政機構改革を伴わない港湾荷役の効率化に取り組まざるを得なかった。そのために取り上げられた課題のひとつが、東京開港問題である。本書でも論じてきたように、東京開港を求める動きは一八八〇年代よりあったが、横浜の反対により実現していなかった。しかし、関東大震災の復興事業を契機として東京港の施設整備も進んでおり、その結果、東京港の入港船舶と貨物量は急増していた（表6-6）。また、工業都市としての東京の成長も目覚ましく、一九三四年には生産物価額・工場生産額・工場数・職工数などの指数で全国一位となっている[111]（表6-7）。かかる実績を背景に関係各省は東京開港に向けて動き出し、四〇年一二月には内務・大蔵・逓信・陸海軍・鉄道各省及び企画院のあいだで東京開港について了解が成立し、東京開港勅令原案が発表される[112]。勅令原案の主な内容は、東京港と横浜港を合併して京浜港として開港に指定し、内地及び満洲・中国からの貨物は東京港直航とすることで、荷役・輸送燃料・保険料等の節約を実現すること、であった。

当然ながら、横浜側は反対運動を展開したため、一九四一年の一月と六月の二回にわたって、河田烈蔵相と村田省蔵逓相が、横浜市会代表者と会見して説得を試みている[113]。もっとも関係各省が合意に達した以上、東京開港の撤回は非現実的であり、問題はその代償をめぐる条件闘争にうつることになる。四一年二月に横浜市長に就任した半井清は、震災復興の資金として導入した米価公債残高の利子及び為替差損分を政府が補給することを条件に東京開港を認める方針を示し、横浜市会の有力者赤尾彦作とともに市会の説得にあたった。同年五月には、大蔵省とのあいだにこの取引案が成立し、東京開港問題は解決された[114]。

さらに逓信省は、運用面での海港行政の効率化に向けて、国策会社「港湾運営会社」構想の実現に着手した。一九四一年九月に公布された港湾運送業統制令は、各港に乱立している港湾運送業者を、逓信大臣の命令のもとに強制的に合併させて一港一社制を導入しようとするものであった[115]。

表6-6　東京港入港船舶隻数，トン数，貨物取扱量の推移

年	入港船舶隻数	入港船舶総トン数（千噸）	出入貨物量（千噸）
1927	1654	2834	2314
1928	1869	3399	2788
1929	1935	3501	2968
1930	1972	3823	2892
1931	2387	4882	3819
1932	2715	5858	4392
1933	2904	6587	5066
1934	3037	7258	5741
1935	3353	8092	6042
1936	3822	8347	6374
1937	3755	7865	6755
1938	3087	7941	7240
1939	2936	8353	7676
1940	2772	7956	8312

出典）『東京港史』第一巻総説，96頁。

表 6-7　都市別生産関係実績（1934 年）

都　市	生産物価額（千円）	工場生産額（千円）	工場数	職工数（千人）
東京市	1481571	1295245	11526	257
大阪市	1447672	1261434	10584	223
名古屋市	461681	390425	3473	94
神戸市	370772	363001	895	62
横浜市	301133	141733	461	—

出典）『東京港史』第一巻総説，100 頁。

「港湾運送業統制令要綱案」には、港湾運送業を統制する「中央団体」と「地区別団体」を設立することが明記されており[116]、同統制令が企画院案の「港湾運営会社」と目指すものは同様であったといえるだろう。

以上のように、海港をめぐる地域間及び運送業の競合を統制し始めた逓信省は、いよいよ海港行政の統一にも乗り出していく。一九四一年一二月、逓信省は管船局と灯台局を統合し、外局として海務院を設置する。初代長官には、企画院交通部（第六部）長を務めた海軍中将の原清が就いた。あわせて地方部局も統合し、地方逓信局から海事部を独立させて海務局を設置し、税関所管の港務部・港則事務・海港検疫事務が移管された。海務局は、横浜・名古屋・神戸・門司・函館の五カ所に設置され、さらに支局が東京ほか二二カ所に設置された。内務省国土局（一九四一年九月、土木局より改組）所管の修築行政以外のほとんどの行政機能が海務院に一元化され、「運営行政」としての港湾行政が本格化することになったのである[117]。

しかし、企画院及び逓信省が中心となって進められた海港行政一元化の試みには、批判も多く寄せられた。たとえば一九四二年五月に開かれた大東亜建設審議会第八部会では、港湾荷役の非効率の改善を求める意見が民間委員から出されている[118]。五島慶太は、港湾運送業統制令の公布及び海務院の設立によっても、港湾荷役に関しては「今以テ著シク能率ノ増進ガアツタト云フコトヲ聞キマセヌ」と述べ、海務院の設置からさらに進めて、交通行政を一元化して交通省を設置する必要を訴えた。

これに対して原清海務院長官は、港湾運送業統制の成果を以下のように説明した。六大港及び若松港など、もとより業者数が多く、また業態が複雑な海港においては統制の実施が遅れているものの、地方港においては着々と統合の実を挙げつつある。これまでに伏木・広島・尾三・宇部・小野田・唐津・函館の七港で新会社が設立されており、またこれらの各地の会社を統轄する港湾運送業中央協議会を設立し、各地の統合整備及び資材の配給などの政府への協力機関としている。さらに、海港行政をめぐる関係各庁の連絡を緊密化するために、主要港には関係官民を網羅した「臨時港務協議会」を設置している。今後は、港湾荷役のいっそうの効率化のために接岸埠頭・繋船桟橋などの施設整備を進めるとともに各港における荷役会社の設立を推し進める、と原は述べ、海務院主導の海港行政の一元化に理解を求めた。

しかし五島以外の民間委員も、港湾運送業統制による一定の成果は認めつつも、さらなる港湾荷役業の効率化・荷役施設の整備と、それを推し進めるための海港行政の一元化を要求した。そしてそのためには、逓信省のみならず、各省にわたる機関の総合的運用が必要とされたのである。

そのため海務院は、一九四二年一〇月に「戦時港湾荷役増強ニ関スル件」を提出する。[119] これは、主要港の標準荷役能率を五割引き上げることを目標として、そのために労務者の確保や食糧・作業用必需物資の増配、賃金の特例措置、能率奨励金の交付などを、関係各省の協力のもとに行う、という内容のものである。具体的には、各港の海務局を中心として、陸軍船舶輸送部・地方海軍運輸部・水上警察署・税関などの各省出先機関、港湾運送業団体・陸上小運送業者団体などの代表者を集めた港湾荷役増強連絡委員会を設置し、連携強化を図ることが構想された。また、逓信省では海務院への海港修築行政の移管を検討していたようである。

しかし、修築行政の移管に関しては内務省国土局の抵抗にあったため、企画院―逓信省による地方行政機関の総合的運用の試みは、地方長官を中心としたものに改変されていく。四二年一一月には、地方各庁連絡会議が設置される。同会議は、道府県が主催し、土木出張所や税関、海務局などを含む各省の地方出先機関が参加するものとされている。同会議は港湾荷役に限らず広範な行政課題に対応するための横断的な組織として設立されたが、表6-

8に示すように、その主要な議題は港湾運営であった[120]。

さらに、翌四三年三月には、「地方長官ヲ中心トシテ」海港の総合的運営を図ることが閣議決定された[121]。これは、内閣総理大臣の指定する海港においては、税関長・海務局長・鉄道局長・内務省土木出張所長・工務官・労務官・石炭調整官・陸海軍工場管理官に対する指示権を地方長官に与えたものである。対象となる海港は北九州（門司・八幡付近）・神戸・大阪・名古屋・横浜・東京の六港であり、東京・大阪・神奈川・兵庫・愛知・福岡の各府県知事及び警視総監に対して港湾運営の総合調整が任ぜられた[122]。

同年七月には、より広域的な地方行政を行うための地方行政協議会が、星野直樹内閣書記官長や鈴木貞一企画院総裁らの主導により設置される。同協議会は、内地を北海・東北・関東・東海・北陸・近畿・中国・四国・九州の九つのブロックにわけ、各ブロック毎に地方行政協議会を設置するものである。各協議会は、北海道・宮城県・東京都・愛知県・新潟県・大阪府・広島県・愛媛県・福岡県にそれぞれ置かれ、会長には当該地方長官が就任した。また、財務局長・税関長・地方専売局長（以上、大蔵省）・営林局長（農林省）・鉱山監督局長・地方燃料局長・工務官事務所長（以上、商工省）・逓信局長・海務局長（以上、逓信省）・鉄道局長（鉄道省）・労務官事務所長（厚生省）など、各省の代表が委員に連なった[123]。

以上のように、企画院—逓信省は戦時体制の一環として地域ブロックの地方長官への権限の集中を進めたが、それは内務省国土局はもとより、地方局にとっても好ましいものではなかった。協議会設置と同時に地方長官の刷新が行われ、北海道を除く各協議会長には内閣主導で新長官が就任する。新たに就任した地方長官には、河原田稼吉（大阪府、元内務・文部大臣）・内田信也（宮城県、元鉄道大臣）・吉野信次（愛知県、元商工大臣）・吉田茂（福岡県、元厚生大臣）など大臣経験者を含んでおり、内務省が人事を主導したわけではなかった。府県を地方行政の基本単位と考える内務省地方局は、地域ブロック単位の行政を目指す地方行政協議会の設置には消極的だったのである[124]。

表 6-8　地方各庁連絡協議会開催状況調

道府県別	開催期日	協議主要項目
北海道	昭和 17 年 12 月 22 日	協議会運営方法
	昭和 18 年 1 月 6 日	運輸，鉱砿山及労務
	昭和 18 年 1 月 25 日	造船，製鉄及労務
	昭和 18 年 3 月 22 日	製鉄，造船，運輸，労務その他
東京府	昭和 17 年 12 月 23 日	協議会運営方法，軍需品生産，電力管理，木材需給及造船
	昭和 18 年 1 月 15 日	航空機製作
	昭和 18 年 3 月 27 日	航空機製作
	昭和 18 年 4 月 2 日	港湾運営及生産増強特別委員会設置
	昭和 18 年 4 月 22 日	港湾運営（部会）
神奈川県	昭和 17 年 12 月 10 日	製鉄，造船及港湾荷役
	昭和 17 年 12 月 11 日	製鉄及造船（部会）
	昭和 17 年 12 月 14 日	運輸（部会）
	昭和 17 年 12 月 28 日	製鉄，造船及港湾荷役
	昭和 18 年 1 月 7 日	軽金属並木造船（部会）
	昭和 18 年 1 月 23 日	木造船（部会）
	昭和 18 年 1 月 29 日	製鉄（部会）
	昭和 18 年 2 月 22 日	木造船（部会）
	昭和 18 年 2 月 27 日	軽金属，木造船，製鉄及運輸
	昭和 18 年 3 月 1 日	木造船（部会）
	昭和 18 年 3 月 13 日	航空機製作（部会）
	昭和 18 年 3 月 26 日	労務対策その他
	昭和 18 年 4 月 1 日	木造船（部会）
	昭和 18 年 4 月 1 日	港湾運営（委員会）
	昭和 18 年 4 月 5 日	木造船（部会）
	昭和 18 年 4 月 6 日	港湾運営（委員会，幹事会）
	昭和 18 年 4 月 14 日	港湾運営（委員会，幹事会）
	昭和 18 年 4 月 16 日	港湾運営（部会）
	昭和 18 年 4 月 21 日	港湾運営（委員会，幹事会）
	昭和 18 年 4 月 28 日	港湾運営（委員会，幹事会）
	昭和 18 年 4 月 30 日	一般生産増強その他
	昭和 18 年 5 月 5 日	港湾運営（委員会，幹事会）
	昭和 18 年 5 月 5 日	木造船（部会）
	昭和 18 年 5 月 6 日	木造船（部会）
	昭和 18 年 5 月 8 日	港湾運営（委員会）
	昭和 18 年 5 月 12 日	港湾運営（委員会，常任幹事会）
	昭和 18 年 5 月 17 日	港湾運営，木造船，交通その他
	昭和 18 年 5 月 19 日	港湾運営（委員会，常任幹事会）
	昭和 18 年 5 月 22 日	木造船（部会）
	昭和 18 年 5 月 26 日	港湾運営（委員会，常任幹事会）
愛知県	昭和 17 年 12 月 3 日	協議会運営方法
	昭和 18 年 3 月 9 日	水道設備拡張（委員会）
	昭和 18 年 4 月 1 日	水道設備拡張（委員会建設部，水道協議会）
	昭和 18 年 4 月 9 日	港湾運営（部会）
	昭和 18 年 4 月 23 日	港湾運営（委員会，部会）
	昭和 18 年 4 月 28 日	港湾運営（小委員会）
大阪府	昭和 17 年 12 月 14 日	協議会運営方法
	昭和 18 年 1 月 12 日	部会及幹事会ノ運営方法
	昭和 18 年 1 月 16 日	生産増強推進隊設置（部会幹事会）
	昭和 18 年 1 月 29 日	石炭及電力ノ需給（部会幹事会）
	昭和 18 年 2 月 20 日	生産増強関係重要法案（幹事会）
	昭和 18 年 3 月 29 日	港湾部会設置
	昭和 18 年 3 月 30 日	港湾部会ノ運営方法（部会）
	昭和 18 年 4 月 5 日	港湾運営（部会幹事会）
	昭和 18 年 4 月 12 日	港湾運営（部会幹事会）
	昭和 18 年 4 月 19 日	港湾運営（部会幹事会）
	昭和 18 年 5 月 3 日	港湾運営（部会幹事会）
	昭和 18 年 5 月 10 日	港湾運営（部会幹事会）
	昭和 18 年 5 月 17 日	港湾運営（部会幹事会）
	昭和 18 年 5 月 24 日	港湾運営（部会幹事会）
	昭和 18 年 5 月 26 日	港湾運営（部会）
	昭和 18 年 5 月 31 日	港湾運営（部会幹事会）
兵庫県	昭和 17 年 12 月 9 日	協議会運営方法
	昭和 17 年 12 月 21 日	製鉄（部会）
	昭和 17 年 12 月 22 日	計画造船（部会）
	昭和 18 年 3 月 21 日	港湾部会設置
	昭和 18 年 3 月 31 日	港湾部会運営方法（部会）
	昭和 18 年 4 月 5 日	港湾運営（部会連絡員会）
	昭和 18 年 4 月 9 日	港湾運営
	昭和 18 年 4 月 16 日	港湾運営（部会特別幹事会）
	昭和 18 年 4 月 27 日	港湾運営（部会特別幹事会）
	昭和 18 年 5 月 3 日	港湾運営（部会）
	昭和 18 年 5 月 26 日	港湾運営（部会）
福岡県	昭和 17 年 12 月 10 日	協議会運営方法
	昭和 17 年 12 月 21 日	石炭増産
	昭和 17 年 12 月 22 日	製鉄
	昭和 18 年 2 月 2 日	石炭増産及製鉄
	昭和 18 年 2 月 10 日	造船
	昭和 18 年 2 月 27 日	鉄，石炭ノ増産及輸送
	昭和 18 年 3 月 20 日	石炭及鉄鋼増産
	昭和 18 年 4 月 6 日	港湾運営
	昭和 18 年 4 月 13 日	港湾運営（幹事会）
	昭和 18 年 4 月 26 日	石炭，鉄鋼及港湾運営
	昭和 18 年 5 月 5 日	港湾運営
	昭和 18 年 5 月 20 日	石炭，製鉄及港湾運営
	昭和 18 年 6 月 19 日	石炭，金属及港湾運営
長崎県	昭和 17 年 12 月 12 日	協議会運営方法，計画造船及石炭増産
	昭和 18 年 2 月 12 日	計画造船及石炭増産
	昭和 18 年 4 月 7 日	計画造船，石炭増産及その他生産力増強
	昭和 18 年 5 月 12 日	計画造船，石炭増産及港湾運営
広島県（昭和 18 年 1 月 16 日承認）	昭和 18 年 1 月 22 日	協議会運営方法及造船
宮城県（昭和 18 年 2 月 22 日承認）	昭和 18 年 2 月 23 日	運輸，塩増産，木造船及金鉱業整備
	昭和 18 年 3 月 20 日	木造船，運輸及金鉱業整備
新潟県（昭和 18 年 2 月 24 日承認）	昭和 18 年 2 月 24 日	協議会運営方法，港湾運営及運輸
	昭和 18 年 3 月 20 日	木造船，港運，資材，労力及金鉱業整備
山口県（昭和 18 年 3 月 16 日承認）	昭和 18 年 3 月 30 日	協議会運営方法
	昭和 18 年 4 月 12 日	木造船
	昭和 18 年 5 月 12 日	港湾運営

出典）新居善太郎文書 644。

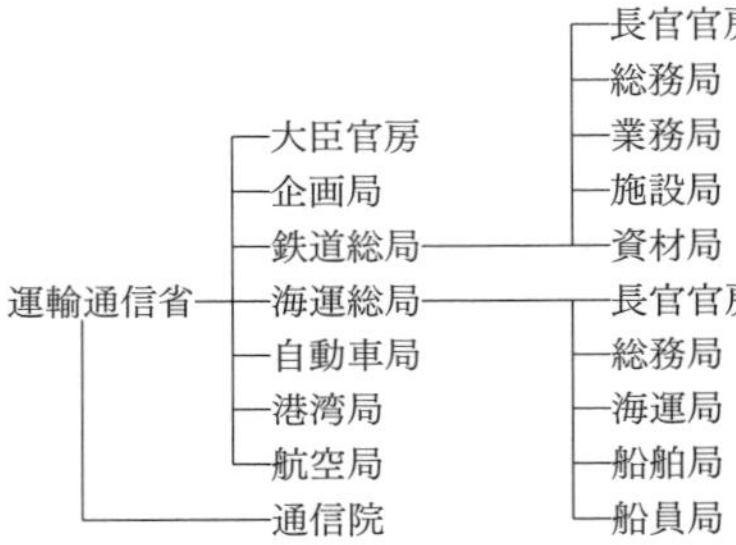

図 6-3　運輸通信省組織図

出典）『運輸省三十年史』76 頁。

内務省地方局の消極姿勢にもかかわらず、内閣主導の戦時体制強化は進められた。同年九月、戦局の悪化に伴って閣議決定された「現情勢下ニ於ケル国政運営要綱[125]」には、地方行政協議会の強化・海陸輸送の一貫化を図ることも言及されており、交通関係官庁の改編が行われる。翌一〇月には、運輸通信省の設置が閣議で決定され[126]、内務省国土局港湾課は運輸通信省に移管されることとなった。

運輸通信省の港湾行政構想

もっとも、運輸通信省は、企画院―逓信省が当初より構想していた交通省とはほど遠いものであった。運輸通信省は、鉄道省と逓信省（海務院）を母体として、その結節点に位置する海港行政事務（内務省国土局港湾課・商工省企業局の倉庫事務）などを統合したものであったが、交通省構想で想定されていた道路・河川行政の内務省国土局からの移管は実現できなかった。したがって、企画院―逓信省による交通行政一元化の試みそれ自体は、不完全なかたちで決着したといってよい[127]。

しかも、運輸通信省内部でも、海港運営行政と海港修築行政とは切り離された。運輸通信省の組織図は、図6-3に示す通りであるが、繋船・荷役・税関・倉庫などの運営行政は旧海務院の事務を引き継いだ海運総局に移管される一方で、海港修築行政は港湾局（旧内務省国土局港湾課）が担うことになった。国土局港湾課の最後の課長であり、運輸通信省の初代港湾局長に就任した嶋野貞三は、「理想を云へば港湾本来の行政事務として、管理、修築、運営、臨港鉄道、臨港倉庫等の事務を集めることにしたかったが急に編成替をすることは困難であつた[128]」と回想しており、内務省系の土木技師のもとへ海港行政を一元化させる意図が内務省内にはあったことがうかがえる。おそらく内務省系の土木技師は、局への昇格と引き換えに運輸通信省への海港行政移管に同意したのであろう。[129]
　したがって、運輸通信省の設置は、海港行政の一元化を意味するものではなかった。従来の研究が指摘する通り、旧鉄道省系の鉄道総局、旧逓信省系の海運総局、そして旧内務省系の港湾局の三つの部局間における省内セクショナリズムは深刻であった。日満倉庫社長の市川数造は、一九四三年一一月に八田嘉明運通相に提出したと思われる文書のなかで、「運輸通信省ノ誕生ニ依リ多年要望セラレタル港湾行政ノ一元化ハ一応解決シタルモ、海陸輸送ノ一貫的強化ノ為ニ其ノ致命的隘路ト目サレル港湾ノ運営方策ニ関シテハ尚今後ノ問題トシテ残サレテヰル」と、運輸通信省の発足が問題の根本的な解決には寄与していない、との見方を示している。[130]
　その背景には、当然ながら内務省系土木技師の抵抗があった。内務省が主導していた港湾協会においても、運輸通信省に対する評価は定まっていない。同年末に刊行された『港湾』には「運輸通信省に望む」と題する特集が組まれたが、元内務技監の青山士の寄稿では「此時に当り超非常措置として運輸通信省生る、真に此大東亜戦を勝ち抜かんが為めなり、然れども戦は数年或は幾十年なるべきも国家は万歳なり、故に国政の運営は溝に落ちざらんことに心を奪はれて希望の星を見失ふが如き類なるべからず」と、運輸通信省に対して消極的な意見がみられる。一方で、元逓信省管船局長の宮崎清則は、①道路行政の運輸通信省への移管、②運輸通信省内部に海陸交通計画を総合的に立案する企画局の設置、③港湾警察の統合、④港運会社の機能強化、の四項目を要望し、運輸通信省のさらなる機能強化を求めている。[131]前章でみたとおり、港湾協会は各省の利害が衝突するアリーナであったが、運輸通信省をめぐってもやはり内務省系と逓信省系とのあいだで意見の一致をみることはなかったのである。
　省内セクショナリズムの打破を目指して、運輸通信省内部でも港湾法の起草が開始された。一九四三年一二月には港湾法案要綱が作成され、要綱及び同法案に関する勅令委任事項（案）・命令委任事項（案）が政府内部で回覧されたようである。[132]この港湾法案要綱及び委任事項案は、企画院―逓信省系が戦時体制の構築にあたって取り組んできた海港行政構想の集大成であったといえよう。

運輸通信省の港湾法案では、主務大臣が指定する認定港と、それ以外の「港湾ニシテ当該地方ニ於テ重要ナル」準用港の二種類に分類され（勅令委任事項案、第一）、認定港は主務大臣、準用港は地方長官がそれぞれ管理することとされている（勅令委任事項案、第五第二項関係）。また、主務大臣が必要だと認めるときには、その職権の一部を海運局長または地方長官に委任することもできる（第二四）。

重要港のみの整備をめざす同法案では、海港に関する費用は国庫負担が原則となっており（第二七）、海港から得られる収入は認定港の場合は主務大臣または海務局長、準用港の場合は行政庁の収入とされる（第二九・第三〇）。むろん運輸通信省の港湾法案でも、関係地方団体による費用負担については規定されているものの（勅令委任事項案、第二七関係及第三二関係）、その負担割合については明らかでなく、運輸通信省の主たる関心が内務省とは異なる点がうかがえる。

一八九〇年代には大蔵省が市を基本単位とし、また一九二〇年代には内務省が府県を基本単位とした海港運営を構想していたのに対して、戦時体制下の運輸通信省は地方ブロックを基本単位とした海港運営を構想していたのである。

多様な官庁・企業が関与する海港の運営には、関係官庁・企業を網羅した港湾委員会を設置することが望ましい。運輸通信省の港湾法案においても、やはり中央・地方両レベルにおける港湾委員会の設置が規定されている。そして地方港湾委員会は、市町村や府県単位ではなく、地方行政協議会の区域に設置され、委員長は地方行政協議会会長が兼任することとなっている点に、運輸通信省案の最大の特徴があるといえよう。

当然ながら、以上のような内容をもつ港湾法案要綱に対して、内務省地方局は反発する。内務省地方局は、「港湾ノ運営能率等ヲ最高度ニ発揮スル為ニハ弱体ナル海運局ヨリモ、地方行政ノ中枢ニシテ総合行政ヲ担当スル地方長官ヲシテ管理セシムル」のが適当であり、また「地方港湾委員会設置ノ趣旨ハ地方行政協議会ノ運用ニ依リ十分之ヲ達シ得ベク、別ニ之ヲ設クルハ徒ニ機構ヲ複雑ナラシムル」おそれがある、などと地方長官を中心とする港湾運営を求めた。この年の三月に、地方長官を中心とした海港運営体制の確立を目指すことが閣議決定されており、都道府県を主体とした地方各庁連絡会議の運用によって、荷役能力の増強は図るべきだと内務省地方局は主張したのである。(133)

戦時体制の終焉

しかし、一九四五年八月には終戦を迎えたため、運輸通信省の港湾法案も成立することはなかった。戦時体制に裏付けられた企画院―逓信省系の海港行政構想は、戦争の終結とともに見直しを余儀なくされるのである。運輸通信省の下の海運局に統合されていた各省の行政事務は、終戦後はそれぞれ元の省に戻ることになった。一九四六年二月には税関業務が大蔵省へ移管され、翌四七年四月には動植物検疫事務及び海港検疫事務も農林・厚生両省へそれぞれ移管された。(134)

一方で、旧逓信省系による海港行政の整理も進められた。四七年二月にはそれまで鉄道総局・海運総局に分掌されていた倉庫業務が港湾局に移され、それまで独立していた港湾局自体が海運総局のもとに置かれた。(135)翌四八年一月には内務省が解体され、国土局が独立して建設院（七月から建設省）となったが、その際も修築事務は運輸省（一九四五年二月、運輸通信省から通信院が分離）に残された。多様な海港行政のうち、港湾運送・倉庫・修築行政が、運輸省港湾局で所掌されるようになったのである。かくして戦前期に繰り返された大蔵省と内務省のあいだの海港行政をめぐる競合は、一九四〇年代末には大蔵省と運輸省のあいだで再び展開することとなる。

その直接の契機は、連合国軍総司令部（ＧＨＱ）が横浜・神戸両港の接収解除を検討し始めたことにある。一九四七年六月頃より、アメリカ本国が日本の経済復興の本格的な検討を開始したことを受けて、京浜・神戸両港の接収解除を検討し始める。同年末には、接収解除後の両港の運営計画の提出を、横浜地方終戦連絡会議及び東京中央終戦連絡会議に求めている。ＧＨＱは、海港運営機関としてアメリカ本国で一般的であったポート・オーソリティ方式の採用を求めたが[136]、各省が起草した港湾法草案はまったく異なるものであった。これまでの経緯を反映して、各省はそれぞれの関心にもとづく草案を起草したのである。

一九四八年二月頃には、大蔵省によって開港運営法案が起草されたようである[137]。この法案は、「開港の運営に対して、地方の利益を反映して、外国貿易等に関する国家の利益との間に、調整を図ると共に、開港における行政機関を合理化して、行政事務の簡素化と、能率増進とを図ることを目的」（第一条）としたものであった。

その具体的な方策として、全国の開港を第一種開港・第二種開港に分類し、それぞれ開港の運営には海港関係企業が参加する港運営委員会があたることを定めている。委員長には「所轄の地方公共団体の長をもって、これに充てる」こととしており、また委員会もその地方公共団体に属するものとされる。第一種開港と第二種開港とでは、この港運営委員会の委員数が異なり、第一種開港には一五～三九名、第二種開港には九～三三名の委員が就くことができる（第五条・第六条）。

港運営委員会の所管事項は、①港湾施設の建設・維持・改良計画、②港湾営業用船舶の運営及び港湾荷役作業の計画、③港湾営業者の利害・営業料率の調整、④港湾における秩序・保健衛生の維持、⑤臨時物資需給調整法にもとづく港湾営業者・港湾施設の所有者または管理者に対する指定生産資材の割当計画、⑥その他港湾運営に関する事項、の六項目である（第一八条）。

以上のように運営機関として港運営委員会を設置したうえで、執行機関として税関を置く点に、開港運営法案の特徴がある。税関が所管する事項は、外国貿易事務のほかに、①輸出入植物や動物に対する検疫事務、②港則法の施行に必要な行政警察事務、③輸出入証明・貿易金融など貿易庁からの委任事項、④国有港湾施設の管理運営、などである（第二三条）。従来、大蔵省はポートオーソリティに近い構想をもっていたが、一九二〇年代における税関への海港行政一元化の経緯もあり、戦後には税関を中心とする海港行政を志向するようになったものと思われる。税関を中心とした海港行政構想を提示した大蔵省に対して、運輸省の動向はやや複雑である。運輸省は、省内に旧逓信省系の海運総局と旧内務省系の港湾局があり、それぞれ異なる海港行政構想を有していたからである。大蔵省と同じく、一九四八年頃には運輸省港湾局内部でも港湾法の検討が開始される。[138] 港湾局には管理課と港政課の二課があったが、それぞれ草案を起草するという方式をとった。管理課によって立案された第一案は、内務省土木局以来の関心を引き継ぎ「港の管理、運営について公物概念から出発して」検討されたものであった。ところが、港政課で検討された第二案では、第一次案は「公物概念から出発して主として公共性の担保に重点を置き港湾機能を企業的に把握するところが少ない」と批判され、「バス事業、水道事業のやうな公益事業と同じやうに」港湾法を起草したようである。

最終的に港湾局がまとめた第三次案は、港湾は公物であるために「公益事業的な見方だけでは律し切れないものがある」として、港湾計画を「一つの都市計画と見て港湾が造成され、その上に港湾事業が運営され、更に港湾業、倉庫業がそれに付帯して動い行く」ものとして、立案された。

港湾を「営造物概念を以て律する」のではなく公益事業とみなす運輸省草案では、国・地方公共団体が単独あるいは共同で設立した公企業体が港湾を運営することが定められる（第一四）。また、港湾計画を都市計画の一部と位置付け、市町村に計画事業を実施する権限が与えられる（第二一）。また、港湾修築工事の施行は運輸大臣の許可制となり、国が直接施行する場合は運輸省が施行することが規定されている（第四六）。要するに、旧逓信省系の関心である公益事業としての海港行政構想と、旧内務省系の公物概念・国土計画の一環としての海港行政構想とを折衷させたものが、一九四八年の運輸省草案であったといえよう。

港湾法の成立

しかし、一九四八年の運輸省草案は、実現には至らなかった。運輸省内では、同年末から翌年はじめにかけて、旧逓信省系から旧内務省系へと港湾法起草の主導権が移っていったからである。運輸省案起草作業中の四八年四月には旧内務官僚の松村清之が運輸省港湾局港湾管理課長として着任し、さらに四九年二月には「行政機構刷新及び人員整理に関する件」が閣議決定され、海運総局の廃止が内定する。港湾局における港湾法の検討は、四九年の二月頃から開始されたという。[139]

松村は、「この二三年の暮れの草案というのが、海運局の系統の思想に非常に偏った草案で、中央集権的に出来上がった草案であり、そしてまた道路法や河川法とにた《〔ママ〕》公共物的に港湾をとらえる色彩が非常に弱く、事業法的に港湾をとらえた草案でした。…〔中略〕…その中に、港湾運送業とか倉庫業に国が乗り出すという内容があったのかもしれず、港湾運送業者、倉庫業者等の海運関係の業界から猛烈なる反対を食らったわけなんです。そこで民間の企業の関係者が司令部に訴える、そして運輸省にも訴えるということで、結局その草案は全く白紙に戻すという決定をしたわけです[140]」と、後に回想している。[141] かくして、運輸省内における港湾法起草の主導権は旧内務省系へと戻されることになったのである。

旧内務省系の海港行政構想は、都道府県を単位としている点に特色があった。松村は、民営港湾企業の集合体として発展した歴史をもつ英米の海港と日本の海港とは問題の所在が異なることを指摘し、「日本は最初から公共的な港湾として出来上がっておりますから、ポートオーソリティという問題へいくよりも、むしろ自治体を港湾管理者にした方がいいし、またそれが現実的であるとわかっていた」と述べている。しかし、「向こう〔GHQ――引用者注〕がポートオーソリティを作れ、作れと言う。それをやらぬと港湾法も相手にしない。大桟橋も返さない。そういう事態で仕方なくポートオーソリティを『港務局』という名前にして、その条文を書き上げた」という。(142)

占領下の日本では、ＧＨＱの了解を得ることがなにより重要であった。旧内務省系にとって幸運であったのは、都道府県を主体とする旧内務省系の海港行政構想が、税関を主体とする大蔵省系の海港行政構想よりも、ＧＨＱの構想に親和的であった点である。一九四九年八月にＧＨＱが行政管理庁に対して税関を主体とする海港行政構想を否定したことにより、大蔵省は港湾法問題から撤退を余儀なくされた。ＧＨＱは、運輸省が直接海港行政にかかわることも否定したが、地方公共団体が港湾管理者となることは認めた。(143)

かくして一九五〇年一月に閣議決定された港湾法は、港務局の設置について規定したものではあったが、実際には都道府県による海港行政を主眼としたものとなった。港湾法では、港務局は地方公共団体によって設立される「営利を目的としない法人」とされた（第四条・第五条）。港務局の業務は、港湾施設工事の立案・施行・管理、港湾の発展のための調査研究、上屋・荷役機械等の管理・規制、などとされ（第一二条）、港務局が直接港湾運送業・倉庫業へ参入することは禁じられた（第一三条）。

旧内務省系の港湾法案であるから、当然工事費にも言及される。政令で定める「重要港湾」の修築工事に要する費用は、建設・改良についてはその半額、戦災復旧についてはその六割を国が負担することとされる（第四二条）。また国が特に必要があると認めるときは、予算の範囲内で港湾管理者の行う港湾工事の費用の全部又は一部を補助することができる、とされている（第四三条）。

要するに、港務局を運営機関ではなく施設の修築・管理機関として位置付けている点に、同法案の特色があったといえよう。しかし、かかる港湾法案に対しては、横浜・神戸両市が反発した。ＧＨＱによる接収解除の宣言に誰より期待したのは、横浜・神戸両市であった。とりわけ横浜市では、戦前から海港整備費用を負担しており、また一九三〇年代末の東京開港反対運動が盛り上がったこともあって、自ら横浜港の運営に乗り出す姿勢をみせた。早くも一九四八年六月には、関係官庁の権限をポート・オーソリティへと集約する「横浜港々庁設置案」をまとめている。[144] また横浜市は、他の海港都市（東京都・名古屋市・大阪市・神戸市）に共闘を呼びかけて五大都市港湾協議会を結成し、一九五〇年二月には「港湾法案修正に関する要請書」を各方面に配布した。[145] 五大都市港湾協議会が修正を求めた主な点は、①港湾局に「港の海陸両域に亘る連絡調整」に関する権限も付与すること、②複数の地方公共団体が関係する場合には単独で港務局を設置できるようにすること、の二点であった。

具体的には、以下の通り修正を求めた。第一の点については、第一二条に「港湾区域及臨港地区内における倉庫業、港湾運送業等の港湾並に、埠頭諸作業を監督調整しその発達改善をはかること」、「船舶の入出港、船席の指定を含む港内船舶の運航を規制すること」などの文言を挿入し、また港務局の港湾運送業・倉庫業への参入を禁ずる第一三条を削除する。第二の点については、第四条に関係地方公共団体の協議が整わないときには、「従来当該港湾の建設、管理に最も寄与した地方公共団体が単独で設立を申請することができる」という文言を挿入する。

五大都市港湾協議会の修正要望に反発したのは、港湾運送業や倉庫業などの港湾関連企業であった。当然ながら、彼らは港務局が港湾運送業や倉庫業へ参入することに反対であった。同年二月中に、日本港運協会・日本倉庫協会・全日本港湾労働組合関東地方本部は、相次いで五大都市港湾協議会の修正案に反対する声明を発表し、またGHQに対しても港湾法案の修正を求めた。[146]

結果として五大都市港湾協議会の訴えは、GHQには受け入れられなかったようである。二月二八日、GHQは運輸省に対して港湾法案の修正を求めているものの、それは五大都市港湾協議会の希望とはまったく異なる修正要求であった。GHQが求めたのは、あくまで「地方公共団体に最大限の地方自治権を附与」することであり、港務局の業務内容については触れられなかった。GHQが具体的に求めたのは「運輸大臣の干渉、認可及び許可」権、及び修築費の国庫負担割合については削除すること、などに過ぎなかったのである。[147]

運輸省はＧＨＱの修正要求のみを受け入れ、五大都市港湾協議会の要求は受け入れなかった。その後、四月一四日には修正案が閣議決定され、二六日にはＧＨＱが了承、衆参両院の議決を経て、同年五月三一日に港湾法は公布、即日施行された。

以上のような経緯を経て、明治期以来の懸案であった港湾法はようやく成立した。ところが、起草者であった運輸官僚が自ら認めているように、港湾法はほとんど実効性をもたなかった。[148] 港務局が設置されたのは、県市及び複数の市による海港の共同運営が目指された海港（洞海港務局・小倉港務局）、及び私企業による単独運営がなされていた海港（新居浜港務局）のみであった。[149] その理由は、主として二点挙げられる。

第一に、港湾管理者の地位をめぐって、地方団体のあいだで対立が生じた。戦時体制のもとでは、東京港と横浜港が合併して京浜港となり、下関港と門司港が合併して関門港となるなど、かねてより競合関係にあった隣接港が合併された。しかし、横浜の事例からも明らかなように、強引な合併はかえって各地のローカル・インタレストを喚起することとなった。運輸省港湾局は、当初は京浜港を単位として港務局を設立するつもりであったが、横浜市・川崎市の強硬な姿勢に譲歩し、東京都・川崎市・横浜市がそれぞれ単独で各港を運営することになったのである。[150]

第二に、港務局には財源の裏付けがなかった。港務局に認められた独自財源は、施設使用料・賃貸料・給水などの役務料金のみであり、独自に修築工事を起こすことは不可能であった（第二九条）。また、港務局は独自に債券を発行することが認められていたものの、債券発行への統制を求めるＧＨＱ修正要求により、起債にあたっては所轄行政庁の許可を受けなければならない、と修正されていた（第三〇条）。[151] その結果、実際に債券を発行しようとする際に、自治省より「ポートオーソリティといえども地方自治体そのものではない。したがって債券発行は無理

表 6-9　重要港湾一覧（1951〜60 年）

指定年月	港数	港　名
1951 年 1 月	47	函館・小樽・室蘭・青森・八戸・宮古・塩釜・秋田・船川・酒田・小名浜・京浜・横須賀・新潟・伏木東岩瀬・七尾・敦賀・清水・名古屋・四日市・舞鶴・大阪・神戸・飾磨・和歌山下津・境・宇野・広島・尾道糸崎・呉・宇部・関門・小松島・高松・今治・松山・高知・博多・苅田・唐津・伊万里・長崎・佐世保・三角・大分・細島・鹿児島
1951 年 9 月	13	釧路・釜石・直江津・両津・尼崎・徳山下松・坂出・新居浜・三池・福江・厳原・津久見・別府 （港名変更）伏木東岩瀬→伏木富山，飾磨→姫路
1952 年 2 月	3	留萌・岩内・油津
1954 年 7 月	1	名瀬
1957 年 5 月	4	稚内・千葉・衣浦・浜田
1959 年 6 月	6	大船渡・堺・西郷・三田尻・郷ノ浦・八代
1960 年 6 月	6	水島・小野田・八幡浜・宇和島・水俣・西之表

注）下線は特定重要港湾，破線は準特定重要港湾を示す。
出典）『日本港湾史』80 頁。

である」[152]と判断され、独自に債券を発行することはかなわなかった。それゆえ、海港の整備には起債が認められる府県あるいは市町村が自ら乗り出さざるを得ず、複数の地方団体により管理する場合には、起債が容易な一部事務組合を設立することになる[153]。

一方で、海港整備費用負担の原則が明記されたことは、旧内務省系土木技師にとって港湾法の大きな成果であった。港湾法では、全国の港湾を重要港湾・避難港・地方港湾の三種類に分類し、水域施設・外郭施設・繋留施設の建設及び改良工事については、重要港湾は総費用の半額、避難港は同じく七割五分を中央政府が負担し、地方港においては総費用の四割以内の補助を与えることを明記している（第五章）。さらに翌五一年六月の改正により、特定重要港湾・準特定重要港湾が加えられ、これらの海港には特例措置として中央政府の費用負担が引き上げられることとなった。また、特定重要港湾・重要港湾・避難港の整備に際しては、港湾管理者と協議が整った場合には、国が直接施設整備に乗り出すことも可能となった（第五二条）[154]（表 6-9）。

要するに、港湾法の制定により、都道府県及び市町村が主たる管理者となる一方で、施設整備に関しては従来通り、旧内務省系土木技師による直轄工事が継続されることとなったのである。また一方で、港湾法制定の翌一九五一年には港湾運送事業法も制定され、倉庫・荷役などの港運業者の指揮監督権は旧逓信省系の運輸省海務局に残されることとなった。なお、大蔵省は港湾法制定以後も税関への港務部設置の意向を捨てず、GHQに働きかけたが、結局は実現には至らず、関税の徴収及び港内の監視取締り機関として活動を続けることになった(155)。そのため大蔵省は、外郭団体である日本関税協会を通じて「港湾行政の機構簡素化に関する意見書」を各政党へ提出するなど、戦後においても海港行政の一元化を求め続けることとなる(156)。

小括

一九三〇年代から四〇年代にかけて進展した政党の凋落と戦時体制化は、海港行政をめぐる状況を大きく変えた。政党と結びついた内務省はその影響力を減退させ、その代わりに軍部と結びついた逓信省が影響力を強めるのである。逓信省は、満洲事変後に本格化した日本海ルート構築過程を通じて海港行政への参入を始めた。しかし、逓信省の関心は海陸交通の結節点としての海港に向けられたものであり、日本海ルートに期待した日本海沿岸諸港の期待に応えるものではなかった。

各地の期待に応えたのは、やはり内務省であった。昭和恐慌への対策として打ち出された農村救済・産業振興の一環として、内務省は地方港の修築に乗り出していく。すでに一九二〇年代末より内務省は中小港湾修築に乗り出していたが、工業港の修築を名目としてその取り組みを本格化させていくのである。内務省の取り組みは、地方中小港のみならず主要港にも向けられ、京浜運河・洞海湾の改修工事の県営化も進められた。

一九三七年以降、戦時体制化が進むなかで、逓信省は海港行政の統一に向けて動き出した。戦時体制のもとで問題視されたのは海上輸送力であり、船舶の不足を補うために港湾荷役の効率化が図られるのである。海上輸送力と港湾荷役への関心は、鉄道・道路・海運を一貫して管理する交通省構想へとつながっていく。しかし、行政機構改革を伴う交通省の設置には、逓信省単独では着手することができず、省庁横断的なネットワークが不可欠であった。同時期に革新官僚が台頭し、また総合国策機関として企画院が設置されたことは、逓信省にとって有利な状況に思われた。

もっとも、行政機構改革の壁は厚く、企画院が当初想定したような国策全体を統合するような組織にはならなかったこともあって、交通省構想は実現しなかった。海務院の設置及び運輸通信省への統合は、海港行政の一元化に資するものではなかったのである。内務省系土木技師のなかには革新官僚に同調する動きもあったが、そのことは海港修築を主眼とする内務省系と港湾荷役の効率化を目指す逓信省系とのあいだにあった落差を埋める手助けにはならなかった。その結果、旧逓信省は港湾荷役の効率化に関心を集中させざるを得ず、倉庫会社などの港運会社への統制を強めていくのである。また、港運会社への統制も地方港では実現したものの、大海港においては実現しなかった。

要するに、戦時体制下においては、表面上は海港行政の一元化が実現したものの、その実態は依然として行政上のエア・ポケットであった。したがって、海港行政の一元化をめぐる旧内務・大蔵・旧逓信三省の競合は戦後にも継続される。横浜・神戸両港の接収解除に向けて三者が起草した港湾法案は、それぞれの関心を反映して、まったく異なるものであり、海港行政の一元化が困難であることを改めて露呈した。最終的に成立した港湾法は、ＧＨＱの意向を優先したもので、起草者自身が認めるように実効性をほとんどもたないものであった。港湾法に規定されたポート・オーソリティ（港務局）はほとんど設立されず、実態としては従来通り都道府県・市町村による海港行政が展開されることになったのである。

そして、海港の管理と修築が分離された点も、やはり従来通りであった。港運会社の指揮監督は旧逓信省系の運輸省海務局が引き継ぎ、海港の修築は旧内務省系の運輸省港務局が担っていく体制が整えられた。さらに、港湾法・港湾運送事業法と同じ一九五〇年に国土総合開発法が制定されたことも、きわめて象徴的であろう。旧内務省系（建設省）により起草された同法は、全国レベルの国土計画という視点を欠いたものであった。しかし、そうであるからこそ、各地域のローカル・インタレストを吸い上げる機能をもったのである。[157] そして、一九三〇年代に広まった地方工業港構想は、これらの「国土計画」のなかに組み込まれて一九五〇年代以降実現していくことになるのである。

終章　国民国家の時代の海港

近代の海港は、海陸交通のターミナル機能を有する経済的な空間である一方で、さまざまな行政分野が交錯する空間でもある。また、海港都市として発展していくことは、地域社会の将来を左右する可能性があるため、地域間の競合も激しい。官庁間・地域間の競合が展開される近代の海港は、きわめて政治的な空間でもある。

しかし、それにもかかわらず、海港に関するセクショナル・インタレスト及びローカル・インタレストは成立し難いものでもあった。海港にかかわる各官庁は、海港行政を独立したものとして取り扱っていたわけではなく、それぞれ異なる政策課題の一部として海港行政を位置付けていたに過ぎない。それゆえ、いずれの官庁も海港行政への関心を持続させることができなかった。また、海港の修築には多額の費用が必要となるが、短期的には目にみえる効果が出ないために、ローカル・インタレストとしての成立も困難である。

ナショナルとローカル、いずれのレベルにおいてもインタレストが容易には成立しない状況で、海港修築を推し進めることができたのは、二つのレベルの境界に位置するコスモポリタン型アクターであった。本書は、かかる観点にたって近代日本における海港史を跡づけてきた。以下、コスモポリタン型アクターという視点から、本書で明らかにした知見を整理したい。

コスモポリタン型アクターと海港

海港整備の過程においてもっとも大きな役割を果たしたアクターは、地方長官・税関長などの地方官僚であった。とりわけ地方長官が果たした役割は大きく、一八七〇年代から一九〇〇年代にかけては、地方長官の関心が海港修築の帰趨に大きな影響を与えた。広島県令の千田貞暁や福岡県令の安場保和は築港事業を完成させることができたが、それは彼らが海港修築に大きな関心を寄せていた結果に他ならない。

しかし、海港の修築がインタレストとして実感できる範囲は限られる。近代海港は、陸上交通と海上交通のターミナルである点に特色があり、したがって後方地域の規模が海港の規模を決定する。だが、海港に関するインタレストは必ずしも後方地域には共有されなかった。大阪府知事の西村捨三は、大阪築港を府全体のローカル・インタレストとすることを断念し、より狭い範囲である大阪市のローカル・インタレストとして成立させることを目指さざるを得なかった。そして実際には、それすらも容易ではなかったのである。大阪築港をめぐっては、市営築港を推進するグループ（京鶴派）と神戸港との共存を目指すグループ（阪鶴派）のあいだに対立が生じ、また日清戦後には船舶の巨大化に対応するために築港拡大派も登場するなど、大阪市内の意見は容易にはまとまらなかった。さらに、歴代の府知事がそれぞれ異なるグループの意見を支持したために、大阪築港をめぐる混乱には拍車がかかることになったのである。

混乱の要因となったのは、費用の問題である。三〇〇〇トン級船舶に対応するためには七・三メートル程度、六〇〇〇トン級船舶に対応するためには八・四メートル程度の水深が必要であったといわれる（巻末付表3）。また風浪から船舶を守り、航路と繋船埠頭の水深を維持するためには、長大な防波堤・防砂堤が必要である。遠浅の地形をもつ東京や大阪に本格的な築港工事を施そうとする場合、沿岸部の水深維持と外洋までの航路整備のために莫大な費用が必要となり、それゆえ市営築港を推進していたグループでさえ、拡大設計案の実施には消極的にならざるを得なかったのである。

その結果、壮大な築港計画を策定する内務省の土木技師は、ときとして海港に関するローカル・インタレスト成立の阻害要因にすらなった。一八八〇年代から九〇年代にかけて東京築港は繰り返し計画されたが、土木技師の自由な設計に任されたことにより、東京府（市）の費用負担能力を大幅に超える設計案しか立案されなかった。もちろん土木技師が意図的に築港計画を過大なものにしたわけではない。彼らは、技術者として理想的な設計を追い求めたがゆえに、築港を実現させることができなかったのである。一八九九年に古市公威によって立案された総工費四〇〇〇万円にもおよぶ東京築港計画が実現せず、あくまで東京築港を補完するための暫定的な計画として立案された総工費三〇〇万円の第二次横浜築港計画が実現したことは、かかる逆説を象徴しているであろう。

そして、土木技師の過大な設計を後押ししたのは、軍部であった。潜在的な海軍力でもある日本海運業の発展を目指す海軍は、軍港付近の貿易港指定には反対する一方で、既存貿易港の繋船施設の拡充には熱心であった。また兵站の拠点として海港都市の整備を目指す陸軍にとっても、大量の人員や貨物を迅速に揚げ卸しできる繋船埠頭の築造は不可欠であり、築港規模の拡大を後押ししたのである。しかし、軍部は築港規模の拡大を要望するものの、その裏付けとなる財源の捻出に熱心だったわけではない。日清戦後に急拡大した大阪築港に対する国庫補助は総工費の一割にも満たず、それゆえ大阪築港は設計の縮小や工事の中断が避けられなかった。軍部もまた、海港に関するローカル・インタレスト成立の阻害要因であった。

地方長官に加えて、壮大な築港計画をローカル・インタレストとして成立させるべく努力したのは、議会政治家や地方政治家であった。一八九〇年代には鉄道整備が遅れていた日本海沿岸諸港を中心に、貿易港指定を求める動きが顕在化する。通商国家構想を唱えるジャーナリストの海港論に影響を受けた彼らは、世界交通網の中継地点として自らの地域社会を位置付けることで海港に関するローカル・インタレストを成立させようと試み、そしてそれはある程度成功した。もっとも彼らのローカル・レベルでの成功は、ナショナル・レベルでは困難に直面した。なぜなら、ジャーナリストの海港論は国内交通網と対外交通網とのターミナルとして主要海港を整備する、いわゆる「大港集中主義」に則った議論だったからである。一定の規模の後方地域を必要とする海港論では、同時期に展開された鉄道敷設要求や河川整備要求とは異なり、帝国議会という舞台で各地が協調することは困難であった。

一八八〇～一九〇〇年代における地方長官や議会政治家の限界を乗り越えたのは、大蔵官僚（税関長）であった。大蔵省にとっての課題は、貿易の急増に応じるだけの海港施設を整備することにあった。それゆえ大蔵官僚は、海港としての実績の少ない東京や大阪ではなく、既存大海港である横浜・神戸の築港を目指した。しかし既存大海港である横浜・神戸両港においては、海港修築をローカル・インタレストとみなす気運が希薄であった。費用負担を伴う海港修築を実現するためには、ここでもローカル・インタレストを成立させる必要があったのである。第二次横浜築港に向けて横浜市のローカル・インタレスト成立に重要な役割を果たしたのは、横浜税関長の水上浩躬と横浜市長の市原盛宏であった。注目すべきなのは、彼らが横浜築港をローカル・インタレストとして成立させる際に東京港の脅威を強調するのではなく、地元住民が参加する新たな運営方式（法人化）を提起したことであろう。彼らは、海港を公債発行権をもつ法人として市政から切り離すことで、財政面における帝国議会及び市会の制約を乗り越え、また海港修築をローカル・インタレストとして成立させることを目指したのである。しかし、海港の法人化は、内務省の反対により断念せざるを得なかった。

内務省の制約を乗り越えようとしたのは、地方実業家であった。一九〇〇年代に入ると、単なる埋立事業にとどまらず、繋船設備等を備えた本格的な築港工事が民営事業としても着手されるようになった。地方実業家による築港事業は、たとえば第二次若松築港のように元老政治家との個人的なつながりによって国庫補助金を実現させるなど、内務省土木局の制約からは比較的自由であった。一方で彼らも、ローカル・インタレストの問題からは逃れられなかった。一九〇〇年代までの若松港のように地域社会が特定の私企業に依存している場合には、私企業のプライベート・インタレストとローカル・インタレストが一致しているため、その間の調整は問題にはならない。だが、地域社会が経済的に発展し、特定企業への依存度が相対的に低下すると、両者の調整を行う必要が生じる。一九〇〇年代はじめの洞海湾沿岸において必要とされたのは、ローカル・インタレストの実現を中央に対して要求する仲介者ではなく、新たな地域社会に応じてローカル・インタレストを設定し直すための調整者であった。そして当事者である地方実業家は、その調整者として振る舞うことはできなかったのである。

このように、一九〇〇年代までの時期においては地方官僚・議会政治家・地方実業家など、その背景・関心の異なるコスモポリタン型アクターによって、各地の海港整備が推進された。法人化した海港による、経済規模に応じた段階的な施設整備を海港行政の原則とする大蔵省にとって、この状況は是認されるものであった。だが河川・道路と同様の全国的な修築原則を確立したい内務省土木局にとっては、かかる状況は錯綜したものと認識され、したがって海港修築の基本方針を確立し海港行政を一元化することが、内務省による海港行政の主要課題となる。そしてその実現に向けた契機を与えたのは、統治主体としての政党の登場であった。

統治主体としての政党は、内政の総合官庁たる内務省との協調のもとにコスモポリタン型アクターの系列化を目指した。いわゆる「官僚の政党化」は、その象徴的な事例である。内務省土木局では第二次西園寺内閣下の一九〇七年一〇月に「重要港湾ノ撰定及施設ノ方針」が定められ、この方針にしたがって一九一〇年代以降、各地で政友会系知事による地方港修築が着手された。

系列化は地方官僚にとどまらない。政友会系知事と協調して動く地域有力者が必要であり、一九一〇年代には地方実業家をはじめとする地域有力者の系列化も進んだ。たとえば、敦賀において海港修築を梃子にした地域振興を目指していた大和田荘七の政治資源は、もともとは非内務省系官僚との人的ネットワークであった。ところが大和田は、一九一〇年代末には政友会系知事を通じて内務省系官僚との人的ネットワークをつくることにより、第二次敦賀築港を福井県全体のローカル・インタレストとして成立させることに成功した。また、海港の後方地域は、必ずしも県域の中におさまるとは限らない。県域をまたいでローカル・インタレストを成立させる際には、政友会系代議士のネットワークが有用であった。伏木港や境港のように、県域をまたいだローカル・インタレストが成立するのもこの時期である。かくして、一九一〇年代末から二〇年代にかけて、政友会—内務省によるコスモポリタン型アクターの系列化が進展するのである。

海港行政の一元化を目指す内務省土木局は、政党による系列化とは別に、独自にコスモポリタン型アクターの系列化に取り組んだ。それが港湾協会である。港湾協会の設立により内務省土木局は、地方官僚のみならず、船舶会社・倉庫会社・荷役業者などそれまで内務省土木局がネットワークをもっていなかった海港関係の実業家を系列化することが可能になった。

海港行政の一元化を達成することはできなかったものの、内務省土木局は政党とは別にコスモポリタン型アクターの系列化を実現したことによって、海港修築のさらなる積極化が可能となった。一九二〇年代末には港湾協会は従来の大港集中主義から中小港分散主義への転換を明言し、府県を単位とする海港修築行政を積極的に展開していくのである。ただし、中小海港の後方地域は府県域よりも小さい。それゆえ府県を単位として中小海港に関するローカル・インタレストを成立させるためには、県内の複数の海港修築を実施しなければならない。そのために港湾協会は指定港湾制度を整備し、内務省系・非内務省系を問わず海港技師を動員して各地の海港修築調査及び設計の立案に着手することで、海港修築に関する地域社会の期待を喚起し続けたのである。かつては壮大な築港計画を立案することでローカル・インタレストの成立を阻んでいた土木技師は、海港修築予算の拡大に伴ってローカル・インタレストの成立をもたらす存在に変わりつつあった。

彼らの努力を後押ししたのは、同時期に進んでいた地方の工業化である。広大な後方地域を必要としない工業港の登場によって、内務省土木局は中小港分散を実現することが可能になった。かくして、系列化されたコスモポリタン型アクターにより海港に関する各地のローカル・インタレストを成立させ、それらを積み上げるかたちで各地の海港整備を進めていく内務省型の海港行政は、実質的には完成する。

しかし、それと同時並行的に起こっていたのは、戦時体制化の進展であった。そして戦時体制化を担ったのは、内務官僚ではなく、逓信省や大蔵省などの経済官僚であった。戦争の遂行というナショナル・インタレストがなにより優先される状況において、逓信官僚はローカル・インタレストを代弁するコスモポリタン型アクターの役割を否定し、海港運営の直轄化を試みる。だがそれは、実効性をもたなかった。港運業者の統合は遅々として進まず、また行政機構改革の結果として成立した海務院・運輸通信省の内部にはセクショナリズムが残存した。その結果、経済官僚による海港運営には多くの不満が寄せられることになったのである。

したがって、戦時体制が終局を迎えると、ふたたび海港行政は多元化する。運輸省に一元化されていた税関や検疫その他の海港関係事務はもとの官庁に戻され、運輸省は海港の修築と運営を担うこととなった。運輸省内部では旧内務省系の土木技師が海港行政の主導権を握り、一九五〇年に公布された港湾法は、実質的には都道府県を単位とする海港行政を目指す旧内務省系の意向を反映したものとなった。かくして、戦後には旧内務省系による、修築を主たる関心とした海港行政が展開されることになる。とりわけ第一次全国総合開発計画が策定された一九六二年以降、「国土の均衡ある発展」を目指して、全国に臨海工業地帯が分散配置されることとなった。それは、各地のローカル・インタレストを積み上げたものとしてナショナル・インタレストを捉える、かつての内務省土木局及び政友会の海港修築方針の具体化でもあったのである。

ナショナル・インタレストとローカル・インタレスト

しかし、ナショナル・インタレストとは、ローカル・インタレストを積み上げた結果ではない。ローカル・インタレストが地域社会において共有されなければ成立しないのと同様に、ナショナル・インタレストも国家レベルにおいて共有されなければ成立しないのである。近代の海港をめぐっては、この点が顕著に現れる。他の政策課題のなかにはローカル・インタレストの総和がナショナル・インタレストに「見える」ものもあるが、それはあくまでも「見える」だけであって、実態としてナショナル・インタレストとして成立しているわけではない。共有されるナショナル・インタレストがなければ、社会資本整備は単なる「ばらまき」へと容易に転化する。そして、そのような事例は枚挙に遑がない。

近代の海港をめぐってこの点が顕在化するのは、急速な交通手段の進歩に伴って海港がターミナル機能を有することになったからである。その意味では近代の海港問題は、工業港が主流になった現代の海港問題よりは、むしろ空港問題と似ている。近代の海港は、同一地域に複数存在することが不可能であり、しかも急速に進む船舶の大型化に対応しなければならなかった。ロンドンやハンブルクのような海港都市としての蓄積をもつわけでもなく、また上海や香港のように列強の手によってターミナルとしての地位を与えられたわけでもない日本の海港都市にとって、国家の支援は不可欠であった。

東京や大阪が開国当初から貿易の拠点として期待されていたならば、問題はより単純だったかもしれない。だが、開国当初の事情は消費都市と海港都市との分離をもたらし、遠浅で開けているという地理的な要因はその分離を拡大させた。それゆえ、特定の海港に資本を集中的に投下する必要性が繰り返し論じられながらも、その実現は容易ではなかったのである。一八八〇年代から九〇年代にかけて経済学者や国粋主義者らによって繰り返し主張された大港集中主義は、大蔵官僚を含めて、ナショナル・インタレストとして広く共有されつつあった。だが、海港の選定という具体的な政治過程に入ると共通了解は成り立たなかった。

具体的な政治過程に入れば、大港集中主義は成り立たない。そのことを象徴するのが、内務省土木局及び政党の行動である。内務省土木局は過大な設計をする傾向にあったが、それはターミナル機能を重視したからではなく、主として水利土木の技術上の理由にもとづくものであった。海港修築よりも河川改修を専門とする内務省土木局には、特定の海港に資本を集中すべきだという発想は、決してなかったわけではないが、希薄であった。彼らは各地の要求を受け止めて海港を設計し、しかもそれは各地の期待よりも大規模なものになった。また、政党指導者は各地からの支持を調達するために経済的不均衡の是正に取り組まなければならず、各地の海港修築要求を排除するわけにはいかなかった。

では中小港分散主義ならば成り立つかといえば、そうではない。一九二〇年代以降、政党との協調のもとに内務省土木局は、中小港分散主義をナショナル・インタレストとして共有させようと試みたが、それはうまくいかなかった。港湾協会が大港集中主義から中小港分散主義への転換を一度は明言しながら、一九三〇年代には「新しい意味に於ける大港集中主義」を改めて提示しなければならなかったことは、中小港分散主義がナショナル・インタレストとはなり得なかったことを示している。工業港の分散は、海港の立地問題としてではなく、あくまで工業地帯の立地問題として認識されたからこそ可能だったのである。

かくして、海港に関するナショナル・インタレストは成立しなかった。誤解のないように強調しておけば、本書の意図は内務省や政党を批判することにあるのではない。ごく狭い領域しかもたない国家ならばともかく、一定程度以上の領域をもつ国家が「他者」である海港都市を取り込んでナショナル・インタレストを成立させることは、やはり難題なのである。現在世界最大の海港を擁するシンガポールと日本とでは、海港をめぐる前提条件が異なることは、いくら強調してもしすぎるということはないだろう。

本書において主題としたのは、かかる難題に取り組み続けたコスモポリタン型アクターである。彼らが取り組んだのは、海港が形成する経済的な後方地域と海港からもたらされるインタレストが実感される政治的空間を一致させる試みである。大港集中主義をとるのであれ、中小港分散主義をとるのであれ、海港修築をめぐっては彼らの試みは不可欠であった。彼らの存在を無視して統治は成り立たないということは、戦時体制における海港行政の機能不全が示している。地方官僚・議会政治家・実業家など彼らの属性はさまざまであるが、ローカル・インタレストを成立させナショナル・インタレストと接続させるという意味では、彼らの働きに本質的な違いがあるわけではない。

もちろんコスモポリタン型アクターは万能ではない。地域社会に根ざしているわけではない彼らが海港修築を主導したことにより、海港内部には旧来通りの秩序が残存することになった。そのことは、広大な埋立地や臨港鉄道によって物理的に海港から切り離された都市住民を、心理面においても海港から遠ざける結果をもたらしたといえよう。かくして、国民国家の時代においてもなお、海港は「他者」であり続けるのである。

注

序章　近代海港史とは何か

（1）一九世紀における交通手段の進歩については、下記の文献を参照。園田『西洋化の構造』第一章「『極東』の終焉」及び第二章「蒸気船ショックの構造」、同『世界一周の誕生』。ロルト『ヴィクトリアン・エンジニアリング』。シヴェルブシュ『鉄道旅行の歴史』。

（2）もっとも、船舶の大きさと積載できる貨物量は、必ずしも比例しない。蒸気機関とそれを動かすために必要な石炭が、船内の多くの場所を占めるからである。そのため定期蒸気船は、当初は郵便船として活動することになったが、技術の革新により次第に貨物輸送船としても活動するようになる。園田『世界一周の誕生』四八～四九頁。

（3）『広辞苑』『大辞泉』などによれば、海港（Sea Port）には、外国貿易に用いられる港という意味が含まれる。地理的な概念のみを表す沿岸港（Coastal Port）とは異なり、海港は機能をも表す概念である。そのため、たとえばロンドン港やハンブルク港のように河川に面した港であっても、外国貿易に用いられる港は海港と呼ばれる。もっとも、いずれの港も原理的には外国貿易が可能であり、実際に外国貿易に用いられるか否かは各国の制度に規定される。本書では、外国貿易を実際に行っている港に加えて、外国貿易による発展を目指す港を総称して「海港」と呼び、制度上外国貿易が認められる「開港」「貿易港」とは区別する。また、漁港・避難港など、ターミナル機能をもたない港も含めて総称する場合には、「港湾」と表記する。

（4）Broodbank, *History of the Port of London*, pp. 193–197.

（5）高見『近代港湾の成立と発展』三五～三七頁。

（6）深沢『海港と文明』一五頁。

（7）高見『近代港湾の成立と発展』四五頁。Clapp, *The Port of Hamburg*, p. 9.

（8）ロンドン港は複数の私立ドック会社により構成されていたが、船舶の大型化及び貨物輸送のターミナル化に応じるために、一九〇八年に公企業体であるロンドン・ポート・オーソリティに統合された。Broodbank, *History of the Port of London*, pp. 322–346.

（9）日本政治史研究においては、「地方利益」「国家利益」という表現が一般的である。この場合の「利益」が経済的利益のみを指すわけではないことは当然であるが、本書ではマネジメントが不断に必要とされる利権や人脈、影響力、あるいは興味・関心などの含意を強調するために「ローカル・インタレスト」「ナショナル・インタレスト」という表現を用いることとする。インタレスト概念については、水谷『英国貴族と近代』第四章「土地貴族と〈政治〉の変容――インタレストとマネジメント」を参照。

（10）水利土木分野における利益の実感の希薄性については、河川改修について、すでに御厨が指摘する通りである。河川改修・海港修築のような水利土木は、工事の完成によってはじめてその効果を発揮するものであって、鉄道・道路建設のように一部の完成と部分的利用により効用が現れるものではない。さらに海港修築の場合は、水害の発生などの「不利益の実感」がないだけ、よりローカル・インタレストの成立が困難であったといえよう。御厨『政策の総合と権力』一〇四〜一〇五頁。
(11) たとえば、一八九三年に設立が計画された京鶴鉄道会社は資本金五〇〇万円であり、同社は舞鶴〜京都間鉄道総工費一五万三〇一二円と見込んでいた。一方で、一八九四年に立案された大阪築港計画の総工費は、一五八六万七〇九六円余であった。老川『明治期地方鉄道史研究』二六〜二七頁。『大阪築港一〇〇年』上、四五頁。
(12) 『和辻哲郎全集』第一八巻、一七六頁。
(13) 陣内『東京の空間人類学』。
(14) 『大阪築港一〇〇年』上、一三三頁。
(15) たとえば、大阪と同じく巨額の費用を要する築港への批判が絶えなかった名古屋では、その成果を強調するために、一九〇六年に報知新聞社が借り受けていた遊覧船「ろせった丸」(三八〇〇トン)を入港させている。『名古屋港史』建設編、五三〜五四頁。
(16) 松下『近代日本の鉄道政策』、同『鉄道建設と地方政治』。服部『近代地方政治と水利土木』。
(17) 内務省土木局港湾課長として海港行政一元化問題に取り組んだ松本学は、「港湾法をつくるということで、逓信省なんか関係官庁と相談して案ができたが、結局役所のセクショナリズムで、逓信省が反対するということで、とうとうものにならなかった」と回想している。「松本学氏談話速記録」上、六一頁。また行政学者の香川正俊は、一九四〇年代における海港行政一元化が失敗に終わった主な理由を、セクショナリズムに求めている。香川「一五年戦争期における交通行政機構の一元化過程と内閣総理大臣の権限」。
(18) 海港行政の一元化に対する懐疑的な意見は、常に存在した。たとえば、戦後の港湾法起草にたずさわった旧内務官僚の松村清之は、以下のように述べている。「ただ抽象的に、港湾地帯で行われるものは全部港湾管理者がやるのだと考えるのは誤りで、それは何度も言うように、港湾というのは一つの地域ですから、その地域には全部の法律が当てはまりますよ。それを一元化して管理者がやるなんていうのはおよそナンセンスで、やっぱりいまのような内容でよいと思います」。『港湾』第五七巻第九号(昭和五五年九月)、「港湾法制定の経過とその後の問題点」。
(19) 一八七〇年代から一九六〇年代初頭にかけての日本におけるインフラストラクチュア投資総額のうち、「河川」・「鉄道」・「道路」が首位の座を入れ替えながらも、二割から五割程度の割合を占めていたのに対し、「港湾」は一貫してその一割にも満たなかった。沢本『公共投資一〇〇年の歩み』七六頁。
(20) マートン『社会理論と社会構造』第十章「影響の型式」。マートンは、コスモポリタン型の影響者を、以下のように説明している。「彼もロヴェア〔米国東海岸に位置する人口一万一千の町——引用者注〕には何ほどかの関心を抱いているし、彼もまたここで影響を及ぼすのであるから、このコミュニティーの中で最少限の社会関係を維持しなければならないことはいうまでもない。しかし彼は特にロヴェア外の世界へも指向し、しかも自分が、この外部世界の不可欠な分子だと自任している。成程彼はロヴェアに住んではいるが、彼が生きているのは、より大きな社会なのである」。
(21) 有泉『明治政治史の基礎過程』。
(22) 鳥海「鉄道敷設法制定過程における鉄道期成同盟会の圧力活動」。升味『日本政党史論』第二巻。三谷『日本政党政治の形成』。坂野『明治憲法体制の確立』。
(23) 御厨『明治国家形成と地方経営』。
(24) 有泉『明治政治史の基礎過程』。
(25) 服部『近代地方政治と水利土木』。
(26) 松沢『明治地方自治体制の起源』。
(27) 長妻『補助金の社会史』。

（28）松下『近代日本の鉄道政策』。
（29）山崎「内務省の河川政策」。村山「内務省の河川政策の展開」、同「土木会に関する基礎的研究」。
（30）内海「横浜築港史論序説」、「産業資本確立期における神戸築港問題」、「日露戦後の港湾問題」。
（31）柴田「戦後わが国における港湾研究」九五～九六頁。
（32）北見『港湾総論』三九二頁。
（33）寺谷『近代日本港湾史』一六頁。
（34）一九四〇年代の海港行政問題に関する香川の研究は極めて多いが、代表的なものとしては、下記の研究が挙げられる。香川「太平洋戦争期における港湾行政の一元化過程」、「港湾法制定における政治状況と政策決定過程」、「一五年戦争期における交通行政機構の一元化過程と内閣総理大臣の権限」。
（35）松浦『戦前の国土整備政策』一一頁。
（36）代表的な研究としては、松浦『明治の国土開発史』、『戦前の国土整備政策』、日本土木学会編『古市公威とその時代』が挙げられる。
（37）三木『地域交通体系と局地鉄道』。
（38）増田「明治前期における全国的運輸機構の再編」、武知「四日市港をめぐる海運の動向」、北原「近代日本における交通インフラストラクチュアの形成」。
（39）藤森『明治の東京計画』、石塚「京浜工業地帯形成史序説」、斎藤「自立経済と臨海工業地帯開発」。
（40）河西『近代日本の地域思想』、広瀬『国粋主義者の国家認識と国家構想』。
（41）芳井『環日本海地域社会の変容』。
（42）谷口「港湾調査はなぜ一九〇六年に開始されたのか」。
（43）その例外としては、戦前から戦後にかけての水資源問題を取り扱った、御厨『政策の総合と権力』が挙げられる。
（44）とりわけ農村を中心とする従来の歴史研究に対するアンチテーゼとして、内陸部とは異質の空間を構成する港町に対する関心が強まっている。深沢『海港と文明』のほかに、歴史学研究会による『港町の世界史』シリーズなどが、その代表的なものとして挙げられる。
（45）清水『近代日本の官僚』第三章。

第1章　日本における海港行政の始動

（1）石井『増訂　港都横浜の誕生』二七～二八頁。
（2）カウツ『海港立地論』一六～一七頁。
（3）たとえば、プロイセン艦隊の運送船の艦長として来日したラインホルト・ヴェルナー（R. Werner）は、遠浅であるだけでなく、南方に広がっているために台風を避けることができない点からも、江戸湾が決して重要な貿易港にはなり得ない、と指摘している。ヴェルナー『エルベ号艦長幕末記』四二頁。
（4）開港場における行政権の制約については、下村『明治初年条約改正史の研究』、森田『開国と治外法権』、五百旗頭『条約改正史』を参照。
（5）後の改正交渉で引証基準とされた日墺条約では、第三条において「墺地利及洪噶利人民の住すへき場所並に其家屋を建へき場所は、墺地利及洪噶利コンシュラル官吏其地に在る相当の日本官吏と相談の上之を定むへし。又港則も右同様たるへし。若し墺地利及洪噶利コンシュラル官吏及ひ日本官吏此事に付議定し得さる事あらは、之を墺地利及洪噶利ヂプロマチックエゼント及ひ日本政府に申立へし」と規定されている。『明治期外務省調書集成　条約改正関係調書集』第一一巻、五〇九頁。
（6）外務省記録「横浜港則設立一件」一〇月一五日、各港宛外務省達。
（7）斎藤「幕末の開港港則」。
（8）外務省記録「横浜港則設立一件」庚午七月二二日、各国（米英仏瑞伊丁独蘭白葡）岡士宛桜田・中野・井関。

(9) 外務省記録「横浜港則設立一件」一八七〇年八月三一日、井関・中野・桜田宛丁以独蘭白米瑞岡士。

(10) 外務省記録「横浜港則設立一件」庚午六月三日、澤外務卿寺島外務大輔米国公使デローング応接記。

(11) 以下に掲げる史料より、パーヴィスの活動の一端がうかがえる。*The Japan Weekly Mail*, June 25th, 1870. 内閣文庫「神奈川県史料」四三冊外務部（明治三年）、一八七〇年七月一五日、金川《ママ》県権知事宛港長ポルウィス。外務省記録「横浜港ニ於テ帝国軍艦雲揚号へ英吉利国風帆船『フランシス、ヘレデー』号衝突ニ係ル損害賠償一件」。

(12) 『横浜市史』第三巻下、三六六～三九六頁。

(13) 外務省記録「横浜港則設立一件」明治五年二月六日、外務卿輔宛仏国代理公使。

(14) U. S. National Archives, Memorandum of points suggested by Mr. Von Brandt charge d'affaires of the North German Confederation.

(15) 外務省記録「横浜港則設立一件」庚午一〇月一六日、外務省宛神奈川県。

(16) 『条約改正関係日本外交文書』第一巻上、一〇七～一一七頁。

(17) 外務省記録「神戸港港則設立一件」。

(18) 太政類典・第二編・第一九五巻「横浜港内内国船碇泊規則」。

(19) 外務省記録「横浜海岸通仏国公使館前波止場築造ニ関シ同国公使苦情一件」。

(20) 『大日本外交文書』第六巻、七一八頁。

(21) 太政類典「孛国ナピチカール艀船ヲ以テ貨物運輸ヲ留ムル件ヨリ生スル費金ヲ償フ」明治七年九月四日、大蔵省伺。

(22) 『大日本外交文書』第六巻、七二一頁。

(23) 『大日本外交文書』第七巻、六五四頁。

(24) 『横浜港修築史』六四～六九頁。

(25) 外務省記録「横浜海岸石垣ヨリ乗船セシ英吉利国人『テールス』差押一件」。

(26) 公文録・明治五年・第二十一巻・大蔵省伺中「横浜港波止場建築ノ儀伺」。

(27) 公文録・明治七年・第一二三巻「横浜港大波戸場新築之儀ニ付伺」。

(28) 大隈文書A三〇〇四「横浜船舶荷揚場桟橋建築伺書」。

(29) 小風『帝国主義下の日本海運』一一七～一二三頁。

(30) 小風『帝国主義下の日本海運』一二三～一三一頁。

(31) 中村・石井「明治前期における資本主義体制の構想」。

(32) 『大久保利通文書』五、五六一～五六六頁。

(33) 山崎「内務省の河川政策」七〇～七二頁。

(34) 大隈文書A三九一一「水政ヲ更正スルノ議」。

(35) 『蘭人工師エッセル日本回想録』。

(36) ブラントン『お雇い外人の見た近代日本』七頁。

(37) 大隈文書A〇〇〇七「収入支出ノ源流ヲ清マシ理財会計ノ根本ヲ立ツルノ議」。

(38) 山崎「日本近代化手法をめぐる相克」。

(39) 小風「明治前期における鉄道建設構想の展開」。

(40) 増田「明治前期における全国的運輸機構の再編」一八六～一八七頁。

(41) 『大久保利通文書』九、三九～五二頁。

(42) 『明治財政史』第八巻、一三一～一三七頁。

(43) 増田「明治前期における全国的運輸機構の再編」一七二～一七三頁。

(44) 『近代日本海運生成史料』「八ノ戸、気仙沼地方景況」、「萩ノ浜埋立ノ件」九八～一〇一頁。

(45) 『条約改正関係日本外交文書』第一巻上、一二〇頁。

(46)『新潟開港百年史』一九二頁。
(47)増田「明治前期における全国的運輸機構の再編」一五七〜一六二頁。
(48)老川『近代日本の鉄道構想』一四〜一七頁。
(49)中村『日本鉄道業の形成』四八〜五一頁。
(50)寺谷『近代日本港湾史』一八〜二〇頁。
(51)宮城県文書「決議録」明治八・九年、陸羽近県地方へ御下金之儀ニ付上申。
(52)増田「明治前期における全国的運輸機構の再編」一六五〜一六六頁。
(53)公文録・明治十一年・第三十六巻・内務省伺（三）「陸前野蒜築港伺」。
(54)公文録・明治十五年・第三十五巻・内務省四「野蒜築港費増額ノ件」。
(55)増田「明治前期における全国的運輸機構の再編」一六七頁。
(56)カウツ『海港立地論』一五頁。深谷『海港と文明』七二〜七六頁。
(57)中村『地方からの産業革命』第一章。
(58)有泉『明治政治史の基礎過程』第一章。
(59)長妻『補助金の社会史』四七〜五七頁。
(60)寺谷『近代日本港湾史』二頁。
(61)『千田知事と宇品港』三四頁。
(62)宇品周辺の漁業民を中心に、干拓予定地の漁業権保護を求めて築港反対論が起こったが、千田はこれに応じなかった。『千田知事と宇品港』三六〜三七頁。
(63)『千田知事と宇品港』三四頁。
(64)広島県『広島県統計書 明治十四年』一〇七丁。
(65)『千田知事と宇品港』三七〜三八頁。
(66)『千田知事と宇品港』六六〜六七頁。
(67)中村『日本鉄道業の形成』二二六頁。
(68)三角築港は、九州の中心港湾となることを目指して、一八八四年に着工され、一八八七年に竣工した。設計は、内務省土木局属ムルデルによる。島崎・山下「三角西港の築港に関する研究」、星野・北河「三角築港の計画と整備」。
(69)高野江基太郎『門司港誌』一一〜一二頁。
(70)中村『日本鉄道業の形成』二三〇〜二五〇頁。
(71)高野江基太郎『門司港誌』一三〜一四頁。
(72)豊永らの計画では、総埋立面積は四万五二五一坪であった。『硯海日誌と門司築港』六一〜六二頁。
(73)畠中「明治期の関門地域における港湾整備」。
(74)『博多港史』一七〜三三頁。
(75)『鼎軒田口卯吉全集』第四巻、「船渠開設の議」（明治一二年八月）一〜三頁。同第五巻、「東京論（一）〜（五）」（明治一三年八月）九〇〜一〇二頁。
(76)『鼎軒田口卯吉全集』第五巻、「東京論」九三〜九五頁。
(77)藤森『明治の東京計画』九二〜一〇〇頁。
(78)『東京市史稿』港湾編第三、九一七頁。
(79)『東京市史稿』港湾編第四、四九頁。
(80)廣井『日本築港史』三五八頁。
(81)藤森『明治の東京計画』一一〇〜一三八頁。
(82)御厨『明治国家をつくる』三二七〜三三三頁。
(83)御厨『明治国家をつくる』三六六〜三六七頁。
(84)『福澤諭吉全集』第九巻、「日本の貿易を助け長ずるの工風を為すべし」三五三〜三五六頁。
(85)『福澤諭吉全集』第九巻、「大日本帝国内外貿易の中心市場」三五八頁。
(86)『福澤諭吉全集』第九巻、「東京に築港すべし」三六〇頁。

(87)『日本水路史』二九頁。
(88)『東京市史稿』港湾編第三、九三六～九四六頁。
(89)『東京市史稿』港湾編第四、一八九～一九〇頁。
(90)小林「海軍水路部における創設者・柳楢悦の顕彰」。
(91)『日本水路史』二九頁。
(92)藤森監修『東京都市計画資料集成（明治・大正編）』第三一巻「東京市区改正並品海築港審査議事筆記第十号」一八五丁。
(93)藤森監修『東京都市計画資料集成（明治・大正編）』第三一巻「東京市区改正並品海築港審査議事筆記第十号」一八九丁。
(94)藤森監修『東京都市計画資料集成（明治・大正編）』第三一巻「東京市区改正並品海築港審査議事筆記第十号」一八六丁。
(95)藤森『明治の東京計画』図三五。
(96)『横浜市史』第三巻上、四八六～四九四頁。
(97)『横浜市史』第三巻下、二六九～二七八頁。
(98)『東京市史稿』港湾編第四、二一七頁。
(99)『鼎軒田口卯吉全集』第五巻、「内地雑居論」（明治一二年六月）八一頁。
(100)藤森監修『東京都市計画資料集成（明治・大正編）』第三一巻「東京市区改正並品海築港審査議事筆記第十一号」一九八丁。
(101)御厨『明治国家をつくる』五二～六四頁。
(102)藤森監修『東京都市計画資料集成（明治・大正編）』第三一巻「東京市区改正並品海築港審査議事筆記第十一号」二〇〇丁。
(103)『横浜商工会議所百年史』一一六頁。
(104)『原六郎翁伝』中、三六一～三六二頁。
(105)『横浜商工会議所百年史』一一七頁。
(106)高村「沖守固と原六郎」。
(107)外務省記録「横浜築港一件」パルマル築港意見書摘要。
(108)外務省記録「横浜築港一件」埠堤建設ニ付大体ノ覚書。
(109)外務省記録「横浜築港一件」工師ムルデル氏横浜築港計画意見書。
(110)外務省記録「横浜築港一件」横浜外国商業会議長トーマス氏演説ノ抜粋。
(111)『横浜市史』第三巻下、二〇九頁。
(112)『横浜市史』資料編二、「日本貿易統計」六二、八五頁。
(113)中西「横浜築港と下関砲撃事件賠償金」。
(114)外務省記録「横浜築港一件」明治二十一年四月二三日伊藤首相宛大隈外相、横浜港改築ノ件請議。なお、返還された賠償金を横浜築港に用いるアイデアは、早い段階から検討されていたようである。横浜税関長の有島も、返還当時から横浜築港に用いるよう訴えていた一人である。『有島武手記集』九頁。
(115)外務省記録「横浜築港一件」工師ムルドル氏横浜築港計画意見書。
(116)公文類聚・第十三編・明治二二年・第四五巻「横浜築港ヲ裁可シ工事ハ神奈川県知事ニ於テ執行セシム」。
(117)外務省記録「開港港則制定一件」明治二一年八月二三日、榎本逓相宛大隈外相。
(118)稲吉「不平等条約の運用と港湾行政」(二)、一四九頁。
(119)樋口『祖父パーマー』九五～一〇四頁。
(120)五百旗頭『条約改正史』四一～四七頁。

第2章　世界交通網の拡充と日本の海港

(1)御厨『政策の総合と権力』一〇四頁。
(2)鳥海「鉄道敷設法制定過程における鉄道期成同盟会の圧力活動」。
(3)松下『近代日本の鉄道政策』第二章。
(4)中元「栗原亮一と自由党『土佐派』の『通商国家構想』」。
(5)大石正巳『日本之二大政策』四～五頁。
(6)大石正巳『日本之二大政策』一一〇～一一八頁。
(7)大石正巳『日本之二大政策』九九～一〇九頁。

(8)『東邦協会報告』創刊号、「東邦協会設置趣旨」。
(9) 安岡「東邦協会についての基礎的研究」七一～七三頁。
(10) 広瀬『国粋主義者の国際認識と国家構想』三七五～三七七頁。
(11) 稲垣満次郎『東方策結論草案 上』三二頁。
(12) 寺谷『近代日本港湾史』三～四頁。
(13) 福本日南『海国政談』五六頁。
(14) 小林「水路部における創設者・柳楢悦の顕彰」四八頁。
(15)『日本水路史』三八～三九頁。
(16) 公文類聚・第六編・明治一五年・第五七巻「海軍省全国海岸測量実施ノ為メ年々費金下付ヲ乞フ該費ハ既ニ十五年度以降据置額中ヘ編入ス」。
(17)『日本水路史』四〇頁。
(18) 肝付兼行は、一八五三年に薩摩藩士肝付兼武の長男として生まれ、七一年に兵部省水路局に出仕、八八～九二年及び九四年～一九〇五年の二度にわたり水路部長に就くなど、測量事務の専門家として活動した。一九〇六年五月には予備役となり、一九一一年七月からは貴族院男爵議員となる。また海軍のスポークスマンとして一般向けの講演も数多く行っており、海港建設のみならずマハン（A. T. Mahan）のシー・パワー論など海事・海軍思想の普及に尽力した人物である。柴崎「海軍の広報を担当した肝付兼行」。
(19)『東京経済雑誌』第六一三号（明治二五年三月）、『日本商業雑誌』第一号（明治二四年一二月）。
(20)『東京経済雑誌』第六二三号（明治二五年五月）肝付兼行「太平洋海岸に於ける我国将来の開港場を論ず」。
(21) たとえば、一八七八年一二月には石川県士族杉村寛正他より伊藤博文内務卿に宛てて、伏木・七尾両港を開港場に指定するよう請願が出されている。大隈文書A三〇一八「開港場ニ就越中国伏木能登国七尾両湾得失便宜ノ見込草案」。
(22) 古厩『裏日本』八～九頁。
(23) 石黒涵一郎『舞鶴鉄道及港湾』。石黒涵一郎は、一八五四年に舞鶴藩士の家に生まれ、七六年より豊岡・大阪を中心として代言人としての活動を開始した。一八七九年には岡山に移住し、山陽自由党・岡山大同倶楽部に参加して条約改正への反対運動を展開した。また自由党に参加して、『岡山日報』を発刊するなどの活動も行っている。山崎兼編『衆議院議員列伝』三一～三三頁。
(24) 松下「軍事拠点と鉄道ネットワーク」二〇九～二一一頁。
(25) 小川『企業破綻と金融破綻』第三章。
(26)『伏木港史』二三四頁。
(27)『伏木港史』三〇四頁。
(28) 藤井家文書T六八三―七一「伏木築港論」。
(29)『北陸政論』には一八九一年一二月から翌年一月まで西師意による「伏木築港論」が連載され、また『富山日報』には一八九六年九月から一一月まで竜岳生による「伏木築港に就て」が連載された。『伏木港史』三〇六～三一〇頁。
(30) 中谷隆風『伏木港外国貿易之儀ニ付参考書』。
(31)『伏木港史』二七六～二八〇頁。
(32)『大阪築港一〇〇年』上、三一頁。
(33)『大阪築港一〇〇年』上、三一～三四頁。
(34) 松浦『明治の国土開発史』二六～二八頁。
(35)『大阪築港一〇〇年』上、三三～三六頁。
(36) 服部『近代地方政治と水利土木』一八二～一八九頁。
(37) 服部『近代地方政治と水利土木』一九六～一九七頁。
(38)『淀川百年史』三一八頁。
(39) 西村捨三『御祭草紙』五八～六一頁。
(40)『西村捨三翁小伝』六五頁。
(41)『新修大阪市史』第五巻、二二七頁。

(42) 『新修大阪市史』第五巻、二三〇～二三一頁。明治二二年度の大阪市の歳入総額は、二九万二六一七円であった。
(43) 服部『近代地方政治と水利土木』二六〇頁。
(44) 『大阪毎日新聞』明治二五年四月二五日「築港に関する当市民の傾向」。
(45) 『大阪築港誌』九頁。
(46) 『大阪市会史』第一巻、一三〇八頁。
(47) 『大阪毎日新聞』明治二四年一月二三日「大阪築港に関する西村知事の意見（承前）」。
(48) 『大阪毎日新聞』明治二六年五月六日「大阪築港の地価に及ぶ影響」。
(49) 『大阪毎日新聞』明治二五年一一月二三日「築港研究会と野口茂平氏」。
(50) 『大阪毎日新聞』明治二五年九月二四日「沖野第四土木監督署長の大阪築港論」。
(51) 『大阪毎日新聞』明治二五年一一月二六日「築港測量費と大阪市会」。
(52) 『大阪市会史』第一巻、一二九八頁。
(53) 陸軍省雑文書M二六―一四―九九「鉄道布設ニ関スル請願及意見書」（鉄道敷設法近畿予定線中舞鶴線ニ関スル意見）。
(54) 上野喬介編『大阪市会鉄道敷設ニ関スル請願』森作太郎「大阪ニ関スル舞鶴鉄道ノ利害」（明治二六年一〇月）。
(55) 藤田や松本らが経営する大阪紡績は、一八九〇年頃よりインド棉花の輸入を本格化し、また同時期から上海・朝鮮への綿糸の試験輸出を開始している。宮本「大阪紡績の製品・市場戦略」。
(56) 『大阪毎日新聞』明治二四年二月三日「大阪築港に対する府民の感情」。
(57) 『大阪毎日新聞』明治二六年二月一日～二日「京都神戸間の鉄道を複線にすべし」。
(58) 京鶴派と阪鶴派というグループ分け及び両者の対立については、以下の諸文献を参照。老川『明治期地方鉄道史研究』第Ⅰ章。小川『企業破綻と金融破綻』第三章。松下『鉄道建設と地域政治』一三六～一四三頁。
(59) 安彦「神戸桟橋会社の成立過程と外国桟橋」。
(60) 山本「民間資本による神戸港の港湾設備建設」。
(61) 『大阪毎日新聞』明治二六年一〇月二〇日「大阪築港株式会社」、同二二日「西成郡に於る大阪築港」、同二六日「大阪築港会社の見込」。
(62) 『大阪毎日新聞』明治二七年二月二日「田中会頭辞職の理由」。
(63) なお、当時の大阪市政の構造については、以下の文献を参照。原田『日本近代都市史研究』第四章。
(64) 『大阪毎日新聞』明治二四年七月二九日「山田知事の言」。
(65) 『大阪毎日新聞』明治二四年八月二九日「大阪築港に関する山田知事の意見」。
(66) 『大阪毎日新聞』明治二六年三月二九日「築港取り調所委員及相談役」、四月四日「築港相談委員」。
(67) 『大阪築港の一〇〇年』上、四三～四五頁。
(68) デ・レーケ設計案には、碇泊可能な船舶数の見込みなどは記されていない。掲げた船舶数の見込みは、大阪市会での市参事会の答弁による。『大阪市会史』第三巻、一八四頁。
(69) 『大阪毎日新聞』明治二八年九月一六日「大阪築港の事」。
(70) 『大阪毎日新聞』明治二八年一一月一一日「大阪築港の事」。
(71) 『大阪毎日新聞』明治二九年三月六日「大阪築港の事」。新規委員の顔ぶれは明らかでないが、第五十八銀行の頭取で日清戦後には京仁鉄道の設立にもたずさわる大三輪長兵衛や、代議士の菊池侃二ら、築港拡大派と目される人物が中心であったようである。

(72)『日本近世造船史』五四九～五五七頁。
(73)『大阪毎日新聞』明治二八年一二月二九日「内海知事の談話」。
(74)『大阪市会史』第三巻、一五七～一六三頁。
(75)『大阪毎日新聞』明治二九年四月二三日「築港を捨て広軌鉄道を布設すべしとの一説」、五月一八日「大阪築港事務」。また、五月九日「大阪築港工事と自由党」と題する雑報では、大阪築港が自由党の党勢拡張の手段として利用されていると報じている。
(76)村山「土木会に関する基礎的研究」二八～三一頁。
(77)『大阪築港一〇〇年』上、四九～五〇頁。
(78)『大阪毎日新聞』明治二九年七月二八日「大阪築港の事」。
(79)『東邦協会会報』第二三号（明治二九年）、肝付兼行「大阪築港に関する意見大要」五〇～五二頁。
(80)斉藤『日清戦争の軍事戦略』二三～二三頁。
(81)陸軍省大日記・日清戦役書類綴・M二七―九―一二一「臨発書類綴 庶」（一〇月二四日参謀総長熾仁親王発陸軍大臣伯爵西郷従道宛、宇品兵站司令部に患者収容し得る仮舎及び雑品庫並医員看病人の寝室建設）。
(82)『帝国議会衆議院議事速記録』一二、五一二頁。また、一八九七年二月には、高島鞆之助陸相による大阪築港を支持する談話が『大阪毎日』に掲載された。『大阪毎日新聞』明治二八年二月一八日「大阪築港に関する高島大臣の意気」。
(83)『北九州の港史』四二頁。
(84)『大阪市会史』第三巻、一七六～一九八頁。
(85)『大阪築港誌』九〇～一〇四頁。
(86)『大阪市会史』第三巻、二三二～二六二頁。
(87)『大阪毎日新聞』明治三〇年三月一九日「附録」、同三月二五日「附録」。
(88)『自由党党報』第一二九号（明治三〇年三月）、二七頁。なお、この間の自由党の動向については服部『近代地方政治と水利土木』二八一～二八七頁、に詳しい。
(89)『大阪毎日新聞』明治二九年一〇月八日「大阪築港費に対する閣議の模様」。
(90)『読売新聞』明治三〇年三月一九日「進歩党と大阪築港問題（準党議）」。
(91)鳥海「鉄道敷設法制定過程における鉄道期成同盟会の圧力活動」。
(92)和田「初期議会と鉄道問題」。
(93)松下『近代日本の鉄道政策』第一章。
(94)服部『近代地方政治と水利土木』二三二～二三三頁。
(95)村山「内務省の土木政策の展開」。
(96)『謝海言行録』九～二七頁。
(97)飯塚「『対外硬』派・憲政本党基盤の変容」三七八頁。
(98)特別港指定の経緯とその効果については、安井「旧条約下の不開港場と対外貿易」を参照。
(99)杉山「幕末・明治初期の石炭輸出と上海石炭市場」。
(100)大豆生田『近代日本の食糧政策』一九頁。
(101)外務省記録「特別輸出港規則同施行細則制定一件」。
(102)たとえば、日本からの対朝鮮輸出品価格は、修好条規締結直後の一八七八年は一二万六五六八円であったが、一八八一年には一九四万四七三七余円に急増している。同様に、朝鮮からの輸入品価格も、一八七八年の五万八七五九円から一八八一年には一三七万二〇二五円へと、大きな伸びを示している。『大日本外国貿易対照表』第一冊、「附録朝鮮旧貿易八ヶ年対照表」。
(103)『税関百年史』上巻、一四八頁。
(104)宮津市永年保存文書一一三「商港に関する書類」宮津港ヲ特別輸出港ト定メラレン事ヲ望ム請願写。
(105)『帝国議会衆議院議事速記録』六、一〇一六頁。

(106) 宮津市永年保存文書一一一「宮津商港及鉄道期成一件」宮津港法案并参考書。
(107) 宮津市永年保存文書一一一「宮津商港及鉄道期成一件」宮津港法案并参考書。
(108) 大蔵省には宮津のほかにも、室蘭・敦賀・武豊・境・門司・浜田・伏木・那覇・小樽・下関の一一港より、特別貿易港指定の請願や陳情が寄せられていたようである。公文雑纂・明治二六年・第七巻「貨物特別輸出入法案ノ件」。
(109) 『帝国議会衆議院議事速記録』一、七八〜八〇頁。
(110) 『帝国議会衆議院議事速記録』七、一三五〜一三六頁。なお、一石を一俵として換算すれば、米の移出金額は七〇〇〇円から一万円程度に過ぎない。
(111) 公文雑纂・明治二六年・第七巻「貨物特別輸出入法案ノ件」。
(112) 『井上侯意見談話演説集　上』三二三〜三八三頁。
(113) 『帝国議会衆議院議事速記録』七、一七〜一九頁。二四〜二五頁。
(114) 『伏木港史』三三二〜三三三頁。
(115) 原『北海道の近代と日露関係』四七〜四八頁。
(116) 一八九三年以降の伏木港の外国貿易実績は、沿海州の漁業者向けのコメ・雑貨の輸出と、漁業者からの海産物輸入が、その大半を占めている。『新潟税関沿革史』四二六〜四六七頁。
(117) 『帝国議会貴族院委員会議録』六、九五五頁。
(118) 松尾家文書、第三七冊第二六号「特別輸出港規則ノ処置ニ関スル方按」。
(119) 『門司新報』明治二九年二月一六日「前田門司町長の報告（特別輸出入港請願運動の顚末）」。
(120) 『門司新報』明治二九年二月一六日「前田門司町長の報告（特別輸出入港請願運動の顚末）」。
(121) 『帝国議会衆議院議事速記録』八、一六三頁。
(122) 『門司新報』明治二九年二月一六日「前田門司町長の報告（特別輸出入港請願運動の顚末）」。
(123) 『門司新報』明治二九年二月一六日「前田門司町長の報告（特別輸出入港請願運動の顚末）」。
(124) 『税関百年史』上、二九四頁。
(125) 公文別録・大蔵省・第二巻「開港設置ニ関スル方針ノ件」。
(126) 遠藤「要塞地帯法の成立と治安体制」（Ⅰ）（Ⅱ）。
(127) 密大日記・明治二九年「大蔵省 下関其他を通商港と為すの件」。
(128) 山村「鎮守府設置と海軍制度改革問題」。
(129) 鎮守府の建設に際しては、造船所・軍需工場などの大規模開発が必要となるため、既存の市街地が存在しないことが前提となる。谷澤『佐世保とキール 海軍の記憶』一一六頁。
(130) 『新室蘭市史』第二巻、四四六〜四五一頁。
(131) 河西『近代日本の地域思想』二二三頁。
(132) 飯塚「日露戦後の舞鶴鎮守府と舞鶴港」。

第3章　改正条約の実施と海港行政

(1) 寺谷『近代日本港湾史』一五頁。『新版日本港湾史』八頁。
(2) 内海「日露戦後の港湾問題」。同「横浜築港史論序説」。同「産業資本確立期における神戸築港問題」。
(3) 外務省記録「開港港則制定一件」明治二一年九月八日、大隈重信宛逓信大臣榎本武揚。
(4) 『横浜港修築史』七八頁。
(5) 稲吉「不平等条約の運用と港湾行政（二）」。
(6) 外務省記録「開港港則制定一件」明治二三年六月二〇日、青木外相・後藤逓相宛浅田神奈川県知事上申。
(7) 外務省記録「開港港則制定一件」明治二五年九月一〇日、陸奥外相宛黒田逓相。

（8）外務省記録「開港碇泊料規則設定一件」明治二六年五月二六日、外務次官林董宛逓信次官鈴木大亮。

（9）外務省記録「開港碇泊料規則設定一件」明治二五年七月七日、松方首相宛松方蔵相。

（10）公文類聚・第二一編・明治三〇年「港湾調査ニ関スル衆議院ノ建議ヲ採用シ委員ヲ選定シ港湾ノ種類資格ノ調査並ニ其調査方法ノ審議ニ従事セシム」。

（11）管見の限り、この港湾調査会に言及した研究はないようである。一九〇〇年に土木会から分離した港湾調査会を通例は第一次港湾調査会と呼ぶことから、混乱を避けるため、一八九七年に設置された港湾調査会を、本書では第零次港湾調査会と呼ぶこととする。

（12）公文類聚・第一九編・明治二八年・第二七巻「横浜税関桟橋使用規則を定む」。

（13）『税関百年史』上、二四一～二四五頁。

（14）一九〇〇年に内務省は第一次港湾調査会を設置するが、その際の勅令案提出理由として「一旦港湾調査会を設けらるるも、爾後殆んと消滅に帰したるものの如く」とある。公文類聚・第二四編・明治三三年「港湾調査会規則ヲ定ム」。

（15）『横浜商工会議所百年史』二八二頁。

（16）『帝国議会衆議院議事速記録』一六九〇～一六九一頁。

（17）『宮津市史』通史編下巻、八〇五～八〇六頁。

（18）宮津市永年保存文書一一一「宮津商港及鉄道速成一件」（外国貿易ニ関スル歴史）。

（19）『敦賀市史』通史編下巻、一七七～一七八頁。

（20）公文雑纂・明治三三年・第三五巻「衆議院送付日本海航路拡張及七尾灯台設置ノ件」。

（21）『逓信省年報』第一八号、三一二頁。

（22）外務省記録「本邦開港場関係雑件」明治三四年二月（開港法案ニ関シ逓信省ヨリ照会ノ件）。一九〇一年二月九日に外務省は同法案に対して異論がない旨回答しているが、その他の省が同法案に対してとった具体的な対応は、管見の限り、明らかでない。

（23）有泉『星亨』二六七～二七一頁。

（24）『原敬日記』第一巻、三二〇～三三三頁。

（25）『神戸築港問題沿革誌』七～一一頁。

（26）『帝国議会衆議院委員会議録』明治篇七、二八〇頁。

（27）『帝国議会衆議院委員会会議録』明治篇七、二八一頁。

（28）『江木千之翁経歴談 上』二五五頁。

（29）『都筑馨六伝』九三頁。

（30）公文類聚・明治三〇年・第二巻「国庫ヨリ補助スル公共団体ノ事業ニ関スル法律ヲ定ム」。

（31）外務省記録「本邦開港場関係雑件」（開港維持ニ関スル法律案）。

（32）清水「安川家の発展とその蓄積構造」二一八～二二七頁。

（33）『北九州の港史』三九～四〇頁。

（34）『八十年史』八二～八四頁。

（35）日比野「安川敬一郎と安川敬一郎日記」二七～二八頁。

（36）『安川敬一郎日記』第一巻、一二六～一二八頁。

（37）『大阪毎日新聞』明治二九年五月九日「大阪築港工事と自由党」。

（38）有泉『星亨』二七一頁。

（39）『東京市史稿』港湾篇第四、七〇七～七三〇頁。

（40）有泉『星亨』三二〇頁。

（41）『東京市史稿』港湾篇第四、八七八～八八〇頁。

（42）公文類聚・明治三三年・第六巻「港湾調査会規則ヲ定ム」。

（43）村山「土木会に関する基礎的研究」。

（44）松尾家文書、第四一冊第一号「港湾調査会規則及同会議事規則」。

（45）なお、仙台湾築港問題については容易に決着がつかず、原敬も深入りはしなかった。日露戦後の一九〇六年九月に盛岡からの帰京途中に仙台に立ち寄った原は、同地の官民による歓迎会に招かれたが、「築港問題其他に関し余の意見を聞かんとするの考ありし様なれども、一切具体的の談話をなさざる内約にて立寄りたるなり」と記している。『原敬日記』第二巻、一九五頁。

(46) 松尾家文書、第四一冊第二号「国庫ノ補助ヲ受ケテ宮城県仙台湾ニ商港ヲ新築セントスルニ当リナシタル港湾調査会ニ対スル諮問事項」、第三号「国庫補助ノ下ニ秋田県船川湾修築工事ヲ施行スルニ当リナサレタル港湾調査会ニ対スル諮問事項」、第四号「鹿児島湾修築工事施行国庫補助ニ関スル件港湾調査会ニ対スル諮問事項」、第五号「神戸築港工事国庫補助ノ件ニ関シ港湾調査会ニ対スル諮問書」、第六号「東京築港工事国庫補助ノ件ニ関シ港湾調査会ニ対スル諮問書」、第七号「門司開港区域拡張ノ件ニ関シ港湾調査会ニ対スル諮問」、第八号「大船渡築港ノ件ニ関シ内務大臣ヨリノ諮問」。

(47) 『東京市史稿』港湾篇第五、一〜七頁。

(48) 『横浜築港誌』五一〜六九丁。

(49) 石井甲子五郎『日本の港湾』三〜六頁。

(50) 『横浜市史』第四巻下、四六〜五三頁。

(51) 『横浜商工会議所百年史』二八二〜二八四頁。

(52) 水上浩躬は、一八六一年に肥後国に生まれ、司法省法学校を経て、八八年に東京帝国大学法科大学を卒業する。法制局書記官、衆議院書記官を経て、一八九二年一一月には井上馨内務大臣秘書官となり北海道調査に随行、九三年九月より長崎県書記官として長崎築港問題にかかわった。一八九八年には大蔵省へ転身し、神戸税関勤務を経て横浜税関長に就いた。水上浩躬資料「回顧録」。

(53) 水上浩躬資料「八年記」(四年間史、第三、税関拡張工事ノ発起)。

(54) 寺谷『近代日本港湾史』六八〜七〇頁。

(55) 古市公威は、一八五四年に姫路藩士の家に生まれ、六九年より大学南校(開成学校)に学び、七五年からはフランスに留学して土木技術を学んだ。帰国後の一八八〇年より内務省土木技師として全国の土木事業を主導する一方、東京帝国大学工科大学長として後進の育成に努めた。内務省土木局長、内務技監、逓信次官、京釜鉄道総裁、土木学会会長などを歴任するなど、日本の土木行政を主導した。『古市公威とその時代』。

(56) 『古市公威』九三〜九四頁。

(57) 水上浩躬資料「八年記」(四年間史、第三、税関拡張工事ノ発起)。

(58) 『横浜税関海面埋立工事報告』九〜二六頁。

(59) 水上の回想によれば、同工事への反対としては、港内の狭隘化を懸念するものが多かったようである。また、後の神戸築港案検討時には、逓信省管船局長内田嘉吉が港内の狭隘化を懸念して、防波堤建設に反対している。水上浩躬資料「八年記」(四年間史、第三、税関拡張工事ノ発起)。『神戸築港問題沿革誌』八六、九五頁。

(60) 目賀田種太郎は、一八五三年に旧幕臣の家に生まれ、七〇年より大学南校に入学し、また同年九月より米国に留学した。一八八〇年に帰国後は代言人・判事などを務めたが、八三年に大蔵省に入省し、九一年七月から九四年一二月までは横浜税関長として港則制定準備に取り組んだ。九四年より主税局長。一九〇四年一〇月より韓国財政顧問として赴任し、同国の開港の整備にも務めた。また第5章で述べるように、一九一〇年代には日露協会日露貿易調査部長として日本海貿易の拡大にも寄与した。また、主税局長就任以前の一八九一年七月より九四年一二月まで横浜税関長として、港則制定準備に取り組んでいた人物でもある。『男爵目賀田種太郎』一五四〜一六二頁。

(61) 松尾家文書、第四二冊第二九号「開港場ノ設備」。

(62) 松尾家文書、第四二冊第一二号「東京市道路改良費調」。

(63) 港湾史家の小林照夫によれば、イギリスで日常的に「みなと」として用いる単語は、「ドック(dock)」であるという。小林『日本の港の歴史』三頁。
(64) 水上浩躬資料「八年記」（続四年間史、十四、港務局ノ廃止及港湾維持ノ管轄換）。
(65) 神山『明治経済政策史の研究』第三章。
(66) 水上浩躬資料「八年記」（続四年間史、十四、港務局ノ廃止及港湾維持ノ管轄換）。
(67) 伊藤『立憲国家と日露戦争』一〇七頁。
(68) 井上馨関係文書六七七―一〇「井上伯財政整理意見」。
(69) 『原敬関係文書』第七巻、六三～七五頁。
(70) 水上浩躬資料「八年記」（続四年間史、十四、港務局ノ廃止及港湾維持ノ管轄換）。
(71) 『伊東巳代治日記』第三巻、一〇〇～一〇八頁。
(72) 松下『近代日本の鉄道政策』一八二～一八三頁。
(73) 『太陽』第八巻第一二号（明治三五年一〇月）関一「商港政策の方針を一定すべし」。
(74) 『実業時論』第三巻第三号（明治三六年三月）肝付兼行「海港修築設備論」。
(75) 『読売新聞』明治三六年三月九日・一〇日、「港湾政策」上・下。
(76) 中橋徳五郎は、一八六一年に金沢藩士の家に生まれ、八六年に東京帝国大学法科大学選科を卒業する。大学時代は、同郷の戸水寛人らとの交友関係も深かったようである。横浜始審裁判所判事試補、農商務省参事官、衆議院議員書記官などを経て、九二年より九八年までは逓信省に勤める。その後は、大阪商船株式会社社長・日本窒素株式会社社長などを務め、一九一四年には衆議院議員に当選。以後、一時は政友本党に参加するも、政友会所属代議士として原敬内閣・高橋是清内閣では文部大臣、田中義一内閣では商工大臣、犬養毅内閣では内務大臣を歴任した。『中橋徳五郎』上・下。
(77) 『中橋徳五郎』上、一五四～一八五頁。
(78) 『大阪商船株式会社八〇年史』二六七～二七〇、二八六頁。
(79) 中橋徳五郎『興国策論』「大阪自由港論」（明治三三年二月）。
(80) 『東京経済雑誌』第一一三三号（明治三五年五月）「長崎を自由港と為すの利益」。第一一九五号（明治三六年八月）「東洋自由港の競争」。
(81) 松尾家文書、第四二冊第二九号「開港場ノ設備」。
(82) 『税関百年史』上、一七一頁。
(83) 『税関百年史』上、二四三～二四九頁。
(84) 水上浩躬資料「税関八年史」（第八仮置場法実施）。
(85) 『横浜税関海面埋立工事報告』二九～五一頁。
(86) 水上浩躬資料「八年記」（四年間史、第三、税関拡張工事ノ発起）。
(87) 水上浩躬資料「八年記」（四年間史、第三、税関拡張工事ノ発起）。
(88) 『横浜貿易新聞』明治三三年五月三〇日「東京築港と横浜人士」。
(89) 『横浜市会史』第一巻、五九一～五九五頁。
(90) 『横浜貿易新聞』明治三六年四月八～一六日「横浜築港に就て」。
(91) 市原盛宏は、一八五八年に阿蘇大宮司の重臣の家に生まれ、七二年より熊本洋学校、七六年より同志社に学ぶ。米国留学を経て、九三年には同志社政法学校教授となるが、九五年より日本銀行総裁川田小一郎の招きにより日本銀行に入る。九九年に日本銀行を辞した後は第一銀行に入り、横浜支店長として横浜貿易研究会を設置するなど横浜実業界を主導した。一九〇三年には、横浜市貿易商の推薦を受けて横浜市長に就任する。一九〇六年五月には朝鮮半島にわたり、第一銀行韓国総支店支配人、朝鮮銀行総裁などを歴任した。田中「蔵原惟郭と市原盛宏」三九七～四一〇頁。
(92) 『横浜貿易新聞』明治三六年七月八～一二日「市原市長の演説」。
(93) 『貿易新報』明治三七年七月二三～二八日「横浜港の経営に就て（改良期成委員会調査）」。
(94) 『貿易新報』明治三七年七月三一日～八月四日「横浜経営策を評

す」。
(95)『貿易新報』明治三八年七月一四日「横浜港湾問題の協議会」。
(96) 水上浩躬資料「八年記」(明治三十八年追記、二、横浜商業会議所港湾改良期成問題)。
(97) 公文類聚・第三〇編・明治三九年「横浜港設備ニ付横浜市ヲシテ費用ヲ分担セシム」。
(98) 公文雑纂・明治三八年・第一七巻「横浜港設備法案・(提出ニ至ラス)」。
(99) 公文類聚・第三〇編・明治三九年「臨時横浜港設備委員会官制ヲ定ム」。
(100)『神戸市会史』第一巻、三〇六〜三一三頁。
(101)『神戸築港問題沿革誌』一三〜三三頁。
(102)『神戸市会史』第一巻、三一九頁。
(103)『港湾』第七巻第一二号(昭和四年一二月)吉本亀三郎「築港の道草(神戸築港側面史)」下、二九頁。
(104)『神戸築港問題沿革誌』四四〜四五頁。
(105)『神戸又新日報』明治三五年一一月一三日「神戸税関拡張に就て」。
(106)『港湾』第七巻第一二号(昭和四年一二月)吉本亀三郎「築港の道草(神戸築港側面史)」下。
(107)『神戸築港問題沿革誌』五一〜五五頁。
(108) 水上浩躬資料「回顧録」(税関時代)。
(109) 水上浩躬『神戸港ノ現状及改良策』二六〜三二頁。
(110)『神戸築港問題沿革誌』一二六〜一二八頁。
(111) 水町家文書、第八冊第一一号「港制法案に関する件」。
(112) 公文類聚・第三〇編・明治三九年「港湾ニ関スル制度調査ニ従事ス」。
(113)『神戸築港問題沿革誌』一三二〜一四五頁。
(114)『原敬日記』第二巻、二一三頁。
(115)『原敬日記』第二巻、二一四頁。
(116) 若槻禮次郎『古風案回顧録』九四頁。
(117) 公文類聚・第三一編・明治四〇年「臨時神戸港設備委員会官制ヲ定ム」。
(118)『原敬関係文書』第八巻、「港湾調査要覧」。
(119)『原敬関係文書』第八巻、「港湾改良ニ関スル意見(沖野忠雄)」。
(120)『原敬関係文書』第八巻、「港湾改良ニ関スル意見(沖野忠雄)」、九〇頁。
(121)『港湾調査会議事録抜粋』三〜五頁。
(122) 内海「日露戦後の港湾問題」、四〇〜四一頁。
(123)『原敬関係文書』第八巻、九五頁。
(124)『原敬関係文書』第八巻、九二頁。
(125) 大阪商船は、一九〇七年四月に土佐商船を買収し、高知各航路を独占している。『大阪商船会社八十年史』六〇頁。

第4章　緊縮財政下の海港修築

(1) 寺谷『近代日本港湾史』一五頁。『新版日本港湾史』八頁。
(2)『太陽』第八巻第一二号(明治三五年一〇月)関一「商港政策の方針を一定すべし」。
(3) 北原「近代日本における交通インフラストラクチュアの形成」。
(4)『原敬日記』第三巻、九頁。
(5) 伏見『近代日本の予算政治』二二五頁。
(6) 伏見『近代日本の予算政治』二〇六頁。
(7)『敦賀市史』通史編下、一八八〜一九〇頁。
(8)『北九州の港史』六六頁。
(9)『原敬関係文書』第八巻、一〇七〜一一八頁。
(10)『北九州の港史』六六頁。
(11) 飯塚「日露戦後の舞鶴鎮守府と舞鶴港」九五〜九六頁。

(12) 密大日記・明治三九年「大蔵省　舞鶴港中商港に属する分を開港となす件」。
(13) 『原敬関係文書』第八巻、一〇二頁。
(14) 飯塚「日露戦後の舞鶴鎮守府と舞鶴港」九九、一〇三頁。
(15) 京都府庁文書、明四一―八〇「舞鶴港修築誌」。
(16) 飯塚「日露戦後の舞鶴鎮守府と舞鶴港」一〇〇頁。
(17) 三木『地域交通体系と局地鉄道』一三八～一四〇頁。
(18) 『名古屋港史』建設編、三三～五〇頁。
(19) 『名古屋港史』建設編、六〇頁。
(20) 『名古屋港史』建設編、五三頁。
(21) 『四日市港史』五八～六二頁。
(22) 『港湾調査会議事録抜粋』六九～七〇頁。
(23) 『四日市港史』六九～八〇頁。
(24) 『港湾調査会議事録抜粋』六八頁。
(25) 『名古屋港史』建設編、六二～六四頁。
(26) 『港湾調査会議事録抜粋』七一～七二頁。
(27) 『港湾調査会議事録抜粋』一〇三～一〇四頁。
(28) 『四日市港史』一〇一頁。
(29) 『四日市港史』一〇六頁。
(30) 『四日市港史』一一三～一一七頁。
(31) 『四日市港のあゆみ』九九頁。
(32) 沢本『公共投資一〇〇年の歩み』七六～八二頁。
(33) 『新潟港修築史』大島太郎「内務省新潟土木時代の思い出」一二一〇頁。
(34) 村山「内務省の河川政策の展開」。
(35) 内務省土木局『伏木港改修工事』七～九頁。
(36) 『伏木港史』三七三～三七四頁。
(37) 藤井家文書五―一二二「伏木港築港関係書類」、五八「伏木商工会頭ヨリ内務大臣ニ対スル元庄川流末浚渫工事区域拡張ニ関スル意見開申書」、五九「元庄川流末浚渫工事区域拡張ニ関スル意見再開申書」。
(38) 『伏木港史』三七六頁。
(39) 『新潟港修築史』七一頁。
(40) 『新潟港修築史』七四～九一頁。
(41) 『新潟港修築史』安芸杏一「築港回顧録」一一八八頁。
(42) 『港湾調査会議事録抜粋』一四二～一四三頁。
(43) 『新潟新聞』大正四年四月一三日「築港予算」。
(44) 『新潟新聞』大正五年九月二九日「築港補助 年度割決定」。
(45) 山崎「明治末期の治水問題」。
(46) 沢本『公共投資一〇〇年の歩み』九二頁。
(47) 小橋一太は、一八七〇年に熊本の士族の家に生まれ、九七年に東京帝国大学法科大学を卒業して内務省に入る。一九一〇年衛生局長、一三年地方局長、一四年土木局長を歴任し、一八年から二〇年までは内務次官を務めた。二〇年に政友会に入党したが、二四年に政友本党に参加、二七年からは民政党に参加し、濱口雄幸内閣では文部大臣に就いた。また一九三七年から三九年までの東京市長在任中は、東京開港運動を推進した人物でもある。『小橋杏城先生をおもふ』。
(48) 小橋一太文書、第二九一号「土木行政ニ関スル意見」。
(49) 小橋一太文書、第二九八号「港湾法草案及び港湾法草案理由書」。
(50) 勝田家文書、第二二冊第二号「港湾行政統一に関する件」。なお同じ文書が、大蔵省臨時税関工事部土木課長・臨時横浜港設備委員などを歴任し、一九〇〇年代から二〇年代まで大蔵省の海港行政を主導した丹羽鋤彦の旧蔵資料にも含まれている。鮫島茂資料（丹羽鋤彦旧蔵資料）、九五〇―一一「港湾行政に関する意見書」。
(51) 『大阪毎日新聞』明治三〇年五月二七日「大阪築港事務所長」、六月五日「大阪築港の事」、六月八日「大阪築港の事」。

(52) 防波堤建設に当初想定されていた以上の石材が必要になったことや、使用するコンクリートブロックに亀裂が生じるなどによって、工事は大幅に遅れていた。『大阪築港一〇〇年』上巻、九〇～九一頁。
(53) 『谷口房蔵翁伝』二二八～二四〇頁。
(54) 『明治大正大阪市史』第七巻、「大阪税関に関する上申書」四五二～四六七頁。
(55) 『大阪築港一〇〇年』上、一一六～一一七頁。
(56) 『実業時論』第三巻第一号（明治三六年一月）「大阪築港に就いて」、『太陽』第一〇巻第四号（明治三七年）「大阪築港国営論」など。これらの論説は、『興国策論』にまとめられている。
(57) 中橋徳五郎『興国策論』五七九～六〇一頁。
(58) 『太陽』第一六巻第一〇号（明治四三年七月）松尾小三郎「根柢より誤れる日本現時の築港計画」、『東京経済雑誌』第一六二八～一六三〇号（明治四五年一月）「欧州竝に日本の港湾を論ず」、『東京経済雑誌』第一六三九号（明治四五年三月）「港湾築造の方針に就て添田博士に質す」。
(59) 松尾小三郎『大阪港湾調査報告』。
(60) 稲吉「近代日本港湾史における『大港集中主義』と『小港分散主義』」。
(61) 『大阪港勢一斑』附録「築港現状の一斑」二〇頁。
(62) 『港湾』第七巻第七号（昭和四年七月）松波仁一郎「大阪港の過去と将来」四～五頁。
(63) 『谷口房蔵翁伝』二四〇～二四四頁。
(64) 谷口は、神戸と大阪との関係を港湾都市リバプールと工業都市マンチェスターとの関係になぞらえ、マンチェスターと同様に大阪も港湾整備を行うことで、「東洋のマンチェスター」を目指すべきだ、と訴えている。
(65) 『新修大阪市史』第六巻、一一～一五、六四～七二頁。
(66) 鶴原は、上海領事・日本銀行大阪支店長などを務めた人物であり、政友会創立委員の一人でもあった。『鶴原定吉君略伝』九七～一〇〇頁。
(67) 『新修大阪市史』第六巻、六六～七〇頁。
(68) 『新修大阪市史』第六巻、九一～九三頁。
(69) 『大阪築港利用完成ニ関スル報告書』。
(70) 『大阪新報』大正二年五月一〇～一五日「築港利用案批判」。
(71) 『谷口房蔵翁伝』三八六頁。
(72) 『大阪朝日新聞』大正四年五月二七日～六月一一日「大阪築港問題」(一)～(六)。
(73) 『大阪毎日新聞』大正四年五月三一日、市政狂「築港中止に関して市民に檄す」。大正四年六月一日、図南生「築港打切り案」。大正四年六月一二～一六日、図南生「大阪築港に就て」。大正四年九月五～一八日、谷口房蔵「大阪築港に就て」。
(74) 『大阪毎日新聞』大正五年七月二七日、図南生「築港経営」。
(75) 『大阪築港一〇〇年』上、一三五～一三八頁。
(76) 矢野剛『商港論』三七三頁。
(77) 『神奈川県史』各論編二、一四頁。
(78) 石塚「京浜工業地帯形成史序説」。
(79) たとえば神戸港では、一八八〇年に五代友厚らが中心となって神戸桟橋会社が設立されている。同社は、二五〇〇トン級船舶が繋船できる桟橋・上屋二棟・倉庫四棟を建設し、繋船・港湾運送・倉庫など海港経営事業を一体的に経営した。同社は、第一次神戸築港工事が着手されるまで経営を続け、同工事施工中の一九〇九年に政府に買収された。山本「民間資本による神戸港の港湾設備建設」。
(80) 『長崎海事局管内航通運輸ニ関スル報告』第七回、七七～七九頁。
(81) 『八十年史』石野寛平「若松築港沿革記」七五頁。

(82)『北九州の港史』五六～五七頁。
(83)清水「北九州工業地帯と工場用地・海面埋立」。
(84)『大日本外国貿易三十七年対照表（自明治元年至同三十七年）』七～九頁。
(85)田中二二『帝国の関門』一〇一頁。なお、当時は一万トン級汽船に対応するためには、九・五メートルの水深が必要だと考えられていた。鈴木雅次『港湾』一三九頁。
(86)田中二二『帝国の関門』一六六頁。
(87)『北九州の港史』八五頁。
(88)『原敬関係文書』第八巻、「関門両港調査書」一六四頁。
(89)『原敬関係文書』第八巻、「港湾調査会議事速記録第二号」一〇三頁。
(90)『若築建設百十年史』三九頁。
(91)『北九州の港史』七三頁。
(92)『原敬関係文書』第八巻、「関門海峡管理及関門両港艀船取締リニ関スル件」一七三～一七四頁。
(93)『原敬関係文書』第八巻、沖野忠雄「港湾改良ニ関スル意見」八七頁。
(94)『原敬日記』第三巻、六一頁。
(95)『原敬日記』第三巻、一四四頁。
(96)『北九州の港史』六八頁。
(97)『福岡日日新聞』大正元年一二月二五日「西九州の港湾　門司港」十。
(98)『福岡日日新聞』大正二年三月六日～二一日「門司港湾問題」一～一三。このとき意見を寄せたのは、門司税関長（笠原實太郎）・九州鉄道管理局長（藤田虎力）・同局工作課長（鈴木幾弥太）・東神倉庫門司支店長（加藤直法）・鈴木商店門司支店長・福岡県港務部長（坂田幹太）・門司市港湾調査委員（渥美育郎）・大里精糖所元支配人（人見一太郎）などであった。
(99)田中二二『帝国の関門』一八～二〇頁。
(100)田中二二『帝国の関門』二七頁。
(101)田中二二『帝国の関門』一四五～一四六頁。
(102)『港湾調査会議事録抜粋』三三頁。
(103)『門司新報』大正二年四月二〇日「門司と港湾問題」上。
(104)『港湾調査会議事録抜粋』一五六頁。
(105)『門司新報』大正四年九月二六日「復活したる門司税関設備費」。
(106)門司市会会議録、大正五年三月一三日。
(107)門司市会会議録、大正五年五月二九日。
(108)『門司新報』大正五年九月一〇日「門司港湾調査会」。
(109)『港湾調査会議事録抜粋』一六六頁。
(110)門司市会会議録、大正六年二月一六日。
(111)中野金次郎『海峡大観』八頁。
(112)『北九州の港史』一〇五頁。
(113)清水「北九州工業地帯の成立と工場用地・海面埋立」。
(114)『若松市誌』一五～一六頁。
(115)『福岡日日新聞』大正六年五月一一日「洞海湾の諸問題」中。
(116)『福岡日日新聞』大正五年一〇月九日「若松の連絡設備」(二)。
(117)石崎文書「大正四年　貯水池決潰事件　沿岸整理設計調　下水道改良設計　報告書」。
(118)石崎『若松を語る』一一七頁。和田『的野半介』一七一頁。
(119)『詳説福岡県議会史』大正編上、六九八～七〇二頁。
(120)『福岡日日新聞』大正六年五月一〇～一三日「洞海湾の諸問題」、大正六年九月一三日「若松港国港問題」、大正六年一二月一八日「洞海湾の発展と若松港経営問題」、大正七年四月一四～一六日「洞海国港問題進捗」。
(121)『戸畑大観』「洞海湾調査会宣言書」一四六頁。

(122)『八十年史』安芸杏一「洞海湾改修の思ひ出」一三八頁。
(123) 清水「北九州工業地帯の成立と工場用地・海面埋立」七八頁。
(124)『帝国議会衆議院委員会議録』一九、三七三頁。
(125)『福岡日日新聞』大正八年一月二一日「問題の洞海修築」上。
(126) わかちく史料館所蔵文書「洞海湾毎築工事関係官公衙諸願届往復綴 自大正八年至同十年」。

第5章 政党内閣期の海港行政

(1) 成沢「原内閣と第一次世界大戦後の国内状況」(一)。
(2) 鈴木「大正八年道路法成立試論」。
(3) たとえば、ナジタ『原敬』第三章。
(4) 公文類聚・第四二編・大正七年「港湾経営ヲ内務省ニ於テ統一施行スル件並開港ニ関スル工事ノ手続ヲ決定ス」。なお、一九〇七年に設置された臨時横浜港設備委員会は、一九一八年三月の第二次横浜築港工事の竣工とともに廃止されている。
(5)『内務省史』第三巻、八頁。
(6)『都筑馨六伝』九三頁。
(7) 鈴木「大正八年道路法成立試論」九頁。
(8) 小橋一太文書、第二九九号「港湾種別其他」。
(9)『港湾調査会議事録抜粋』一八五～一八六頁。
(10)『港湾調査会議事録抜粋』二〇八～二〇九頁。
(11) 昭和財政史資料第三号第六六冊、「国庫補助指定港湾選択基準」。
(12) 浜田恒之助『経世小策』一一四～一三一頁。
(13) 浜田恒之助『経世小策』一三八～一五〇頁。
(14) 浜田恒之助『経世小策』一九三～一九四頁。
(15)『富山県史』通史編VI、九〇二頁。
(16)『福井県史』通史編五、九二六～九二七頁。
(17)『福井県史』資料編一七、「第四五八表敦賀港外国貿易(品目別輸出価格)」五三八～五三九頁。なお、輸出額の激減にともない、輸出品目の構成も大きく変化した。一九一四年から一九年までは衣料品・靴などの軍需物資が輸出品目の上位を占めたが、二〇年以降は清酒や漁網などが上位を占めるようになる。
(18) 朝鮮牛の輸入価格は一九一九年には二一万一〇〇〇円、二〇年には六万五〇〇〇円に過ぎなかった。一方で敦賀港の輸入高のほとんどを占める大豆の輸入価格は、一九年には二五〇万二〇〇〇円、二〇年には二一五万一〇〇〇円と、一〇倍以上の開きがある。『敦賀市史』通史編下巻、二七九頁。
(19) 高岡市立中央図書館所蔵古文献資料T六八三―一「伏木七尾ト浦塩北鮮間定期命令航路開設趣意書」。
(20) 鴻爪集『富山日報』大正九年一一月一九日「能登丸の処女航海」。
(21) 鴻爪集『富山日報』大正八年一〇月二二日「県にて港湾調査」。
(22) 内務省新潟土木出張所『内務省新潟土木出張所沿革ト其ノ事業』二七〇～二七二頁。
(23)「大正九年通常富山県会議事速記録」二四～二五頁。
(24)「大正九年通常富山県会議事速記録」二五五～二五七頁。
(25)「大正九年通常富山県会議事速記録」二二九頁。
(26) 境港から鳥取市までの距離がおよそ一〇〇キロメートルであるのに対し、境港から松江市までは直線距離でおよそ二五キロメートルである。
(27)『島根県議会史』第二巻、七〇五頁。
(28)『境港修築略史』五頁。以下、境港築港については、とくに注記しない限り同書による。
(29) 内藤「境港の朝鮮航路」八～九頁。
(30)『境港湾修築略史』九頁。
(31)『境港湾修築略史』一五頁。
(32)『新修島根県史』通史編二、七五〇頁。

(33)『島根県議会史』第二巻、九九八頁。
(34)『境港湾修築略史』五五頁。
(35)『新修島根県史』通史編二、七三七～七四〇頁。
(36)『境港湾修築略史』七一～七四頁。
(37)『男爵目賀田種太郎』六八二～六八四頁。
(38)『日露貿易調査事業経過報告』目賀田種太郎「敦賀港改善施設に関する卑見」五七～六一頁。
(39)『北陸の偉人大和田翁』。
(40)『北陸の偉人大和田翁』二五〇頁。
(41)木下淑夫『国有鉄道の将来』。
(42)『鉄道史人物事典』一六三頁。
(43)『福井県史』通史編五、九二八～九三三頁。
(44)『対岸時報』創刊号（大正九年九月）二頁。
(45)『対岸時報』創刊号（大正九年九月）七九頁。
(46)『港湾調査会議事録抜粋』二一〇頁。
(47)『北陸の偉人大和田翁』二五三～二五五頁。
(48)『境港修築略史』七八～七九頁。
(49)『北陸の偉人大和田翁』二五六～二六一頁。
(50)『境港湾修築略史』八三頁。
(51)『境港湾修築略史』八四頁。
(52)『大正拾年度敦賀商業会議所事務報告』一五頁。
(53)『境港湾修築略史』八四～八六頁。
(54)『北陸の偉人大和田翁』二五八～二五九頁。『境港湾修築略史』八九頁。
(55)外務省記録「本邦港務規則関係雑件」大正一〇年六月一六日、埴原外務次官宛小橋内務次官。
(56)特別委員会の構成は、井出謙治（海軍次官）、石丸重美（鉄道次官）、若宮貞夫（逓信省管船局長）、松本重威（大蔵省主税局長）、松田源治（内務省参事官）、茂木鋼之（内務省技師）、田中隆三（農商務次官）、潮恵之輔（内務省衛生局長）、鈴木繁（横浜税関長）、有吉忠一（兵庫県知事）、久保田政周（横浜市長）の一一名である。『港湾調査会議事録抜粋』二一八頁。
(57)『大阪時事新報』大正一〇年六月一六日「港湾法審議」。
(58)たとえば、『逓信省臨時調査局海事部報告第一六号仏国ニ於ケル主要開港ニ関スル調査』（大正七年）など。
(59)鉄道省運輸局『港湾と鉄道との関係調書』第一輯。同調書には、名古屋・鳥羽・西宮・飾磨・舞鶴の五港に関する沿革や出入船舶・輸出入貨物などについて、各鉄道局による調査書が収録されている。
(60)鉄道省運輸局『港湾と鉄道との関係調書』第二輯、第三輯。第二輯には坂出・四日市・武豊・酒田の四港、第三輯には青森・塩釜・船川・直江津・魚津の五港の調書が収録されている。
(61)『松本学氏談話速記録』上、八九～九〇頁。
(62)丹羽鋤彦は、一八八九年七月に内務省に入省したが、九九年の第二次横浜築港着工の際に、大蔵省臨時税関工事部土木課長に就任し、以後二一年まで大蔵省の土木技師として活躍した。二一年には大蔵省を退き、東京市の道路局長及河港課長に就任し、東京築港計画の策定に関与している。吉田「丹羽鋤彦と帝都復興①」。
(63)『港湾協会十年史』四頁。
(64)『港湾協会十年史』二〇～二七頁。
(65)会長職・副会長職は内務大臣・土木局長の充て職ではなく、水野は内務大臣辞任後も港湾協会会長の座にとどまり、一九四七年三月まで日本の海港行政を主導している。堀田貢も一九二六年に死去するまで副会長職を務めている。なお、一九四七年三月に会長職を引き継いだのは松本学であり（一九四七年三月～一九六三年一〇月）、松本も長く海港行政にたずさわることとなる。
(66)『港湾協会十年史』二九～三〇頁。なお、三省次官の副会長就任は充て職だったようで、たとえば一九二五年九月に内務次官が湯浅倉平から川崎卓吉に代わると、副会長も交代している。
(67)『港湾協会十年史』五五〜五六頁。
(68) 松本学文書「日誌」大正一一年一二月一六日。
(69)『北山一郎自叙伝』二五〜二七頁。
(70)『港湾協会十年史』五四頁。
(71) 内務省土木局編『自由港の考察』。
(72) 内務省土木局編『港湾行政資料』第一輯、三六〜四五頁。
(73) 港湾協会が自由港問題を取り上げるのと前後して、横浜・神戸・大阪においても自由港問題の検討が開始され、官民問わず多くの自由港論(パンフレット)が出版された。一九二三年に出版された主なものだけを取り上げても、神戸市役所港湾部『自由港制度概観』、同『自由港ニ関スル説明』、同『自由港問題調査参考資料』、横浜市役所横浜港調査委員会『自由港の研究』、横浜港調査委員会第四部自由港部『横浜港より観たる自由港問題』、小寺謙吉『自由港の驚くべき便益』、同『コーペンハーゲン自由港』などがある。
(74)『港湾』第一巻第一号(大正一二年四月)河津「自由港論」四九頁。
(75)『港湾』第一巻第二号(大正一二年六月)石井「自由港に就て」八頁。
(76)『港湾』第一巻第三号(大正一二年八月)山本「自由港論に就て」三一頁。
(77)『港湾協会十年史』一六七〜一六八頁。
(78) 鮫島茂資料(丹羽鋤彦旧蔵資料)九八〇「大正十四年六月 自由港問題に関する委員会議事速記録」。
(79) 鮫島茂資料(丹羽鋤彦旧蔵資料)九八〇「自由港問題に関する委員会議事速記録」一一頁。
(80) 鮫島茂資料(丹羽鋤彦旧蔵資料)九八〇「自由港問題に関する委員会議事速記録」一八頁。
(81) 鮫島茂資料(丹羽鋤彦旧蔵資料)九八〇「自由港問題に関する委員会議事速記録」三七頁。なお、七カ条の原文は以下の通りである。
一、自由港区を拡張し水面を取り込むこと。
二、自由港区内に於ては貨物の改装、仕分其他の手入の外、一般工業を許し、且商業機関殊に産物取引所公売所等を許すこと。
三、国外と自由港区との間に、その出入りする貨物に付ては統計材料等に必要なる事項の外は其の取引、移動に最少の制限を附すること。
四、国外と自由港区との間は自由に船舶が出入し得ることゝし最少の制限を附し手数を簡易にすること。
五、自由港区内に於ける商工産業の経営上必要なる最少限の人員に自由港区内の居住を許し、仲仕、船員、職工其他用務ある者の出入には相当の監視と制限をなすこと。
六、自由港区と内地との境界を出入りする貨物、船舶等に付ては一般税関の取締に依る可く、境界及その監視に関する費用は当該港市の負担となすこと。
七、自由港区の規模は其港市の商工産業の状況に応じて之を定む可く、将来必要あるときは之を拡張し得る様港市の設計を為し置くこと。
(82) 鮫島茂資料(丹羽鋤彦旧蔵資料)九八〇「自由港問題に関する委員会議事速記録」二〇〜二一頁。
(83) 鮫島茂資料(丹羽鋤彦旧蔵資料)九八〇「自由港問題に関する委員会議事速記録」二四頁。
(84) 鮫島茂資料(丹羽鋤彦旧蔵資料)九八〇「自由港問題に関する委員会議事速記録」二三頁。
(85) 鮫島茂資料(丹羽鋤彦旧蔵資料)九八〇「自由港問題に関する委員会議事速記録」八頁。

(86) 鮫島茂資料（丹羽鋤彦旧蔵資料）九八〇「自由港問題に関する委員会議事速記録」三五頁。
(87)『帝国議会衆議院委員会議録』昭和篇六、五〇九頁。
(88) 第二次世界大戦後に、横浜・神戸両港がGHQからの接収解除をされる時期にも、やはり自由港設置論が展開された。柴田『自由港の研究』。『港湾』第二五巻第二号（昭和二三年七月）、岩田直栄「自由港の考察」、松本清「自由港制度論に対して」、矢野剛「工業港の自由港化」など。
(89) 公文別録・大正一一年「行政整理の実行ヲ期スル為閣議決定通牒」。
(90) 公文別録・大正一一年「行政整理ニ関スル一般要項」。
(91) 小橋一太文書、第二五四号「行政整理準備委員会関係書類」一六「行政整理案」。
(92)『港湾協会十年史』一五三頁。
(93)『港湾協会十年史』一五四頁。
(94) 小橋一太文書、第二五四号「行政整理準備委員会関係書類」三五「港湾統一に付各方面の意見」。
(95) 小橋一太文書、第二五四号「行政整理準備委員会関係書類」三一「海事行政機関の組織改善に関する件」。
(96) 土川「護憲三派内閣期の政治過程」。
(97) 公文別録・大正一三年「行政整理案」。
(98) 内務省警保局文書・内務大臣決裁書類・大正一五年「港務部を税関に統一したる経過等（枢密院に於ける開港々則改正審議会資料）」。
(99) 公文類聚・第四八編・大正一三年・第四巻「税関官制ヲ改正シ〇税関官制第一条第一項第九号乃至第十二号又ハ同条第二項ノ事務ニ従事スル職員ノ服制ヲ定メ〇地方待遇職員令〇恩給法施行令中ヲ改正ス」。
(100)『港湾』第三巻第一号（大正一四年一月）水野錬太郎「港湾政策を論じて本会の責務に及ぶ」、堀田貢「港湾に関する根本法規制定に就て」。
(101)『港湾協会十年史』一四〇〜一四一頁。
(102) 鮫島茂資料（丹羽鋤彦旧蔵資料）九四八—⑨「港湾法制定問題調査委員」。
(103) 鮫島茂資料（丹羽鋤彦旧蔵資料）九四八—②「第一回港湾法制定問題調査委員会議事速記録送付ノ件」。
(104) 鮫島茂資料（丹羽鋤彦旧蔵資料）九四八—⑩「昭和二年十一月港湾法制定問題特別調査委員起草 港湾法草案」。
(105) 鮫島茂資料（丹羽鋤彦旧蔵資料）九四八—②「第一回港湾法制定問題調査委員会議事速記録送付ノ件」。
(106)『港湾協会十年史』一四三頁。
(107) 鴻爪集『富山日報』大正一三年八月三日「伏木港拡築費予算削減さる」。
(108) 鴻爪集『富山日報』大正一三年八月八日「伏木港拡築費予算復活」。
(109)『伏木港史』四七〇頁。
(110)『港湾』第二巻第六号（大正一三年一一月）児玉信治郎「港湾改良費繰延並打切問題」。
(111) 宮津市永年保存文書一一三「商港に関する書類」（港湾改良修築問題対応策ニ関スル経過概要竝ニ宣告）。
(112)『港湾』第四巻第四号（大正一五年四月）木原清「敢て裏日本の人士に問ふ」。
(113) 大瀧幹正の経歴の詳細は明らかでないが、一八六七年に庄内藩士の家に生まれ、一九一四年に陸軍を退役した。一九二二年の港湾協会創立時より幹事を務めた。一九三六年に幹事を辞任した後も、特別会員として港湾協会の活動にたずさわった。『港湾協会二十年史』四〇二頁。

(114) 宮津市永年保存文書一一三「商港に関する書類」宮津町長内山廣三宛大瀧幹正、大正一五年七月三日。
(115) 『対岸時報』第七巻第五号(大正一五年一二月)一九頁。
(116) 京都府庁文書、大一五―一一一「港湾一件」(日本海港湾共栄会第二回総会出席者名簿)。
(117) 鴻爪集『高岡新報』昭和五年四月二〇日「伏木港拡張工事遅々として進まず」。
(118) 『港湾』第一〇巻第六号(昭和五年六月)「第五回日本海港湾共栄会」。
(119) 『対岸時報』第七巻第五号(大正一五年一二月)一五〜一八頁。
(120) 土川「政党内閣と商工官僚」。
(121) 伊藤『大正デモクラシーと政党政治』二一九頁。
(122) 『港湾』第五巻第八号(昭和二年八月)「昭和三年度内務省土木局港湾費予算」。
(123) 『港湾調査会議事録抜粋』二七九〜二八八頁。
(124) 『港湾協会十年史』一五七頁。
(125) 『港湾』第六巻第二号(昭和三年二月)「議会解散と港湾費」。
(126) 『港湾都市としての広島』二六頁。
(127) 飯塚「日露戦後の舞鶴鎮守府と舞鶴港」。
(128) 京都府庁文書、大一五―一一一「港湾一件」大正一五年八月五日、京都府内務部長宛舞鶴町役場。
(129) 『港湾』第五巻第九号(昭和二年九月)「舞鶴港修築計画案依頼」八〇〜八一頁。
(130) 『港湾』第五巻第一二号(昭和二年一二月)「舞鶴港修築計画実地視察」。
(131) 『港湾』第五巻第一二号(昭和二年一二月)直木倫太郎「舞鶴港所見」、村山喜一郎「閑却せられたる日本海の港湾」、関田駒吉「港湾に就て」。
(132) 京都府庁文書、昭二―一二三「舞鶴港調査一件 直木博士調査」昭和二年十二月、舞鶴港修築計画概要。
(133) 京都府庁文書、昭三―一二八「舞鶴港調査一件 内務省鈴木内務技師調査」昭和二年一二月二六日、土木部長村山喜一郎宛鈴木雅次。
(134) 京都府庁文書、昭三―一二八「舞鶴港調査一件 内務省鈴木内務技師調査」。昭和三年四月一日舞鶴港後方地域ニ属スル人口、産業統計並交通ニ関スル件、舞鶴港ヲ第二種重要港湾ニ編入申請理由書、舞鶴港ト宮津港、敦賀港トノ関係調書。
(135) 京都府庁文書、昭二―一二五「舞鶴港第二種重要港編入一件 舞鶴修築計画確定一件」臨時港湾調査会議事経過。
(136) 『港湾調査会議事録抜粋』三一七〜三一八頁。
(137) 京都府庁文書、昭二―一二五「舞鶴港第二種重要港編入一件 舞鶴修築計画確定一件」臨時港湾調査会議事経過。
(138) 京都府庁文書、昭二―一二五「舞鶴港第二種重要港編入一件 舞鶴修築計画確定一件」昭和三年一〇月一二日、港湾協会。
(139) 『舞鶴市史』通史編下、七七頁。
(140) 『港湾』第六巻第一二号(昭和三年一二月)「昭和四年度新規港湾修築費と年度割改定」。
(141) 『港湾』第七巻第三号(昭和四年三月)「指定港湾の整斉と修築費の助成」。
(142) 『港湾』第七巻第九号(昭和三年九月)ST生「昭和四年度港湾改良費実行予算に就て」。
(143) 『伏木港史』四九五頁。
(144) 『国際港の礎石——小名浜港湾史』五一〜五二頁。
(145) 『港湾』第七巻第九号(昭和三年九月)ST生「昭和四年度港湾改良費実行予算に就て」。
(146) 『港湾』第七巻第九号(昭和三年九月)ST生「昭和四年度港湾改良費実行予算に就て」。

(147)『港湾』第八巻第一二号（昭和五年一二月）「昭和六年度港湾修築費の決定」。
(148) 鴻爪集『高岡新報』昭和五年四月一一日「伏木港湾委員会」。
(149)『伏木港修築工事概要』。
(150)『港湾調査会議事録抜粋』三三八～三四一頁。

第6章　戦時体制と海港行政

(1) 黒澤『内務省の政治史』一三頁。
(2) 満洲事情案内所編『東満事情』二〇二頁。
(3) 芳井『環日本海地域社会の変容』一九八頁。
(4)『港湾』第三巻第八号（大正一四年八月）木原清「吉会鉄道の促進と北鮮港湾修築の必要」。
(5) 芳井『環日本海地域社会の変容』一九二～一九六頁。
(6) 加藤「吉会鉄道敷設問題」。
(7) 昭和財政史資料、第五号第一八六冊「吉敦鉄道延長建造請負契約」。
(8) 芳井『環日本海地域社会の変容』二六五～二六六頁。
(9)『現代史資料（七）満洲事変』「満洲事変機密政略日誌 其一」一九四頁。
(10)『現代史資料（七）満洲事変』「満洲事変機密政略日誌 其一」二〇三頁。
(11)『現代史資料（七）満洲事変』「満洲事変機密政略日誌 其三」二九二頁。
(12) 加藤『満鉄全史』一二五～一二七頁。
(13)『現代史資料（七）満洲事変』「満洲事変機密政略日誌 其一」二〇四頁。
(14) 佐藤・波多野「満州事変前後の満鉄」二一一頁。
(15) 村上義一文書六D―六「満蒙経済政策要綱（軍司令部）」。
(16) 芳井『環日本海地域社会の変容』二五〇頁。
(17) 村上義一文書六G―七「吉会鉄道経由地及終端港ニ関スル意見、建議及陳情」。
(18) 村上義一文書六G―七「吉会鉄道経由地及終端港ニ関スル意見、建議及陳情」。
(19)『港湾』第一〇巻第三号（昭和七年三月）安芸杏一「満鮮交通線に関する北鮮港湾に就て」。『港湾』第二六巻第五号（昭和二四年七月）安芸杏一「築港回顧録 第十九回」。
(20)『港湾』第八巻第一〇号（昭和五年一〇月）久保義雄「重要港湾主義転換論」。
(21) 八田嘉明文書一四三「満洲事情ニ関スル報告書」。
(22) 村上義一文書七B―五「吉敦延長線建造方針要綱閣議決定経緯」。芳井『環日本海地域社会の変容』二五三～二五四頁。なお、五省会議の構成メンバーは定かではないが、五省会議に先立って開かれた満蒙委員会には外務・拓務・大蔵・陸軍各省が参加しているため、これら四省に海軍を加えた五省であったと推察される。
(23) たとえば、明治初年までは米穀などの中継港として栄えたが、鉄道の開通を機に衰退した海港の事例としては、福井県の三国港などが挙げられる。
(24) 昭和財政史資料、第六号第六四冊「命令航路現行施設調」。
(25)『北日本汽船株式会社二十五年史』八七～八九頁。
(26)『北日本汽船株式会社二十五年史』八八頁。
(27)『敦賀商業会議所月報』第二二〇号（一九三二年四月）七頁。
(28) 日本海湖水化論については、芳井『環日本海地域社会の変容』第一一章を参照。
(29)『東京日日新聞』昭和七年一月五～六日、松岡正男「日本海の湖水化」。
(30)『北日本汽船株式会社二十五年史』一〇二～一〇三頁。

(31) 鴻爪集『高岡新報』昭和七年二月五日「伏木港振興会 拡大の計画」。同、昭和七年二月二六日「吉会線完成を前に伏木港湾関係者の意向」。
(32) 『富山県対岸貿易拓殖振興会会報』創刊号「会則」。
(33) 鴻爪集『高岡新報』昭和七年八月二三日「指定港獲得運動に上京」。
(34) 『港湾』第一一巻第二号（昭和八年二月）「伏木港修築計画調査依頼」。
(35) 『富山県対岸貿易拓殖振興会会報』創刊号「東岩瀬開港期成同盟会」。
(36) 芳井『環日本海地域社会の変容』二八三頁。
(37) 『新潟開港百年史』三一二頁。
(38) 塚野俊郎『日本海貿易の要津新潟港』。新潟市『対満通商貿易港としての新潟港』。
(39) 東京商工会議所編『事業成績報告書』昭和七年度、二一九頁。
(40) 芳井『環日本海地域社会の変容』二八三～二八四頁。
(41) 鴻爪集『高岡新報』昭和七年一〇月一五日「北朝鮮命令航路問題解決」。
(42) 『新潟開港百年史』三一三頁。
(43) 芳井『環日本海地域社会の変容』二八四頁。
(44) 『新潟開港百年史』三一四頁。
(45) 加瀬『戦前日本の失業対策』一〇五頁。
(46) 加瀬『戦前日本の失業対策』二五五～二六一頁。
(47) 『政友』第三五八号（昭和五年七月）「第五十八回帝国議会報告書」。
(48) 加瀬『戦前日本の失業対策』二六九～二七〇頁。
(49) 伊藤『大正デモクラシーと政党政治』二七四頁。
(50) 『港湾』第一〇巻第二号（昭和七年二月）ST生「産業振興と土木事業」。
(51) 加瀬『戦前日本の失業対策』二八〇～二八三頁。
(52) 一九三三年度の時局匡救事業で修築費補助が認められた港湾は、新規二八港、継続三三港、合計六一港にのぼる。ただし、中小港の修築事業であるため築港の規模は小さく、同年度の築港費補助総額は三二五万八〇〇〇円である。『港湾』第一一巻第二号（昭和八年二月）「時局匡救地方港湾修築補助費」。
(53) 宮津市永年保存文書一一三「商港に関する書類 一」丹後港湾協会ノ事業経過報告。
(54) 宮津市永年保存文書一一三「商港に関する書類 一」理事会決議事項其筋へ請願書トシテ提出ノ件。
(55) 外務省記録「本邦航運関係雑件」昭和九年九月一八日（内相・外相・指定庁府県長官宛福岡県知事、宮津航路開拓ニ関スル件）。
(56) 『港湾』第一一巻第二号（昭和八年二月）「時局匡救地方港湾修築補助費」。
(57) 『港湾』第一〇巻第一二号（昭和七年一二月）「舞鶴港修築起工式」。
(58) 宮津市永年保存文書一一五「商港に関する書類 三」昭和八年一二月二八日付、港湾協会長宛京都府知事斉藤宗宣。
(59) 宮津市永年保存文書一一四「商港に関する書類 二」（宮津港ニ関スル工学博士直木倫太郎氏ノ意見摘要）。
(60) 『若州新聞』大正一一年五月八日、一〇日、名和又八郎「小浜港の将来に就て」。
(61) 山森「小浜港湾修築運動」。
(62) 鳥居史郎家文書四（上京日誌）。
(63) 『大阪毎日新聞』昭和八年九月九日「羅津との連絡港小浜港に決定か」。同、九月二二日「〝小浜港〟最有力」。
(64) 『港湾』第一〇巻第一二号「対満鮮連絡港調査委員会」。

(65) 宮津市永年保存文書一一四「商港に関する書類 二」（北日本四港視察報告書）。
(66) 宮津市永年保存文書一一四「商港に関する書類 二」大阪商工会議所調査課『吉会線の開通と内地港（大阪、神戸、敦賀、舞鶴、宮津）満鮮間の運輸関係』（昭和八年七月）。
(67) 宮津市永年保存文書一一四「商港に関する書類 二」大阪商工会議所調査課『吉会線の開通と内地港（大阪、神戸、敦賀、舞鶴、宮津）満鮮間の運輸関係』、四六〜五二頁。
(68) 外務省記録「本邦航運関係雑件」昭和八年五月一一日（内相・外相・指定各庁府県長官宛、大阪府知事、大阪商船会社ノ大阪清津間航路充実ニ関スル件）。
(69) 『港湾』第一一巻第一〇号（昭和八年一〇月）「満鮮連絡港問題」。
(70) 『港湾』の記事によれば、交通審議会の設置は荒木貞夫陸相の提唱によるものだという。『港湾』第一一巻第一〇号（昭和八年一〇月）「交通審議会の創設」。なお、各省を横断して協議する場である交通審議会には内務省土木局も期待するところがあったらしく、港湾法の審議を求めている。しかし結局は、港湾法の審議はなされなかったようである。『港湾』第一一巻第一二号（昭和八年一二月）「内務省土木局港湾協議会」。
(71) 各種調査会委員会文書「交通審議会書類・一関係書類」昭和八年七月五日、参謀本部第三部、交通審議会諮問事項案（一）。
(72) 各種調査会委員会文書「交通審議会書類・一関係書類」昭和八年九月八日幹事会、陸軍省提出、交通審議会諮問案。
(73) 各種調査会委員会文書「交通審議会書類・一関係書類」第一回総会記事。
(74) 山本は、福井県出身の実業家・代議士であり、福井県対岸実業協会の顧問としても名を連ねている人物でもある。しかし、山本は一九三〇年に『経済国策の提唱』を著し「国策」としての産業立国を主張している人物であり、そのことは彼の言動に影響を及ぼしていないように思われる。伊藤「『国是』と『国策』・『統制』・『計画』」三四二〜三四三頁。
(75) 各種調査会委員会文書「交通審議会書類・一関係書類」第二回総会記事。
(76) 日満実業協会は、一九三三年八月に開かれた満洲大博覧会を機として設立された、日本・満洲両国の経済団体によって組織される団体である。会長には郷誠之助日本商工会議所会頭が就き、副会長には日本興業銀行総裁である結城豊太郎が就いた。主な活動内容は、日満貿易について意見交換し、関係各省に建議・陳情することであった。日満実業協会『事業報告書』各年。
(77) 『第一回日本海商業委員会議事録』。芳井『環日本海地域社会の変容』二九一〜二九二頁。
(78) 一九三四年八月には、翌年度以降にも工事を継続する一八港所在の市町村（石巻市・大牟田市・宮津町・港村・両津町・飾磨町・三津浜町・蒲郡町・田辺町・唐津市・常滑町・八戸市・半田町・直江津町・徳島市・熊本市・撫養町・八丈島・木更津町・宇部市・大川町・明石市・沼津市・呉市・釜石町・東岩瀬町・片山町・宇島町）が、内務・大蔵両省に対して国庫補助の継続を求めて陳情書を提出している。『港湾』第一二巻第九号（昭和九年九月）「中小港湾修築工事継続の要望」。
(79) 加瀬『戦前日本の失業対策』三二六頁。
(80) 松浦『戦前の国土整備政策』六五〜六七頁。
(81) 『港湾』第一二巻第一〇号（昭和七年一〇月）・第一一号（同年一一月）暁星「地方港湾改良に対する一つの感想」、第一二巻第一二号（昭和七年一二月）暁星「地方港湾改良効果の一側面」。
(82) 港湾協会は、一九二九年一〇月に『港湾』に港湾協会幹事久保義雄名で「重要港湾主義転換論」を発表し、大港集中主義から中小港分散主義への転換への意思を示していたが、依然として横浜をはじめとする重要港の施設拡充も必要であり、重要港の整備と中小港の整備とを両立させる方針として、「新しい意味における大港集中主義」を打ち出したものと思われる。『港湾』第八巻第一〇号（昭和四年一〇月）久保義雄「重要港湾主義転換論」。
(83) 昭和財政史資料第三号第六六冊「土木会議港湾部会議事速記録」。
(84) 『港湾』第一三巻第一号（昭和一〇年一月）「土木会議港湾部会」。
(85) 『港湾』第一三巻第二号（昭和一〇年二月）大瀧白櫻「地方港湾改良費国庫補助に就て」。
(86) 『港湾』第一三巻第九号（昭和一〇年九月）水野錬太郎「東北特別施政論」。
(87) 河西英通によれば、水野の論説は、明治大学教授小林丑三郎が一九一三年に『時事新報』上に発表した「東北地方開発論」の剽窃だという。河西『続・東北』九九～一〇〇頁。
(88) 『港湾』第一三巻第二号（昭和一〇年二月）大瀧白櫻「地方港湾改良費国庫補助に就て」。
(89) 新居善太郎文書一九〇「土木会議参考資料」。
(90) 『港湾』第一四巻第八号（昭和一一年八月）「昭和十一年度港湾関係予算概要」。
(91) 松浦『戦前の国土整備政策』一七五～一八三頁。
(92) 『港湾』第一二巻第一二号（昭和七年一二月）「大若松港修築計画案概要」。
(93) 『八十年史』一九四～一九五頁。
(94) 革新官僚については、以下の文献を参照。橋川「革新官僚」、水谷『官僚の風貌』二四七～二六一頁。
(95) 黒澤『内務省の政治史』第三章「『新官僚』再考」。
(96) 御厨『政策の総合と権力』九五頁。
(97) 柏原兵太郎文書九四―二「港湾問題研究資料」。
(98) 柏原兵太郎文書九四―三「港湾国策要綱」。
(99) 原田「戦時下日本の行政構想」一三八～一四一頁。交通省構想それ自体は一九三六年六月に陸海軍が広田弘毅内閣に提出した「国策大綱案」にも示されているが、これは広田内閣打倒を目的として出された案であり、具体性をもったものではない。
(100) 政府内部における土木技師の地位は一八九〇年代まではそれほど低いものではなかったが、帝国大学などの高等教育制度及び文官任用高等試験制度の定着により、土木技師の待遇は文官よりも低い地位に置かれることになった。技官の出世は文官よりも遅く、またポストも少なかった。内務省土木局では、勅任官技師定員は、技監と研究所所長、及び全国八カ所の地方土木出張所長の一〇に過ぎなかった。また局長ポストは、古市公威（一八九〇年六月～九一年七月、九一年八月～九四年六月、九六年二月～九八年七月）以後は技官の就任はなく、課長ポストも、第一・第二技術課長以外の、書記室・河川課・道路課・港湾課の課長ポストは文官が占めていた。水谷『官僚の風貌』二六二頁。
(101) 水谷『官僚の風貌』二六一～二六四頁。黒澤『内務省の政治史』一四八～一五五頁。
(102) 加瀬『戦前日本の失業対策』補章Ⅱ「失業救済事業拡張の動態過程」。
(103) 大淀『技術官僚の政治参画』一二一～一二三頁。
(104) これは、当時の内務省系土木技術官僚のおよそ一割にあたるという。黒澤『内務省の政治史』一五一頁。
(105) 黒澤『内務省の政治史』一五一頁。
(106) 御厨『政策の総合と権力』二一三～二一八頁。
(107) 宮本武之輔「国土計画と港湾政策」『都市問題』第三二巻第一号（昭和一六年一月）。
(108) 『港湾』第一七巻第一一号（昭和一四年一一月）「土木会議」。

(109)『港湾』第一八巻第八号（昭和一五年八月）「土木会議港湾部会議」。
(110) 柏原兵太郎『統制経済下の貨物運送』二八〇頁。
(111)『東京港史』第一巻総説、九六～一〇〇頁。
(112)『横浜市史Ⅱ』第一巻下、三六九頁。
(113) 半井清文書J―五八「東京開港問題に関する河田蔵相村田逓相と横浜市会代表者顚末」、J―八「東京開港問題に関する大蔵・逓信両大臣と横浜市会代表者第二回会見並経過報告懇談会顚末」。
(114)『横浜市史Ⅱ』第一巻上、三三一～三四頁。
(115) 香川「一五年戦争期における交通行政機構の一元化過程と内閣総理大臣の権限」三二六頁。
(116) 内閣総理大臣官房総務課資料「企画院事務連絡会議の件」三、港湾運送業統制令要綱案。
(117) 香川「太平洋戦争期における港湾行政の一元化過程」七一～七三頁。
(118) 八田嘉明文書一五九七「大東亜建設審議会第八部会議事速記録」。
(119) 八田嘉明文書六六四「戦時港湾荷役力ノ緊急増強ニ関スル件」。
(120) 新居善太郎文書六四四「地方局長事務引継書」（地方各庁連絡協議会開催状況調［昭和一八・六・一〇報告現在］）。
(121) 新居善太郎文書六四四「地方局長事務引継書」（港湾行政ノ総合運営体制確立ニ関スル応急措置ノ件［一八・三・一一閣議決定要旨］）。
(122) 新居善太郎文書六四四「地方局長事務引継書」（港湾行政ノ総合的運営ニ関スル応急措置ニ付、東京、大阪、神奈川、兵庫、愛知、福岡の各府県知事及警視総監ニ対スル内閣総理大臣ノ示達）。
(123) 滝口「地方行政協議会と戦時業務（一）」四〇五～四〇七頁。
(124) 滝口「地方行政協議会と戦時業務（一）」四〇八頁。
(125)『東條内閣総理大臣機密記録』二三〇～二三二頁。
(126)『東條内閣総理大臣機密記録』二六八頁。
(127) 香川「一五年戦争期における交通行政機構の一元化過程と内閣総理大臣の権限」三四五～三四六頁。
(128)『港湾』第二七巻第八号（昭和二五年八月）嶋野貞三「港湾局の昔話し」。
(129) 技官である嶋野にとって、内務省から運輸通信省への移管は喜ばしいものであったようである。嶋野は、回想のなかで「内務省の行方は地方行政中心の傾向が強く事案には消極的であつた」、「新設省の空気は内務省とはだいぶ違ふ」と、運輸通信省への移管を喜びながらも、「鉄道総局と海運総局の間に挟まれて、うつかりしていれば潰されるかもしれない」と、不安な心情があったことも吐露している。
(130) 八田嘉明文書七二九「港湾運営及之ニ対スル倉庫問題私見」。
(131)『港湾』第二一巻第一二号（昭和一八年一二月）「運輸通信省に望む」。
(132) 新居善太郎文書六一四「港湾法案関係資料」。
(133) 新居善太郎文書六一四「港湾法案関係資料」（港湾法案要綱案ニ対スル意見説明［地方局］）。
(134) 香川「港湾法制定における政治状況と政策決定過程」四頁。
(135)『新版日本港湾史』二二五頁。
(136) 香川「港湾法制定における政治状況と政策決定過程」六頁。
(137) 河合光栄家資料五八「昭和二三年度港湾法要綱案」（開港運営法）。
(138) 河合光栄家資料五八「昭和二三年度港湾法要綱案」（港湾法要綱案［二三、一一、二］検討資料［二三、一二、三］その一）。
(139) 香川「港湾法制定における政治状況と政策決定過程」一一頁。
(140)『港湾』第五七巻第九号（昭和五五年九月）「港湾法制定の経過とその後の問題点」二九頁。
(141) なお松村は、一九五〇年五月に港湾法が公布された直後の七月に、地方自治庁へと戻った。『港湾』第五七巻第九号（昭和五五年九月）「港湾法制定の経過とその後の問題点」二八頁。

(142)『港湾』第五七巻第九号（昭和五五年九月）「港湾法制定の経過とその後の問題点」三〇頁。

(143) 香川「港湾法制定における政治状況と政策決定過程」一三頁。

(144) 河合光栄家資料四六「横浜港々庁設置要領（案）」。ポート・オーソリティ構想が検討されるのと同時に、自由港問題も再燃した。一九四七年一二月には、横浜商工会議所・横浜貿易協会・横浜工業倶楽部・横浜市復興会の連名で、臨海工業地帯の一部を自由港区とするよう関係各省に陳情したが、大蔵省の反対により実現しなかった。『横浜市史Ⅱ』第二巻上、二四頁。

(145) 河合光栄家資料五七「昭和二五年度三月以降港湾法関係書類」（港湾法案修正に関する要請書）。なお、五大都市港湾協議会は、一九五〇年一一月に関門港を加えた六大都市港湾管理者協議会に改組している。『横浜市史Ⅱ』第二巻上、三四八頁。

(146) 河合光栄家資料五七「昭和二五年度三月以降港湾法関係書類」（五大都市港湾協議会より提案の「港湾法案修正陳情」に対する反対陳情）。

(147) 大阪市行政局行政調査室『港湾法制定経過資料及び港湾法』四一～四四頁。

(148) 運輸省港湾局で起草作業に取り組んだ巻幡静彦は、一九八〇年に「現実には全国港湾中わずか一港しか港務局が成立していず、立案の作業中の予感通り何か無駄な努力をした」と回顧している。『港湾』第五七巻第九号（昭和五五年九月）巻幡静彦「港湾法制定苦労話」四九頁。

(149) その後、洞海湾・小倉港は門司・下関両港と合併して北九州港となったために両港務局は廃止された。現存する港務局は、新居浜港務局のみである。『新版日本港湾史』二四頁。なお、新居浜は別子銅山を中核とする住友系企業の集積地であり、住友系企業によって海港整備もなされていた。かかる経緯を踏まえて、港湾法のもとでは住友・愛媛県・新居浜市の三者の出資による港務局が設立されることとなった。『港湾』第五七巻第九号（昭和五五年九月）「港湾法制定の経過とその後の問題点」三二頁。

(150)『港湾』第五七巻第九号（昭和五五年九月）「港湾法制定の経過とその後の問題点」三二頁。

(151) 大阪市行政局行政調査室『港湾法制定経過資料及び港湾法』四八頁。

(152)『港湾』第五七巻第九号（昭和五五年九月）、「港湾法制定の経過とその後の問題点」三八頁。

(153) 県市共同での港湾管理組合としては、名古屋港・北九州港などが挙げられる。『新版日本港湾史』二四～二五頁。

(154) なお、特定重要港湾としては、一九五一年九月に京浜・名古屋・大阪・神戸・関門が、五二年二月には清水・四日市が、六五年には室蘭・千葉・和歌山下津・徳山下松が、六七年六月には新潟・姫路の各港が指定された。準特定重要港湾としては、横須賀・舞鶴・呉・苅田・佐世保の五港が指定されている。『日本港湾史』七一～八一頁。

(155)『税関百年史』下、一八九～一九四頁。

(156)『税関百年史』下、二一〇～二一四頁。

(157) 御厨『政策の総合と権力』二三二～二三三頁。

文献一覧

一　史　料

[未公刊史料]

新居善太郎関係文書〔国立国会図書館憲政資料室蔵〕
石崎敏行文書〔北九州市立文書館蔵〕
井上馨関係文書〔国立国会図書館憲政資料室蔵〕
大隈文書〔早稲田大学図書館蔵〕
外務省記録〔外務省外交資料館蔵〕
三門一類一項八号「横浜港則設立一件」
三門一類一項九号「神戸港港則設立一件」
三門一類一項一九号「開港港則制定一件」
三門一類一項二〇号「特別輸出港規則同施行細則制定一件」
三門一類一項二三号「本邦開港場関係雑件」
三門一類一項二四号「開港碇泊料規則設定一件」
三門一類一項四二号「本邦港務規則関係雑件」
三門一類二項一六号「横浜海岸石垣ヨリ乗船セシ英吉利国人『テールス』差押一件　附波止場外上陸場設置ノ件」
三門六類七項九号「横浜港ニ於テ帝国軍艦雲揚号ヘ英吉利国風帆船『フランシス、ヘレデー』号衝突ニ係ル損害賠償一件」
三門一三類一項二号「横浜海岸通仏国公使館前波止場増築ニ関シ同国公使苦情一件」
F門一類五項〇目一四号「本邦航運関係雑件」
各種調査会委員会文書〔国立公文書館蔵〕
柏原兵太郎関係文書〔国立国会図書館憲政資料室寄託〕

河合光栄家資料〔横浜市史資料室蔵〕
京都府庁文書〔京都府総合資料館蔵〕
鴻爪集〔高岡市立伏木図書館蔵〕
公文雑纂〔国立公文書館蔵〕
公文別録〔国立公文書館蔵〕
公文類聚〔国立公文書館蔵〕
公文録〔国立公文書館蔵〕
小橋一太関係文書〔国立国会図書館憲政資料室蔵〕
鮫島茂資料（丹羽鋤彦旧蔵資料）〔横浜市史資料室蔵〕
勝田家文書〔国立公文書館蔵〕
昭和財政史資料〔国立公文書館蔵〕
太政類典〔国立公文書館蔵〕
高岡市立中央図書館所蔵古文献資料〔高岡市立中央図書館蔵〕
富山県会議事速記録〔富山県公文書館蔵〕
鳥居史郎家文書〔福井県文書館蔵〕
内閣総理大臣官房総務課資料〔国立公文書館蔵〕
内閣文庫〔国立公文書館蔵〕
内務省警保局文書〔国立公文書館蔵〕
半井清文書〔横浜市史資料室蔵〕
八田嘉明文書〔早稲田大学現代政治経済研究所蔵〕
藤井家文書〔高岡市立伏木図書館蔵〕
松尾家文書〔国立公文書館蔵〕
松本学関係文書〔国立国会図書館憲政資料室蔵〕
密大日記〔防衛省防衛研究所図書館蔵〕
水町家文書〔国立公文書館蔵〕
水上浩躬資料〔横浜開港資料館蔵〕

宮城県文書〔宮城県公文書館蔵〕
宮津市永年保存文書〔宮津市役所蔵〕
村上義一文書〔慶應義塾大学図書館蔵〕
門司市会会議録〔北九州市立文書館蔵〕
陸軍省雑文書〔防衛省防衛研究所図書館蔵〕
陸軍省日記〔防衛省防衛研究所図書館蔵〕
わかちく史料館所蔵文書〔わかちく史料館蔵〕
Memorandom of points suggested by Mr. von Brandt charge d'affaires of the North German Confideration.〔U. S. National Archives〕

〔公刊史料〕
秋元義親編『日露貿易調査事業経過報告』(日露協会、一九一九年)
安倍能成他編『和辻哲郎全集』第一八巻(岩波書店、一九九〇年)
有島武『有島武手記集』(門司税関、一九四二年)
石井甲子五郎『日本の港湾』(時事新報社、一八九八年)
石井鉄太郎『戸畑大観』(戸畑新聞社、一九二三年)
石黒涵一郎『舞鶴鉄道及港湾』(私家版、一八九二年)
石崎敏行『若松を語る』(私家版、一九三四年)
池原鹿之助『鶴原定吉君略伝』(私家版、一九一七年)
伊藤隆他編『東条内閣総理大臣機密記録——東条英機大将言行録』(東京大学出版会、一九九〇年)
伊東安男総合監修『蘭人工師エッセル日本回想録』(福井県三国町、一九九〇年)
稲垣満次郎『東方策結論草案 上』(哲学書院、一八九二年)
磐城顕彰会編『国際港の礎石——小名浜港湾史』(磐城顕彰会、一九六四年)
上野喬介編『大阪市会鉄道敷設ニ関スル請願』(私家版、一八九四年)
ヴェルナー、R(金森誠也・安藤勉訳)『エルベ号艦長幕末記』(新人物往来社、一九九〇年)
運輸省第一港湾建設局新潟港工事事務所『新潟港修築史——明治・大正・昭和』(運輸省第一港湾建設局新潟港工事事務所、一九九〇年)

運輸省第二港湾建設局編『横浜港修築史――明治・大正・昭和戦前期』（運輸省第二港湾建設局京浜港工事事務所編、一九八三年）
江木千之翁経歴団刊行会編『江木千之翁経歴談』上（復刻版：大空社、一九八七年）
大石正巳『日本之二大政策』（青木嵩山堂、一八九二年）
大植寿栄一編『西村捨三翁小伝』（故西村捨三翁顕彰委員会、一九五七年）
大蔵省『大日本外国貿易対照表』第一冊（大蔵省、一九〇九年）
大蔵省『大日本外国貿易三十七年対照表（自明治元年至同三十七年）』（大蔵省、一九〇九年）
大蔵省関税局編『税関百年史』上・下（日本関税協会、一九七三年）
大阪市『大阪市会史』第一巻（大阪市、一九一二年）・第三巻（大阪市、一九一二年）
大阪市『明治大正大阪市史』第七巻（日本評論社、一九三五年）
大阪市『大阪築港一〇〇年――海からのまちづくり』上（大阪市港湾局、一九九七年）
大阪市行政局行政調査室『港湾法制定経過資料及び港湾法』（大阪市行政局行政調査室、一九五〇年）
大阪市港湾課編『大阪港勢一斑』大正七年（大阪市、一九一六年）
大阪市役所『大阪築港利用完成ニ関スル報告書』（一九一三年）
大阪商船三井船舶株式会社『大阪商船株式会社八十年史』（大阪商船三井船舶、一九六六年）
大阪築港事務所編『大阪築港誌』（大阪築港事務所、一九〇六年）
海上保安庁水路部編『日本水路史――一八七一～一九七一』（日本水路協会、一九七一年）
外務省調査部編『大日本外交文書』第六巻・第七巻（日本国際協会、一九三九年）
外務省調査部監修・日本学術振興会編『条約改正関係日本外交文書』第一巻上（日本国際協会、一九四一年）
柏原兵太郎『統制経済下の貨物運送』（交通研究所、一九四一年）
神奈川県企画調査部・神奈川県県民部県史編集室『神奈川県史』各論編二（神奈川県、一九七〇年）
北九州市開港百年史編さん委員会編『北九州の港史――北九州港開港百年を記念して』（北九州市港湾局、一九九〇年）
北日本汽船株式会社編『北日本汽船株式会社二十五年史』（北日本汽船、一九三九年）
北山一郎『北山一郎自叙伝』（私家版、一九四九年）
木下淑夫『国有鉄道の将来』（鉄道時報局、一九二四年）
慶應義塾編『福澤諭吉全集』第九巻（岩波書店、一九六〇年）
馨光会編『都筑馨六伝』（馨光会、一九二六年）

高野江基太郎『門司港誌』（私家版、一八九七年）
神戸市会編『神戸市会史』第一巻（神戸市会事務局、一九六八年）
神戸市港湾課『自由港ニ関スル説明』（神戸市港湾課、一九二三年）
神戸市港湾部『自由港制度概観』（神戸市港湾部、一九二三年）
神戸市港湾部『自由港問題調査参考資料』（神戸市港湾部、一九二三年）
港湾協会『港湾協会十年史』（港湾協会、一九三四年）
港湾協会『港湾協会二十年史』（港湾協会、一九四四年）
故小橋先生記念事業会編『小橋杏城先生をおもふ』（故小橋先生記念事業会、一九四一年）
小寺謙吉『自由港の驚くべき便益』（私家版、一九二三年）
小寺謙吉『コーペンハーゲン自由港』（私家版、一九二三年）
小林竜夫・島田俊彦編『現代史資料（七）満洲事変』（みすず書房、一九六四年）
小林照夫『日本の港の歴史――その現実と課題』（成山堂書店、一九九九年）
故古市男爵記念事業会編『古市公威』（故古市男爵記念事業会、一九三七年）
故目賀田男爵伝記編纂会編『男爵目賀田種太郎』（故目賀田男爵伝記編纂会、一九三八年）
境港湾修築期成会編『境港湾修築略史』（境港湾修築期成記念会、一九四一年）
坂田幹太『谷口房蔵翁伝』（谷口翁伝記編纂委員会、一九三一年）
佐藤勝三郎編『神戸築港問題沿革誌』（神戸市、一九〇八年）
島根県『新修島根県史』通史篇第二（島根県、一九六七年）
島根県議会史編さん委員会編『島根県議会史』第二巻（島根県議会事務局、一九五九年）
新修大阪市史編纂委員会編『新修大阪市史』第五巻（大阪市、一九九一年）・第六巻（大阪市、一九九五年）
鈴木雅次『港湾』（岩波書店、一九三三年）
造船協会編『日本近世造船史』（弘道館、一九一一年）
大霞会編『内務省史』第三巻（地方財務協会、一九七一年）
田口卯吉『鼎軒田口卯吉全集』第五巻（復刻版：吉川弘文館、一九九〇年）
田中一二『帝国の関門』（積善館、一九一四年）
谷口房蔵・中井隼太『大阪築港完成意見』（私家版、一九一五年）

塚野俊郎『日本海貿易の要津新潟港』(新潟商工会議所、一九三二年)
敦賀市史編さん委員会編『敦賀市史』通史編下巻(敦賀市、一九八八年)
『帝国議会貴族院委員会議録』各巻(臨川書店)
『帝国議会衆議院委員会議録』各巻(臨川書店)
『帝国議会衆議院議事速記録』各巻(東京大学出版会)
逓信省『逓信省年報』第一八号(逓信省、一九一二年)
逓信省管船局『長崎海事局管内航通運輸ニ関スル報告』第七回(逓信省管船局、一九〇九年)
逓信省臨時調査局海事部編『逓信省臨時調査局海事部報告第一六号 仏国ニ於ケル主要開港ニ関スル調査』(一九一八年)
鉄道史学会編『鉄道史人物事典』(鉄道史学会、二〇一三年)
鉄道省編『日本鉄道史』上(鉄道省、一九二一年)
鉄道省運輸局編『港湾と鉄道との関係調書』第一輯(鉄道省運輸局、一九二一年)・第二輯(鉄道省運輸局、一九二二年)・第三輯(鉄道省運輸局、一九二五年)
東京市『東京市史稿』港湾篇第三(東京市役所、一九二六年)・第四(東京市役所、一九二六年)
富山県編『富山県史』通史編VI(富山県、一九八四年)
内政史研究会編『内政史研究資料』第五二~五八集「松本学氏談話速記録」上(一九六七年)
内務省土木局『港湾調査会議事録抜粋』(内務省土木局、一九三三年)
内務省土木局編『自由港の考察』(港湾協会、一九二三年)
内務省土木局編『港湾行政資料』第一輯(内務省土木局、一九二二年)・第二輯(内務省土木局、一九二三年)
内務省土木局新潟土木出張所『伏木港修築工事概要』(内務省新潟土木出張所、一九二五年)
内務省新潟土木出張所『内務省新潟土木出張所沿革ト其ノ事業』(内務省新潟土木出張所、一九三〇年)
中谷隆風『伏木港外国貿易之儀ニ付参考書』(私家版、一八九四年)
中野金次郎『海峡大観――関門海峡及北九州の対外的発展と其将来』(海峡研究所、一九二五年)
中橋徳五郎『興国策論』(政教社、一九一三年)
中橋徳五郎翁伝記編纂会『中橋徳五郎』上・下(中橋徳五郎翁伝記編纂会、一九四四年)
中安信三郎『北陸の偉人大和田翁』(似玉堂出版部、一九二八年)
中山主膳編『硯海日誌と門司築港』(門司市立図書館、一九五九年)

名古屋港史編集委員会編『名古屋港史』建設編・港勢編（名古屋港管理組合、一九九〇年）
新潟市『対満通商貿易港としての新潟港』（新潟市、一九三二年）
新潟市編『新潟開港百年史』（新潟市、一九六九年）
西村捨三『御祭草紙』（大林帳簿製造所、一九〇八年）
日満実業協会編『日本海商業委員会議事録 第一回』（日満実業協会、一九三五年）
日本経営史研究所編『近代日本海運生成史料』（日本郵船、一九八八年）
日本港湾協会『日本港湾史』（日本港湾協会、一九七八年）
日本港湾協会『新版日本港湾史』（日本港湾協会、二〇〇七年）
日本史籍協会編『大久保利通文書』第五・第九（東京大学出版会、一九六八年）
橋本五雄編『謝海言行録』（復刻版：大空社、一九八八年）
浜田恒之助述・中川信吾編『経世小策』（中田書店、一九一四年）
原邦造『原六郎翁伝』中（一九三七年）
原奎一郎編『原敬日記』第一巻・第二巻・第三巻（福村出版、一九八一年）
原敬文書研究会編『原敬関係文書』第七巻・第八巻（日本放送出版協会、一九八七年）
広島県『広島県統計書 明治十四年』（広島県、一九〇一年）
広島県編『千田知事と宇品港』（広島県、一九四〇年）
広島商工会議所『港湾都市としての広島』（広島商工会議所、一九二八年）
広瀬順晧編『伊東巳代治日記・記録——未刊翠雨荘日記』第三巻（ゆまに書房、一九九九年）
広瀬順晧監修・編集『井上侯意見談話演説集 上』近代未刊史料叢書第九巻（ゆまに書房、一九九九年）
福井県編『福井県史』通史編五（福井県、一九九四年）・資料編一七（福井県、一九九三年）
福岡県議会事務局編『詳説福岡県議会史』大正編上（福岡県議会、一九五九年）
福岡市港湾局編『博多港史——開港百周年記念』（福岡市港湾局、二〇〇〇年）
福本日南『海国政談』（日本新聞社、一八九二年）
伏木港史編さん委員会編『伏木港史』（伏木港海運振興会、一九七三年）
藤森照信監修『東京都市計画資料集成（明治・大正編）』第三一巻（本の友社、一九八八年）
ブラントン、R・H（徳力真太郎訳）『お雇い外人の見た近代日本』（講談社、一九八六年）

舞鶴市史編さん委員会編『舞鶴市史』通史編下（舞鶴市、一九八二年）
松尾小三郎『大阪港湾調査報告』（大阪市臨時港湾調査会、一九一三年）
満洲事情案内所編『東満事情』（満洲事情案内所、一九四一年）
宮津市史編さん委員会編『宮津市史』通史編下巻（宮津市、二〇〇四年）
室蘭市史編さん委員会編『新室蘭市史』第二巻（室蘭市史編さん委員会、一九八三年）
明治期外交資料研究会編『明治期外務省調書集成 条約改正関係調書集』第一一巻（クレス出版、一九九六年）
明治財政史編纂会編『明治財政史』第八巻（明治財政史発行所、一九二八年）
安川敬一郎（北九州市立自然史・歴史博物館編）『安川敬一郎日記』第一巻（北九州市立自然史・歴史博物館、二〇〇七年）
矢野剛『全訂増補 商港論』（二里木書店、一九四三年）
山崎謙編『衆議院議員列伝』（衆議院議員列伝発行所、一九〇一年）
横浜港調査委員会第四部自由港部『横浜港より観たる自由港問題』（横浜港調査委員会第四部自由港部、一九二三年）
横浜市会事務局編『横浜市会史』第一巻（横浜市会事務局、一九八三年）
横浜市編『横浜市史』資料編二（横浜市、一九六二年）・第三巻上（横浜市、一九六二年）・第三巻下（横浜市、一九六三年）・第四巻下（横浜市、一九六八年）
横浜市役所横浜港調査委員会『自由港の研究』（横浜市役所横浜港調査委員会、一九二三年）
横浜商工会議所創立百周年記念事業企画特別委員会百年史編纂分科会編『横浜商工会議所百年史』（横浜商工会議所、一九八一年）
横浜税関『新潟税関沿革史』（横浜税関、一九〇四年）
四日市港管理組合『四日市港のあゆみ』（四日市港管理組合、一九八七年）
四日市市教育会『四日市港史』（四日市市教育会、一九三六年）
淀川百年史編集委員会編『淀川百年史』（建設省近畿地方建設局、一九七四年）
臨時税関工事部『横浜税関海面埋立工事報告』（臨時税関工事部、一九〇六年）
臨時横浜築港局編『横浜築港誌』（私家版、一八九六年）
若築建設株式会社『若築建設百十年史』（若築建設、二〇〇〇年）
若築建設株式会社八十年史編纂委員会編『八十年史——若築建設株式会社』（若築建設株式会社、一九七〇年）
若槻禮次郎『古風庵回顧録』（読売新聞社、一九五〇年）
若松市編『若松市誌』（若松市、一九二一年）

和田新一郎『的野半介』（私家版、一九三三年）
Broodbank, Joseph G., *History of the Port of London*, Daniel O'Connor, 1921.
Clapp, Edwin J., *The Port of Hamburg*, Yale University Press, 1910.

〔新聞・雑誌・党報・その他定期刊行物〕

『大阪朝日新聞』『大阪時事新報』『大阪新報』『大阪毎日新聞』『神戸又新日報』『港湾』『実業持論』『若州新聞』『自由党党報』『政友』『対岸時報』『太陽』『敦賀商業会議所月報』『敦賀商業会議所事務報告』『東京経済雑誌』『〔東京商工会議所〕事業成績報告書』『東京日日新聞』『東邦協会報告』『都市問題』『富山県対岸貿易拓殖振興会会報』『新潟新聞』『〔日満実業協会〕事業報告書』『日本商業雑誌』『福岡日日新聞』『貿易新報』『門司新報』『横浜貿易新聞』『読売新聞』*The Japan Weekly Mail*

二　研　究

安彦正一「神戸桟橋会社の成立過程と外国桟橋――五代友厚の事業を中心にして」『国際関係研究 総合編』第二〇巻第二号（一九九九年）
有泉貞夫『明治政治史の基礎過程――地方政治状況史論』（吉川弘文館、一九八〇年）
――『星亨』（朝日新聞社、一九八三年）
飯塚一幸「『対外硬』派・憲政本党基盤の変容――京都府丹後地域を事例に」山本四郎編『近代日本の政党と官僚』（東京創元社、一九九一年）
――「日露戦後の舞鶴鎮守府と舞鶴港」坂根嘉弘編『軍港都市史研究Ⅰ 舞鶴編』（清文堂出版、二〇一〇年）
五百旗頭薫『条約改正史――法権回復への展望とナショナリズム』（有斐閣、二〇一〇年）
石井孝『増訂 港都横浜の誕生』（有隣堂、一九七六年）
石塚裕道「京浜工業地帯形成史序説――一九一〇年代を中心に」『研究紀要』第五一号（一九九六年）
伊藤隆「『国是』と『国策』・『統制』・『計画』」中村隆英・尾高煌之助編『日本経済史六 二重構造』（岩波書店、一九八九年）
伊藤之雄『立憲国家と日露戦争――内政と外交 一八八九～一八九八』（吉川弘文館、一九九九年）
――『大正デモクラシーと政党政治』（山川出版社、一九八七年）

稲吉晃「不平等条約の運用と港湾行政」（一）（二）『法学会雑誌』第四六巻第二号、第四七巻第一号（二〇〇六年）
――「近代日本港湾史における『大港集中主義』と『小港分散主義』」『土木史研究講演集』第三〇号（二〇一〇年）
内海孝「横浜築港史論序説――産業資本確立期を中心に」『郷土よこはま』第八八・八九号（一九八〇年）
――「産業資本確立期における神戸築港問題――横浜港との比較のなかから」『郷土よこはま』第九一号（一九八一年）
――「日露戦後の港湾問題――「港湾政策」の成立過程」『社会経済史学』第四七巻第六号（一九八二年）
遠藤芳信「要塞地帯法の成立と治安体制――一八九九年要塞地帯法の成立過程を中心に」（Ⅰ）～（Ⅳ）『北海道教育大学紀要　人文科学・社会科学編』第五一巻第一号～第五二巻第二号（二〇〇〇～二〇〇二年）
老川慶喜『明治期地方鉄道史研究』（日本経済評論社、一九八三年）
――『近代日本の鉄道構想』（日本経済評論社、二〇〇八年）
大豆生田稔『近代日本の食糧政策』（ミネルヴァ書房、一九九三年）
大淀昇一『技術官僚の政治参画』（中央公論新社、一九九七年）
小川功『企業破綻と金融破綻』（九州大学出版会、二〇〇二年）
カウツ、エリッヒ、A（山上徹訳）『海港立地論』（時潮社、一九七八年）
香川正俊「一五年戦争期における交通行政機構の一元化過程と内閣総理大臣の権限」片岡寛光編『現代行政国家と政策過程』（早稲田大学出版部、一九九四年）
――「太平洋戦争期における港湾行政の一元化過程」北見俊郎教授還暦記念事業会編『港と経済・社会の変貌』（時潮社、一九八五年）
――「港湾法制定における政治状況と政策決定過程」梅村勲編『熊本学園創立五〇周年記念論集』（熊本商科大学、一九九二年）
加瀬和俊『戦前日本の失業対策――救済型公共土木事業の史的分析』（日本経済評論社、一九九八年）
加藤聖文「吉会鉄道敷設問題――『満鮮一体化』の構図」『日本植民地研究会』第九号（一九九七年）
――『満鉄全史――「国策会社」の全貌』（講談社、二〇〇六年）
神山恒雄『明治経済政策史の研究』（塙書房、一九九五年）
河西英通『近代日本の地域思想』（窓社、一九九六年）
――『続・東北』（中央公論新社、二〇〇七年）
北原聡「近代日本における交通インフラストラクチュアの形成――星亨と原敬」『社会経済史学』第六三巻第一号（一九九七年）
北見俊郎『港湾総論』（成山堂書店、一九七五年）

黒澤良『内務省の政治史——集権国家の変容』(藤原書店、二〇一三年)
小風秀雅「明治前期における鉄道建設構想の展開」山本弘文編『近代交通成立史の研究』(法政大学出版局、一九九四年)
——『帝国主義下の日本海運——国際競争と対外自立』(山川出版社、一九九五年)
小林瑞穂「海軍水路部における創設者・柳楢悦の顕彰——一九三〇年柳楢悦胸像除幕式を中心に」『海事史研究』第六四号(二〇〇七年)
斉藤聖二『日清戦争の軍事戦略』(芙蓉書房出版、二〇〇三年)
斎藤多喜夫「幕末の開港港則」『横浜開港資料館紀要』第二二号(二〇〇四年)
斎藤伸義「自立経済と臨海工業地帯開発——東京都の港湾政策の検証から」粟田尚弥編『地域と占領——首都とその周辺』(日本経済評論社、二〇〇七年)
酒田正敏『近代日本における対外硬運動の研究』(東京大学出版会、一九七八年)
佐藤元英・波多野澄雄「満洲事変前後の満鉄——刊行に寄せて」『村上義一文書収集文書目録』(二〇〇三年)、解題
沢本守幸『公共投資一〇〇年のあゆみ——日本の経済発展とともに』(大成出版社、一九八一年)
シヴェルブシュ、ヴォルフガング(加藤二郎訳)『鉄道旅行の歴史——一九世紀における空間と時間の工業化』(法政大学出版局、一九八二年)
柴崎力栄「海軍の広報を担当した肝付兼行」『大阪工業大学紀要 人文社会篇』第五五巻第二号(二〇一一年)
柴田悦子「戦後わが国における港湾研究」北見俊郎教授還暦記念事業会編『港と経済・社会の変貌』(時潮社、一九八五年)
島崎武雄・山下正貴「三角西港の築港に関する研究」『日本土木史研究発表会論文集』第一号(一九八一年)
下村冨士男『明治初年条約改正史の研究』(吉川弘文館、一九六二年)
清水憲一「北九州工業地帯と工場用地・海面埋立——工場地帯形成と地域経済」後藤靖編『日本帝国主義の経済政策』(柏書房、一九九一年)
——「安川家の発展とその蓄積構造」『北九州市史』近代・現代 産業経済Ⅰ(一九九一年)
清水唯一朗『近代日本の官僚——維新官僚から学歴エリートへ』(中央公論新社、二〇一三年)
陣内秀信『東京の空間人類学』(筑摩書房、一九八五年)
杉山伸也「幕末・明治初期の石炭輸出と上海石炭市場」新保博・安場保吉編著『数量経済史論集二 近代移行期の日本経済』(日本経済評論社、一九八九年)
鈴木勇一郎「大正八年道路法成立試論」『紀要』(青山学院大学文学部)第四五号(二〇〇三年)

園田英弘『西洋化の構造――黒船・武士・国家』（思文閣出版、一九九三年）
――――『世界一周の誕生――グローバリズムの起源』（文藝春秋、二〇〇三年）
高見玄一郎『近代港湾の成立と発展』（東洋経済新報社、一九六二年）
高村直助「沖守固と原六郎」『横浜開港資料館紀要』第二六号（二〇〇八年）
滝口剛「地方行政協議会と戦時業務（一）――東条・小磯内閣の内務行政」『阪大法学』第五〇巻第三号（二〇〇〇年）
武知京三「四日市港をめぐる海運の動向」山本弘文編『近代交通成立史の研究』（法政大学出版局、一九九四年）
田中良一「蔵原惟郭と市原盛宏――その人となりと業績」同志社大学人文科学研究所編『熊本バンド研究――日本プロテスタンティズムの一源流と展開』（みすず書房、一九六五年）
谷口忠義「港湾調査はなぜ一九〇六年に開始されたのか」『社会経済史学』第七三巻第五号（二〇〇八年）
谷澤毅『佐世保とキール 海軍の記憶――日独軍港都市小史』（塙書房、二〇一三年）
土川信男「護憲三派内閣期の政治過程」『年報・近代日本研究』六（一九八四年）
――――「政党内閣と商工官僚」『年報・近代日本研究』八（一九八六年）
寺谷武明『日本築港史論序説』（時潮社、一九七二年）
――――『近代日本港湾史』（時潮社、一九九三年）
鳥海靖「鉄道敷設法制定過程における鉄道期成同盟会の圧力活動」『歴史学研究報告』第一三号（一九六七年）
内藤正中「境港の朝鮮貿易」『北東アジア文化研究』第一五号（二〇〇二年）
中川未来「一九世紀日本の世界認識と地域構想――「東方策士」稲垣満次郎の対外論形成と地域社会への展開」『史林』第九七巻第二号（二〇一四年）
長妻廣至『補助金の社会史――近代日本における成立過程』（人文書院、二〇〇一年）
中西道子「横浜築港と下関砲撃事件賠償金」横浜開港資料館・横浜居留地研究会編『横浜居留地と異文化交流――一九世紀後半の国際都市を読む』（山川出版社、一九九六年）
中村尚史『日本鉄道業の形成――一八六九～一八九四年』（日本経済評論社、一九九八年）
――――『地方からの産業革命――日本における企業勃興の原動力』（名古屋大学出版会、二〇一〇年）
中村政則・石井寛治「明治前期に於ける資本主義体制の構想」加藤周一他編『日本近代思想体系八 経済構想』（岩波書店、一九八八年）
中元崇智「栗原亮一と自由党『土佐派』の『通商国家構想』」『日本史研究』第五一六号（二〇〇五年）

ナジタ、テツオ（佐藤誠三郎監修、安田志郎訳）『原敬——政治技術の巨匠』（読売新聞社、一九七四年）
成澤光「原内閣と第一次世界大戦後の国内状況（一）——日本政党政治史（大正七年〜昭和七年）研究序説」『法学志林』第六六巻第二号（一九六八年）
橋川文三「革新官僚」神島二郎編『現代日本思想体系一〇　権力の思想』（筑摩書房、一九六五年）
畠中茂朗「明治期の関門地域における港湾整備——門司築港会社の事例を中心として」『地域文化研究』第一五号（二〇〇〇年）
服部敬『近代地方政治と水利土木』（思文閣出版、一九九五年）
原輝之『北海道の近代と日露関係』（札幌大学経済学部附属地域経済研究所、二〇〇七年）
原田敬一『日本近代都市史研究』（思文閣出版、一九九七年）
原田隆司「戦時下日本の行政構想——昭和十年代の『交通省』構想をめぐって」戦時下日本社会研究会編『戦時下の日本』（行路社、一九九二年）
坂野潤治『明治憲法体制の確立——富国強兵と民力休養』（東京大学出版会、一九七一年）
樋口次郎『祖父パーマー——横浜・近代水道の創設者』（有隣堂、一九九八年）
日比野利信「安川敬一郎と安川敬一郎日記」『安川敬一郎日記』第一巻（北九州市立自然史・歴史博物館、二〇〇七年）、解題一
広瀬玲子『国粋主義者の国家認識と国家構想』（芙蓉書房出版、二〇〇四年）
深沢克己『海港と文明——近世フランスの港町』（山川出版社、二〇〇二年）
伏見岳人『近代日本の予算政治一九〇〇—一九一四——桂太郎の政治指導と政党内閣の確立過程』（東京大学出版会、二〇一三年）
藤森照信『明治の東京計画』（岩波書店、一九八二年）
古厩忠夫『裏日本——近代日本を問いなおす』（岩波書店、一九九七年）
星野裕司・北河大次郎「三角築港の計画と整備」『土木史研究講演集』第二三号（二〇〇四年）
マートン、ロバート・K（森東吾ほか訳）『社会理論と社会構造』（みすず書房、一九六一年）
増田廣實「明治前期における全国的運輸機構の再編——内航海運から鉄道へ」山本弘文編『近代交通成立史の研究』（法政大学出版局、一九九四年）
升味準之輔『日本政党史論』第二巻（東京大学出版会、一九七五年）
松浦茂樹『明治の国土開発史——近代土木技術の礎』（鹿島出版会、一九九二年）
——『戦前の国土整備政策』（日本経済評論社、二〇〇〇年）
松沢裕作『明治地方自治体制の起源——近世社会の危機と制度変容』（東京大学出版会、二〇〇九年）

松下孝昭『近代日本の鉄道政策――一八九〇～一九二二年』（日本経済評論社、二〇〇四年）
――『鉄道建設と地域政治』（日本経済評論社、二〇〇五年）
――「軍事拠点と鉄道ネットワーク」坂根嘉弘編『軍港都市史研究Ⅰ 舞鶴編』（清文堂出版、二〇一〇年）
三木理文『地域交通体系と局地鉄道――その史的展開』（日本経済評論社、二〇〇〇年）
御厨貴『政策の総合と権力――日本政治の戦前と戦後』（東京大学出版会、一九九六年）
――『明治国家をつくる』（藤原書店、二〇〇七年）〔『明治国家形成と地方経営』（東京大学出版会、一九八〇年）と『首都計画の政治――形成期明治国家の実像』（山川出版社、一九八三年）の合本再版〕
水谷三公『英国貴族と近代――持続する統治一六四〇―一八八〇』（東京大学出版会、一九八七年）
――『官僚の風貌（日本の近代一三）』（中央公論新社、一九九九年）
三谷太一郎『日本政党政治の形成――原敬の政治指導の展開』（東京大学出版会、一九六七年、増補版、一九九五年）
宮本又郎「大阪紡績の製品・市場戦略――大阪紡績経営史への断章」『大阪大学経済学』第三五巻第一号（一九八五年）
村山俊男「内務省の河川政策の展開――一八八五～一八九六」『ヒストリア』一九九号（二〇〇六年）
――「土木会に関する基礎的研究」『神戸大学史学年報』第二一巻（二〇〇六年）
森田朋子『開国と治外法権――領事裁判制度の運用とマリア・ルス号事件』（吉川弘文館、二〇〇五年）
安井杏子「旧条約下の不開港場と対外貿易」『駒沢史学』第七五号（二〇一〇年）
安岡昭男「東邦協会についての基礎的研究」『法政大学文学部紀要』第二二号（一九七六年）
山崎有恒「内務省の河川政策」高村直助編『道と川の近代』（山川出版社、一九九六年）
――「日本近代化手法をめぐる相克――内務省と工部省」鈴木淳編『工部省とその時代』（山川出版社、二〇〇二年）
――「明治末期の治水問題――臨時治水調査会を中心に」桜井良樹編『地域政治と近代日本』（日本経済評論社、一九九八年）
山村義照「鎮守府設置と海軍制度改革問題」『史友』第二五号（一九九三年）
山本泰督「民間資本による神戸港の港湾設備建設――明治期における神戸港修築にかんする一考察」『経済経営研究年報』第二〇巻第一・二号（一九七〇年）
山森友嗣「小浜港湾修築運動」『福井県立美方高等学校研究集録』第一八号（一九九四年）
芳井研一『環日本海地域社会の変容――「満蒙」・「間島」と「裏日本」』（青木書店、二〇〇〇年）
吉田律人「丹羽鋤彦と帝都復興①――東京市河港課『震火災の一周年を迎かひて』」『横浜市史資料室紀要』第一号（二〇一一年）
歴史学研究会編『港町と海域世界（港町の世界史シリーズ①）』（青木書店、二〇〇五年）

――『港町のトポグラフィ(港町の世界史シリーズ②)』(青木書店、二〇〇六年)
――『港町に生きる(港町の世界史シリーズ③)』(青木書店、二〇〇六年)
ロルト、L・T・C(高島平吾訳)『ヴィクトリアン・エンジニアリング――土木と機械の時代』(鹿島出版会、一九八九年)
和田洋「初期議会と鉄道問題」『史学雑誌』第八四編第一〇号(一九七五年)

あとがき

都市空間や社会インフラと政治との関係に漠然とした興味を抱いていた筆者が、横浜の築港問題に関心をもったのは、二〇〇三年の夏のことであった。したがって本書をまとめるまでに、十一年を要したことになる。十一年という歳月は、一般的には自身の怠惰を嘆き反省するのに充分な時間であろうが、改めてこれまでの経緯を振り返ってみると、浅学菲才である筆者が曲がりなりにも一冊の本を著すためには、やはりこれだけの時間が必要であったのだと思う。

豊富な研究の蓄積がある都市計画や鉄道建設と異なり、築港についてはまとまった実証研究がほとんどなく、そのことが当初は筆者を無邪気に喜ばせた。しかし、まとまった研究がないのには当然理由があるのであって、それが直ちに筆者を悩ませた。その最大の理由は、近代日本の海港行政には「主役」がいないことであった。島国である日本には無数の海港があり、築港を実現した郷土の英雄が顕彰されている港町は少なくない。だが築港と一口に言っても、商港・工業港・漁港・軍港など求められる役割はさまざまであり、その目的や実現方法に共通点はほとんどない。したがって特定の築港を取り上げて描くことは比較的簡単であるが、それらをつなげてひとつのストーリーにしようとすると、一貫した担い手が見当たらないという難題に直面するのである。

海港には多様なアクターがかかわるために「主役」が存在しない。しかし、だからこそ「政治」がダイナミックに展開される、という点に気づいたときに本書の骨格が固まった。制度がいったん定まれば、政策や権限をめぐる争いは制度の運用をめぐる問題に過ぎなくなる。しかし、海港行政は制度が定まらなかったからこそ、制度をつくる試みが繰り返され続けたのである。制度をつくる試みであるから、その主役は時々の政治状況によって入れ替わる。しかも海港は交通インフラの核であるため背後の交通網構想と連関して設計されなければならず、同時に海港所在都市の自発性をどこまで認めるかという地方統治の問題でもある。本書は、近代日本の統治をめぐる多様な要素が集約される「場」として海港を描き出す試みである。その目標に対してあまりにも拙い本書に対する批判が、これまで等閑に付されてきた海港史研究を活性化させることになれば、筆者にとって望外の幸せである。

本書は、二〇〇九年九月に首都大学東京大学院社会科学研究科より博士（政治学）の学位を授与された博士論文をもとに加筆・修正したものである。当然ながら、本書を完成させるまでには、多くの方々との出会いが不可欠であった。お世話になったすべての方々のお名前を挙げることはかなわないが、とくに次に挙げる皆様に感謝を申し上げたい。

五百旗頭薫先生には大学院入学から一貫してご指導をいただいた。理解力と表現力ともに乏しい筆者は、文字通り不肖の弟子であったが、先生は辛抱強くご指導くださった。先生ご自身が体現されていた――丹念に史料を読み込みながら、一方で細部に拘泥せず常に全体への視野を失わない姿勢を、本書に反映させるよう筆者も努めてきたつもりであるし、これからもその姿勢を保ち続けていきたい。

陳肇斌先生には論文審査の主査を務めていただいた。博士論文を執筆する段階になっても問題意識を明確に表現することができず、先生にはご心配をおかけした。先生から投げかけられたシンプルで、だからこそ本質的な問いは、本書全体を再構成するうえで不可欠なものであった。

大杉覚先生には論文審査の副査を務めていただいた。筆者が修士課程の頃より先生は筆者の研究に興味をもってくださり、修士論文の審査にも加わっていただいた。また、首都大学東京行政学研究会で報告の機会をいただくなど、先生よりいただいた温かいご指導は、大学院で研究活動を続けていくうえで大きな支えであった。本書が、先生のご期待に応えるものであることを願うばかりである。

御厨貴先生の一連のご研究から受けている影響は、本書を一読されれば明らかであろう。二〇〇四年冬に初めてお会いして以来、先生には折に触れて研究の話を聞いていただき、また御厨塾研究会で報告の機会を与えていただいた。先生には貴重なコメントを多くいただいたが、筆者の力不足により、そのすべてが反映できたわけではない。今後の課題とさせていただきたい。

小宮一夫先生には、博士論文の段階と本書執筆の最終段階の二度にわたって原稿を読んでいただいた。海港史研究に没頭するあまり、日本近代史について不勉強であった筆者の初歩的な誤りの多くを指摘していただき、また一方で筆者を勇気づけていただいた。

上述した二つの研究会以外にも、日本政治学会及び同学会戦前戦後・比較政治史研究フォーラム、土木学会土木史研究発表会、内務省研究会において、筆者は本書の構想を報告する機会をいただき、貴重なコメントをいただいた。報告する機会を与えてくださった関係の諸先生方、参加者の方々に深く御礼を申し上げたい。

東京都立大学大学院（現：首都大学東京大学院）において研究を始められたことは、幸運であった。本書との関連で特筆しておくべきなのは、「政治」と「行政」を切り離して考えるのではなく一体のものとして捉え、またそれを支えるものとして「言葉」を重視する視座を獲得できたことであろう。かかる視座がなければ、本書は完成しなかった。本書は伝統ある政治学総合演習において、専門を越えて先生方にご指導をいただいた——おそらくもっとも貧しいものではあるが——賜である。また先輩方・友人、とくに黒澤良氏・村井哲也氏・村上浩昭氏・永田智成氏からいただいた助言や刺激も有益であった。さらに、同大学法学系図書室には故升味準之輔先生をはじめとする歴代の先生方が残された内政史研究の貴重な史料が所蔵されており、これらの史料に日常的に触れることによって筆者が得た恩恵は計り知れない。司書の清水隆史氏及びこれらの史料の維持管理にかかわっているすべての皆様に、感謝を申し上げる。

筆者は、二〇一〇年一〇月より新潟大学法学部に奉職している。同学部は小規模ながらも歴とした学問共同体であり、新潟大学行政史研究会における議論は、加筆・修正作業をすすめるうえで大きな指針となった。とくに兵藤守男・馬場健両先生のお名前を記し、謝意を表したい。

なお本書は、平成二三年度日本港湾協会港湾関係研究奨励助成金、及び平成二五―二七年度科学研究費補助金（若手研究B　研究課題番号二五七八〇〇九〇）による研究成果の一部であり、平成二六年度科学研究費補助金（研究成果公開促進費）の交付を受けて刊行するものである。本書の刊行にあたっては、名古屋大学出版会の三木信吾氏にお世話になった。一九二〇年代までを主たる対象としていた博士論文に戦時期を加筆するよう提案されたのは三木氏であった。この加筆によって本書の意図はより明瞭になったと思う。

最後に私事にわたって恐縮であるが、筆者が研究者の道を歩むことに理解を示し、支援をしてくれた父・立次と母・民江に謝意を表したい。自身の近況や感情を伝えるという習慣をもたない筆者に対し、二人の不安と不満はいかばかりだったかと思う。本書は、なによりも二人の筆者に対する愛情に支えられ、完成したものである。また本書の研究期間のほとんどをともに過ごした妻・麻穂は、そのような筆者の悪癖に気付かせてくれる存在である。彼女は筆者とは対照的に喜怒哀楽の表現がとても豊かで、本書の刊行を筆者自身よりも喜んでくれた。本書を彼女に捧げられることを、心より嬉しく思う。

二〇一四年九月

稲吉　晃

《著者紹介》

稲吉《いなよし》 晃《あきら》

1980年 愛知県に生まれる
2009年 首都大学東京大学院社会科学研究科博士課程修了，博士（政治学）
現 在 新潟大学法学部教授
著 書 『港町巡礼——海洋国家日本の近代』（吉田書店，2022年）

海港の政治史
—明治から戦後へ—

2014 年 11 月 25 日 初版第 1 刷発行
2023 年 4 月 15 日 初版第 2 刷発行

定価はカバーに
表示しています

著 者 稲 吉 晃
発行者 西 澤 泰 彦

発行所 一般財団法人 名古屋大学出版会
〒 464-0814 名古屋市千種区不老町 1 名古屋大学構内
電 話(052)781-5027/FAX(052)781-0697

印刷・製本 ㈱太洋社 ISBN978-4-8158-0789-4
乱丁・落丁はお取替えいたします。

索　引

ア　行

カ　行

サ　行

タ　行

ナ　行

ハ　行

マ　行

ヤ　行

ラ・ワ行

図表一覧

関連年表

西暦（和暦）	事項（海港関係）	事項（一般）
1859（安政 6）	7 月　安政五カ国条約に基づき，神奈川（横浜）・箱館・長崎の三港が開港。	
1868（慶應 3）	1 月　神戸港，開港。 9 月　大阪港，開港。	
1869（明治 2）	1 月　新潟港，開港。	8 月　大蔵省設置。 11 月　スエズ運河開通。
1870（明治 3）	6 月　神奈川県，横浜港長としてパーヴィスを雇い入れ（73 年 6 月，任期満了）。	
1871（明治 4）		12 月　岩倉使節団，横浜港を出発。
1872（明治 5）	6 月　大蔵省，「横浜港波止場築造伺」を提出。 12 月　神奈川県，「横浜港日本船碇泊規則」を布告。	
1873（明治 6）		11 月　内務省設置。
1874（明治 7）	2 月　内務省土木権頭石井省一郎，「水政ヲ更正スルノ議」を提出。 4 月　大蔵省，「横浜港大波戸場新築之儀ニ付伺」を提出。	5 月　台湾出兵。
1878（明治 11）	7 月　野蒜築港工事，着工。	3 月　大久保利通内務卿，「一般殖産及華士族授産ノ儀ニ付伺」を提出。
1879（明治 12）	8 月　田口卯吉，「船渠開設ノ議」を『東京経済雑誌』に掲載。	
1880（明治 13）	11 月　松田道之東京府知事，「中央市区画定之議」を発表。	
1881（明治 14）	3 月　横浜商法会議所，横浜築港に関する調査を開始。 11 月　内務省技師ムルデル，東京築港私案を提出。	11 月　海軍水路部，全国海岸測量 12 カ年計画を作成。
1884（明治 17）	5 月　宇品築港工事，着工。	12 月　東海鎮守府，横浜から横須賀に移転。
1885（明治 18）	2 月　芳川顕正東京府知事，「品海築港之儀ニ付上申」を提出。	12 月　逓信省設置（工部省解体）。
1886（明治 19）	9 月　神奈川県，パーマーに横浜築港調査設計を依頼。	
1888（明治 21）	4 月　大隈重信外相，横浜築港を請議。 11 月　山縣有朋内相，横浜築港デ・レーケ案採択を請議。	
1889（明治 22）	1 月　大隈重信外相，横浜築港パーマー案採択を請議（3 月，パーマー案採択）。 3 月　門司築港会社，設立（7 月，築港	4 月　呉に第二海軍区鎮守府，佐世保に第三海軍区鎮守府設置を決定（7 月，開庁）。 5 月　舞鶴に第四海軍区鎮守府設

	工事，着工)。	置を決定（1901 年 10 月，開庁)。
	7 月　特別輸出港規則，公布。 9 月　第一次横浜築港工事，着工。	11 月　第一回帝国議会開会。
1890（明治 23）	5 月　若松築港会社，創立（9 月，第一次若松築港工事，着工)。	
1891（明治 24）	1 月　大阪にて築港研究会設立。	5 月　シベリア鉄道，着工。 7 月　東邦協会設立。
1892（明治 25）	9 月　逓信省，開港場規則取調委員会を設置。	
1893（明治 26）	1 月　宮津港特別貿易港指定法案，貴衆両院を通過。 10 月　大蔵省，貨物特別輸出入法案を提出。	
1894（明治 27）	3〜4 月　デ・レーケ，「大阪築港計画書」を提出。 5 月　伏木港・小樽港を特別貿易港に指定。 6 月　室蘭港を特別輸出港に指定。	7 月　日英通商航海条約調印。 8 月　日清戦争。
1895（明治 28）	7 月　山田信道大阪府知事，築港工事の検討を開始。 10 月　内海忠勝大阪府知事，築港設計の見直しに着手。	
1896（明治 29）	10 月　博多港・唐津港・口ノ津港・敦賀港・境港・浜田港を開港外貿易港に指定。 12 月　土木会，大阪築港案を修正可決。	3 月　航海奨励法・造船奨励法，公布。 4 月　河川法，公布。
1897（明治 30）	4 月　国庫ヨリ補助スル公共団体ノ事業ニ関スル法律，公布。 6 月　清水港・四日市港・七尾港を開港外貿易港に指定。 10 月　第一次大阪築港工事，着工。	6 月　八幡製鉄所，着工。
1898（明治 31）	7 月　開港港則，公布（10 月，横浜港・神戸港・長崎港に逓信省港務局を設置)。	
1899（明治 32）	5 月　第二次横浜築港（前期）工事，着工。 7 月　宮津港・敦賀港・七尾港・伏木港を開港に指定。 8 月　浜田港・境港・四日市港・武豊港・清水港・室蘭港・小樽港・門司港・博多港・唐津港・口ノ津港・三角港を開港に指定。	3 月　独清条約，調印（ドイツ，膠州湾を租借)。 7 月　日英通商航海条約（改正条約)，実施。
1900（明治 33）	4 月　門司港に逓信省港務局を設置。 7 月　第一次港湾調査会，第一回会合。 10 月　神戸市，築港調査準備委員会を設置。	
1902（明治 35）	4 月　港務局，逓信省より各府県へ移管。	
1903（明治 36）	3 月　第一次港湾調査会，廃止。 7 月　横浜にて港湾改良期成会結成。	

1904（明治 37）			2 月	日露戦争。
			9 月	シベリア鉄道全線開通。
1905（明治 38）	9 月	谷口房蔵，築港利用会を結成。		
	12 月	大蔵省，横浜港設備法案を閣議提出。		
1906（明治 39）	2 月	ロシア東亜汽船による敦賀～ウラジオストク間定期航路開始。		
	4 月	大蔵省，臨時神戸港設備委員会を設置。		
	5 月	第二次港湾調査会，第一回会合（非公式）。		
	9 月	阪谷芳郎蔵相，神戸築港につき演説。		
1907（明治 40）	10 月	第二次港湾調査会，「重要港撰定ノ方針」を議決。（第一種重要港湾：横浜・神戸・敦賀・関門海峡，第二種重要港湾：青森・仙台湾・秋田海岸・東京・新潟・伊勢湾・大阪・境・長崎・鹿児島）	7 月	鉄道国有法，施行。
1908（明治 41）			12 月	鉄道院，設置（逓信省より独立）。
1909（明治 42）	7 月	第一次敦賀築港工事，着工。	3 月	遠洋航路補助法，公布。
	11 月	門司税関，設置。		
1910（明治 43）	3 月	鈴木商店，大里に倉庫建設。	8 月	日韓併合。
	7 月	関門海峡改良工事，着工。		
1911（明治 44）	5 月	門司市，港湾調査委員会を設置。		
1912（明治 45）	6 月	大阪市，臨時港湾調査会を設置し，第一次大阪築港打ち切りの検討開始。		
1913（大正 2）			1 月	肝付兼行，大阪市長に就任（8 月，辞任）。
			10 月	池上四郎，大阪市長に就任。
1914（大正 3）			12 月	パナマ運河開通。
1915（大正 4）	4 月	門司税関設備工事，着工。		
	5 月	大阪市港湾課，第一次大阪築港打ち切り案を市参事会に提示。		
	6 月	若松市，市営雑貨埠頭設計案が完成。		
	11 月	大阪市会，第一次大阪築港の一時中断を決定。		
1916（大正 5）	1 月	住友倉庫，大阪港内繋船岸壁工事に着手。		
	10 月	若松築港会社による第四次設計案完成。		
1917（大正 6）	4 月	門司市営築港工事，着工。	3 月	ロシア二月革命。
	4 月	内務省土木局，洞海湾調査を開始。		
1918（大正 7）	5 月	内務省土木局による洞海湾築港設計案完成。	8 月	シベリア出兵。
			9 月	原敬内閣成立。
	10 月	「港湾経営を内務省に於て統一施行すること」閣議決定。		

1919（大正 8）	4 月	第一次門司築港工事，着工。	4 月	道路法，公布。
	6 月	境港湾修築期成会，設立。		
	7 月	名古屋港を第二種重要港に指定。		
	12 月	内務省土木局に港湾課を設置。		
1920（大正 9）	4 月	福井県対岸実業協会，設立。		
	10 月	清水港・那覇港を第二種重要港に指定。		
	11 月	朝鮮総督府命令航路として伏木～七尾～ウラジオストク間定期航路が開始。		
1921（大正 10）	6 月	若松港・高松港・小松島港・今治港・伏木港・伊万里港を第二種重要港に指定。	4 月	公有水面埋立法，公布。
1922（大正 11）	11 月	港湾協会，設立。	5 月	高橋是清内閣による行政整理準備委員会の設置。
1924（大正 13）	12 月	港務部・海港検疫事務・港則事務・植物検査事務の税関への一元化。	6 月	加藤高明内閣成立。
			9 月	関東大震災。
1925（大正 14）	3 月	臨時港湾調査会，設置。		
1926（大正 15）	8 月	日本海港湾共栄会，設立。		
	10 月	港湾協会内に港湾法調査委員会を設置。		
1927（昭和 2）			4 月	田中義一内閣成立。
1928（昭和 3）	5 月	港湾協会，港湾法草案を田中内閣に建議。		
	10 月	小名浜港・宮古港・七尾港・尾道港・高知港・博多港・大分港・細島港を第二種重要港に指定。		
1929（昭和 4）	3 月	内務省，指定港湾制度を拡充。		
1931（昭和 6）			9 月	柳条湖事件。
			12 月	犬養毅内閣成立。
1932（昭和 7）	1 月	内務省土木局，産業振興土木事業計画を立案。	5 月	五・一五事件。
	4 月	五省会議で羅津築港決定。		
	4 月	富山県対岸貿易拓殖振興会，設立。		
	6 月	丹後港湾協会，設立。		
	10 月	小浜港湾修築期成同盟会，設立。		
	12 月	大連汽船による大連～新潟間定期航路開始。		
1933（昭和 8）	8 月	土木会議，設置。		
	9 月	交通審議会，設置。		
1934（昭和 9）	12 月	八戸港・飾磨港・宇部港を第二種重要港に指定。		
	12 月	指定港湾への国庫補助基準を策定。		
1935（昭和 10）	6 月	港湾協会，東北地方港湾調査委員会を設置。	5 月	内閣調査局，設置。
1936（昭和 11）			2 月	二・二六事件。
1937（昭和 12）			7 月	盧溝橋事件。
			10 月	企画院，設置。
1938（昭和 13）	4 月	洞海湾築港事業，福岡県に移管。		

1939（昭和 14）	10 月	関門海峡改良総合計画，策定。		
1940（昭和 15）	6 月	東京湾臨海工業地帯計画，策定。		
	7 月	門司・小倉・下関港を，関門港に統合。		
1941（昭和 16）	5 月	東京港，開港（京浜港に統合）。	9 月	内務省土木局，国土局に改称。
	9 月	港湾運送業統制令，公布。	12 月	真珠湾攻撃。
	12 月	海務院（地方海務局）に，税関より港務・港則・検疫などの海港事務を移管。	12 月	海務院，設置。
1942（昭和 17）	12 月	若松港を関門港に統合。	11 月	地方各庁連絡会議，設置。
1943（昭和 18）			11 月	運輸通信省，設置。
1945（昭和 20）			5 月	運輸通信省，運輸省に改組。
			8 月	ポツダム宣言受諾。
1946（昭和 21）	2 月	税関業務，運輸省から大蔵省へ移管。		
1947（昭和 22）	4 月	動植物検疫事務及び海港検疫事務，運輸省から農林・厚生両省へ移管。		
	6 月	GHQ より横浜・神戸両港の運営計画提出の指示。		
1948（昭和 23）			1 月	内務省解体（建設院設置）。
			7 月	建設院，建設省に改組。
1950（昭和 25）	5 月	港湾法，公布。		
1951（昭和 26）	5 月	港湾事業統制法，公布。		
	6 月	運輸省，特定重要港湾・準特定重要港湾を指定。		

巻末付表

巻末付表1　主要港修築工事一覧

港湾名	種別：指定年	工事（1878–1947）
横浜	第1種：1907	第1次 1889-1896／第2次前期 1900-1905／第2次後期 1906-1917／第3次・第4次 1921-1945
神戸	第1種：1907	第1次 1906-1922／第2次 1916-1945
敦賀	第1種：1907	第1次 1909-1913／第2次 1922-1932
関門海峡	第1種：1907	第1次 1910-1928／第2次 1929-1939／第3次 1940-1945
門司	第1種：1907	築港会社 1888-1899／税関／市営 1917-1919／第1次 1919-1931／市営 1931-1933／第2次 1938-1945
下関	第1種：1907	第1次 1921-1929／漁港工事 1932-1945／第2次 1937-1945
大阪	第2種：1907	第1次 1897-1915 中断／繋船岸工事(住友) 1916-1926／第1次 1921-1928／第2次第1期 1929-1939／第2次第2期 1940-1946／北港工事（民営） 1931-1943
東京	第2種：1907	隅田川改修① 1906-1911／隅田川改修② 1911-1916／隅田川改修③ 1921-1930／第1次 1931-1945
京浜運河		運河会社 1913-1928／第1次 1937-1945
長崎	第2種：1907	第1次 1882-1889／第2次 1897-1906／第3次 1920-1927
新潟	第2種：1907	信濃川流末 1896-1903／信濃川改修 1907-1926／第1次 1915-1925／臨港会社 1923-1929／第2次 1939-1945
船川・土崎	第2種：1907	船川第1次 1911-1931／土崎（秋田）第1次 1929-1945
鹿児島	第2種：1907	浚渫 1892-1894／内港拡張 1900-1905／第1次 1923-1934
青森	第2種：1907	第1次 1916-1924／鉄道省 1920-1923／第2次 1932-1945／漁港工事 1937-1941
境	第2種：1907	第1次 1900-1904／第2次 1906-1908／第3次 1922-1930
仙台湾	第2種：1910	野蒜 1878-1882／塩釜 第1次 1914-1917／塩釜 第2次 1917-1932／追加 1933-1934／臨海地帯工事 1943-1945
四日市	第2種：1910	市営 1906-1910／第1次 1910-1928／第2次 1929-1935
名古屋	第2種：1919	第1次 1896-1911／第2次 1910-1919／第3次 1920-1926／第4次 1927-1940
若松（洞海湾）	第2種：1921	第1次 1889-1894／第1次拡張・第2次 1899-1906／第3次 1913-1917／第4次 1920-1954（1938より県営）
伏木	第2種：1921	小矢部川改修（第1次） 1904-1912／第2次 1924-1935／第3次 1942-44
今治	第2種：1921	第1次 1919－1923／第2次 1923-1933

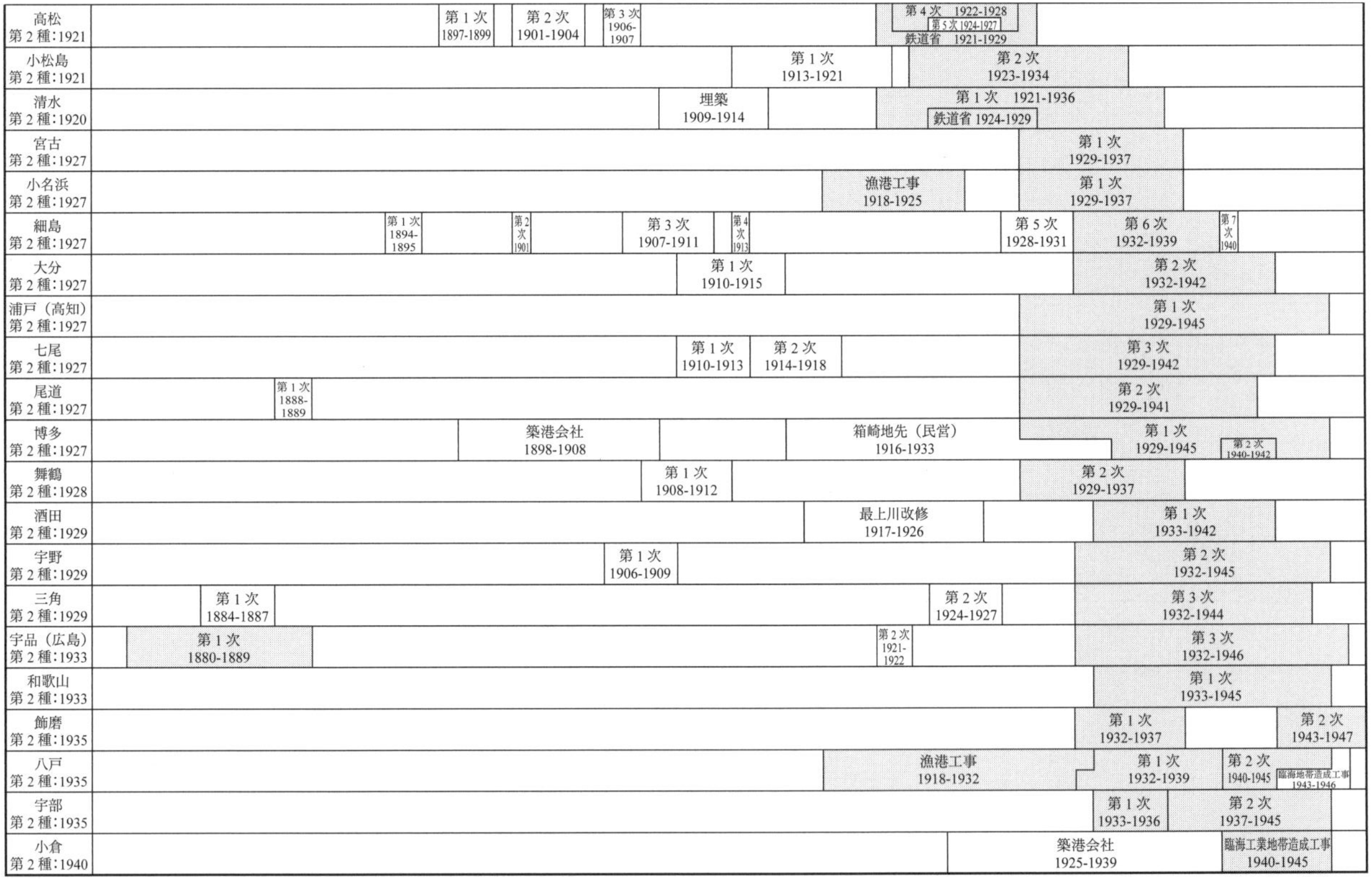

高松 第2種:1921
第1次 1897-1899
第2次 1901-1904
第3次 1906-1907
第4次 1922-1928
第5次 1924-1927
鉄道省 1921-1929
小松島 第2種:1921
第1次 1913-1921
第2次 1923-1934
清水 第2種:1920
埋築 1909-1914
第1次 1921-1936
鉄道省 1924-1929
宮古 第2種:1927
第1次 1929-1937
小名浜 第2種:1927
漁港工事 1918-1925
第1次 1929-1937
細島 第2種:1927
第1次 1894-1895
第2次 1901
第3次 1907-1911
第4次 1913
第5次 1928-1931
第6次 1932-1939
第7次 1940
大分 第2種:1927
第1次 1910-1915
第2次 1932-1942
浦戸（高知） 第2種:1927
第1次 1929-1945
七尾 第2種:1927
第1次 1910-1913
第2次 1914-1918
第3次 1929-1942
尾道 第2種:1927
第1次 1888-1889
第2次 1929-1941
博多 第2種:1927
築港会社 1898-1908
箱崎地先（民営） 1916-1933
第1次 1929-1945
第2次 1940-1942
舞鶴 第2種:1928
第1次 1908-1912
第2次 1929-1937
酒田 第2種:1929
最上川改修 1917-1926
第1次 1933-1942
宇野 第2種:1929
第1次 1906-1909
第2次 1932-1945
三角 第2種:1929
第1次 1884-1887
第2次 1924-1927
第3次 1932-1944
宇品（広島） 第2種:1933
第1次 1880-1889
第2次 1921-1922
第3次 1932-1946
和歌山 第2種:1933
第1次 1933-1945
飾磨 第2種:1935
第1次 1932-1937
第2次 1943-1947
八戸 第2種:1935
漁港工事 1918-1932
第1次 1932-1939
第2次 1940-1945
臨海地帯造成工事 1943-1946
宇部 第2種:1935
第1次 1933-1936
第2次 1937-1945
小倉 第2種:1940
築港会社 1925-1939
臨海工業地帯造成工事 1940-1945

注）『日本港湾修築史』をもとに，筆者が修正を加えて作成。網掛けは，国庫より補助された工事を指す。

巻末付表 2　内務省第二次港湾調査会委員名簿（1908～1922 年）

	1908 年		1909 年		1910 年	
会長	内務大臣	原敬	内務大臣	平田東助	内務大臣	平田東助
委員	内務次官	吉原三郎	内務次官	一木喜徳郎	内務次官	一木喜徳郎
	内務省地方局長	床次竹二郎	内務省地方局長	床次竹二郎	内務省地方局長	床次竹二郎
	内務省土木局長	犬塚勝太郎	内務省土木局長	犬塚勝太郎	内務省土木局長	犬塚勝太郎
	内務技師	沖野忠雄	内務技師	沖野忠雄	内務技師	沖野忠雄
	内務技師	近藤虎五郎	内務技師	近藤虎五郎	内務技師	近藤虎五郎
	外務省通商局長	石井菊次郎	外務省通商局長	石井菊次郎	外務省通商局長	石井菊次郎
	大蔵次官	水町袈裟六	大蔵次官	若槻礼次郎	大蔵次官	若槻礼次郎
	大蔵省主税局長	桜井鉄太郎	大蔵省主税局長	桜井鉄太郎	大蔵省主税局長	桜井鉄太郎
	大蔵省理財局長	勝田主計	大蔵省理財局長	勝田主計	大蔵省理財局長	勝田主計
	陸軍次官	石本新六	陸軍次官	石本新六	陸軍次官	石本新六
	陸軍少将	大澤界雄	陸軍少将	大澤界雄	陸軍少将	大澤界雄
	海軍次官	加藤友三郎	海軍次官	加藤友三郎	海軍次官	財部彪
	海軍少将	坂本一	海軍少将	中尾雄	海軍少将	中尾雄
	海軍大佐	山屋他人	海軍大佐	山屋他人	海軍大佐	高島萬太郎
	農商務次官	久米金彌	農商務次官	押川則吉	農商務次官	押川則吉
	帝国鉄道庁総裁	平井晴二郎	帝国鉄道庁総裁	平井晴二郎	帝国鉄道庁総裁	平井晴二郎
	逓信省管船局長	内田嘉吉	逓信省管船局長	内田嘉吉	逓信省管船局長	内田嘉吉
	逓信技師	伊東治三郎	逓信技師	伊東治三郎	逓信技師	伊東治三郎
	東京帝国大学工科大学教授	廣井勇	東京帝国大学工科大学教授	廣井勇	東京帝国大学工科大学教授	廣井勇
臨時委員	大蔵省臨時建築部技師	妻木頼黄	大蔵省臨時建築部技師	妻木頼黄	大蔵省臨時建築部技師	妻木頼黄
	内務技師	原田貞介	内務技師	原田貞介	内務技師	原田貞介
		茂木鋼之		茂木鋼之		茂木鋼之
		多羅尾源三郎		多羅尾源三郎		多羅尾源三郎
		荘田平五郎		荘田平五郎		
		団琢磨		団琢磨		
		安川敬二郎		安川敬二郎		
		貝島太助		貝島太助		
		麻生太吉		麻生太吉		
幹事	内務書記官	土岐嘉平	内務書記官	土岐嘉平	内務書記官	土岐嘉平
	内務技師	市瀬恭次郎	内務技師	市瀬恭次郎	内務技師	市瀬恭次郎
書記	内務属	永田源太郎	内務属	永田源太郎	内務属	永田源太郎
	内務属	田中遷	内務属	三村求	内務属	三村求
	内務属	三村求	内務属	村川虎雄	内務属	村川虎雄
	内務属	森象三	内務属	森象三	内務属	荒井亀太郎
					内務属	森象三

	1911 年		1912 年		1913 年	
会長	内務大臣	平田東助	内務大臣	原敬	内務大臣	原敬
委員	内務次官	一木喜徳郎	内務次官	床次竹二郎	内務次官	水野錬太郎
	内務省地方局長	床次竹二郎	内務省土木局長	水野錬太郎	内務省土木局長	久保田政周
	内務省土木局長	水野錬太郎	内務技監	沖野忠雄	内務省地方局長	小橋一太
	内務技師	沖野忠雄	内務技師	近藤虎五郎	内務技監	沖野忠雄
	内務技師	近藤虎五郎	内務技師	小柴保人	内務技師	近藤虎五郎
	外務省通商局長	石井菊次郎	外務次官	石井菊次郎	外務省通商局長	坂田重次郎
	大蔵次官	若槻礼次郎	大蔵省主税局長	橋本圭三郎	大蔵次官	勝田主計
	大蔵省主税局長	桜井鉄太郎	大蔵省関税局長	桜井鉄太郎	大蔵省理財局長	山崎四男六
	大蔵省理財局長	勝田主計	大蔵省理財局長	勝田主計	専売局長官	桜井鉄太郎
	陸軍次官	石本新六	陸軍次官	岡市之助	陸軍次官	本郷房太郎
	陸軍少将	大澤界雄	陸軍工兵大佐	武内徹	陸軍少将	武内徹
	海軍次官	中尾雄	海軍次官	財部彪	海軍少将	財部彪
	海軍少将	財部彪	海軍少将	伊東乙次郎	海軍中将	川島令次郎
	海軍大佐	高島萬太郎	海軍大佐	山路一善	海軍大佐	山路一善
	農商務次官	押川則吉	農商務次官	押川則吉	農商務次官	橋本圭三郎
	帝国鉄道庁総裁	平井晴二郎	鉄道院副総裁	平井晴二朗	鉄道院副総裁	野村龍太郎
	逓信省管船局長	湯河元臣	逓信省管船局長	湯河元臣	逓信省管船局長	湯河元臣
	逓信技師	伊東治三郎	逓信技師	伊東治三郎	逓信技師	伊東治三郎
	東京帝国大学工科大学教授	廣井勇	東京帝国大学工科大学教授	廣井勇	東京帝国大学工科大学教授	廣井勇
			臨時発電水力調査局技師	中山秀三郎	東京帝国大学工科大学教授	寺野精一
				古市公威	東京帝国大学工科大学教授	中山秀三郎
			東京帝国大学工科大学教授	寺野精一		古市公威
				茂木鋼之		茂木鋼之
				多羅尾源三郎		多羅尾源三郎
臨時委員	内務技師	小柴保人	大蔵省臨時建築部技師	妻木頼黄	内務技師	原田貞介
	大蔵省臨時建築部技師	妻木頼黄	内務技師	原田貞介	鉄道院技師	古川阪次郎
	内務技師	原田貞介	鉄道院技師	長尾半平		団琢磨
		茂木鋼之		団琢磨		麻生太吉
		多羅尾源三郎		麻生太吉		江口定条
				江口定条		
幹事	内務書記官	土岐嘉平	内務書記官	土岐嘉平	内務書記官	元田敏夫
	内務技師	市瀬恭次郎	内務技師	市瀬恭次郎		
書記	内務属	三村求	内務属	三村求	内務属	三村求
	内務属	村川虎雄	内務属	村川虎雄	内務属	村川虎雄
	内務属	荒井亀太郎	内務属	荒井亀太郎	内務属	荒井亀太郎
	内務属	森象三	内務属	森象三	内務属	森象三

	1914年5月		1915年5月		1916年5月	
会長	内務大臣	大隈重信	内務大臣	大浦兼武	内務大臣	一木喜徳郎
委員	内務次官	下岡忠治	内務次官	下岡忠治	内務次官	久保田政周
	内務省土木局長	小橋一太	内務省土木局長	小橋一太	内務省土木局長	小橋一太
	内務省地方局長	渡辺勝三郎	内務省地方局長	渡辺勝三郎	内務省地方局長	渡辺勝三郎
	内務技監	沖野忠雄	内務技監	沖野忠雄	内務技監	沖野忠雄
	内務技師	近藤虎五郎	内務技師	近藤虎五郎	内務技師	近藤虎五郎
	内務技師	岡崎芳樹	内務技師	岡崎芳樹	内務技師	岡崎芳樹
	外務省通商局長	坂田重次郎	外務省通商局長	坂田重次郎	外務省通商局長	坂田重次郎
	大蔵次官	浜口雄幸	大蔵次官	浜口雄幸	大蔵次官	菅原通敬
	大蔵省主税局長	菅原通敬	大蔵省主税局長	菅原通敬	大蔵省主税局長	松本重威
	大蔵省理財局長	山崎四男六	大蔵省理財局長	神野勝之助	大蔵省理財局長	神野勝之助
	陸軍中将	大島健一	陸軍中将	大島健一	陸軍少将	山田隆一
	陸軍少将	武内徹	陸軍少将	武内徹	陸軍少将	武内徹
	海軍少将	鈴木貫太郎	海軍少将	鈴木貫太郎	海軍少将	鈴木貫太郎
	海軍少将	江口鱗六	海軍少将	上村經吉	海軍少将	釜屋六郎
	農商務次官	上山満之進	農商務次官	上山満之進	農商務次官	上山満之進
	鉄道院副総裁	古川阪次郎	鉄道院副総裁	古川阪次郎	鉄道院副総裁	古川阪次郎
	逓信省管船局長	湯河元臣	逓信省管船局長	湯河元臣	逓信省管船局長	若宮貞夫
	東京帝国大学工科大学教授	廣井勇	逓信技師	矢澤久次郎	逓信技師	矢澤久次郎
	東京帝国大学工科大学教授	寺野精一	東京帝国大学工科大学教授	廣井勇	東京帝国大学工科大学教授	廣井勇
	東京帝国大学工科大学教授	中山秀三郎	東京帝国大学工科大学教授	寺野精一	東京帝国大学工科大学教授	寺野精一
		古市公威	東京帝国大学工科大学教授	中山秀三郎	東京帝国大学工科大学教授	中山秀三郎
		茂木鋼之		古市公威		古市公威
		多羅尾源三郎		茂木鋼之		茂木鋼之
				多羅尾源三郎		多羅尾源三郎
臨時委員	内務技師	原田貞介	内務技師	原田貞介	内務技師	原田貞介
	鉄道院技師	石丸重美	鉄道院技師	石丸重美	大蔵技師	丹羽鋤彦
	大蔵技師	丹羽鋤彦	大蔵技師	丹羽鋤彦	鉄道院理事	杉浦宗三郎
幹事	内務書記官	元田敏夫	土木局書記官	池田宏	土木局書記官	池田宏
	内務技師	安芸杏一	内務技師	安芸杏一	内務技師	安芸杏一
書記	内務属	三村求	内務属	三村求	内務属	村川虎雄
	内務属	村川虎雄	内務属	村川虎雄	内務属	荒井亀太郎
	内務属	荒井亀太郎	内務属	荒井亀太郎	内務属	森象三
	内務属	森象三	内務属	森象三	内務属	大畑彦三

	1917年5月		1918年5月		1919年5月	
会長	内務大臣	後藤新平	内務大臣	水野錬太郎	内務大臣	床次竹二郎
委員	内務次官	水野錬太郎	内務次官	小橋一太	内務次官	小橋一太
	内務省土木局長	小橋一太	内務省土木局長	堀田貢	内務省土木局長	堀田貢
	内務省地方局長	渡辺勝三郎	内務省地方局長	添田敬一郎	内務省地方局長	添田敬一郎
	内務技監	沖野忠雄	内務技監	沖野忠雄	内務技監	原田貞介
	内務技師	近藤虎五郎	内務技師	近藤虎五郎	内務技師	近藤虎五郎
	内務技師	岡崎芳樹	内務技師	市瀬恭次郎	内務技師	市瀬恭次郎
	外務省通商局長	中村巍	外務省通商局長	中村巍	外務省通商局長	田中都吉
	大蔵次官	市来乙彦	大蔵次官	市来乙彦	大蔵次官	神野勝之助
	大蔵省主税局長	松本重威	大蔵省主税局長	松本重威	大蔵省主税局長	松本重威
	大蔵省理財局長	神野勝之助	大蔵省理財局長	神野勝之助	大蔵省理財局長	森俊六郎
	陸軍中将	山田隆一	陸軍中将	山田隆一	陸軍中将	山梨半蔵
	陸軍少将	星野庄三郎	陸軍少将	星野庄三郎	陸軍少将	星野庄三郎
	海軍少将	鈴木貫太郎	海軍中将	栃内曾次郎	海軍中将	栃内曾次郎
	海軍少将	布目満造	海軍少将	布目満造	海軍少将	布目満造
	農商務次官	上山満之進	農商務次官	上山満之進	農商務次官	犬塚勝太郎
	鉄道院副総裁	古川阪次郎	逓信省管船局長	若宮貞夫	鉄道院副総裁	石丸重美
	逓信省管船局長	若宮貞夫	逓信技師	矢澤久次郎	逓信省管船局長	若宮貞夫
	逓信技師	矢澤久次郎	東京帝国大学工科大学教授	廣井勇	逓信技師	小關三平
	東京帝国大学工科大学教授	廣井勇	東京帝国大学工科大学教授	寺野精一	東京帝国大学工科大学教授	廣井勇
	東京帝国大学工科大学教授	寺野精一	東京帝国大学工科大学教授	中山秀三郎	東京帝国大学工科大学教授	寺野精一
	東京帝国大学工科大学教授	中山秀三郎		古市公威	東京帝国大学工科大学教授	中山秀三郎
		古市公威		茂木鋼之		古市公威
		茂木鋼之		多羅尾源三郎		沖野忠雄
		多羅尾源三郎				多羅尾源三郎
臨時委員	内務技師	原田貞介	内務技師	原田貞介	大蔵技師	丹羽鋤彦
	大蔵技師	丹羽鋤彦	大蔵技師	丹羽鋤彦	鉄道院理事	杉浦宗三郎
	鉄道院理事	杉浦宗三郎	鉄道院理事	杉浦宗三郎		
幹事	土木局書記官	池田宏	土木局書記官	池田宏	土木局書記官	池田宏
	内務技師	安芸杏一	内務技師	安芸杏一	内務技師	安芸杏一
書記	内務属	村川虎雄	内務属	村川虎雄	内務属	村川虎雄
	内務属	荒井亀太郎	内務属	佐々木光綱	内務属	佐々木光綱
	内務属	森象三	内務属	荒井亀太郎	内務属	荒井亀太郎
	内務属	大畑彦三	内務属	大畑彦三	内務属	大畑彦三

	1920年7月		1921年7月		1922年7月	
会長	内務大臣	床次竹二郎	内務大臣	床次竹二郎	内務大臣	水野錬太郎
委員	内務次官 内務省土木局長 内務省地方局長 内務技監 内務技師 内務技師 外務省通商局長 大蔵次官 大蔵省主税局長 大蔵省理財局長 陸軍中将 陸軍少将 海軍次官 海軍少将 農商務次官 鉄道次官 逓信省管船局長 逓信技師 東京帝国大学工科大学教授 東京帝国大学工科大学教授 東京帝国大学工科大学教授	小橋一太 堀田貢 添田敬一郎 原田貞介 近藤虎五郎 比田孝一 田中都吉 神野勝之助 松本重威 森俊六郎 山梨半蔵 岸本鹿太郎 栃内曾次郎 布目満造 田中隆三 石丸重美 若宮貞夫 小關三平 廣井勇 寺野精一 中山秀三郎 古市公威 茂木鋼之 多羅尾源三郎 沖野忠雄	内務次官 内務省地方局長 内務省土木局長 内務技監 内務省参事官 内務技師 内務技師 外務省通商局長 大蔵次官 大蔵省主税局長 大蔵省理財局長 陸軍次官 陸軍少将 海軍次官 海軍大佐 農商務次官 逓信省管船局長 逓信技師 鉄道次官	小橋一太 塚本清治 堀田貢 原田貞介 松田源治 近藤虎五郎 比田孝一 田中都吉 神野勝之助 松本重威 小野義一 尾野實信 和田亀治 井出謙治 犬塚助次郎 田中隆三 若宮貞夫 小關三平 石丸重美 古市公威 廣井勇 寺野精一 中山秀三郎 茂木鋼之 多羅尾源三郎	警視総監 内務省地方局長 内務技監 内務技師 内務技師 外務省情報部次長 大蔵省主税局長 大蔵省理財局長 陸軍大将 陸軍少将 海軍次官 海軍大佐 逓信次官 鉄道次官	堀田貢 塚本清治 原田貞介 近藤虎五郎 比田孝一 田中都吉 松本重威 小野義一 尾野實信 和田亀治 井出謙治 犬塚助次郎 若宮貞夫 石丸重美 古市公威 廣井勇 寺野精一 中山秀三郎 茂木鋼之 多羅尾源三郎
臨時委員	鉄道技監 内務技師 神戸税関長 内務省参事官 兵庫県知事 神奈川県知事 横浜税関長	杉浦宗三郎 市瀬恭次郎 松本修 池田宏 有吉忠一 井上孝哉 鈴木繁 久保田政周	内務省衛生局長 内務省参事官 内務技師 大蔵技師 神戸税関長 横浜税関長 鉄道省工務局長 兵庫県知事 神奈川県知事	潮恵之輔 山県治郎 市瀬恭次郎 矢橋賢吉 松本脩 鈴木繁 岡野昇 有吉忠一 井上孝哉 桜井鉄太郎 久保田政周	内務省衛生局長 内務省都市計画局長 内務技師 内務技師 大蔵技師 神戸税関長 鉄道省工務局長 神奈川県知事	潮恵之輔 山県治郎 市瀬恭次郎 安芸杏一 矢橋賢吉 杉一郎 岡野昇 井上孝哉
幹事	内務書記官 内務技師	丹羽七郎 安芸杏一	内務省参事官 内務技師	三矢宮松 安芸杏一	内務書記官 内務技師	松本学 鈴木雅次
書記	内務属 内務属 内務属 内務属	荒井亀太郎 大畑彦三 江森猶一 河村大助	内務属 内務属 内務属 内務属	荒井亀太郎 大畑彦三 鈴木栄一郎 森山鋭一	内務属 内務属 内務属 内務属	荒井亀太郎 大畑彦三 鈴木栄一郎 児玉信治郎

出典）『官員録』（各年）をもとに，筆者作成。

巻末付表3　埠頭バース寸法大略表

船舶総トン数（t）	船長（m）	余裕長（m）	バース長（m）	船吃水（m）	余裕水深（m）	バース前水深（m）
100	30	6	36	1.8	0.3	2.1
200	35	8	43	2.4	0.3	2.7
300	40	10	50	2.9	0.3	3.2
400	45	10	55	3.0	0.3	3.3
500	50	10	60	3.5	0.3	3.8
1000	70	10	85	4.8	0.4	5.2
2000	85	15	100	6.2	0.4	6.6
3000	100	15	115	6.9	0.4	7.3
4000	110	15	126	7.5	0.4	7.9
5000	120	16	137	7.7	0.4	8.1
6000	130	17	148	8.0	0.4	8.4
8000	140	18	158	8.5	0.4	8.9
10000	150	18	168	9.0	0.5	9.5
15000	170	18	188	9.5	0.5	10.0
20000	190	18	208	10.0	0.5	10.5
30000	220	20	240	10.2	0.5	10.7
40000	240	25	265	10.5	0.5	11.0
50000	265	25	290	11.0	0.5	11.5
55000	275	25	300	11.5	0.5	12.0

原注）「本表は大略の寸法を示すものであって，実際には多少の増減がある。殊に吃水は満載吃水を標準とせるものなるが故に，之より船足を浅くして入港する場合にはバースの水深は本表より小さくてよい」。

出典）鈴木『港湾』139頁。